기분 다스리기 2판

Dennis Greenberger · Christine A. Padesky 공저 | **권정혜** 역

Mind Over Mood 2nd ed.

학지사

MIND OVER MOOD, Second Edition:
Change How You Feel by Changing the Way You Think
by Dennis Greenberger PhD. and Christine A. Padesky PhD.

역자의 말

인지행동치료는 계속 진화하고 있는 치료다. 인지행동치료는 그동안 우울증, 사회불안장애, 범불안장애, 강박증, 외상 후 스트레스장애, 알코올중독, 폭식장애 등 많은 정신장애를 치료하는 데 그 효과가 검증된 근거기반치료로 자리매김하였지만, 여기에 더하여 새로운 치료 요소를 개발하고 적용해 보는 시도가 여전히 활발하게 이루어지고 있다. 인지행동치료를 인지행동치료답게 만드는 가장 큰 특징은 현재의 위치에 안주하지 않고 더 효과적인 치료로 발전시키기 위해 계속 도전하고 개발하는 정신일 것이다.

이런 개척정신과 개방된 자세가 잘 반영된 책이 바로 『기분 다스리기 2판(Mind Over Mood 2nd ed.)』이다. 『기분 다스리기(Mind Over Mood)』는 인지행동치료의 핵심 원리와 방법을 친절하고도 명확하게 설명해 준 책으로서 기분 문제로 고통받고 있는 사람들에게 널리 읽히는 베스트셀러로 자리 잡았다. 그럼에도 불구하고 저자들은 지난 20년 동안 인지행동치료 분야에서 이루어진 새로운 접근법들을 포함하고 기존의 내용을 보완함으로써 더 강력한 기분 다스리기법을 소개하고자 『기분 다스리기 2판(Mind Over Mood 2nd ed.)』을 출간하였다.

『기분 다스리기 2판(Mind Over Mood 2nd ed.)』이 나왔다는 소식을 접하고 반가운 마음으로 책을 읽어 보았을 때, 저자들이 2판에 들였을 많은 노력이 헛되지 않다고 느꼈다. 2판에서는 책의 내용이 더 풍부해졌을 뿐 아니라 지난 20년간 인지행동치료 분야에 새로운 바람을 불러일으킨 수용전념치료, 마음챙김 명상, 긍정심리학의 치료요소들이 기존의 내용과 잘 결합되어 소개되어 있었다. 특히 목표를 뚜렷하게 설정하도록 새롭게 포함된 5장과 새로운 사고와 행동 플랜 그리고 수용이 나란히 소개된 10장은 독자들이 스스로 기분 다스리기를 해 나가는 과정에 큰 도움이 될 것이다. 또한 책 전반에 많은 사례를 곁들여 독자들의 이해를 돕고, 자신의 기분을 계속 체크하고 모니터하도록 안내함으로써 실질적인 기분 변화를 이루도록 격려하고 있다. 2판에 도입된 이러한 변화는 저자인 그린버거 박사와 페데스키 박사가 임상경험을 통해 얻은 치료적

노하우가 잘 반영된 결과라고 할 수 있다.

이 책은 역자가 미국에서 인지행동치료를 배우고 귀국한 후 가장 먼저 번역한 책으로 용어 하나를 번역하는 데도 오랜 시간 씨름하며 번역했던 기억이 생생하다. 그렇게 심혈을 기울여 번역했음에도 막상 책이 출판된 후 부족한 부분이 눈에 많이 띄어 능력의 한계를 느끼기도 했다. 20년 전만 해도 일반인을 위한 심리치료 도움서는 거의 찾아볼 수 없었기에 '과연 책이 잘 팔릴까, 어떻게 하면 일반인이 쉽게 읽을 수 있을까' 하는 고민도 많이 했다. 이러한 우려에도 불구하고 『기분 다스리기』는 수많은 자기계발서 사이에서 꾸준히 팔리는 도움서로 많은 사랑을 받아 왔다. 『기분 다스리기 2판(Mind Over Mood 2nd ed.)』을 번역하면서 지난 20년간 우리나라에 많은 인지행동치료 전문가가 배출되고 인지행동치료를 소개한 서적이 적지 않게 출판되었다는 점이 감회가 새로웠다. 『기분 다스리기 2판』이 우리나라에 인지행동치료를 더 널리 알리고 기분 문제로 고통받는 사람들에게 큰 도움을 주기를 기대해 본다.

『기분 다스리기 2판』이 나오기까지 도움을 준 많은 분에게 고마움을 표하고 싶다. 우선 서다은, 황지운, 장경아 세 대학원생 제자에게 깊은 감사의 마음을 표하고 싶다. 이들은 『기분 다스리기(Mind Over Mood)』와 『기분 다스리기 2판(Mind Over Mood 2nd ed.)』을 대조해서 읽으면서 달라진 부분을 꼼꼼하게 표시해 주어 수고를 많이 덜어 주었다. 그동안 역자에게 인지행동치료를 받은 내담자분들에게도 고마움을 표하고 싶다. 실제 치료에서 기분 다스리기 기법들을 적용해 보고 씨름해 본 결과, 참으로 효과 있고 도움이 되는 치료라는 확신이 생겨 번역하는 데 많은 힘을 얻었다. 번역작업을 하는 동안 여유 없는 역자를 묵묵히 받아들여 주고 도와준 남편과 아이들에게도 이 자리를 빌려 고마움을 전하고 싶다.

이번 역서의 출판을 허락하고 오랜 시간 기다려 주신 학지사 김진환 사장님과 책을 정성 들여 편집해 준 이상경 님에게도 깊은 감사의 뜻을 전한다.

2018년
역자 권정혜

추천사

삶에 진정한 변화를 주는 책을 만나기란 쉬운 일이 아니다. 『기분 다스리기』는 바로 그런 흔치 않은 책 중 하나다. 이 책에서 데니스 그린버거(Dennis Greenberger) 박사와 크리스틴 페데스키(Christine A. Padesky) 박사는 심리치료의 지혜와 과학의 정수를 뽑아 삶을 변화시킬 수 있는 구체적인 방법을 제시하였다. 이 책은 계속 읽힐 것이며, 치료자, 환자, 나아가 자신의 삶을 개선하고자 하는 모든 사람에게 도움이 될 것이다.

1950년대 후반, 필자가 처음으로 인지치료를 개발했을 때만 해도 인지치료가 지금과 같이 세계적으로 널리 사용되리라고는 전혀 예상치 못했다. 원래 인지치료는 우울증을 치료하기 위하여 개발된 것이다. 이 치료법을 사용한 우울증 치료가 성공을 거두자 인지치료에 대한 관심이 급증하였다. 아울러 인지치료에 대한 과학적 연구가 계속되어 인지치료의 효과가 뛰어나고 빠르다는 것이 입증되었다. 그 결과, 인지치료는 성공적인 치료법으로 자리 잡게 되었다.

인지치료는 지난 수십 년간 우울증, 공황장애, 공포증, 불안, 분노, 스트레스성 장애, 대인관계 문제, 약물 및 알코올 남용, 섭식장애 등 다양한 문제를 가진 사람들에게 뛰어난 치료효과를 보였다. 이 책은 이러한 치료에 기본이 되는 핵심원리들을 소개하고 있다.

『기분 다스리기』는 인지치료가 계속 발달해 나가는 데 중요한 이정표가 될 것이다. 지금까지 이 책만큼 일반인을 대상으로 인지치료의 기본원리들을 명료하고 단계적으로 설명해 준 책은 없었다. 그린버거 박사와 페데스키 박사는 임상경험을 통하여 직접 개발한 치료질문, 힌트, 메모, 작업기록지 등을 기꺼이 제공하였다. 이는 삶에 근본적인 변화를 추구하는 사람들에게 좋은 길잡이가 되어 줄 것이다. 이 책은 혼자서 읽을 수도 있고 치료를 위한 보조자료로도 사용할 수 있는 특별한 책이다.

그린버거 박사와 페데스키 박사는 여러 해 동안 필자의 학생이자 동료였고 친구였다. 재능이나 경험, 교육 배경이 서로 다른 이 두 사람이 힘을 합쳐 이런 좋은 책이 나오게 되었다. 데니스 그린버거 박사는 입원 환자들에게 인지치료를 적용하는 데 있어 선구적인 역할을 해 왔다. 그는 주로 입원 환자들을 치료해 왔는데, 자살 성향이 높은 환자나 그 밖에 심각한 문제들을 지닌 환자들을 잘 치료하는 것으로 유명하다. 또한 그린버거 박사는 앞으로 인지치료가 어떤 방향으로 나아가야 할지에 대한 비전을 제시해 왔으며, 특히 인지치료가 치료자와 일반인에게 보다 널리 알려지고 쉽게 접할 수 있는 치료가 되어야 한다고 주장해 왔다. 그린버거 박사는 재능 있는 치료자이며, 노련한 교육자인 동시에 성공적인 치료 프로그램 개발가이기도 하다.

페데스키 박사와 필자는 1982년 이래 함께 일하면서, 전 세계에 있는 수많은 치료자에게 인지치료 기법을 가르쳤다. 그녀는 어느 누구보다도 인지치료를 잘 이해하고 있으며, 환자를 치료할 때 따뜻하면서도 분명하고 또 문제의 핵심을 잘 파악한다. 필자는 그녀의 이러한 모습을 존경한다. 페데스키 박사는 1983년 캘리포니아주 뉴포트비치에 인지치료센터(Center for Cognitive Therapy)를 세운 바 있다. 이곳은 미국의 서부 지역에서 대표적인 인지치료 교육기관으로 자리 잡았다. 그녀는 워크숍에서 필자 다음으로 많은 사람에게 인지치료를 가르쳐 왔다. 그녀는 동료들에게 많은 존경을 받고 있으며, 1992년에는 국제인지치료학회(International Association for Cognitive Therapy) 차기 의장으로 선출되었다.

이 책에는 그린버거 박사의 통찰력과 혁신성, 그리고 교육자 및 치료자로서의 페데스키 박사의 뛰어난 능력이 함께 녹아들어 있다. 필자는 존 러시(John Rush), 브라이언 쇼(Brian Shaw), 게리 에머리(Gary Emery)와 함께 『우울증의 인지치료(Cognitive Therapy of Depression)』(New York: Guilford Press, 1979; 원호택 외 공역, 학지사, 1996)를 출판하여 심리치료에 일대 혁신을 가져온 바 있다. 『기분 다스리기』 역시 환자들이 인지치료를 활용하는 데 전환점이 되는 책이 될 것이다. 환자들이 이 책에 나와 있는 지시사항을 따라가다 보면 인지치료의 원리를 보다 잘 파악하게 되고, 따라서 치료도 잘될 것이다. 필자는 『기분 다스리기』가 독자들의 손에 인지치료를 생생하게 쥐어 줌으로써 그들의 인생을 변화시킬 것이라고 확신한다.

펜실베이니아 대학교 정신과 교수

아론 T. 벡(Aaron T. Beck) M.D.

한국의 독자들을 위하여

내가 인지치료를 처음 접한 것은 1978년경이었으며, 그 무렵 많은 우울증 환자를 상담해 주고 있었다. 우울증 환자들을 상담하는 것은 상당히 힘들었는데, 결과가 언제나 좋지는 않았다. 그때 인지치료를 배워 사용하게 되었는데, 이전보다 더 나은 상담을 할 수 있게 되었다. 인지치료를 한 환자들은 상태가 훨씬 빨리 좋아졌다(환자들이 우울에서 벗어난 모습을 보게 되면 말할 수 없이 기뻤다). 이런 개인적인 경험을 통해 인지치료를 잘 발달시키면 확실히 유용한 기술이 되리라는 점을 확신하게 되었다.

인지치료의 원리는 간단하다. 강한 기분반응, 계속되는 행동문제, 대인관계의 어려움 등 많은 문제는 처음에 어떻게 시작되었든 간에 우리가 가지고 있는 생각에 의해 지속되는 경우가 많다. 예컨대, 사람들은 상실, 실패, 유전적 요인, 비관적 사고 등의 여러 가지 이유로 우울해진다. 그런데 일단 우울해진 다음에는 '이렇게 노력하는 것이 다 무슨 소용이 있어? 무엇을 해도 좋아지지 않을 거야.'와 같은 생각을 하기 때문에 기분이 계속 우울해진다. 그러므로 기분이 좋아지려면 우선 우리가 어떤 생각을 하는지 알아내서 그 생각이 맞는지 확인해야 한다. 그러면 생활의 다른 부분도 쉽게 변할 것이다.

다행히 우리를 우울하게 만들거나 불안하게 만드는 사고방식을 찾아서 확인하는 방법은 비교적 쉽다. 이 책에서 그린버거 박사와 나는 인지치료를 사용하여 이런 문제를 어떻게 극복하는지 자세히 기록했다. 우리가 이 책을 처음 썼을 때는 이 책이 많은 사람에게 얼마나 도움이 될지 잘 몰랐다. 단지 독자들이 그 안에서 무엇인가 가치 있는 것을 얻을 수 있으리라 기대했다. 그런데 이 책이 나온 후 우리는 많은 사람으로부터 이 책이 자신의 인생을 바꾸었다는 편지를 받게 되어 몹시 기뻤다. 한 사업가는 전화를 걸어 자기는 30년간을 우울하게 지내 왔는데 이제 행복한 삶을 살게 되었다고 말했다. 한 여성 독자는 다음과 같은 편지를 보냈다. “저는 그동안 제 불안을 고칠 방법들을 수없이 찾아다녔습니다. ……. 이 책은 제가 회복하는 데 정말 도움이 되었습니다.”

이제 권정혜 박사에 의해 한국에서도 이 책이 번역된다니 영광스러운 일이다. 한국 사람들은 개인으로나 가족으로나 위기에서 더욱 강해지는 민족이라고 들었다. 이 책이 이 어려운 시기를 잘 헤쳐 나갈 수 있는 안내자가 되기를 희망한다. 당신이 그 길을 혼자서 걸어가든 가족과 같이 가든, 아니면 친구나 치료자와 같이 가든, 많은 사람이 이 길을 거쳐 갔고, 성공적으로 걸어갔다는 사실을 기억하기 바란다.

크리스틴 페데스키 박사

차 례

역자의 말 … 3

추천사 … 5

한국의 독자들을 위하여 … 7

1장 『기분 다스리기』를 통해 도움받기 _ 11

2장 자신의 문제 이해하기 _ 17

3장 생각의 중요성 _ 31

4장 기분을 파악하고 측정하기 _ 45

5장 목표를 설정하고 변화를 인식하기 _ 55

6장 상황, 기분, 생각을 관찰하기 _ 63

7장 자동적 사고 _ 77

8장 증거를 살펴보기 _ 97

9장 새로운/균형 잡힌 사고 _ 123

10장 새로운 사고, 행동 플랜, 수용 _ 147

11장 기본가정과 행동실험 _ 165

12장 핵심신념 _ 189

13장 우울증 이해하기 _ 231

14장 불안을 이해하기 _ 265

15장 분노, 죄책감, 수치심 이해하기 _ 305

16장 향상된 기분을 유지하고 행복감을 더 누리기 _ 343

에필로그 … 357

부록 … 365

찾아보기 … 387

1장

『기분 다스리기』를 통해 도움받기

굴은 모래 한 줌으로 진주를 만든다. 모래가 굴 안에 처음 들어오면 껄끄럽고 성가시다. 그래서 굴은 모래를 감싸기 위해 부드러운 보호막을 친다. 그 결과가 바로 아름다운 진주다.

굴의 경우, 성가신 자극이 오히려 새롭고 아름다운 것을 만들어 내는 씨앗이 된다. 『기분 다스리기』 역시 당신으로 하여금 새로운 것을 만들게 해 준다. 무엇보다 현재의 어려움에서 벗어날 수 있는 귀중한 기술을 얻게 될 것이다. 당신이 이 책에서 제시하는 기술을 배운다면 기분이 좋아질 것이며, 문제가 사라진 후에도 이 기술은 계속 가치 있게 쓰일 것이다.

이 책에 나오는 많은 방법을 배운 사람들이 그랬던 것처럼 당신도 이 책을 펼쳐 보게 만들었던 어려움을 되돌아보면서 그것이 '가장된 축복'이었다고 말하게 되길 바란다. 왜냐하면 이 책은 당신이 남은 인생을 좀 더 풍성하게 즐길 수 있도록 진주와 같은 지혜와 귀중한 새로운 관점을 가질 기회를 주고 동기를 부여해 주기 때문이다.

이 책을 통해 어떤 도움을 받을 수 있는가

이 책에는 우울, 불안, 분노, 공황, 질투심, 죄책감, 수치심 등 다양한 기분문제를 극복하는 전략과 방법과 기술이 실려 있다. 이 책에서 알려 주는 전략을 따른다면 대인관계 문제를 해결할 수 있고, 스트레스에 보다 능숙하게 대처할 수 있으며, 자존감을 높이고, 자신감을 키울 수 있다. 나아가 그 전략은 알코올중독이나 마약중독을 극복하기 위하여 노력하는 사람에게도 도움이 된다. 이 책은 단계별로 기술을 차근차근 가르쳐 주도록 집필되어 있어 당신이 원하는 중요한 변화를 효과적이고도 신속하게 이룰 수 있게 해 줄 것이다.

이 책은 오늘날 가장 널리 활용되고 있는 심리치료인 인지행동치료에서 아이디어를 따왔다. '인지'란 우리가 무엇을 생각하고 어떻게 생각하는가를 뜻한다. 인지행동치료자는 우리의 기분, 신체적인 경험, 인생사건들과 연관되어 있는 생각이나 신념 그리고 행동들을 잘 이해해야 한다고 강조한다. 인지행동치료에서 가장 핵심적인 가정은 어떤 일이나 경험에 대한 우리의 생각이 기분이나 행동 혹은 신체반응에 강력한 영향을 미친다는 것이다.

예를 들어, 슈퍼에서 물건을 계산하려고 긴 줄에서 기다리고 있을 때 '시간이 좀 걸릴 테니 느긋하게 기다리는 게 좋겠군.'이라고 생각한다면 마음이 편안할 가능성이 많다. 긴장도 풀어질 것이며, 옆에 선 사람에게 말을 걸거나 잡지를 집어 들게 될지도 모른다. 그러나 '계산대에서 이렇게 오랫동안 줄을 서서 기다리게 하다니. 점원을 더 많이 고용했어야 해.'라고 생각한다면 화가 날 것이다. 몸이 굳거나 안절부절못하게 되고, 시계를 들여다보거나 다른 고객이나 점원에게 투덜거릴 것이다.

이 책은 매일의 사소한 상황이든 아니면 생각지 못한 큰일에 부딪혔을 때 그 상황에서 떠오르는 생각, 기분, 행동 및 신체반응을 파악하는 방법을 가르쳐 줄 것이다. 당신 자신이나 당신이 처하게 되는 상황에 대해 좀 더 도움이 되는 방식으로 생각하는 법을 배우게 될 것이다. 또한 고통스러운 기분이나 대인관계에 빠지게 만드는 사고 패턴이나 행동을 바꾸는 방법도 배우게 될 것이다. 여기에 덧붙여, 이 책에는 사고 자체의 문제가 아니라 실제로 해결해야 할 문제가 있음을 깨닫게 되었을 때 생활에 변화를 주는 방법도 포함되어 있다. 궁극적으로 이 모든 변화를 통해 당신은 더 행복하고 차분하고 자신감 있는 삶을 살 수 있을 것이다. 나아가 이 책을 통해 배우는 기술들을 통해 더 나은 대인관계를 갖게 되고 삶을 즐기게 될 것이다.

이 책이 도움이 되는지 확인하는 방법

누구라도 자신이 좋아지고 있다는 것을 알게 되면 계속 노력해서 어떤 일을 하는 것이 훨씬 쉽다. 예컨대, 처음 글 읽기를 시작할 때 우리는 알파벳을 먼저 익히고 개별 글자를 알아보는 것을 배우기 시작한다. 처음에는 글자를 깨우치는 데 아주 많은 노력과 연습이 필요하다. 점차 읽기능력이 향상되면 글자를 알아보는 것이 훨씬 쉬워지고 자동적으로 된다. 시간이 가면서 우리는 개별 글자에 더 이상 주의를 기울이지 않게 되고, 글자들로 이루어진 단어를 배우게 된다. 어떤 때는 책을 펴고 우리가 아는 단어가 있는지 찾아보기도 한다. 시간이 지나면서 단순한 문장을 읽을 수 있게 되고, 점차 더 복잡한 문장과 단락도 읽을 수 있게 될 것이다. 그 후 단순한 책을 읽을 수 있게 되면 글 읽기가 상당히 향상되었다는 것을 알게 된다. 곧, 개별 단어에는 주의를 기울이지 않게 되고 우리가 읽고 있는 글의 의미에 주의를 기울이게 된다. 학교를 다니면서 아동들은 매년 읽기능력이 더 향상되는데, 읽기능력 수준이 얼마나 좋아졌는지 테스트를 통해 측정하기도 한다.

이와 비슷하게, 이 책은 '기분 다스리기'를 사용해서 기분이 좋아지고 있는지 살펴보고 그 개선 정도를 측정할 수 있도록 해 놓았다. 처음 몇 주간 당신은 개별 기술을 배울 것이다. 시간이 지나면서 당신의 기분과 삶이 향상되도록 이 기술들을 결합하는 것을 배울 것이다. 당신이 얼마나 좋아지고 있는지 알아보는 한 방법은 이 책에서 나온 기술들을 연습하면서 정기적으로 기분을 측정해 보는 것이다. 4장에는 어떻게 기분을 측정하는지, 또 그래프를 그림으로써 어떻게 시간이 지나면서 기분이 개선되는지 살펴보는 방법이 소개되어 있다.

이 책을 활용하는 법

이 책은 기존의 책들과 좀 다른 면이 있다. 이 책은 새로운 사고방식과 행동방식을 직접 찾아내도록 돕는 책으로서, 이를 통해 당신의 기분이 좋아지게 될 것이다. 이 책에 제시된 기술을 배우기 위해서는 연습과 인내와 끈기가 필요하다. 그러므로 각 장에 나오는 연습과제를 실제로 해 보는 것이 매우 중요하다. 어떤 기술은 언뜻 쉬워 보이더라도 실제로 실천하는 일은 보기보다 복잡하다. 대부분의 사람은 각 기술을 연습하는 데 시간을 더 많이 쏟을수록 더 많은 득을 보았다고 말한다.

처음에는 이 기술들을 매일 연습하는 것이 필요하다. 매일 규칙적으로 『기분 다스리기』에 나온 기술을 읽고 연습하는 데 시간을 할애하는 것이 도움이 된다. 이 책을 읽을 때 연습할 시간을 갖지 않고 빨리 읽어 나간다면 이 기술들을 자신의 문제에 적용하는 법을 배우지 못할 것이다. 배우는 속도는 중요하지 않다. 각 장에 제시된 아이디어를 충분히 이해하고 삶에 의미 있는 방식으로 사용하여 당신의 기분이 좋아지도록 각 장마다 충분한 시간을 쏟는 것이 더 중요하다. 이렇게 하는 데 한 시간 정도 걸리는 장들이 있는가 하면, 당신이 배운 기술이 자동화되어 그 혜택을 완전히 누리기까지 몇 주 혹은 몇 달의 연습이 필요한 장들도 있다.

『기분 다스리기』는 각 사람의 필요에 맞게 집필되어 있으므로 당신에게 가장 도움이 되는 순서로 읽을 수 있다. 예를 들어, 당신이 어떤 특정한 기분을 다스리기 위해 이 책을 골랐다면 4장 끝에 당신에게 더 관련 있는 장들이 무엇인지 찾아서 그 장들만 숙지하고 다른 장들은 넘어가도 될 것이다. 그 장들을 읽고 난 다음 그때 상태에 따라 어떤 장들을 그다음에 읽을 것인지 소개되어 있다. 또는 책 전체를 처음부터 끝까지 다 읽고 2장에 나오는 연습과제부터 시작해서 16장의 연습과제까지 다 해 볼 수도 있다.

당신이 치료의 한 부분으로 이 책을 읽는다면 치료자가 다른 순서로 각 장들을 읽으라고 추천할 수 있다. 이 책에서의 기술을 연마하는 많은 방법이 있기 때문에 치료자는 어떤 순서로 이 책을 읽는 것이 당신에게 가장 좋은지 나름의 생각을 가지고 있을 것이다.

기분문제 아닌 다른 문제에도 『기분 다스리기』를 읽을 수 있나요?

물론이다. 기분을 다스리는 데 사용하는 『기분 다스리기』 기술은 스트레스나 알코올, 마약 문제를 다루는 데도 도움이 된다. 또한 폭식이나 과식 등 섭식문제, 대인관계 문제, 낮은 자존감에도 도움이 된다. 뿐만 아니라 행복이나 인생의 의미와 목적의식을 가짐으로써 긍정적인 기분을 이끌어 내는 데도 사용할 수 있다.

작업기록지를 한 번 이상 사용하고 싶으면 어떻게 합니까?

이 책 전반을 통해 각 장에 소개된 중요한 기술을 배우고 적용할 수 있도록 연습과제가 제시되어 있다. 이 연습과제에 붙어 있는 작업기록지는 시간을 두고 연습하라는 취지에서 포함되었다. 여분의 작업기록지가 부록에 있으므로 여러 장 복사해 두었다가 필요한 순간에 이용해도 좋다(모든 작업기록지는 학지사 사이트에서 다운로드 받아서 사용할 수 있다).

『기분 다스리기』에서의 기술과 전략은 수십 년의 연구에 기반을 두고 있다. 과학적으로 증명된, 실용적이고도 강력한 방법이므로 한번 잘 배워 두면 더 큰 행복감과 만족감을 가지고 인생을 살 수 있을 것이다. 이 책을 읽고 배운 것을 연습하는 데 시간을 투자한다면 당신의 인생을 보다 긍정적인 방향으로 이끌어 갈 수 있을 것이다.

1장 요약

- 인지행동치료는 우울, 불안, 분노 및 다른 여러 기분을 다스리는 데 효과 있는 것으로 증명된 치료다.
- 인지행동치료는 섭식장애, 알코올, 마약 등 중독문제, 스트레스, 낮은 자존감 등 다양한 문제에 효과적으로 사용될 수 있다.
- 『기분 다스리기』는 인지행동치료 기술을 단계적으로 가르치기 위해 쓰였다.
- 대부분의 사람은 각 기술을 연습하는 데 더 많은 시간을 들일수록 더 많은 득을 보았다고 한다.
- 이 책 전반에 걸쳐 각 장을 어떤 순서로 읽는 것이 당신에게 가장 잘 맞는 방식으로 문제가 되는 기분을 변화시킬 수 있는지가 안내되어 있다.

2장

자신의 문제 이해하기

나는 늙는 것이 끔찍해요: 벤의 사례

어느 날 오후, 치료자는 실비에게 전화를 받았다. 실비는 73세의 여성으로 남편 벤에 대해 걱정하고 있었다. 그녀는 우울증에 관한 기사를 읽은 후 벤도 우울증에 걸려 있는 것이 아닌지 의심하게 되었다. 벤은 지난 6개월 동안 지속적으로 피로감을 호소하였다. 실비는 잠을 이루지 못한 벤이 새벽 3시에 거실을 왔다 갔다 하는 소리를 들은 적도 있다. 실비는 벤이 예전에 비해 자신에게 따뜻하게 대하지 않으며, 자주 짜증을 부리고, 부정적이라고 했다. 그는 더 이상 친구들을 만나지 않고, 어떤 일에도 전혀 관심을 보이지 않는다고 했다. 매년 받는 건강진단 결과에 이런 증상들을 야기할 만한 신체적인 이상이 전혀 나타나지 않자, 벤은 실비에게 "나는 늙는 것이 끔찍해! 늙으니까 기분도 엉망이고......."라고 불평했다.

치료자는 벤과 통화를 시도했고 벤은 마지못해 수화기를 들었다. 그는 치료자에게 자기 말을 개인적으로 받아들이지 말라고 하면서, 자기는 '머릿속을 고치는 의사'를 그다지 좋아하지 않으며, 자기는 미친 것이 아니라 그저 늙었을 따름이라고 말했다. "아마 당신도 나이가 일흔여덟이나 되고 온몸이 여기저기 아프면 그다지 기분이 좋지 않을 거요."라고 덧붙였다. 그는 실비를 생각해서 한번 찾아가기는 하겠지만, 어차피 별 도움이 되지 않을 것이 확실하므로 치료비를 너무 많이 청구하지 않았으면 좋겠다고 말했다.

어떤 문제든지 그것을 어떻게 받아들이는가에 따라 그 대처방법도 달라진다. 벤은 불면증, 피로감, 짜증, 어떤 일에도 흥미가 없어진 것이 나이가 들어 감에 따라 자연스레 겪게 되는 과정이라 여겼다. 벤은 무슨 방법을 쓰더라도 늙는 것을 바꾸지는 못할 테니 기분이 나아지는 데 아무 도움도 되지 않을 것이라고 생각했다.

첫 번째 만남에서 치료자는 실비와 벤의 외모가 서로 너무 다른 것을 보고 깜짝 놀랐다. 실비는 장미색 스커트를 입고, 스커트에 어울리는 꽃무늬 블라우스에 귀걸이도 하고, 구두도 옷에 맞춰 신고 있었다. 상담을 위하여 세심하게 잘 차려입었던 것이다. 그녀는 의자에 똑바로 앉아 있다가 기다렸다는 듯이 미소를 지었으며, 활기차고 열정적인 눈빛으로 치료자에게 인사했다. 반면에, 벤은 약간 엉거주춤한 자세였고, 골프 바지와 셔츠를 단정하게 입고 있기는 했으나, 왼쪽 턱수염을 덜 깎아서 수염이 남아 있었다. 그의 눈빛은 흐렸으며, 피로로 인하여 눈 주위가 거무스름했다. 그는 뻣뻣한 몸짓으로 천천히 일어나 치료자에게 인사를 하면서 딱 잘라 말하였다. "한 시간이면 되겠죠."

치료자가 30분 동안 벤에게 부드럽게 이런저런 질문을 하자, 그의 이야기도 서서히 풀리기 시작했다. 그는 깊게 한숨을 쉰 후 질문에 단조롭게 대답하였다. 그는 35년간 우체부 생활을 했는데, 그 기간 중 적어도 14년은 같은 지역에서 우편 배달을 하였다. 벤은 은퇴한 후 정기적으로 친구 셋과 만나 이야기도 하고, 밥을 같이 먹고, 스포츠 게임도 같이 보았다. 그는 세 자녀와 손주들도 정기적으로 만났는데, 이들과 모두 좋은 관계를 유지하고 있다는 점을 자랑스럽게 여기고 있었다.

실비는 18개월 전에 유방암 진단을 받은 바 있다. 조기에 발견한 덕택에 수술과 약물치료를 받은 후 완쾌하였다. 벤은 그녀의 병에 대해 이야기하면서 눈물을 글썽이기도 했다. "아내를 잃을 것 같은 생각이 들었죠. 어떻게 해야 할지 몰랐습니다." 그가 이렇게 말하자, 실비가 재빨리 끼어들어 그의 팔을 토닥거리면서 말했다. "그렇지만 여보, 저는 이제 괜찮잖아요. 다 잘되었어요." 벤은 침을 한 번 삼키고 고개를 끄덕였다.

실비가 암 치료를 받고 있는 동안 벤의 절친한 친구였던 루이가 갑자기 폐렴에 걸려 세상을 떠났다. 벤은 루이와 18년 동안이나 친구로 지냈으므로 그를 잃고 크게 상심했다. 조기에 치료했으면 생명을 구할 수도 있었을 것이라는 생각에 루이가 병원을 좀 더 빨리 찾지 않은 것에 대해 화도 냈다. 실비는 루이가 죽은 후, 벤이 자신의 암 치료 예약 일자를 강박적으로 챙기기 시작했다고 말했다. 실비가 계속 이야기했다. "제가 의사와의 진찰 약속을 빼먹기라도 하면, 남편은 제가 죽을 경우 그 책임이 전부 자기에게 있다고 생각했던 것 같아요." 벤은 더 이상 친구들도 만나지 않고 실비를 돌보는 일에만 헌신하였다.

"실비의 치료가 끝나자 안심이 되었지만, 그것도 잠깐뿐이었습니다. 제 남은 인생은 질병과 죽음으로 가득 차 있다고 생각되었어요. 전 벌써 반쯤 죽어 있는 느낌입니다. 선생님같이 젊은 사람은 제 심정을 이해하지 못할 겁니다." 벤은 한숨을 쉬었다. "다 그런 겁니다. 사실 저야 더 이상 쓸모없는 사람 아닙니까? 손자들은 이제 자기 자전거를 스스로 고칠 수 있었고, 아들들은 자기 친구들과 어울리고, 실비도 제가 없으면 좀 더 즐겁게 생활할 수 있을 테고. ...... 저는 정말 죽는 게 더 나쁜지, 아니면 목숨은 붙어 있지만 친구들이 다 저세상으로 가고 혼자 남아 있는 게 더 나쁜지 모르겠어요."

벤의 이야기를 듣고 건강검진 결과가 정상이라는 점을 참고하여, 치료자는 벤에게 우울증이 있음을 확신하였다. 그는 우울증에서 볼 수 있는 신체 증상(불면, 식욕 감퇴, 피로), 행동 변화(하던 활동을 그만둠, 친구들을 피함), 기분 변화(슬픔, 짜증, 죄책감), 사고방식(부정적, 자기비판적, 비관적)을 보이고 있었다. 우울증에 걸린 사람이 흔히 그렇듯이, 벤은 지난 몇 년 동안 상실과 스트레스를 여러 차례 겪었다(실비가 암에 걸림, 루이의 사망, 세 자녀와 손주들에게 자신의 필요성이 감소했다고 느낌).

벤은 치료가 도움이 될 것이라는 사실에 대해서 회의적이었다. 그러나 실비가 설득하자 세 번 더 만나 본 후 치료 여부를 결정하기로 하는 데 동의하였다.

벤의 문제 이해하기

두 번째 만남에서, 치료자는 벤으로 하여금 지난 2년 동안 자신에게 일어난 개인적인 변화를 나열하게끔 하였다. [그림 2-1]에 제시된 모델을 보면서 벤은 자신의 환경 변화(실비가 암에 걸림, 루이의 사망)가 행동 변화(친구들과의 정기적인 만남을 중단함, 실비의 암 치료를 위해 전보다 병원을 자주 드나들게 됨)를 유발하였다는 사실을 알아차렸다. 또한 자기 자신에 대해서나 삶에 대하여 다른 방식으로 생각하게 되었으며('내가 소중하게 생각하는 사람들은 모두 세상을 뜬다.' '내 자녀와 손주들에게는 내가 더 이상 필요하지

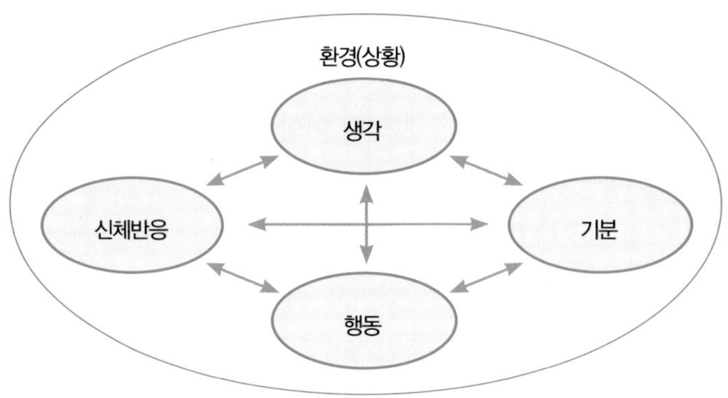

[그림 2-1] 5요인 모델

않다.'), 정서적(짜증, 슬픔)으로나 신체적(피로, 수면장애가 늘어남)으로 상태가 나빠진 것을 알게 되었다.

[그림 2-1]에서 다섯 영역이 서로 관련되어 있음에 주목하라. 각 영역을 잇는 화살표를 보면 모든 영역이 다른 영역과 영향을 주고받는다는 사실을 알 수 있다. 예를 들어, 행동이 변하면 생각이나 느낌(신체적, 정서적 모두)도 달라진다. 행동이 변하면 우리를 둘러싼 환경 역시 바뀔 수 있다. 마찬가지로, 생각이 변하면 행동, 기분, 신체반응도 바뀌며, 환경까지도 변할 수 있다. 이 다섯 영역이 서로 어떻게 상호작용하는지를 알게 되면 문제를 보다 잘 이해하게 될 것이다.

벤은 다섯 요인 각각이 나머지 네 요인에 영향을 주어 자신을 슬픈 기분에 빠지게 하고 있음을 알 수 있었다. 예를 들어, '나와 내 친구들은 이미 늙었기 때문에 곧 죽을 것이다.'(생각의 변화)라고 생각한 결과, 벤은 그들에게 더 이상 전화를 걸지 않게 되었다(행동 변화). 벤이 친구들로부터 고립되면 될수록, 그는 외롭고 슬퍼졌으며(기분 변화), 활동의 감소는 불면증과 피로감을 유발하였다(신체 변화). 벤이 친구들에게 전화를 걸지 않고 아무런 일도 같이 하고 싶어 하지 않자, 친구들도 더 이상 그에게 전화를 걸지 않게 되었다(환경 변화). 시간이 지남에 따라 이와 같은 요인들이 상호작용을 하면서 벤을 우울증의 소용돌이 속으로 끌어들였다.

처음에 벤은 치료자가 이와 같은 패턴을 짚어 내자 실망하였다. "그렇다면 전 구제불능이군요. 이것들은 전부 내가 죽을 때까지 점점 나빠지기만 할 것 아니에요!" 치료자는 각각의 다섯 영역이 나머지 네 영역과 연결되어 있으므로, 어떤 영역이든지 약간만 개선해도 나머지 네 영역 모두를 긍정적으로 변화시킬 수 있다는 점을 상기시켰다. 즉, 치료를 받아 가면서 어떤 부분이 변하면 기분이 좋아질지 찾아보자고 했다. 벤은 조그만 변화가 어떻게 기분을 좋아지게 하는지 살펴보는 실험을 해 보는 데 동의했다.

벤은 당신이 이 장에서 만나 보게 될 네 사람 중 하나다. 이 사람들은 책을 다 읽을 때까지 계속 등장한다. 이 네 사람은 『기분 다스리기』에서 사용하는 전략과 방법으로 도움을 받을 수 있는 대표적인 유형이다. 비밀보장을 위하여 신분이 드러날 수 있는 정보는 제외했다. 또한 일부 환자에 대한 설명은 여러 환자의 경우를 복합적으로 섞어서 만들기도 하였다. 그러나 모든 정보는 필자들이 이와 같은 유형의 사람들을 대하면서 치료자로서 직접 경험했던 바에 바탕을 둔 것이다.

공황발작만 일어나지 않는다면!: 린다의 사례

"친구가 인지행동치료를 받으면 공황발작이 줄어들 수 있다고 말해 주었어요. 저한테 도움이 될까요?" 전화를 건 환자는 단도직입적으로 질문을 하였다. 전화를 통해 치료자에게 인지행동치료에 대해 질문하는 목소리가 매우 확고하면서도 자신감 있게 들렸다. 그녀는 최근에 경험했던 일에 대해서 솔직하게 털어놓으면서 그 일을 계기로 전화를 걸게 되었다고 말했다. "제 이름은 린다이고, 나이는 서른두 살이에요. 비행기 타는 것을 무서워하는 것만 빼고는 스스로 통제할 수 없는 문제는 없어요. 저는 전화회사에서 마케팅 전문이사로 일하고 있고, 항상 제 직업에 만족해 왔어요. 물론 두 달 전까지만 해도 그랬다는 말이죠. 저는 두 달 전에 서부 지역 총감독으로 발령을 받았어요. 그래서 비행기를 타고 서부 지역 여기저기를 다녀야 하는데, 생각만 해도 식은땀이 나더라고요. 승진을 포기하려고 했는데 친구가 선생님께 먼저 전화를 해 보라고 하더군요. 도와주실 수 있나요?"

첫 번째 만남에서 린다는 예약시간보다 일찍 도착하였다. 서류가방과 노트북을 들고 배울 준비를 갖추고 왔다. 그녀는 지금까지 항상 비행기를 무서워했다고 말했다. 어머니도 비행기 타는 것을 피했으므로 어머니에게 물려받은 두려움이 아닌가 생각하고 있었다. 공황발작은 8개월 전 승진하기 전부터 시작되었다.

린다는 첫 공황발작이 일어난 때를 잘 기억했는데, 토요일 슈퍼마켓에서 장을 보다가 자기도 모르는 사이에 심장이 뛰는 것을 발견했다고 했다. 린다는 심장이 왜 뛰는지 알 수 없어서 상당히 두려워졌다. 두려워서 식은땀을 흘린 것은 난생 처음이었다. 당시에는 자신이 심장발작을 일으키는 줄 알고 병원 응급실로 달려갔다. 일련의 검사를 한 결과 심장발작이 일어난 것이 아니었고, 신체적으로는 건강했다.

린다는 최근 승진하기 전까지는 한 달에 한두 번쯤 공황발작을 일으켰다. 승진한 후에는 일주일에도 여러 번 공포감에 휩싸이게 되었다. 심장이 아주 빨리 뛰었으며, 땀이 났고, 숨 쉬기도 힘이 들었다. 비행기에 탑승했을 때 말고도 이 까닭 없는 공포감은 '그냥 아무 이유 없이 나타났고, 심지어는 집에 있을 때도 나타났다.' 그리고 몇 분간 지속되다가 시작할 때와 마찬가지로 갑자기 사라졌다. 그녀는 공황발작이 끝난 후에도 몇 시간 동안은 '신경이 곤두서' 있곤 했다.

"저는 제 힘으로 독립해서 살고 있어요. 작은 아파트도 구했고요. 좋은 친구들도 있고 가족들도 저에게 잘해 주죠. 술도 안 마시고 마약도 안 해요. 항상 잘 살아왔는데 왜 이런 일이 일어나는 거죠?" 실제로 린다는 행복한 삶, 열심히 일하는 균형 잡힌 삶을 살아왔다. 일 년 전 아버지가 돌아가신 일이 이제까지 겪었던 일 중에서 가장 힘든 일이었을 뿐이다. 린다는 아버지가 보고 싶기는 했지만, 가까운 곳에 살고 있는 어머니와 두 남동생에게 위안을 얻었다. 린다는 직장에서 일이 많았지만, 일에서 오는 압박감을 나름대로 즐겼다. 다만 그녀의 근무 성적이나 다른 사람들의 평가에 대해 걱정을 많이 했다.

린다가 공황발작에 시달리는 이유는 무엇일까? 이 책을 통해 앞으로 린다가 공황발작의 원인을 발견하고 이해하는 과정을 보게 될 것이다. 린다는 자신의 신체반응, 생각 및 행동이 서로 연관되어 있다는 것을 배우게 됨에 따라 공황과 공포심을 극복하였을 뿐 아니라 자주 비행기를 타고 출장을 다닐 수 있게 되었다.

린다의 문제 이해하기

린다는 공황발작과 걱정, 비행기 타는 것에 대한 공포증을 가지고 있었는데, 이는 모두 불안과 관련이 있는 문제다. 불안도 [그림 2-1]의 모델로 이해할 수 있을까? 다섯 영역에 걸쳐 린다의 경험을 요약해 보도록 하자.

상황: 아버지의 사망, 직장에서 승진함

신체반응: 식은땀, 심장이 뜀, 숨 쉬기가 어려움, 안절부절못함

기분: 두려움, 불안초조, 공황

행동반응: 비행기 타기를 회피함, 승진을 포기할 것을 고려함

생각: '심장발작이 일어나는 것 같다.' '나는 죽어 가고 있다.' '일이 잘못될 때 제대로 대처하지 못하면 어떡하지?' '비행기를 타면 나쁜 일이 일어날 것이다.'

보다시피, 5요인 모델은 우울증뿐 아니라 불안도 설명할 수 있다. 그러나 불안과 우울 사이에는 차이가 있다는 점에 주의해야 한다. 우울증의 경우, 신체반응이 대체로 느려지는데 잠을 이루지 못하는 것, 피로감을 느끼는 것 등으로 나타난다. 불안의 경우에는 대체로 신체반응이 빨라지며, 심박 수가 증가하고 땀이 많이 나고 안절부절못하는 것으로 나타난다. 우울증에 따른 주요한 행동 변화는 활동에 어려움을 느끼거나 사람들로부터 멀어지는 경우가 많다. 린다는 사람들을 만나는 것이나 일에 대해서는 즐겁게 생각한다고 했다. 그러나 자신을 불안하게 만드는 상황은 피해 다녔다. 불안에서는 회피반응이 행동에서 가장 흔히 나타나는 변화다.

마지막으로, 우울한 상태와 불안한 상태에서 나타나는 생각도 차이가 많이 난다. 벤의 사고는 우울한 사람의 사고방식을 잘 나타내고 있는데, 전반적으로 부정적이며, 희망이 결여되어 있고, 자기비판적이다. 린다의 사고는 불안의 전형적인 양상을 보여 준다. 끔찍한 재앙이 올 것이라는 생각('심장발작이 일어나고 있다.')과 전반적인 걱정('일이 잘못될 때 제대로 대처하지 못하면 어떡하지?')과 미래에 닥칠 구체적인 상황(비행기를 타는 것)에 대한 걱정을 더 많이 한다. 우울한 사람들의 사고는 주로 과거와 현재에 초점을 맞추는 데 비해, 불안한 사람들의 사고는 현재와 미래에 초점을 맞춘다.

여러 가지 기분상태에서 나타나는 고유한 특징들에 대해서는 13장, 14장, 15장에 자세히 요약되어 있다. 13장에는 우울증에서 흔히 나타나는 증상에 대한 설명과 함께 척도가 있고, 14장에는 불안 증상에 대한 설명과 척도가 있다.

더 이상 살 가치가 없는 것 같아요: 마리사의 사례

마리사는 우울증이 심했다. 치료자와의 첫 만남에서 마리사는 기분이 점점 더 나빠지고 있으며 자신을 통제하는 것이 어렵다고 털어놓았다. 그리고 지난 6개월 동안 우울증이 악화되었다고 말했다. 그녀는 우울증 때문에 겁이 났다. 예전에도 심각한 우울증에 걸린 적이 두 번 있었고(한 번은 18세 때였으며, 한 번은 25세 때였다), 두 번 다 자살을 시도하였다. 눈물을 글썽거리면서, 그녀는 소매를 걷어 올리고 첫 번째 자살시도 때 생긴 흉터를 보여 주었다.

마리사는 6세에서부터 14세가 될 때까지 아버지에게 성적 학대를 당했다고 말했다. 14세에 부모가 이혼을 했다. 마리사는 이때부터 벌써 자신에 대해 부정적인 생각을 가지고 있었다. "틀림없이 내가 나쁜 사람이기 때문에 아버지가 나한테 그런 상처를 주었을 것이라고 생각했어요. 다른 애들과 친해지는 걸 두려워했는데, 친구들이 그 일에 대해 알게 되면 저를 괴물이라고 생각할 것 같았어요. 저에게 상처 줄까 봐 어른들을 무서워했고요."

마리사는 집에서 나올 기회가 생기자 얼른 나왔다. 자존감이 낮았던 그녀는 첫 번째 남자친구였던 칼과 아이를 갖게 되자 그냥 결혼하였다. 그로부터 3년이 지나 두 번째 아이가 태어난 직후에 이혼하였다. 23세에 시작한 두 번째 결혼생활은 2년밖에 가지 않았다. 남편은 둘 다 알코올중독자였으며, 마리사를 신체적으로 학대하였다.

마리사는 두 번째 이혼 이후 18개월 동안 우울증을 겪었다. 그러나 이 절박한 상황을 극복한 후, 보다 강해진 느낌을 받았다. 그녀는 남편 없이 혼자서 아이들을 키우는 편이 훨씬 낫겠다고 생각했다. 그리고 이웃에 있는 놀이방에 아이들을 맡겨 놓고 직장을 다니면서 아이들 뒷바라지를 하였다. 그녀는 자상한 어머니였으며, 아이들을 자랑스럽게 생각하였다. 현재 19세인 큰아이는 근처에 있는 대학에 다니고 있고, 둘째 아이도 고등학교에 다니고 있는데 학교생활을 잘하고 있다.

36세가 된 지금, 마리사는 제조공장의 인사부에서 일하고 있다. 그녀는 직업여성으로, 어머니로 성공하였음에도 자신에 대해 비판적이었다. 그녀는 첫 번째 만남에서 시선을 마주치지 않으려 했으며, 무릎 위에 손을 포개고 앉아 손만 들여다보고 있었다. 그녀는 낮고 단조로운 목소리로 말했고, 웃지 않았다(그녀는 자신이 '가치 없는 사람'이며 자신의 미래는 암담할 것이라고 말하면서 눈물을 글썽거렸다). "자살에 대한 생각을 점점 더 많이 하게 됐어요. 애들도 이제 혼자 살 수 있을 만큼 다 컸고요. 제 고통은 끝나지 않을 거예요. 유일한 해결책은 죽는 거예요."

치료자는 그녀의 생활에 대하여 물어보았고, 그녀를 괴롭히는 것들이 무엇인지 질문하였다. 그러자 마리사는 하루 종일 심한 우울감과 슬픔을 경험한다고 하였다. 지난 6개월 동안 우울증이 심해지면서 일을 하거나 집중하는 데 어려움이 많아졌다고 하였다. 그녀는 직장 상사로부터 일을 제때 마치지 못한 것, 일의 양과 질이 떨어지는 것에 대하여 두 차례 지적당했고, 한 번은 경고장을 받았다고 했다. 그녀는 점점 더 피곤을 느꼈으며, 일하고 싶은 마음도 더욱 줄어들었다고 말했다.

집으로 돌아가면 혼자만 있고 싶어 하고, 전화도 받지 않았으며, 가족이나 친구들과도 이야기하지 않는다고 했다. 그녀는 아이들을 위해 최소한의 식사를 준비한 후, 문을 닫고 방에 들어앉아 잠이 들 때까지 텔레비전을 본다고 했다.

마리사는 첫 번째 약속시간에 왔을 때 인지행동치료에 대해 특별한 희망을 걸고 있지는 않지만, 주치의에게 한번 해 보겠다고 약속했다. 그녀는 인지행동치료가 마지막 희망이고, 만일 이 치료법도 효과가 없다면 남은 길은 자살밖에 없다고 생각하였다. 말할 것도 없이, 치료자는 그녀가 몹시 걱정되어 가능한 한 빨리 마리사의 기분이 좋아지도록 돕고 싶었다. 그녀가 과거에 약물치료를 받고도 별 효과를 보지 못했던 경험이 있기는 하지만, 치료자는 약물치료가 도움이 될지 정신과 의사에게 자문을 구하였다. 마리사와 치료자는 다음 주 동안 그녀의 기분과 행동을 계속 체크하기로 약속하고, 그녀의 기분과 행동 사이에 관련성이 있는지 확인해 보기로 했다.

마리사의 문제 이해하기

마리사의 문제를 이해하기 위해 [그림 2-1]에 있는 5요인 모델을 사용해 보자. 마리사와 벤은 사고 패턴, 기분, 행동, 신체반응에서 유사성이 있음을 알 수 있다. 그러나 마리사의 경우는 우울증에 영향을 미치는 삶의 상황이 초기 아동기로 거슬러 올라간다는 점에서 다르다.

다음은 마리사와 치료자가 5요인 모델을 사용하여 그녀의 우울증을 어떻게 이해했는지 살펴본 것이다.

상황: 아버지로부터 성적으로 학대를 당함, 두 남편이 알코올중독자였으며 신체적으로 학대를 당함, 사춘기 자녀 두 명을 혼자서 키움, 직장 상사로부터 부정적인 피드백을 받음

신체반응: 거의 매일 피로감을 느낌

기분: 우울함

행동: 직장일을 하는 데 어려움을 겪음, 가족이나 친구들을 피함, 자주 울고, 손목을 긋고, 자살을 시도함

생각: '나는 쓸모없다.' '나는 실패작이다.' '나는 절대로 나아지지 않을 것이다.' '내 삶에는 희망이 없다.' '자살하는 편이 나을 것이다.'

마리사가 살아오면서 힘든 경험을 많이 했으므로 그녀가 우울증에 걸린 것은 운명이라고 생각하는 사람들도 있을 것이다. 그러나 나중에 보겠지만, 이것은 사실이 아니다.

더 완벽해질 수 있도록 도와주세요: 빅의 사례

49세의 빅은 회사에서 마케팅 전문이사로 있다. 그는 자신이 알코올중독자라는 사실을 깨닫고 알코올중독자모임(Alcoholics Anonymous: AA)에 가입했으며, 그로부터 3년이 지나 심리치료를 시작하였다. 그는 180cm가 넘는 장신에 몸은 운동으로 다져져 있었다. 그는 첫 번째 약속시간에 회색 줄무늬 양복에 자주색 넥타이를 매고 왔다. 잘 다듬은 머리에서부터 반짝반짝 윤이 나는 구두에 이르기까지 그의 차림새는 완벽하였다.

갑자기 술이 마시고 싶어질 때가 자주 있지만, 그는 3년 동안 단 한 방울도 술을 입에 대지 않았다. 술을 마시고 싶은 충동은 슬프거나 불안하거나 화가 났을 때 가장 강하게 일어났다. '이런 기분을 더 이상 견딜 수 없어. 술을 한잔하면 기분이 좋아질 거야.'라는 생각이 들 때도 종종 있었다. 그는 AA 모임에 꾸준히 나가지는 않았으며, 술을 참는 일이 무척이나 힘들었다.

빅은 기분이 저조한 때가 종종 있었으며, 그 기간에 자신이 '쓸모없는 사람' '가치 없는 사람' '실패작'이라고 생각했다. 기분이 불안하고 초조할 때도 많았다. 빅은 회사에서 좋은 평가를 받고 있고, 작업목표를 초과하여 일을 하면서도, 불안에 시달리는 동안에는 직장에서 쫓겨날까 봐 줄곧 걱정을 하였다. 사무실에 앉아 있다가 전화벨이 울리면, 자신을 해고하겠다는 사장의 전화로 생각해 가슴이 덜컥 내려앉았다. 전화의 내용이 그게 아니면 의외라고 생각하면서도 안심이 되었다.

그는 주기적으로 분노가 폭발하는 문제와도 씨름하고 있었다. 비록 자주 일어나지는 않았지만, 이런 일이 일어나면 아내인 주디와의 관계에 매우 파괴적인 영향을 미쳤다. 그는 다른 사람이 자기를 존중하지 않고 무시하거나 불공평하게 대하거나 홀대하거나 자신과 가까운 사람이 자기의 기분을 배려해 주지 않는다고 느낄 때 화가 빨리 났다. 직장에서는 화를 잘 참았지만, 이런 상황이 집에서 일어나면 금방 성질을 부리며 화가 폭발했다. 격렬한 분노를 폭발한 다음 수치심이 강하게 들고 후회하면서 자신이 무가치하다는 생각을 더 하게 되었다.

그는 25년에 걸친 술과의 싸움이 자신의 부적절감, 낮은 자존감, 무엇인가 '끔찍한' 일이 생길 것 같은 기분 때문에 생겨난 것이라고 설명하였다. 술을 마시면 기분전환이 되었고, 자신이 보다 강하고 '통제력이 있는' 사람처럼 느껴졌다. 그러나 술에서 깨어나면 술이 감추어 주었던 무가치감, 불안감, 낮은 자존감이 표면으로 올라왔다.

치료를 시작한 지 얼마 후, 빅은 자신이 부정적인 기분을 다스리기 위해 완벽주의자가 되었음을 깨달았다. 그는 부모에게서 다음과 같은 얘기를 많이 들었다. "실수를 저지르는 것은 나쁜 일이다." "무슨 일이든 하려면 제대로 해라." 그리고 빅은 결론지었다. "완벽하지 않으면 실패하는 것이다." 빅에게는 학교 최고의 운동선수이며, A학점만 받는 형 더그가 있었다. 빅은 어려서부터 자신이 얼마만큼 뛰어나게 성취하는가에 따라 부모님의 인정과 사랑을 받을 수 있다고 생각하곤 했다. 부모님은 빅에게도 여러모로 사랑을 베풀었다. 그러나 빅은 부모님이 자신을 형만큼 자랑스럽게 생각하고 있지 않다는 느낌을 받았다. 그는 학교에서도, 스포츠에서도 최고가 되어야겠다는 압박감에 시달렸다. 어느 해인가 빅은 중요한 미식축구 경기에서 터치다운을 했다. 그러나 그 경기에서 터치다운을 두 번이나 한 친구가 있었기 때문에 기분이 좋지 않았다. 아무리 좋은 성과를 거두었다고 해도 최고가 아니면 안 되었던 것이다.

어른이 되면서 최고가 되는 일은 점점 더 힘들어졌다. 빅은 남편, 아버지, 마케팅 책임자로서의 역할을 모두 수행해야 했고, 늘 자신이 그 역할들을 얼마나 잘했는지 스스로 평가했다. 어떤 분야에서도 자신이 완벽하다고 느끼기는 힘들었다. 그리고 끊임없이 남이 자신을 어떻게 평가할지에 대해 걱정하곤 했다. 윗사람에게 잘 보이기 위해 근무시간을 초과하여 일을 한 후 집으로 돌아가는 길에서 아내와 아이들이 섭섭해하지는 않을까 걱정했다.

빅은 자신에 대해 보다 긍정적으로 생각하고 싶었고, 또한 자신감을 키우고 싶어서 치료를 받으러 왔다. 술 끊는 일도 도움을 받고 싶었다. 첫 시간 치료를 마치고 나자 빅은 웃으면서 치료자에게 말했다. "그냥 저를 완벽하게만 만들어 주시면 됩니다. 그러면 저도 완벽하게 행복해질 테니까요." 치료자는 빅이 완벽해지기보다는 자신의 현재 모습에 만족하는 것이 치료목표가 될 것이라고 이야기했다. 빅은 억지로 받아들이는 척하며 마지못해 고개를 끄덕였다.

빅의 문제 이해하기

때로 우리는 한 가지 이상의 강한 기분을 경험하기도 한다. 빅은 우울과 불안을 동시에 경험하고 있었으며, 주기적인 분노폭발을 보였다. 빅과 치료자가 5요인 모델을 사용하면서 살펴보니 벤과 마리사의 경우(우울)와도 유사점이 있고 린다의 경우(불안)와도 유사점이 있었다.

상황: 3년간 술을 끊고 있는 상태임, 일생 동안 (부모와 자신에 의해) 최고가 되어야 한다는 압박감을 느끼고 있음

신체반응: 불면증에 시달림, 위장장애

기분: 불안, 우울, 분노, 스트레스를 받음

행동: 음주 충동을 참는 데 어려움이 있음, 가끔씩 AA 모임에 나가기를 회피함, 모든 일을 완벽하게 하려고 함

생각: '나는 쓸모없는 사람이다.' '나는 무가치하다.' '나는 실패작이다.' '나는 부적절하다.' '끔찍한 일이 일어날 것이다.' '실수를 한다면 나는 쓸모없는 사람이 된다.' '누군가 날 비판하면 나를 깔아뭉개는 것이다.'

보다시피, 빅은 부정적이며 자기비판적인 사고(우울증의 전형)를 하며, 걱정이 많고, 자신에 대해 불확실하게 느끼며, 재앙이 일어날 것으로 예측한다(불안의 전형). 이에 더해 그의 사고에는 공평함, 존중받지 못함, 다른 사람에게 홀대받음 등의 주제가 나타나고 있다(분노의 전형). 잠을 잘 못자는 것이나 위장장애가 있는 것은 우울과 불안의 반응이기도 하며, 분노와 스트레스의 결과이기도 하다. 이 세 가지 기분 중에 불안이 빅을 가장 자주 힘들게 했다. 린다와 같이 빅은 불안과 관련된 상황들만 회피하였다. 벤과 마리사 역시 우울할 때 많은 상황을 회피하였다.

이 다섯 영역이 당신의 삶에서 어떻게 상호작용하고 있는지 더 잘 이해하기 위해 다음에 제시한 작업기록지 2.1을 작성해 보기 바란다.

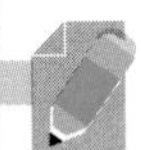

연습과제: 자신의 문제 이해하기

벤, 마리사, 린다, 빅의 사례에서 보았던 것처럼 당신도 이제 삶의 다섯 영역, 즉 상황, 신체반응, 기분, 행동, 생각에서 어떤 것을 경험하고 있는지 잘 살펴보라. 이 연습을 통해 자신의 문제를 스스로 이해해 볼 수 있다. 작업기록지 2.1에 각각의 영역에서 최근에 겪었던 변화가 있으면 적어 보고, 아니면 오랫동안 경험해 온 문제를 적어 보라.

작업기록지 2.1: 자신의 문제 이해하기

상황: ______________________________

____

신체반응: ______________________________

____

기분: ______________________________

____

행동: ______________________________

____

생각: ____

____

출처: *Mind Over Mood, Second Edition*. Copyright 2016 by Dennis Greenberger & Christine A. Padesky. 이 책의 구매자는 이 작업기록지를 복사하거나 다운로드 받을 수 있음.

작업기록지 2.1을 작성해 보면서 삶의 다섯 영역이 서로 관련되어 있다는 것을 알게 되었는가? 환경이나 생활의 변화가 다른 네 영역에 영향을 미치고 있는가? 행동이 기분이나 생각과 관련되어 있는가? 많은 사람에게 이 다섯 영역은 서로 관련되어 있다. 좋은 소식은 이렇게 다섯 영역이 서로 관련되어 있기 때문에 한 영역에서의 조그만 긍정적인 변화가 다른 영역에서도 긍정적인 변화를 일으킬 수 있다는 점이다. 치료에서 우리는 삶의 전반에 긍정적인 변화를 이끌어 낼 수 있는 가장 적은 변화가 무엇인지 찾아본다. 여러 영역에서의 작은 변화가 기분을 개선하는 데 필요하지만, 긍정적인 삶의 변화가 지속되기 위해서는 무엇보다 생각이나 행동에서의 변화가 가장 중요하다. 다음 몇 장에서는 그 이유를 알아보기로 하자.

2장 요약

- 모든 문제에는 상황, 신체반응, 기분, 행동, 생각의 이 다섯 가지 요인이 있다. 다섯 가지 요인은 서로 영향을 미치고 또 상호작용한다.
- 각 요인은 다른 요인과 서로 영향을 미친다.
- 한 부분에서 작은 변화가 일어나면 다른 부분에도 영향을 미친다.
- 자신의 문제에 대해 다섯 가지 요인을 파악하면 그것을 새로운 관점에서 이해하게 되고 삶에 긍정적인 변화를 어떻게 이루어야 할지 아이디어를 얻을 수 있다(작업기록지 2.1).

3장

생각의 중요성

2장에서는 생각, 기분, 행동, 신체반응이나 상황이 어떻게 서로 연관되어 있는지 살펴보았다. 이 장에서는 기분을 개선시키고 싶을 때, 무엇보다도 가장 먼저 다뤄야 할 부분이 바로 생각이라는 점에 대해 배워 보겠다. 이 장에서는 자신의 생각을 보다 잘 알게 되면 다양한 삶의 영역에 얼마나 많은 도움이 되는지 설명하겠다.

'생각과 기분의 관련성'은 무엇인가

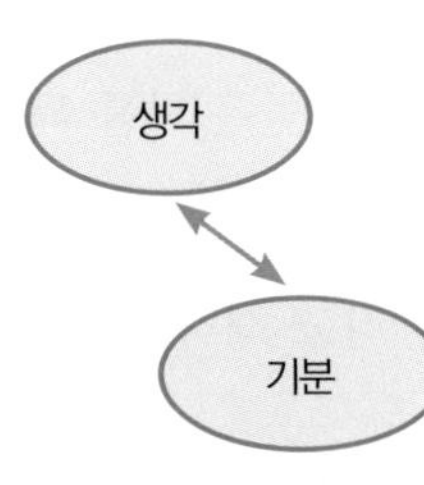

우리가 어떤 기분을 느낄 때 거기에는 생각이 연결되어 있다. 이 생각은 기분을 파악하는 데 길잡이 역할을 한다. 한 가지 예를 들어 보자. 당신이 파티에 갔다가 알렉스라는 사람을 소개받았다고 하자. 당신이 이야기를 하는데, 그는 당신을 쳐다보지 않는다. 이야기를 잠깐 하는 동안 당신을 쳐다보기는커녕 어깨너머로 다른 곳을 바라보고 있다. 다음에 이와 같은 상황에서 당신이 할 만한 생각 세 가지를 나열하고 각각의 생각 옆에 네 가지 기분을 보기로 들었다. 알렉스의 반응에 대해 생각해 볼 수 있는 여러 해석을 살펴본 후, 그런 생각을 했을 때 어떤 기분이 들겠는지 동그라미를 쳐 보라.

생각: 알렉스는 무례하다. 그는 나를 무시하고 모욕하고 있다.

느낄 기분(하나에 동그라미 치라): 짜증 난다 슬프다 불안하다 동정심을 느낀다

생각: 알렉스는 나에게 관심이 없다. 나는 모든 사람을 지루하게 만든다.

느낄 기분(하나에 동그라미 치라): 짜증 난다 슬프다 불안하다 동정심을 느낀다

생각: 알렉스는 수줍음을 많이 타는 것 같다. 날 쳐다보는 것이 너무 불편한가 보다.

느낄 기분(하나에 동그라미 치라): 짜증 난다 슬프다 불안하다 동정심을 느낀다

이 예를 보면, 우리가 경험하는 기분이 우리의 생각에 따라 달라진다는 것을 알 수 있다. 한 사건에 대해 어떤 생각이나 해석을 하는가에 따라 동일한 상황에 대해서도 다른 기분을 느낄 수 있음을 알 수 있다. 기분이 불쾌해질 수도 있고, 나쁜 결과가 뒤따르는 행동(예: 알렉스에게 무례하다고 말함)을 저지르게 될 수도 있다. 따라서 당신이 스스로 어떤 생각을 하고 있는지 살펴보고, 행동하기 전에 그 생각이 정확한지 따져 보는 것은 매우 중요하다. 만일 알렉스가 수줍음을 타고 있었다면 그가 무례하다고 생각하는 것은 정확한 판단이 아니며, 화를 내거나 짜증을 부리면 나중에 후회하게 될지도 모른다.

사람들이 거의 같은 기분을 느끼리라고 생각되는 상황(예: 실직을 당하는 경우)도 있다. 그러나 사람들이 가지고 있는 신념이나 그 상황에 부여하는 의미에 상당한 개인차가 있기 때문에, 아주 다른 기분을 느낄 수 있다. 실직을 당한 사람을 예로 들어 보자. '나는 실패작이야.'라고 생각하면서 우울해할 사람도 있으며, '그 사람들은 나를 해고할 권리가 없어. 이건 차별이야.'라고 생각하면서 화를 낼 사람도 있다. 어떤 사람은 '잘된 일은 아니지만, 드디어 새로운 직업을 시도해 볼 기회가 왔어.'라고 생각하면서 불안과 기대를 함께 느낄 수도 있다.

주어진 상황에서 어떤 기분을 느낄지 결정하는 것은 바로 우리의 생각이다. 일단 어떤 기분이 들면 그 기분을 지지하거나 강화하는 부가적인 생각들이 따라오게 되어 있다. 예를 들면, 화가 난 사람은 자신이 어떻게 부당하게 대우받았나에 대해서만 생각하며, 우울한 사람은 자신의 삶에서 부정적인 부분만 생각하고, 불안한 사람은 위험에 대해서만 생각한다. 이것은 강한 감정을 느낄 때 우리의 생각이 언제나 틀렸다는 것을

의미하지는 않는다. 그렇지만 우리가 어떤 감정을 강하게 느낄 때 기분이나 신념과 맞지 않는 정보를 왜곡하거나 과소평가하거나 무시할 가능성이 높다. 사실 어떤 기분을 강하게 느낄수록 생각도 극단적으로 될 가능성이 높다.

예를 들어, 우리가 파티에 가기 전에 약간 불안하게 느끼면 다음과 같은 생각을 할지도 모른다. '새로운 사람을 만날 때 무슨 말을 해야 할지 잘 모를 거야. 그럼 정말 어색하게 느끼겠지.' 그렇지만 매우 불안하게 느끼면 우리 생각은 '나는 무슨 말을 해야 할지 모를 거야. 그럼 얼굴이 홍당무처럼 빨개지고 사람들 앞에서 완전 바보짓을 하게 될 거야.'와 같이 된다. 더군다나 이런 순간에는 전에 파티에 여러 번 가 봤고, 새로운 사람들을 만날 때 무슨 말을 해야 할지 생각해 내고 좋은 시간을 보내고 왔다는 점은 생각나지 않을 것이다. 우리 모두는 때때로 이와 같이 생각한다. 이 점이 바로 우리가 아주 힘든 기분을 느낄 때 생각을 살펴보는 것이 왜 도움이 되는지 말해 준다. 우리의 생각을 잘 살펴보게 되면 생각이 기분에 영향을 미친다는 것을 알 수 있다. 다음 예에는 마리사의 생각이 그녀의 우울감을 어떻게 더 악화시켰는지가 잘 나와 있다.

생각과 기분의 관련성: 마리사의 사례

마리사는 스스로를 매력 없는 여자라고 생각한다. 그리고 이러한 믿음을 확고하게 가지고 있다. 남자들을 사귀면서 좋지 않은 경험을 한 적이 많기 때문에 그녀는 누군가가 자신을 진심으로 사랑해 줄 것이라고는 상상조차 하지 않는다. 이러한 믿음을 가지고 있으면서 동시에 남자친구를 사귀려고 하다 보니 기분이 쉽게 우울해진다. 훌리오라는 직장 동료가 그녀에게 매력을 느끼지 시작했을 때 그녀가 이것을 어떻게 경험했는지 살펴보자.

- 직장에 있는 동안 훌리오에게서 전화가 자주 걸려 오자 친구가 그녀를 놀린다. "마리사, 너를 좋아하는 사람이 생겼나 보지!" 마리사가 대답한다. "무슨 소리야. 그 사람이 그렇게 자주 전화하는 것도 아니잖아."(긍정적인 정보를 알아차리지 못함)
- 훌리오가 그녀를 칭찬하자 이렇게 생각한다. '일을 같이 하는 사람끼리 사이좋게 지내려고 이런 얘기를 할 거야.'(긍정적인 정보를 과소평가함)
- 훌리오가 점심을 같이 하며 이야기하자고 청하자 이렇게 생각한다. '내가 프로젝

트를 잘 설명하지 못하니까 시간을 따로 내는 걸 거야.'(성급하게 부정적인 결론을 내림)

- 점심식사를 하면서 홀리오는 자신과 마리사가 둘 다 프로젝트를 매우 창의적으로 해냈다고 말했다. 그러면서 프로젝트를 하면서 그녀와 시간을 더 보내게 되어 아주 즐거웠다고 말했다. 그리고 그녀에게 마음이 있다는 이야기도 한다. 그 순간 마리사는 생각한다. '아마 그는 모든 사람에게 이렇게 말하겠지. 저 말을 그냥 믿어서는 안 돼.'(긍정적인 피드백을 과소평가함)

마리사는 자신이 매력 없다고 확신하고 있었기 때문에 이 신념과 반대되는 정보는 무시하거나 왜곡하였다. 그녀는 아주 우울했기 때문에 그녀의 기분을 좋게 해 주는 사람들의 긍정적인 말을 믿을 수가 없었다. 믿음에 어긋나는 정보를 무시하는 행동은 훈련을 통해 바꿀 수 있다. 마리사의 경우, 자신이 매력적이라는 긍정적인 정보를 받아들이는 방법을 학습한다면 좋은 일이 생길 수 있을 것이다.

'생각과 행동의 관련성'이란 무엇인가

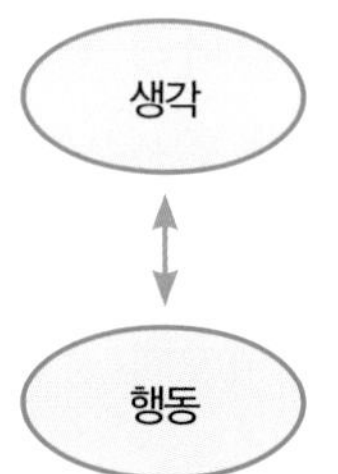

우리의 생각과 행동은 아주 밀접하게 연결되어 있다. 예컨대, 어떤 일이 가능하다고 믿는 만큼 그 일을 할 때 성공할 가능성도 높다. 운동선수들은 오랫동안 사람이 1마일을 4분 안에 달리는 것이 불가능하다고 믿어 왔다. 전 세계에서 열리는 육상경기마다 최고의 육상선수들이 1마일을 달리는 데 4분 이상이 걸렸다. 그런데 로저 배니스터라는 영국 선수가 4분대 기록을 깨 보고자 자신의 달리기 방식과 전략을 바꾸는 시도를 하였다. 그는 보다 빨리 달리는 것이 가능하다고 믿었다. 그리고 이와 같은 목표를 이루기 위하여 여러 달 동안 자신의 달리는 패턴을 바꾸는 데 노력을 쏟았다. 1954년, 로저 배니스터는 처음으로 4분 안에 1마일을 달린 사람이 되었다. 성공할 수 있다는 믿음이 행동을 바꾸는 데 기여한 것이다.

놀랍게도, 배니스터가 기록을 깬 이후 전 세계에서 최고의 육상선수들이 4분 이내에 1마일을 돌파하게 되었다. 배니스터의 경우와는 달리, 다른 선수들은 이제까지 달리던 방식을 바꾸지도 않았다. 바꾼 것이 있다면 자신들의 생각이었다. 더 빨리 달리는 것이 가능하다고 생각하자, 이 생각에 뒤따라 행동 변화가 일어난 것이다. 물론, 더 빨리 달릴 수 있다는 사실을 아는 것만으로 모든 사람이 그처럼 달릴 수 있게 되는 것은 아니다. 생각과 행동은 다른 것이다. 그렇지만 어떤 일이 가능하다고 믿으면 믿을수록, 그 일을 시도할 가능성이나 성공할 가능성은 높아지는 것이다

매일 우리의 행동에 영향을 미치는 '자동적 사고'가 있다. 자동적 사고란 어떤 상황에서 저절로 머리에 떠오르는 생각이나 이미지를 말한다. 예를 들어, 온 가족이 한자리에 모였다고 상상해 보자. 음식은 방금 다 차려졌고, 어떤 사람은 뷔페 테이블로 가서 음식을 덜고 있으며, 어떤 사람은 자리에 앉아 이야기를 나누고 있다. 당신은 약 10분 동안 사촌과 이야기를 하고 있다. 다음에 나열된 생각들을 살펴본 후, 만약 당신이 이와 같이 생각했다면 어떤 행동을 했겠는지 적어 보라.

생각	행동
지금 나가지 않으면 음식이 다 떨어질 텐데.	________________
대화 도중에 음식을 가지러 급히 나간다면 실례가 되겠지.	________________
할아버지가 접시를 들고 가시는 모습이 힘들어 보이는데.	________________
사촌과 이야기하는 게 퍽 재미있는걸! 이렇게 재미있는 사람은 처음인데.	________________

생각하기에 따라 행동도 달라졌는가?

때때로 우리는 행동에 영향을 미치는 생각들을 자각하지 못한다. 자주 생각들은 너

무나 빨리, 자동적으로, 자각하지 못한 채 일어난다. 우리는 거의 습관적으로 행동하는데, 그 습관에 처음 영향을 미친 생각은 잊힐 수 있다. 예컨대, 우리는 종종 다른 사람이 우리와 의견이 다르면 그냥 져 준다. 이 습관은 아마도 다음과 같은 생각에서 비롯되었을 수 있다. '우리가 서로 의견이 맞지 않으면 그쯤 해 두고 더 이상 따지지 않는 것이 최선이다. 그렇지 않으면 관계가 오래가지 않을 것이다.' 어떤 행동이 틀에 박힌 일상사처럼 자동적으로 일어나면 그 행동을 하게 만든 생각을 자각하지 않게 된다. 벤의 경우 생각과 행동이 어떻게 연관되어 있는지 살펴보자.

생각과 행동의 관련성: 벤의 사례

벤은 친구 루이가 세상을 뜨자 친구들과 점심을 같이 한다든가 그 밖에 친구들과 함께하던 여러 가지 일을 다 그만두었다. 가족들도 처음에는 벤이 루이의 죽음을 슬퍼하느라 친구들을 피하는 것으로만 생각하였다. 그러나 그는 여러 달이 지나도록 친구들과 다시 만나기를 꺼렸다. 아내인 실비는 벤이 집에 틀어박혀 있는 이유가 단순히 기분 때문만은 아니라고 추측하게 되었다.

어느 날 아침, 실비는 벤과 마주 앉아서 왜 친구들이 전화를 하는데 전화를 다시 해주지 않느냐고 물어보았다. 벤은 어깨를 들썩이며 말했다. "그럴 필요가 뭐 있어? 어차피 얼마 안 있으면 죽을 텐데." 실비는 화가 났다. "그렇지만 지금은 살아 있잖아요! 좋아하는 일이 있는데 해야죠!" 그러나 벤은 고개를 저으며 생각했다. '실비는 이해하지 못해.'

실비는 진심으로 이해할 수 없었다. 벤 스스로가 자신의 행동을 이끄는 생각들을 자각하고 있지 못했기 때문에 실비에게 왜 이전에 즐기던 일들을 다 그만두게 되었는지 충분히 설명할 수 없었던 것이다. 자신의 생각을 구체적으로 파악하는 것을 배우게 되자, 벤은 다음과 같은 일련의 생각을 스스로 하고 있다는 것을 깨닫게 되었다. '내 옆의 모든 사람은 죽고 있다. 모든 사람을 결국 잃을 텐데 이런 일들을 해서 뭐하나? 어떤 일을 별로 하고 싶지 않을 때는 해 봤자 별로 즐기지 못할 것이다.' 루이가 죽자, 벤은 자신이 죽을 때가 가까워졌다고 결론을 내렸다. 그의 인생에도 해가 지고 있으며 홀로 본향으로 돌아가야 할 시간이 되었다고 생각했던 것이다.

이와 대조적으로, 실비는 벤과 나이 차이가 많이 나지 않았지만 가능한 한 즐거움을 주는 일들을 많이 하고 인생을 최대한 즐겨야 한다고 생각했다. 그녀는 친구들을 자주 보았고 활동적으로 살았다. 당신이 보다시피, 나이 드는 것에 대해 실비와 벤이 다르게 생각하는 것은 그들의 행동에 큰 영향을 미쳤다.

'생각과 신체반응의 관련성'이란 무엇인가

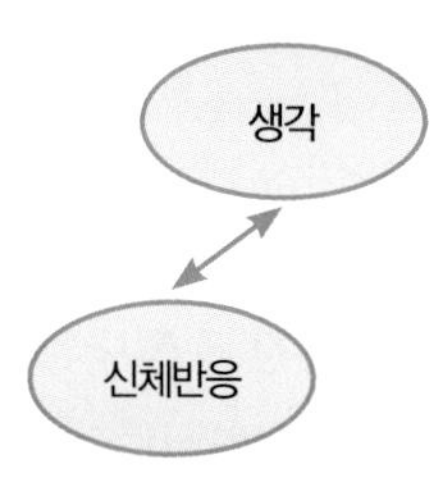

생각은 신체반응에도 영향을 미친다. 당신이 정말 좋은 영화를 보고 있다고 가정해 보자. 당신은 영화를 볼 때 그다음이 어떻게 될지 예상하게 된다. 무서운 장면이나 폭력적인 일이 일어날 것이라고 생각하면 당신의 몸도 비슷하게 반응한다. 심장박동이 빨라지고, 근육이 긴장하면서 숨 쉬는 것도 실제로 달라질 것이다. 한편, 로맨틱한 장면을 생각하면 몸이 따스해지고, 성적으로 흥분되기도 한다.

운동선수들은 생각과 신체반응 사이에 존재하는 강력한 관련성을 활용하도록 훈련을 받는다. 좋은 코치는 팀에게 고무적인 연설을 하여, 선수들이 '달아오르고' 아드레날린이 넘쳐흘러서 결과적으로 최고의 성적을 거두기를 바란다. 올림픽 수영선수들이나 육상선수들의 경우 경기에 참가하고 있는 자신의 모습을 상상하도록 훈련받는다. 연구결과에 따르면, 운동선수들이 이런 생생한 상상을 하면, 실제로 운동할 때 사용하는 근육이 조금씩 수축된다고 한다. 이와 같이 생각-근육의 관련성을 활용하면 운동선수들의 성적이 개선될 수 있다.

생각, 신념, 태도가 건강에 실제로 영향을 미친다는 연구결과도 있다. 한 예로, 당신도 많은 약이나 치료가 '플라시보 효과'로 혜택을 본다는 것을 들었을 것이다. 이 말은 어떤 약이나 치료가 도움이 될 것이라고 기대하면 실제로 도움을 줄 가능성이 높아진다는 것이다. 즉, 어떤 알약이 단지 설탕 성분으로 만들어져 있더라도 그 약이 도움이 될 것이라고 믿으면 증상을 개선할 수 있다는 말이다. 오늘날 뇌 연구결과에 따르면 플라시보 효과는 부분적으로는 우리의 신념이 일종의 두뇌활동을 일으켜 신체적인 반응에 실제적인 변화를 가져오기 때문에 생긴다고 밝혔다.

생각과 신체반응의 관련성: 린다의 사례

우리의 생각이 신체반응에 영향을 미칠 수 있는 것처럼 우리의 신체반응도 생각을 촉발시킬 수 있다. 예컨대, 린다는 층계를 걸어 올라간 후 심장박동이 빨라지고 있는 것을 깨달았다. 린다가 늘 심장에 대해 걱정했기 때문에 린다는 심장박동이 빨라지자 자신이 심장마비를 일으키고 있다고 생각하였다(그림 3-1). 이처럼 두려운 생각을 했기 때문에 온몸이 경계상태에 들어가 호흡이 짧고 얕아지며, 땀이 줄줄 흐르는 등 몇 가지 신체 변화가 일어나게 되었다. 린다의 호흡이 얕아짐에 따라서 심장으로 전달되는 산소량이 줄어들었고, 이 때문에 심장이 더 빨리 뛰게 되었다. 또 뇌로 가는 산소 공급이 줄어들자 어지럽고 멍한 기분이 들게 되었다.

심장마비가 오고 있다는 생각 자체가 린다의 신체반응을 증가시켰고, 그 결과 그녀는 자신이 죽음의 위험에 처해 있다고 생각하게 되었다. 즉, 그녀가 죽어 가고 있다는 생각에 대한 신체반응이 점점 강렬해지면서 린다에게 공황발작이 일어났던 것이다. 얼마 후 린다는 심장발작이 일어나고 있지 않다는 것을 깨달았다. 그녀가 이렇게 생각하자, 신체 증상은 점차 사라졌다.

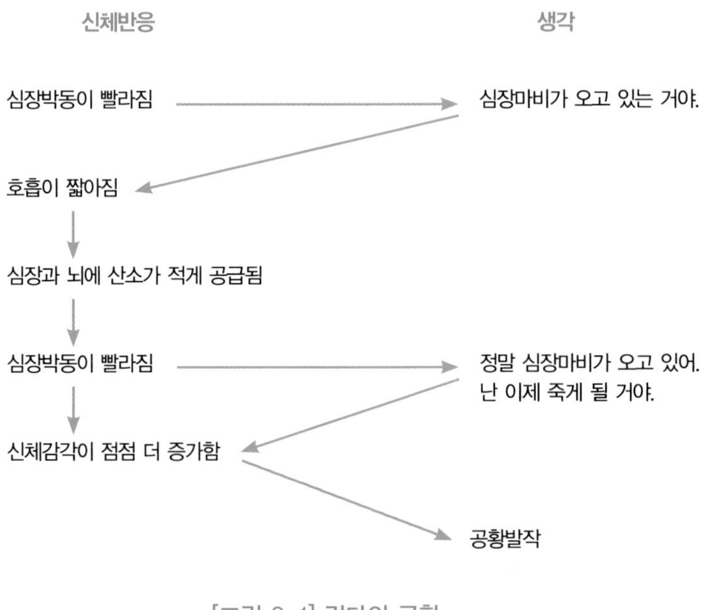

[그림 3-1] 린다의 공황

'생각과 환경의 관련성'이란 무엇인가

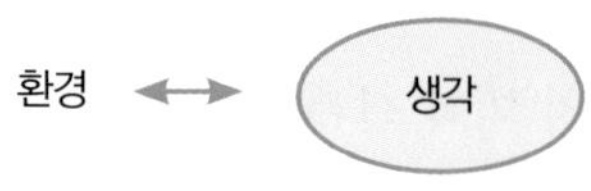

이 장의 첫머리에서 생각이 기분에 미치는 영향에 대하여 살펴보았다. 특정한 생각이나 기분이 어떤 사람들에게는 왜 더 잘 떠오르는지 궁금할 수 있다. 이러한 차이는 생물학적으로 또는 유전적으로 일부 결정된다. 그러나 환경 변화나 인생 경험 역시 우리의 신념이나 기분에 강력한 영향을 줄 수 있다. 우리는 '환경'이나 '인생경험'이란 말을 가족이나 지역사회 심지어는 문화와 같이 우리 외부에서 일어나는 어떤 것을 지칭하는 데 사용한다. 우리는 현재나 과거 경험에 영향을 받는데, 어린 시절부터 현재 이 순간까지 일어나는 모든 일에 영향을 받는다.

마리사는 아동기와 청소년기에 성적 · 신체적 학대를 받은 경험이 있다. 이러한 경험 때문에 그녀는 스스로가 무가치하고, 사람들 마음에 들지 않고, 매력 없으며, 또 남자들은 위험하고 폭력적이며 남을 위할 줄 모른다는 생각을 갖게 되었다. 마리사가 자신의 가치를 깎아내리고 타인의 부정적인 반응을 살피게 된 것은 어린 시절의 경험을 받아들이고 이해하려는 시도의 일환이었다고 이해할 수 있다.

신념을 변화시키는 요인에 외상적 사건만 있는 것은 아니다. 우리가 우리 자신이나 우리 인생에 대해 생각하는 방식은 문화적 배경, 가족, 이웃, 성별, 종교나 대중매체를 통해서도 형성된다. 문화가 우리 신념에 어떤 영향을 미치는지는 우리가 어린 시절 받았던 메시지를 생각해 보면 알 수 있다. 많은 문화권에서 여자아이는 예쁘다고 칭찬을 받고, 남자아이는 힘이 세고 운동을 잘하면 인정을 받는다. 그 결과, 여자아이는 예뻐야 사람들이 좋아한다고 결론을 내리고, 외모만 가지고 자신의 가치를 결정하게 될지 모른다. 한편, 남자아이는 강하고 운동을 잘해야 한다고 믿고, 자기 자신의 운동실력으로 자신을 판단하게 될지도 모른다.

아름답거나 힘이 센 것이 원래 더 좋고 바람직한 것은 아니다. 그러나 서구 문화권에서 살다 보면 이런 생각을 하게끔 된다. 일단 형성되고 나면, 이와 같은 신념은 바꾸기가 매우 어렵다. 따라서 운동을 잘하는 여자아이들은 대부분 자신의 능력을 가치 있게 생각하지 않으며, 음악이나 예술에 소질이 있는 남자아이들은 자신이 축복을 받았다기보다는 저주를 받았다고 생각하기 쉽다.

빅은 부유한 주택가에서 성장했는데, 이 동네에는 주로 성취나 성공 여부만을 중요시하는, 교육 수준이 높은 사람들이 살고 있었다. 빅의 가족이나 학교도 비슷한 가치관을 따랐으며 성취나 우수한 성적을 강조하였다. 빅의 가족, 교사, 친구들은 그가 학교 공부나 미식축구에서 일등을 하지 못하면 실망했으며, 마치 빅이 실패라도 한 것처럼 반응하였다.

자신을 둘러싸고 있는 사람들이 이와 같이 반응하자, 빅은 자신의 성적이 무척 뛰어났음에도 불구하고 항상 자신이 남들보다 부족하다고 생각하게 되었다. 빅은 스스로를 부적절하고 부족하다고 느꼈으므로, 남들 앞에서 어떤 일을 해야 하는 경우 초조해졌다. 그는 운동경기를 앞두고 몹시 두려워했는데, 이기지 못하고 잘하지 못할 위험이 늘 도사리고 있었기 때문이다. 그에게는 운동경기에서 성적이 나쁜 것이 그가 부적절하다는 것을 의미했기 때문이다.

보다시피, 마리사의 어린 시절과 비교할 때 빅의 어린 시절은 깊은 상처를 줄 만큼 아주 힘들었던 것은 아니다. 그러나 빅의 어린 시절 환경은 마리사의 경우와 마찬가지로 빅이 어른이 되어서도 가지고 있는 그만의 독특한 태도나 사고 방식을 형성하는 데 깊은 영향을 미쳤다.

연습과제: 생각과의 관련성 파악하기

작업기록지 3.1을 통해 생각과 기분, 생각과 행동, 생각과 신체반응의 관련성을 파악해 보라.

작업기록지 3.1: 생각과의 관련성

사라는 34세 여성으로 학부모 모임 때문에 학교에 와서 강당 뒷줄에 앉아 있었다. 여덟 살 난 그녀의 아들이 얼마나 교육을 잘 받고 있는지 궁금했고, 또 학교가 안전한지 걱정되어 질문을 하고 싶었다. 사라가 손을 들고 질문하려 할 때, 다음과 같은 생각이 떠올랐다. '사람들이 내 질문을 어리석다고 생각하면 어떡하지? 이렇게 사람들이 많이 모여 있는 곳에서 이런 질문을 해도 될까? 만일 어떤 사람이 내 의견과 다른 의견을 말하면 사람들 앞에서 논쟁을 벌여야 할 텐데, 그러다가 창피나

당하는 것은 아닐까?'

생각/기분 관련성

사라가 했던 생각에 비추어 볼 때, 그녀는 다음 중 어떤 기분을 느꼈을까?(해당되는 것에 모두 표시하라)

☐ 1. 불안

☐ 2. 슬픔

☐ 3. 행복

☐ 4. 분노

☐ 5. 열성

생각/행동 관련성

사라가 했던 생각에 비추어 볼 때, 그녀는 어떻게 행동할 것 같은가?

☐ 1. 학교에 대해 염려되는 바를 큰 소리로 물어본다.

☐ 2. 가만히 앉아 있는다.

☐ 3. 다른 사람과 의견이 다를 때 분명히 이야기한다.

생각/신체반응 관련성

사라가 했던 생각에 비추어 볼 때, 그녀는 다음 중 어떤 신체적 변화를 느꼈을까?

☐ 1. 심장박동이 빨라진다.

☐ 2. 손바닥에 땀이 난다.

☐ 3. 숨 쉬기가 힘들다.

☐ 4. 어지럽다.

사라는 이와 같은 생각을 하면서 불안하고 초조해졌으며, 말 없이 가만히 앉아 있게 되었다. 또 심장박동이 빨라졌고 손바닥에 땀이 났으며, 호흡이 가빠지고 어지럼증을 느꼈다. 당신도 사라가 이런 증상들을 보일 것으로 예상했는가? 사람들이 같은 생각을

한다고 언제나 같은 반응을 보이지는 않는다. 그러나 어떤 생각을 하는가에 따라 기분, 행동, 신체반응이 달라진다는 사실을 인식하는 것은 중요하다.

긍정적으로 생각하면 문제를 해결할 수 있는가

생각이 기분, 행동 및 신체반응에 영향을 미치는 것은 사실이다. 그러나 긍정적으로 생각한다고 해서 삶의 문제가 모두 해결되는 것은 아니다. 불안, 우울, 분노 등을 경험해 본 사람들은 대부분 '긍정적으로 생각하는 일'이 결코 쉽지 않다고 말한다. 사실 긍정적인 생각만 하라는 것은 지나치게 단순화한 것으로, 이런 생각으로는 지속적인 변화를 가져오지 못하며 오히려 중요한 정보를 간과하게 만들 수 있다.

『기분 다스리기』는 그 대신 가능한 모든 정보를 살펴보고 여러 각도에서 문제를 살펴보도록 권장한다. 여러 가지 다른 측면에서 상황을 바라보고 다양한 정보(긍정적, 부정적, 중립적 정보 모두)를 고려하면 문제를 보다 잘 이해할 수 있게 되고 당면한 어려움에 새로운 해결책을 얻을 수 있다.

린다가 비행기를 타야 하는 비즈니스 여행을 계획하고 있는데 단지 '공황발작이 일어나지 않을 거야. 모든 일이 잘 될 거야.'와 같은 긍정적인 사고만 하고 있다고 생각해 보자. 이런 긍정적인 사고만으로는 그녀가 느끼게 될 불안에 대해 준비하지 못할 것이다. 사실 긍정적인 사고만 하고 있다면 불안을 조금만 느껴도 실패한 것처럼 느끼게 될 가능성이 높다. 린다에게 더 나은 해결책은 아마도 그녀가 불안을 느끼리라는 것을 예상하고 그때 어떻게 대처할지에 대해 계획을 세우는 것이다. 우리가 긍정적인 것만 생각한다면 우리가 예상한 것보다 나쁜 상황에 대해 정확하게 예측하지 못하고 대처하지 못할 것이다.

생각의 변화가 기분이 나아지는 유일한 방법인가?

생각을 파악하고 검토하고 대안적 생각을 찾아내는 작업이 인지행동치료와 『기분 다스리기』의 핵심이다. 그러나 신체반응이나 행동의 변화를 이루는 것이 똑같이 중요할 때도 많다. 예를 들어 보자. 장기간 불안에 시달리고 있는 경우에는 불안을 유발하는 상황을 피하게 될 것이다. 불안을 다루는 방법 중에는 불안을 수용하는 것(인지적 전환), 긴장을 푸는 법을 배우는 것(신체적 변화)이나 두려움을 주는 대상에 접근하여 대처하는 법을 배우는 것(행동 변화) 등도 있다. 사람들은 보통 생각의 변화와 함께 회피 행동도 같이 변하지 않는 한 불안을 극복하기 어렵다.

환경이나 생활을 변화시키는 것도 기분이 나아지는 데 도움이 된다. 스트레스를 줄이고 나를 지지해 주는 사람들과 더 많은 시간을 보내며, 이웃 간의 안전을 도모하기 위해 서로 협조하고, 소외나 학대 방지를 위한 고용인 보호 시스템을 이용하는 것 등도 모두 기분이 나아지도록 만드는 환경 변화가 될 수 있다.

삶의 어떤 상황은 너무나 열악하거나 힘들어서 단지 상황에 대해 달리 생각하는 것이 현명한 대안이 아닐 경우도 있다. 예를 들어, 가족구성원에게 학대받는 경우에는 그 상황을 변화시키든지, 아니면 그 상황을 벗어날 수 있도록 도움을 받아야 한다. 생각만 바꾸려고 하는 것은 학대에 대한 적절한 해결책이라 할 수 없다. 학대를 막는 것이 목적이기 때문이다. 이러한 상황에서 생각을 바꾸어 봄으로써 도움을 청해야겠다는 동기를 얻을 수는 있다. 그러나 단순히 학대를 받아들이기로 생각을 바꾸는 것은 최선의 해결책이 아니다.

이 책에 나와 있는 작업기록지를 완성해 나가면서, 당신은 스스로의 생각, 기분, 행동, 신체반응 혹은 환경을 파악하고 변화시키는 방법을 배우게 될 것이다.

3장 요약

- ▶ 생각은 우리가 어떤 기분을 느낄지 아는 데 도움이 된다.
- ▶ 생각은 우리가 어떻게 행동할지, 어떤 일은 하고 어떤 일은 하지 않을지에 영향을 준다.
- ▶ 생각과 신념은 우리의 신체반응에도 영향을 미친다.
- ▶ 환경이나 인생경험은 어렸을 때 형성되어 어른이 될 때까지 갖게 되는 태도, 신념, 생각을 결정하는 데 영향을 미친다.

▶ 이 책은 우리가 가지고 있는 모든 정보를 자세히 검토하도록 도와준다. 단지 긍정적인 생각을 하도록 돕는 것이 아니다.

▶ 생각을 바꾸는 것이 가장 중요하지만, 기분을 개선하기 위해 행동과 신체반응, 직장과 가정의 환경을 변화시키는 것도 필요하다.

4장

기분을 파악하고 측정하기

기분을 이해하고 다스리는 법을 배우기 위해서는 현재의 기분을 파악하는 것이 도움이 된다. 그렇지만 기분을 파악하기란 쉬운 일이 아니다. 자신이 우울하다는 사실을 인식하지 못한 채 항상 피로감에 젖어 있는 경우가 있는가 하면, 긴장이나 통제력의 상실을 경험하면서도 자신이 불안하다는 것을 알아채지 못할 수도 있다. 우울이나 불안과 마찬가지로 분노, 수치심, 죄책감 등은 우리가 흔히 경험하는 감정으로 일상생활에서 많은 문제를 일으킨다(13~15장 참조).

기분을 파악하기

다음의 목록에는 당신이 하루 동안 느낄 수 있는 여러 가지 기분이 나열되어 있다. 모든 기분이 포함되어 있는 포괄적인 목록이 아니므로 빈칸에 목록에 없는 다른 기분을 추가할 수 있다. 이 목록을 참고하면, 단순히 기분이 '나쁘다' '좋다'를 떠나서 기분을 보다 구체적으로 집어낼 수 있다. 기분은 주로 단어 한두 개로 묘사된다는 사실을 염두에 두도록 하자. 기분을 구체적으로 파악하고 나면, 기분을 변화시키기 위해 목표를 세울 수 있고, 그 목표를 이루어 가는 과정을 효과적으로 추적할 수도 있다. 기분을 구별하는 방법을 알게 되면, 특정한 기분을 완화시키는 행동을 선택할 수 있다. 예를 들어, 호흡법은 불안에는 도움이 되지만 우울에는 별로 도움이 되지 않는다.

기분 목록

우울하다	불안하다	화난다	죄책감을 느낀다	수치스럽다
슬프다	당황스럽다	흥분된다	두렵다	짜증스럽다
자신 없다	자랑스럽다	공포를 느낀다	좌절감을 느낀다	유쾌하다
초조하다	혐오스럽다	속상하다	분노를 느낀다	실망스럽다
격분하다	무섭다	행복하다	다정하다	창피하다
비통하다	열망하다	겁나다	만족하다	감사하다
다른 기분들	________	________	________	________

만약 기분을 파악하기가 어렵다면 당신의 몸에 주의를 기울여 보라. 어깨가 경직되는 현상은 두려움이나 긴장을 나타낸다. 몸이 전반적으로 묵직한 현상은 우울이나 실망 때문일 수 있다. 당신의 신체반응을 파악하면 어떤 기분을 느끼고 있는지에 대한 단서를 얻을 수 있다.

기분을 보다 잘 파악할 수 있는 두 번째 방법은 기분에 주의를 기울여 보는 것이다. 하루 동안 느낀 세 가지 서로 다른 기분을 파악해 보라. 만약 이것이 어렵다면, 위 목록에서 기분 세 가지를 선택한 다음 각각의 기분을 느꼈던 상황을 기억해서 적어 보도록 한다. 기분을 파악하는 또 다른 전략은 강한 감정을 느꼈던 최근의 상황을 떠올리고 어떤 기분을 느꼈는지 위에 있는 기분 목록을 보고 표시해 보는 것이다.

빅은 처음 인지치료를 시작했을 무렵 자신이 불안하며 우울하다고 생각하고 있었다. 그러나 기분을 파악하는 방법을 배워 나가면서 화가 나는 때가 자주 있다는 점을 발견하였다. 이것은 빅에게 매우 도움이 되는 정보였는데, 치료에서 무엇 때문에 화가 나는지 살펴보고 이 문제를 다루기 위한 치료목표를 세울 수 있게 되었다. 빅은 지난 3년 동안 술을 입에 대지 않았다. 그런데도 자신이 '자제력을 잃을까 봐' 두려워지면 문득 술을 마시고 싶은 충동이 일었다. 빅은 치료자와 함께 자신이 어느 때 '자제력의 상실'을 경험하는지 살펴보았다. 그리고 자신이 매우 불안하거나 화가 날 때 그렇다는 사실을 알 수 있었다. 빅은 불안하거나 화가 날 때 심장박동이 빨라짐을 느꼈으며, 손에서 땀이 났고, 무엇인가 끔찍한 일이 일어날 것만 같은 기분이 들었다. 그는 이러한 감각을 '자제력의 상실'이라 이름 붙였다. 그리고 술을 마시면 자제력을 되찾는 데 도움이 될 것 같은 생각에 술을 마시고 싶은 충동이 일어난다는 것을 알았다.

물론 빅은 자신의 기분을 구체적으로 파악하지는 못했다. 그리고 자신의 상태에 대해 '불편하다'거나 '멍하다'고 말하는 경우가 많았다. 따라서 우선적인 치료과제는 각기 다른 상황에서 나타나는 생각, 기분, 행동을 구별하는 일이었다. 빅은 변화하기 위해 자신의 경험을 구성하는 이 중요한 부분들 간의 차이를 인식할 수 있어야만 했다. 빅은 자신의 문제가 무엇보다 분노와 불안을 잘 다루지 못하는 데 있다는 점을 깨달았다. 따라서 화가 나거나 불안한 상황에 주의를 집중하기 시작했다. 먼저 짜증 섞인 분노를 불안으로 인한 두려움이나 걱정과 구별하는 방법을 배웠다. 그는 이 모든 기분을 '멍함'이라는 말 하나로 얼버무리지 않고 보다 구체적으로 파악할 수 있게 되었다. 자신의 느낌을 따로 떼어 생각할 수 있게 된 빅은 불안한 기분이 들 때 '나는 자제력을 잃고 있어.'라고 생각하게 된다는 사실을 분명하게 알 수 있었다. 화가 날 때는 '이건 불공평해. 나는 더 존중받을 자격이 있어.'라고 생각하였다. 이와 같이 빅이 어떤 기분을 느끼고 있는지 아는 것은 그의 반응을 더 잘 이해하는 데 중요한 첫걸음이었다.

때로는 기분과 생각을 혼돈하기도 쉽다. 치료를 시작할 무렵 치료자가 벤에게 어떤 기분을 느끼고 있냐고 물어보면 그는 "혼자 있고 싶어요."라고 말했다. 벤은 혼자 있고 싶은 상황을 자세히 분석하였다. 그럴 때 다른 사람(가족이나 친구들)이 자신과 함께 있고 싶어 하지 않는다고 생각하는 경우가 많다는 사실을 발견하였다. 또한 다른 사람과 함께 있으면 좋은 시간을 보낼 수 없을 것이라고 생각한다는 점도 알아냈다. 벤은 '그 사람들은 나와 함께 있고 싶어 하지 않아.' '거기 가면 재미가 없을 거야.'라고 생각할 때 슬픈 기분이 든다는 것을 알게 되었다. '혼자 있고 싶다.'는 생각이 벤의 슬픈 기분과 연관되어 있었다. 벤은 치료를 받으면서 자신의 생각과 기분 사이의 연관성을 파악하는 방법과 그것들을 구별하는 방법을 배우게 되었다.

기분과 생각을 행동과 구별하고, 상황적 요인(환경의 일부)과 구별하는 것이 또한 중요하다. 행동과 상황적 요인은 다음의 질문에 답해 봄으로써 파악할 수 있다.

1. 나는 누구와 함께 있었는가? (상황)
2. 나는 무엇을 하고 있었는가? (행동)

3. 언제 그 일이 일어났는가? (상황)
4. 나는 어디에 있었는가? (상황)

기분은 일반적으로 한두 개의 단어로 파악할 수 있다. 당신이 어떤 상황에서 여러 가지 기분을 느끼고 있다면 각각의 기분을 한 단어로 묘사할 수 있을 것이다. 예컨대, 당신은 한 상황에서 '슬프고, 겁나고, 당황스럽게' 느낄 수 있다. 이 각각의 기분은 한 단어를 사용해서 묘사할 수 있다. 만일 한 가지의 기분을 묘사하는 데 한두 개 이상의 단어가 필요하다면 기분이 아닌 생각을 서술하고 있을 가능성이 있다. 생각은 마음속을 스치고 가는 단어나 시각적인 이미지를 말하며, 기억도 이에 포함된다.

생각, 기분, 행동, 신체반응 및 상황적 요인을 구별하는 법을 배우는 것은 매우 중요하다. 이렇게 구별함으로써 자신의 경험 중 변화를 필요로 하는 부분을 파악할 수 있기 때문이다.

메모

- 상황을 파악하기 위해서는 다음과 같은 질문을 해 보라.
  누가?
  무엇을?
  언제?
  어디서?
- 기분은 한 단어로 묘사될 수 있다.
- 생각은 당신의 마음을 스치고 지나가는 단어나 이미지나 기억이다.

기분과 상황의 관련성을 파악하기 위해 작업기록지 4.1을 완성해 보라.

연습과제: 기분을 파악하기

기분을 다스리는 첫 번째 단계는 경험의 다양한 측면, 상황, 행동, 기분, 신체반응, 생각을 파악해 보는 것이다. 작업기록지 4.1은 기분과 상황을 구별하는 것을 배우도록 구성되어 있다. 당신이 최근 강한 감정을 느꼈던 상황에 초점을 맞추고 이 작업기록지를 완성해 보라.

작업기록지 4.1: 기분을 파악하기

당신이 최근 어떤 기분을 강하게 느꼈던 구체적인 상황을 기술해 보라. 다음 그 상황에 있는 동안과 그 상황 직후에 느꼈던 기분이 어떤 것인지를 파악해 보라. 이를 세 가지 다른 상황에 대해 작성해 보라.

1. 상황: ______________________
   기분: ______________________

2. 상황: ______________________
   기분: ______________________

3. 상황: ______________________
   기분: ______________________

빅은 작업기록지 4.1에 다음과 같이 적었다.

상황: 나는 오전 7시 45분에 직장으로 차를 운전해 가고 있었다.

기분: 두려운, 불안함, 불안정함

벤의 또 다른 기록은 다음과 같다.

상황: 나는 맥스에게 같이 점심 먹자는 전화를 받았다.

기분: 슬픔, 비애감

이 예에서 볼 수 있듯이, 상황을 안다고 해서 항상 기분의 원인을 알 수 있는 것은 아니다. 벤이 친구에게 점심을 같이 먹자는 전화를 받은 것만으로는 슬퍼져야 할 이유가 없다. 강한 기분을 느끼는 것은 중요한 일이 일어나고 있다는 단서로 볼 수 있다. 벤과 빅(그리고 당신)이 작업기록지 4.1에 쓴 기분을 경험하게 된 이유에 대해서는 뒷장에서 다시 살펴보게 될 것이다.

기분의 강도를 평정하기

기분을 파악하는 일에 덧붙여서 기분의 강도를 평정하는 일도 중요하다. 기분의 강도를 평정함으로써 기분이 어떤 방식으로 오르내리는지 관찰할 수 있다. 기분의 강도를 평정하면 기분과 관련된 상황이나 생각을 놓치지 않게 된다. 마지막으로, 기분의 강도가 어떻게 변하는지 체크해 봄으로써 치료가 잘되고 있는지 알아볼 수 있다.

하루 동안의 기분 변화를 살펴보기 위해서 기분 평정척도를 이용하면 편리하다. 벤과 치료자는 다음과 같은 기분 평정척도를 개발하였다.

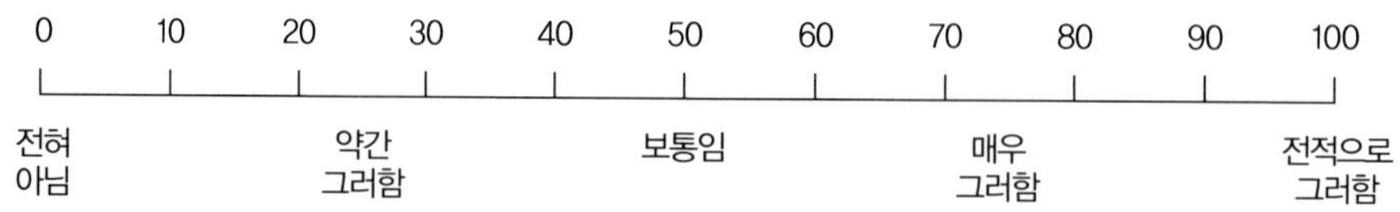

다음으로, 치료자는 벤에게 작업기록지 3.1에 나열하였던 기분의 점수를 체크하도록 하였다. 점심 초대에 대한 벤의 기분점수는 다음과 같다.

상황: 나는 맥스에게 점심 먹으러 가자는 전화를 받았다.

기분: 슬픔, 비애감

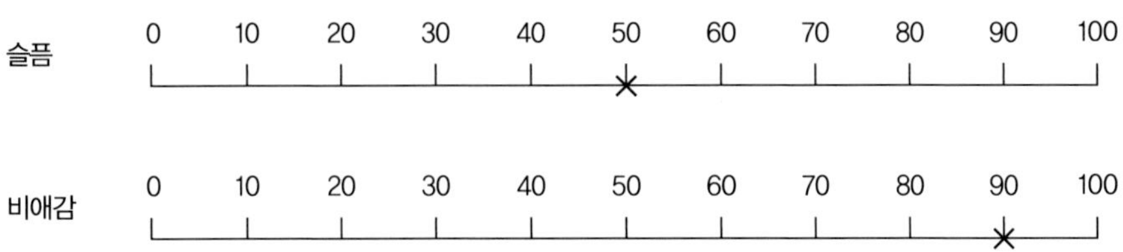

이 점수는 벤이 맥스와 전화하는 도중 높은 수준의 비애감(90)과 중간 정도의 슬픔(50)을 경험했음을 가리킨다.

연습과제: 기분의 강도를 평정하기

작업기록지 4.2를 통해 기분의 강도를 점수로 매기는 방법을 연습해 보라. 빈칸에 작업기록지 4.1에서 파악했던 상황과 기분을 적고, 각 상황에서 느낀 기분을 하나 골라 적어 보라. 그런 다음 주어진 척도에 점수를 체크해 보라.

작업기록지 4.2: 기분을 파악하고 그 강도를 점수로 평정하기

1\. 상황: ______________________________

기분: ______________________________

0 10 20 30 40 50 60 70 80 90 100

2\. 상황: ______________________________

기분: ______________________________

0 10 20 30 40 50 60 70 80 90 100

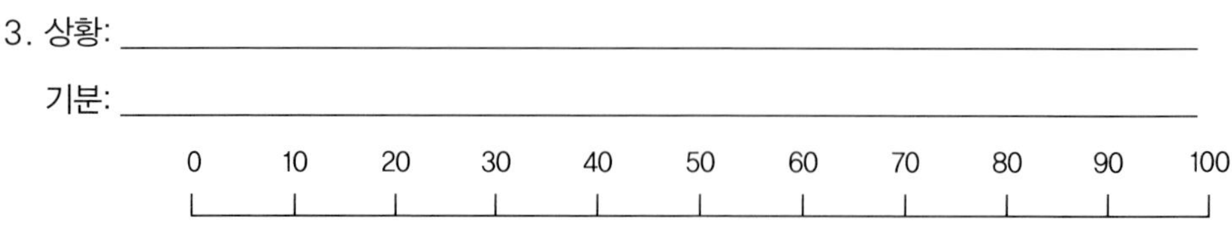

출처: *Mind Over Mood, Second Edition*. Copyright 2016 by Dennis Greenberger & Christine A. Padesky. 이 책의 구매자는 이 작업기록지를 복사하거나 다운로드 받을 수 있음.

많은 사람이 매주 기분을 체크하거나 아니면 적어도 두 주에 한 번 기분을 체크하는 것이 도움이 된다고 말한다. 만일 당신이 우울감(혹은 불행감) 그리고 또는 불안(초조)을 경험하고 있다면 이 기분을 평가하는 데 『기분 다스리기』 우울척도(작업기록지 13.1, 234쪽)과 『기분 다스리기』 불안척도(작업기록지 14.1, 267쪽)를 사용할 수 있다. 다른 기분을 측정하기 위해서는 내 기분을 평가하고 추적하기 위한 척도(작업기록지 15.1, 306~307쪽)를 사용하면 된다.

지금 잠깐 시간을 내서 당신이 개선하고자 하는 그 기분을 평가하는 척도를 찾아 한 번 해 보라. 다른 장들을 읽기 전에 먼저 당신의 기분을 평가해 보는 것이 도움이 된다. 그러면 이 책을 더 나가기 전에 기분에 대한 당신의 첫 기록을 가지고 출발할 수 있게 될 것이다.

당신이 『기분 다스리기』를 사용해 나가면서 긍정적인 기분이 어떻게 변화해 나가는지 살펴보는 것도 도움이 된다. 작업기록지 15.1을 사용해서 지난 한 주 동안 당신이 행복감을 얼마나 느꼈는지 평정해 보라. 적어도 한 달에 한 번 정도 행복감을 어느 정도 느끼는지 체크해 보면 『기분 다스리기』에서 배우는 기술들을 사용하고 연습하는 것이 행복감에 어떤 영향을 주는지 살펴볼 수 있을 것이다.

기분점수가 어떻게 변화해 나가는지 추적해 보면 『기분 다스리기』가 도움이 되는지 알 수 있을 것이다. 만일 그렇다면 고통스러운 기분이 줄어들고 그것을 덜 느끼면서 전반적인 행복감은 증가할 것이다.

다양한 기분과 씨름하고 있다면 어떻게 해야 하나

다양한 기분과 씨름하는 것은 아주 흔한 일이다. 우리의 정서적 삶은 아주 복잡하다. 좋은 소식은 『기분 다스리기』에서 가르쳐 주는 기술이 모든 정서문제를 도와주는 기초가 된다는 것이다. 당신이 배우는 모든 기술은 다양한 종류의 기분을 다스리는 데 도움이 된다. 다양한 기분과 씨름하고 있을 때 가장 빨리 좋은 결과를 얻고 싶다면 당신에게 가장 고통스러운 기분을 하나 골라 그것을 다루는 장들을 읽고(13~15장), 그 장 마지막에 어떤 장을 그다음에 읽어야 하는지 추천하는 대로 그 장을 읽으면 된다.

예를 들어, 당신이 우울하기도 하고 불안하기도 하다면 어떤 기분문제에서 먼저 벗어나기를 원하는지 정해야 한다. 만일 우울한 기분에 대해 먼저 작업하기를 원하면 13장을 읽은 다음 13장에 있는 연습과제를 하고, 우울한 기분이 좋아질 때까지 관련 있는 다른 장들도 읽으면 된다. 우울한 기분이 좀 좋아지면 불안에 관한 14장을 읽고, 불안을 감소시키기 위해 어떤 순서로 어떤 장을 읽는 것이 좋은지 책에서 제시한 대로 따라 하면 된다. 당신이 우울한 기분을 다스리기 위해 배운 기술이 분노, 죄책감, 불안 등의 기분을 다루는 데도 도움이 될 것이다. 기분을 다스리는 이 기술들은 아마도 행복감을 증진시키는 데도 도움이 될 것이다.

만일 치료자나 다른 전문가가 이 책을 추천해 주었을 경우 그가 이 책에 나와 있는 것과 다른 순서로 장들을 읽어 보라고 할 수 있다. 『기분 다스리기』를 사용하는 방식은 매우 다양하므로 그렇게 해도 괜찮다. 각 장들은 모두 당신의 지식과 능력을 키워 주는 데 도움이 되지만, 기분이 좋아지기 위해 모든 장을 다 읽을 필요는 없다.

당신이 첫 네 장을 읽고 연습과제를 다 했다면, 이제 『기분 다스리기』를 당신의 필요에 맞게 사용할 차례가 되었다. 5장으로 곧바로 가기보다 다음과 같이 당신에게 가장 고통스러운 기분을 다스릴 수 있도록 해당 장들을 읽으면 된다.

- 우울: 13장(231쪽)
- 불안과 공황: 14장(265쪽)
- 분노, 죄책감, 수치심: 15장(305쪽)

당신이 그 장을 다 읽고 연습과제를 다 했다면 다음에 어떤 장을 읽는 것이 좋은지 그 장의 마지막에 안내가 있을 것이다. 그러면 당신의 기분을 개선하는 데 『기분 다스리기』를 가장 효과적으로 사용할 수 있게 될 것이다.

4장 요약

▶ 강렬한 기분은 당신의 삶에서 어떤 중요한 일이 일어나고 있다는 증거다.

▶ 기분은 대개 한 단어로 묘사될 수 있다.

▶ 기분을 잘 파악하게 되면 치료목표를 제대로 정할 수 있고, 기분이 얼마나 개선되고 있는지 추적할 수 있다.

▶ 당신이 특정 상황에서 어떤 기분을 느끼는지 확인하는 것이 중요하다(작업기록지 4.1).

▶ 기분을 평정하면(작업기록지 4.2) 기분의 강도를 평가할 수 있고 기분이 얼마나 개선되고 있는지 추적할 수 있어 당신이 배우고 있는 전략이 효과가 있는지 확인해 볼 수 있다.

▶ 이 책은 당신이 가장 고통스러운 기분을 다룰 수 있도록 당신에게 맞게 고안되어 있다. 이 장을 끝낸 후 그 기분을 다루는 장으로 넘어가면 된다. 그 장의 끝에는 다음에 어떤 순서로 어떤 장들을 읽어야 할지 안내되어 있다.

5장

목표를 설정하고 변화를 인식하기

루이스 캐럴(Lewis Carroll)의 동화 『이상한 나라의 앨리스(Alice in Wonderland)』에 보면 앨리스가 갈림길에서 체셔 고양이에게 어느 길로 가야 하는지 물어보는 장면이 나온다. 고양이는 앨리스에게 어디로 가고 있는 중이었는지 묻는다. 앨리스는 이상한 나라에 와 본 적이 없기 때문에 "어디로 가든지 상관없어요."라고 대답한다. 체셔 고양이는 행복하게 그녀의 말에 끼어들며, "그럼 어느 길로 가든지 괜찮지."라고 말한다. 앨리스는 그녀의 생각을 다음과 같이 끝맺는다. "어딘가에 갈 수만 있다면요."

앨리스가 이상한 나라에 한 번도 와 본 적이 없듯이 당신도 기분 다스리는 기술을 배워 본 적이 없을 것이고, 당연히 이 책을 다 읽을 때쯤 어떤 상태에 도달하게 될지 짐작하지 못할 것이다. 이 책을 가장 잘 활용하기 위해서는 당신이 어디로 가려고 하는지가 중요하다. 당신의 목표를 알고 있다면 이 책을 어떻게 활용할지, 또 그 방향으로 잘 나아가고 있는지 파악하기가 쉬울 것이다. 당신의 목표를 마음속에 가지고 있다면 목표가 눈에 보이기 때문에 배운 것을 계속 연습하기도 쉬울 것이다.

당신이 왜 이 책을 보려고 했는지, 아니면 누군가가 당신에게 왜 이 책을 권했는지 한번 생각해 보라. 당신은 이 책을 활용해서 어떻게 달라지길 바라는가?

다음 쪽에 나와 있는 작업기록지 5.1은 당신의 목표를 적도록 되어 있다. 목표를 잊어버리지 않고, 이 책에 나온 기술을 배워 가면서 어떻게 변화하고 있는지 파악해 보려는 것이다. 당신은 덜 우울해지길 바라는가? 아니면 더 행복해지길 바라는가? 공황발작이 덜 일어나길 원하는가? 덜 불안해지고 싶은가? 대인관계가 더 좋아지길 원하는가? 술을 덜 마시거나 마약을 덜 사용하길 원하는가? 당신이 피하고 있는 장소나 일들을 피하지 않고 직면하길 원하는가? 인생의 목적이나 의미가 더 명확해지길 바라는가? 당신의 목표를 가능한 한 구체적으로 정하면 그 목표를 향해 잘 가고 있는지 파악할 수 있을 것이다. 예를 들어, '대인관계 개선하기'라는 목표는 좋은 목표다. 그렇지만 '우리 아이들과 더 긍정적이고 즐거운 대화를 더 자주 하기'가 더 좋은 목표가 될 수 있다. 왜냐하면 당신이 이 구체적인 목표를 향해서 잘 나아가고 있는지 파악하기가 더 쉽기 때문이다. 이 책 전반에 나와 있는 기분척도는 기분의 변화를 잘 측정하도록 도와줄 것이다.

연습과제: 목표를 정하기

작업기록지 5.1에 이 책에 있는 기술을 배워 당신의 기분이나 인생에서 얻고자 하는 두 가지 변화를 적어 보라. 각각의 목표는 당신이 관찰하거나 측정할 수 있는 구체적인 것이어야 한다. 만일 목표가 두 개 이상이라면 아래 칸에 맞게 적거나 아니면 다른 종이에 적어도 좋다.

작업기록지 5.1: 목표를 정하기

1. ______________________________

____

2. ______________________________

____

사람들은 흔히 인생에서 변화를 이루는 것이나 새로운 기술을 배우는 것에 대해 혼재된 감정을 가진다. 예컨대, 안나는 자주 불안을 느끼고 공황발작도 일어난다. 그녀는 집에만 있고 외출하지 않으면 불안을 덜 느낀다는 것을 알게 되었다. 점점 집에 있는 것이 편하게 느껴졌고, 회사 사장에게 집에서 일할 수 있게 해 달라고 요청해서 거의 외출하지 않게 되었다. 그렇지만 그 결과 늘 즐기던 사회생활도 하지 않게 되었다. 그녀는 작업기록지 5.1에 불안을 덜 느끼고 원할 때 집에서 쉽게 외출하기라고 적었다. 이 목표는 장점(더 많은 활동을 하는 것)과 함께 단점(그녀의 안전지대를 벗어나는 것)도 가지고 있다.

조금 더 생각해 보자. 안나는 외출할 때 불안을 덜 느끼는 것이 다른 장점도 가져온다는 것을 깨달았다. 친구나 가족들을 더 자주 볼 수 있고, 늘 즐기던 야외 산책도 하고, 전문직 커리어에도 기회가 더 생길 수 있다. 안나가 변화함에 따라 얻을 수 있는 장점과 단점을 고려해 보았을 때 변화에 따라오는 장점이 단점보다 더 많다는 것을 알게 되었다. 이것이 변화하고자 하는 그녀의 동기를 더 높여 주었다. 그녀는 더 어려운 과제에 도전하게 될 때 이 장점과 단점들을 다시 한 번 훑어보았다. 작업기록지 5.2에 당신이 앞에서 정한 목표에 도달하게 될 때 얻게 될 장점과 단점을 적어 보자.

연습과제: 장점과 단점

작업기록지 5.1에 적은 목표를 이루게 될 때 혹은 이루지 못할 때 얻는 장점과 단점을 적어 보라. 만일 목표가 두 개 이상이면 57~58쪽을 복사해서 적어도 좋다.

작업기록지 5.2: 장점과 단점

목표 1: ______________________________

	목표를 이룰 때	목표를 이루지 못할 때
장점		
단점		

목표 2: ______________________________

	목표를 이룰 때	목표를 이루지 못할 때
장점		
단점		

목표를 이루는 것과 이루지 않는 것의 장점과 단점이 각각 있다는 것을 발견했는가? 목표를 이루는 것의 장점과 이루지 않는 것의 단점이 충분히 커서 당신이 목표를 이루기 위해 이 새로운 기술들을 배우고 연습해야겠다는 동기가 충분히 생겼는가?

다행히 많은 사람이 긍정적인 자질과 기술을 가지고 있어서 목표를 이룰 수 있으리라는 희망을 품을 수 있다. 예컨대, 안나는 어떤 것을 하겠다고 마음을 먹으면 그것을 이룰 때까지 끈기 있게 노력한다. 그녀의 가족이나 친구들도 그녀를 사랑하며 매우 지지적이다. 인생의 대부분, 그녀는 외출할 수 있었고 불안에 영향받지 않는 삶을 살았다. 이런 자질과 환경은 그녀가 불안과 공황을 줄이겠다는 목표를 이룰 가능성을 더 높여 주며 좀 더 자유롭게 다닐 수 있게 만들 것이다.

연습과제: 목표를 이루는 데 도움이 되는 것

작업기록지 5.3에 목표를 이룰 것이라는 희망을 주는 당신의 자질이나 강점, 경험, 가치관을 적어 보라. 과거의 성공경험, 장애물을 극복한 경험, 유머감각 등 긍정적인 성격, 어려움을 잘 극복하게 해 준 기술, 영적인 신념, 새로운 기술을 기꺼이 배우려는 마음, 당신을 지지해 주는 사람, 신체적인 건강이나 활력, 목표를 이루려는 저돌적인 동기 등 어떤 것이라도 좋다.

작업기록지 5.3: 목표를 이루는 데 도움이 되는 것들

____

____

____

____

____

____

당신은 이 쪽에 표시를 해 두어 당신이 목표를 향해 노력해 가면서 목표를 이루면 얻게 되는 장점과 단점(작업기록지 5.2), 당신이 가지고 있는 자원(작업기록지 5.3)이 무엇인지 다시 확인해 보기 바란다.

연습과제: 긍정적 변화의 징후

당신의 기분을 계속 체크해 나가는 것에 더해 개선되는 징후들을 적극적으로 찾아보는 것도 도움이 된다. 당신이 개선되고 있을 때 어떤 점이 달라지리라고 예상하는가? 작업기록지 5.4에 긍정적으로 변화하기 시작할 때 나타날 수 있는 징후들을 표시해 보라.

작업기록지 5.4: 긍정적 변화의 징후

개선되기 시작할 때 나타날 수 있는 초기 징후들을 다음 목록에서 체크해 보라.

☐ 잠을 잘 잔다.

☐ 사람들과 더 이야기를 많이 한다.

☐ 좀 더 편안하다.

☐ 좀 더 자주 미소 짓는다.

☐ 일을 제때 마친다.

☐ 규칙적인 시간에 잠이 깨고 일어난다.

☐ 지금은 회피하고 있는 일들을 한다.

☐ 남들과 의견이 다를 때 잘 처리한다.

☐ 화를 덜 낸다.

☐ 다른 사람들이 내가 좋아 보인다고 말한다.

☐ 더 자신감 있게 느낀다.

☐ 내 의견을 잘 말한다.

☐ 미래에 희망이 있다고 생각한다.

☐ 매일매일을 좀 더 즐긴다.

☐ 감사하게 느낀다.

☐ 대인관계가 좋아진다.

위에서 체크한 것 외에 당신이 좋아지고 있다고 느낄 때 나타날 징후들이 있다면 두세 개 더 적어 보라.

____

____

____

____

당신이 이 책에 나온 기술을 사용할 때 비록 작은 것이라도 개선되는 징후가 나타나는지 잘 살펴보는 것이 도움이 된다. 시간이 흐르면서 문제가 점점 악화되었던 것처럼 긍정적인 변화도 처음에는 작게 시작해서 점점 커진다. 초기에 나타나는 긍정적인 변화를 알아차리면 『기분 다스리기』에 나온 기술을 계속 배우고 연습해 가는 데 더 용기를 얻게 될 것이다.

5장 요약

▶ 기분과 행동 변화를 위한 개인적인 목표를 잘 정하면 어디로 향해 가고 있는지 알게 되고 긍정적인 변화를 추적하는 데도 도움이 된다.

▶ 사람들은 변화를 이루는 것에 대해 양가감정을 가지고 있다. 왜냐하면 변화를 이루는 것이 장점도 있고 단점도 있기 때문이다. 왜 변화해야 하는지를 마음속에 잘 간직하고 있으면 변화에 대한 동기를 계속 유지할 수 있다.

▶ 당신이 가지고 있는 긍정적인 자질과 과거경험, 가치관, 강점, 새로운 기술을 배우려는 동기와 함께 당신을 지지해 주는 사람들은 목표를 이룰 것이라는 희망을 준다.

▶ 작업기록지 5.4에 체크한 대로 개선되면서 나타나는 초기 징후들을 주목해서 알아차리는 것이 중요하다. 왜냐하면 긍정적인 변화는 처음에는 조그맣게 시작해서 점점 커지기 때문이다.

6장

상황, 기분, 생각을 관찰하기

따뜻한 봄날 캘리포니아의 한 테니스 코트에서 코치가 학생에게 서브하는 기술을 가르치고 있다. 학생이 공을 던져 올려 쳐 넘기기를 반복하는 동안 코치는 학생의 동작과 스윙의 각 부분을 주의 깊게 보고 있다. 코치는 학생을 전혀 비판하지 않는다. 그러나 매번 공을 칠 때마다 라켓의 위치, 공을 던져 올린 높이, 공을 칠 때 라켓의 각도, 라켓을 휘두르는 학생의 움직임 등에 대하여 피드백을 준다.

테니스에서는 공이 서비스 영역 안에 떨어져야만 제대로 친 것으로 인정을 받는다. 그러나 코치는 놀랍게도 학생이 일단 공을 친 다음에는 그 공이 어디에 떨어지는지 단 한 번도 쳐다보지 않는다. 그 대신, 그는 학생의 서브 자세 각 부분을 개선하는 데 필요한 충고만 한다. 코치는 학생이 일단 서브를 할 때 필요한 각각의 기술을 구사할 수 있으면 그것들을 한데 합칠 수 있고, 따라서 공은 자동적으로 항상 올바른 영역 안으로 들어갈 것이라고 믿고 있다.

테니스 코치가 구체적인 기술에만 초점을 두는 것과 마찬가지로, 음악 교사들은 학생들을 훌륭한 음악가로 키우기 위해 음정, 박자 및 연주방법 등을 가르친다. 숙련된 노동자들이 견습생을 지도할 때도 그 일을 어떻게 하는지 각 부분을 세부적으로 나누어 가르쳐 준다. 이 과정을 지도하는 일은 주로 구체적인 기술을 가르치고 그것을 쉽고 익숙하게 구사하도록 연습시키는 것이다. 누구나 연습을 통해 어떤 기술을 배웠던 경험이 있을 것이다(예: 자동차 운전, 아기 기저귀 갈기, 음식 만들기 등).

다행히 기분을 개선하거나 인생에 긍정적인 변화를 이루는 데도 학습 가능한 구체적인 기술이 있다. 이 기술들은 '사고기록지'라 불리는 일곱 칸의 작업기록지에 요약되어 있다(그림 6-1). 테니스를 연습하는 학생과 마찬가지로, 당신도 작업기록지에 있는 모든 칸을 써넣을 수 있기 위해서는 여러 주 동안 이 기록지를 가지고 차근차근 연습해야 한다.

마리사는 치료자가 사고기록지를 처음 보여 주었을 때 부담감을 느끼고 우울해졌다. 치료자는 이러한 마리사의 반응을 가지고 첫 번째 사고기록지를 작성하도록 하였다(그림 6-2). 사고기록지의 첫 번째, 두 번째 칸에는 마리사가 처해 있는 상황과 그때의 기분을 써넣도록 되어 있다. 당신은 4장에서 상황과 기분을 구별하는 법을 배웠다. 마리사와 치료자는 '자동적 사고(이미지)'라는 제목의 세 번째 칸을 채워 넣는 과정에서 마리사의 기분에 수반되는 생각들을 밝혀냈다.

그다음으로 마리사를 사로잡고 있는 강한 감정과 밀접하게 관련되어 있는 생각('이것은 내가 배우기에 너무 복잡하다.')에 동그라미를 쳤다. 그리고 이와 같은 생각을 뒷받침하는 증거와 뒷받침하지 않는 증거를 네 번째, 다섯 번째 칸에 적었다. 여섯 번째 칸에는 앞에서 적은 증거들을 바탕으로 하여 상황을 바라보는 새로운 관점을 생각해 냈

사고기록지

1. 상황	2. 기분	3. 자동적 사고(이미지)
누가? 무엇을? 언제? 어디서?	a. 느껴진 기분은? b. 각 기분의 강도를 점수로 매겨 보라 (0~100%).	a. 이런 기분을 느끼기 직전 어떤 생각이 떠올랐는가? 떠오른 생각이 또 있는가? 떠오른 이미지는? b. 뜨거운 사고에 동그라미를 쳐 보라.

[그림 6-1] 사고기록지 예

다. 또한 마리사가 새로운 관점을 신뢰하는 정도를 90%, 70%, 60% 등으로 점수를 매겼다. 이 사고기록지를 작성하는 과정에서 부담감은 90%에서 40%로, 우울감은 85%에서 80%로 각각 감소했는데, 이는 일곱 번째 칸에 나타나 있다.

7~9장에서는 당신의 기분을 개선시키기 위한 도구인 사고기록지에 대해 좀 더 자세히 배울 것이다. 7장에서는 자동적 사고와 이미지를 찾아내는 법을 다루고, 8장에서는 자동적 사고에 대한 증거를 찾아내는 방법을 설명하겠다. 9장에서는 이러한 증거들을 사용하여 보다 적응적인 방식으로 삶을 바라보는 방법을 배우게 될 것이다. 이 장의 나머지 부분에서는 지금까지 익힌 기술들을 활용하여 사고기록지의 첫 번째 칸에서 세 번째 칸까지 기록하는 방법을 중점적으로 살펴보겠다.

첫 번째 칸: 상황

4장에서 '누가?' '무엇을?' '언제?' '어디서?'와 같은 질문에 답을 하면서 상황을 설명하는 방법을 배운 바 있다. 사고기록지의 첫 번째 칸은 가급적 구체적인 내용으로

4. 뜨거운 사고를 지지하는 증거	5. 뜨거운 사고를 지지하지 않는 증거	6. 새로운/균형 잡힌 사고	7. 기분을 재평가하라
		a. 새로운/균형 잡힌 사고를 적어 보라. b. 각각의 사고를 믿는 정도를 점수로 매겨 보라(0~100%).	2번 칸의 기분을 재평가해 보고, 새로 느껴진 기분의 강도도 평가해 보라(0~100%).

채워야 한다. 따라서 당신이 처한 상황에 대해 자세히 적으면 된다. 이 '상황' 부분에는 30분 정도의 짧은 시간 동안에 일어난 일을 적는다. 예를 들어, '화요일 하루 종일'은 적절하다고 할 수 없다. '화요일 하루 종일' 생긴 상황, 기분, 생각은 너무 여러 가지이기 때문에 사고기록지에 설명할 수 없는 경우가 많다. 연구자들의 보고에 의하면 사람들은 하루에 5만 개에서 7만 개의 생각을 한다고 한다. 누구도 사고기록지에 그 많은 생각을 다 기록할 수 없을 것이다. 당신이 어떤 감정을 강하게 느끼는 상황을 골라 당신의 기분을 이해하는 데 도움이 되는 생각들을 찾아 거기에 초점을 맞추는 것이 좋다. 마리사는 '화요일 오전 9시 30분. 상담실에서 사고기록지를 살펴보는 동안'이라고 상황을 묘사하였다. 이는 시간을 적절하게 정한 예가 될 수 있다.

사고기록지

1. 상황	2. 기분	3. 자동적 사고(이미지)
누가? 무엇을? 언제? 어디서?	a. 느껴진 기분은? b. 각 기분의 강도를 점수로 매겨 보라(0~100%).	a. 이런 기분을 느끼기 직전 어떤 생각이 떠올랐는가? 떠오른 생각이 또 있는가? 떠오른 이미지는? b. 뜨거운 사고에 동그라미를 쳐 보라.
화요일, 오전 9시 30분 치료실에서 사고기록지를 살펴보는 동안.	부담감 95% 우울함 85%	(이것은 내가 배우기에 너무 복잡하다.) 나는 결코 이것을 이해하지 못할 거야. 심상/기억: 점수가 나쁜 성적표를 집으로 가져가자 부모님이 고함을 질렀다. 나는 결코 나아지지 않을 거야. 아무것도 날 도울 수 없어. 이 치료는 별로 도움이 안 될 거야. 난 항상 우울할 운명이야.

[그림 6-2] 마리사의 첫 번째 사고기록지

두 번째 칸: 기분

사고기록지의 '기분' 칸에는 당신이 적어 놓은 상황에서 경험하고 있었던 기분을 적는다. 기분을 다 적은 후에 100점 척도상에 기분들 각각의 강도를 평가한다.

기분은 일반적으로 단어 한두 개로 설명이 가능하다. 또한 4장에서 배웠던 대로 어떤 상황에서든지 하나 이상의 기분을 동시에 경험할 수 있다. 당신이 기록한 상황에서 느낀 기분들을 모두 포함시켜야 하며, 그 각각을 100점 척도를 사용하여 평가해야 한다. 기분을 파악하기가 어려운 경우에는 46쪽에 있는 기분 목록을 참조하면 도움이 될 것이다. 기분을 설명하는 데 한 문장 이상이 필요했다면 기분이 아닌 생각을 썼을 가

4. 뜨거운 사고를 지지하는 증거	5. 뜨거운 사고를 지지하지 않는 증거	6. 새로운/균형 잡힌 사고	7. 기분을 재평가하라
		a. 새로운 관점/융통성 있는 사고를 적어 보라. b. 각각의 사고를 믿는 정도를 점수로 매겨 보라(0~100%).	2번 칸의 기분을 재평가해 보고, 새로 느껴진 기분의 강도도 평가해 보라(0~100%).
사고기록지를 받는데 어떻게 하는 건지 모르겠다. 나는 학교 다닐 때 공부를 잘한 적이 없다. 증거라는 게 무엇을 의미하는지 모르겠다.	직장에서, 복잡한 컴퓨터 파일 시스템을 배웠다. 치료자가 몇 차례 나를 도와주기 전까지 처음 치료기록지 몇 개는 어려워 보였다. 이제는 좀 쉬워 보인다. 치료자가 지금은 첫 번째 두 칸을 작성하는 방법만 알면 된다고 말했다. 내가 스스로 할 수 있을 때까지 치료자의 도움을 받을 수 있다.	지금은 이것이 복잡해 보이지만, 나는 이전에 복잡한 것을 배운 적이 있다. 90% 치료자는 내가 이것을 어떻게 할지 도와줄 것이다. 60% 연습을 계속 하면 좀 더 이해가 되고 쉬워질 것이다. 70%	부담감 40% 우울함 80%

능성이 많다. 이런 경우에는 그 문장을 '생각(이미지)' 칸에 써넣고 기분을 설명할 수 있을 만한 단어를 계속 찾아보도록 한다.

공황발작이나 불안을 느끼는 경우에는 그에 수반되는 신체 증상까지 기록하여 점수를 매기면 좋다(14장 참조). 신체 증상에 대하여 따로 칸을 마련하지 않았으므로 사고기록지의 '기분' 칸에 기록하도록 한다. 기분을 적은 자리 밑에 '신체 증상'이라고 제목을 달고 [그림 6-5]와 같이 쓰면 된다. 일반적으로 신체 증상은 단어 한두 개를 사용하여 설명이 가능하다(예: '심장이 두근거림' 85%).

세 번째 칸: 자동적 사고(이미지)

'자동적 사고(이미지)' 칸에는 당신이 적어 놓은 상황에서 머리 속에 떠오른 생각을 전부 명시해야 한다. 이때 그 상황에서 실제로 떠올랐던 생각만 기록해야 한다. 생각은

사고기록지

1. 상황	2. 기분	3. 자동적 사고(이미지)
누가? 무엇을? 언제? 어디서?	a. 느껴진 기분은? b. 각 기분의 강도를 점수로 매겨 보라(0~100%).	a. 이런 기분을 느끼기 직전 어떤 생각이 떠올랐는가? 떠오른 생각이 또 있는가? 떠오른 이미지는? b. 뜨거운 사고에 동그라미를 쳐 보라.
수요일, 오후 2시 45분 과장님이 내가 하고 있는 급여 대상자 명단 작성일이 잘 되고 있는지 보러 오고 있다.	우울함 90% 초조함 95% 두려움 97%	일이 아직 끝나지 않았다. 마친 부분도 잘 되지 않았다. 나는 실패하고 있다. (나는 해고될 것이다.) 나는 집에 해고당했다고 말할 때 창피할 것이다.

[그림 6-3] 마리사의 두 번째 사고기록지

언어적일 수도 있고 시각적일 수도 있다. 이미지나 기억은 말로 설명해도 좋고, 그림으로 그려도 좋다. 마리사도 나쁜 성적표를 가지고 집에 왔던 장면을 적었다(그림 6-2 참조). 7장에는 당신이 보다 능숙하게 생각을 파악하도록 돕는 방법이 자세히 설명되어 있다.

첫 번째 예는 마리사의 사고기록지다. 마리사는 다음 번 치료시간에 참석할 때 [그림 6-3]의 사고기록지의 처음 세 칸을 다 적어서 가지고 왔다.

두 번째 예는 빅이 아내와 말다툼을 하면서 어떻게 반응했는지를 보여 준다(그림 6-4).

사고기록지

1. 상황	2. 기분	3. 자동적 사고(이미지)
누가? 무엇을? 언제? 어디서?	a. 느껴진 기분은? b. 각 기분의 강도를 점수로 매겨 보라(0~100%).	a. 이런 기분을 느끼기 직전 어떤 생각이 떠올랐는가? 떠오른 생각이 또 있는가? 떠오른 이미지는? b. 뜨거운 사고에 동그라미를 쳐 보라.
금요일 오후 6시 주디와 나는 어떤 영화를 보러 갈지를 두고 말다툼했다.	화남 99% 속상함 95% 슬픔 70%	아내는 내가 무엇을 하고 싶어 하는지에 대해 무관심하다. 우리 부부는 항상 아내가 하고 싶은 대로 한다. 항상 그녀가 주도권을 가지고 있다. (동그라미) 나는 이런 기분을 더 이상 견딜 수 없다. 언제나 이렇게 화가 나 있다는 것이 싫다. 나는 폭발할 것 같다. 너무 힘들다. 한잔 마시고 싶다.

[그림 6-4] 빅의 사고기록지

[그림 6-5]에는 린다가 처음으로 공황발작 일으켰던 무렵의 상황이 나와 있다. 그녀는 다양한 신체 증상을 보였는데, 두 번째 칸 밑에 그것을 적었다.

벤은 치료를 시작한 지 얼마 되지 않아서 [그림 6-6]의 사고기록지를 가지고 왔다.

사고기록지

1. 상황	2. 기분	3. 자동적 사고(이미지)
누가? 무엇을? 언제? 어디서?	a. 느껴진 기분은? b. 각 기분의 강도를 점수로 매겨 보라(0~100%).	a. 이런 기분을 느끼기 직전 어떤 생각이 떠올랐는가? 떠오른 생각이 또 있는가? 떠오른 이미지는? b. 뜨거운 사고에 동그라미를 쳐 보라.
오후 2시 30분 나는 백화점에 혼자 있다. 여기서 혼자 45분간 쇼핑하고 있다.	두려운 100% 공 포 100% 신체 반응 심장이 뛴 100% 땀흘린 80% 어지러운 90% 가슴조인 80%	숨이 멈출지도 모른다. 공기가 부족한 것 같다. 심장발작이 일어날 것 같다. 자제력을 상실하고 있다. (나는 죽어 가고 있다.) 나는 병원에 가야만 한다. 심상: 나는 바닥에 누워 숨을 쉬지 못하고 있는 나 자신을 보고 있다.

[그림 6-5] 린다의 사고기록지

사고기록지

1. 상황	2. 기분	3. 자동적 사고(이미지)
누가? 무엇을? 언제? 어디서?	a. 느껴진 기분은? b. 각 기분의 강도를 점수로 매겨 보라(0~100%).	a. 이런 기분을 느끼기 직전 어떤 생각이 떠올랐는가? 떠오른 생각이 또 있는가? 떠오른 이미지는? b. 뜨거운 사고에 동그라미를 쳐 보라.
11월 25일 오후 3시에 딸네 집에서 있을 생일 저녁 모임에 갈 준비를 하고 있다.	슬픈 85% 후회스러운 80%	생일이라는 것은 너무 슬픈 때다. 내게는 가족과 함께 교외에 살고 있는 성장한 아이 둘이 있다. 내가 아이들을 보고 싶은 만큼 자주 보러 갈 수 없다. 생일은 가족이 모두 함께 있어야 하는 때다. 우리는 결코 다시 예전과 같은 가족이 될 수 없을 것이다. (내 삶은 결코 이전과 같이 좋아지지 않을 것이다.)

[그림 6-6] 벤의 사고기록지

메모

- 사고기록지의 '상황' 칸은 철저하게 누가, 무엇을, 언제, 어디에서 일어난 일인지에 초점을 둔다.
- 기분은 한두 개의 단어로 설명이 가능하며, 강도 평가는 100점 척도를 사용한다.
- 신체반응은 기분 칸의 아래 부분에 적는다. 이 부분은 특히 불안이나 분노나 신체적인 걱정을 가지고 있는 사람들에게 도움이 된다.
- '자동적 사고(이미지)' 칸에는 상황과 관련된 생각, 신념, 이미지, 기억, 상황의 의미 등을 적는다.

연습과제: 상황, 기분, 생각을 구별하기

작업기록지 6.1에서 자신의 생각, 기분, 상황을 잘 구별하는 연습을 해 보자. 오른쪽 빈칸에 각 문항이 생각, 기분 혹은 상황 중 어떤 것인지 적어 보라. 처음 세 문제에 대한 해답은 예로 나와 있다.

작업기록지 6.1: 상황, 기분, 생각을 구별하기

	상황, 기분 혹은 생각?
1. 불안하다.	기분
2. 집에 있다.	상황
3. 나는 이 일을 할 수 없을 것이다.	생각
4. 슬프다.	
5. 친구와 전화를 하고 있다.	
6. 짜증이 난다.	
7. 차를 몰고 있다.	
8. 나는 항상 이런 방식으로 생각할 것이다.	
9. 직장에 있다.	
10. 나는 이성을 잃고 있다.	
11. 화가 난다.	
12. 나는 실력이 없다.	
13. 오후 4시	
14. 끔찍한 일이 일어날 것 같다.	
15. 제대로 되는 일이 하나도 없다.	
16. 실망스럽다.	
17. 나는 이 일을 결코 극복하지 못할 것이다.	
18. 음식점에 앉아 있다.	

19. 나는 자제력을 잃었다.	
20. 나는 실패작이다.	
21. 엄마와 전화를 하고 있다.	
22. 그녀는 사려 깊지 않다.	
23. 우울하다.	
24. 나는 패배자다.	
25. 죄책감이 든다.	
26. 아들 집에 있다.	
27. 심장마비가 일어날 것 같다.	
28. 나는 이용당했다.	
29. 잠을 이루려고 노력하면서 침대에 누워 있다.	
30. 이 일이 잘되지 않을 것이다.	
31. 부끄럽다.	
32. 나는 가진 것을 전부 잃게 될 것이다.	
33. 심한 공포를 느낀다.	

다음은 작업기록지 6.1의 해답이다. 당신의 답이 해답과 다르다면 그 차이를 분명하게 이해하도록 관련된 부분을 찾아 복습하라.

1. 불안하다. .... 기분
2. 집에 있다. .... 상황
3. 나는 이 일을 할 수 없을 것이다. .... 생각
4. 슬프다. .... 기분
5. 친구와 전화를 하고 있다. . ... 상황

6. 짜증이 난다. .... 기분
7. 차를 몰고 있다. .... 상황
8. 나는 항상 이런 방식으로 생각을 할 것이다. .... 생각
9. 직장에 있다. .... 상황
10. 나는 이성을 잃고 있다. .... 생각
11. 화가 난다. .... 기분
12. 나는 실력이 없다. .... 생각
13. 오후 4시 .... 상황
14. 끔찍한 일이 일어날 것 같다. .... 생각
15. 제대로 되는 일이 하나도 없다. .... 생각
16. 실망스럽다. .... 기분
17. 나는 이 일을 절대로 극복할 수 없을 것이다. .... 생각
18. 음식점에 앉아 있다. .... 상황
19. 나는 자제력을 잃었다. .... 생각
20. 나는 실패작이다. .... 생각
21. 엄마와 전화를 하고 있다. .... 상황
22. 그녀는 사려 깊지 않다. .... 생각
23. 우울하다. .... 기분
24. 나는 패배자다. .... 생각
25. 죄책감이 든다. .... 기분
26. 아들 집에 있다. .... 상황
27. 심장마비가 일어날 것 같다. .... 생각
28. 나는 이용당했다. .... 생각
29. 잠을 이루려고 노력하면서 침대에 누워 있다. .... 상황
30. 이 일이 잘되지 않을 것이다. .... 생각
31. 부끄럽다. .... 기분
32. 나는 가진 것을 전부 잃게 될 것이다. .... 생각
33. 심한 공포를 느낀다. .... 기분

만일 상황, 기분, 생각을 서로 구별하기가 어려웠다면 3장과 4장을 복습해 보라. 삶을 변화시키고자 한다면 경험의 각 부분들을 구별할 줄 아는 것이 중요하다. 이 요소들을 서로 잘 구별할 줄 알면 당신이 원하는 변화를 좀 더 효과적으로 이룰 수 있을 것이다. 예컨대, 어떤 때는 기분을 직접 변화시키는 것보다 상황이나 생각을 변화시키는 것이 더 쉽다.

6장 요약

- 사고기록지는 당신의 기분과 대인관계를 향상시킬 수 있는 일련의 기술을 습득하고, 인생에서 긍정적인 변화를 이루는 데 도움이 된다.
- 사고기록지의 처음에 나오는 세 칸은 상황과 그 상황에서 느끼는 기분과 생각을 구별하기 위한 것이다.
- 사고기록지는 기분이 좋아지는 데 도움을 주게 될 새로운 방식의 사고를 습득할 기회를 제공한다.
- 다른 새로운 기술을 배울 때와 마찬가지로 사고기록지를 기분이 좋아지는 데 잘 사용하기 위해서는 적어 보는 연습을 많이 해야 한다.

7장

자동적 사고

직장 상사가 안부를 물어 왔을 때 마리사는 책상 앞에 앉아서 일을 하고 있었다. 이야기 도중에 상사가 말했다. "참! 어제 작성한 보고서가 아주 좋던데요. 수고했어요." 마리사는 상사가 이렇게 말하는 순간 불안하고 두려워졌다. 아침 내내 이 기분을 떨쳐 버릴 수가 없었다.

빅은 저녁을 먹은 후 접시를 싱크대로 치우고 있었다. 그때 아내가 말했다. "오늘 엔진오일을 바꾸려고 차를 맡겼어요." 빅은 신경질적으로 대답했다. "내가 토요일에 하겠다고 그랬잖아." 그러자 아내가 말했다. "당신은 지난 2주 동안 엔진오일을 바꿔야 한다고 말로만 그랬잖아요. 그래서 그냥 내가 했어요." "좋다고!" 빅은 접시 닦던 행주를 부엌 건너편으로 집어 던지면서 소리를 질렀다. "어디 나가서 다른 남편을 구해 보지 그래!" 그는 코트를 집어 들고 문이 부서져라 닫은 후에 집을 나섰다.

우리도 자신의 기분을 잘 살펴보면 마리사와 마찬가지로 상황에 맞지 않는 기분을 경험할 때가 있다. 대부분의 사람은 칭찬을 받을 때 불안해하지 않는다. 한편, 빅처럼 대수롭지 않은 일에 즉각적이고 격한 반응을 보이는 때가 있다. 이러한 상황을 제3자 입장에서 바라보면 빅의 반응이 지나치다고 생각할 것이다. 그러나 그에게는 이러한 반응이 딱 맞는 적절한 반응이었다.

왜 그런 기분이 들었는지 어떻게 이해할 수 있을까? 그 순간 우리가 어떤 생각을 하고 있었는지 파악하면 납득하기 어려운 기분도 완벽하게 이해할 수 있다. 기분을 이해하기 위한 하나의 단서로 생각을 이용해 보자. 마리사가 풀지 못한 수수께끼는 다음과 같다.

상황	단서: 자동적 사고	기분
과장에게 칭찬을 받음	???	불안하고 초조함 80% 두려움 90%

어떻게 이것을 이해할 수 있을까? 마리사는 치료자와 대화를 나누기 전까지는 이런 기분을 느꼈던 이유를 잘 알 수 없었다.

치료자: 이 상황에서 어떤 점이 두려웠나요?

마리사: 모르겠어요. 과장님이 제 일에 관심을 두고 지켜봤다는 점이 아닌가 싶어요.

치료자: 그것이 왜 두려웠을까요?

마리사: 제가 일을 항상 잘하는 것은 아니거든요.

치료자: 그래서 어떻게 될 것 같았어요?

마리사: 언젠가 과장님이 제 실수를 알아차리겠지요.

치료자: 그다음에는요?

마리사: 저에게 화를 낼 거예요.

치료자: 그래서 최악의 경우 어떤 일이 일어날 것 같아요?

마리사: 그런 생각은 안 해 봤는데...... 그렇지만, 전...... 아마도 해고를 당할 수도 있겠지요.

치료자: 그건 겁나는 생각이네요. 그러면 어떤 일이 일어날까요?

마리사: 한번 낙인이 찍힌 이상 다른 직업을 구하기 힘들어질 거예요.

치료자: 과장의 칭찬을 받고 나서 왜 두려워졌는지 저변에 깔려 있는 생각을 살펴보니 그 이유를 알겠네요! 그 생각을 다시 한 번 요약해 볼 수 있겠어요?

마리사: 이제야 제가 칭찬을 받은 후 과장님이 제 일에 관심을 기울인다는 사실을 의식했음을 알겠어요. 스스로 실수를 한다는 사실을 알고 있었으니까 과장님이 이런 실수를 알아차리면 어떡하나 걱정하게 되었고요. 아무래도 제가

해고를 당하고 다른 직업을 구할 수 없을 것이라는 결론을 너무 성급하게 내렸나 봐요. 지금 생각해 보니까 좀 우습기도 하네요.

마리사와 치료자가 밝혀낸 생각들이 마리사의 기분반응을 이해하는 데 어떻게 단서로 쓰였는지 유심히 살펴보자.

상황	단서: 자동적 사고	기분
과장에게 칭찬을 받음	과장님이 내 일에 주목하고 있다. 내 실수가 발견되면 해고당하게 되고, 다른 직장을 구할 수 없을 것이다.	불안하고 초조함 80% 두려움 90%

해고를 당해 다른 직장을 구할 수 없게 되었다고 생각한다면 사람들은 대부분 불안하고 초조해질 것이다. 이제 마리사의 기분은 상황에 들어맞는다. 보다시피, 기분에 수반되는 생각을 파악하는 일은 기분을 이해하는 중요한 단계다.

빅은 아내가 엔진오일을 교환했다고 말하자 몹시 화가 났다. 이때 빅이 어떤 자동적 사고를 했을지 추측해 보라.

상황	단서: 자동적 사고	기분
주디는 차의 엔진오일을 교환했다. 주디는 "당신은 지난 2주 동안 엔진오일을 바꿀 거라고 말만 하고 하지 않았잖아요. 그래서 그냥 내가 했어요."라고 말한다.	???	화가 남 95%

'단서: 자동적 사고' 칸에 빅이 했을 법한 생각들을 적어 보라. 집 밖을 나선 빅은 아내가 엔진오일을 교환했기 때문에 기분이 상한 것이 아니라는 사실을 인식하였다. 오히려 이번 주에 빅은 매우 바빴기 때문에 아내가 그 일을 해 줌으로써 많은 도움이 되었다. 빅의 분노는 아내가 엔진오일을 교환한 것을 어떻게 받아들였는가와 관련이 있었다. 빅은 다음과 같이 생각하였다. '아내는 내가 그 일을 하지 않았다고 화가 나 있을

거야. 아내는 내가 이 모든 일을 하느라 얼마나 노력하는지 인정하지 않아. 아내는 나에게 비판적이고, 날 좋게 생각하지 않아. 내가 아무리 노력해도 아내는 나에게 절대 만족하지 않을 거야.'

이러한 빅의 생각을 살펴보면 빅의 반응을 더 잘 이해할 수 있다. 이런 생각들을 자동적 사고라고 부르는 이유는 이 생각들이 일상생활에서 자동적으로 떠오르기 때문이다. 우리는 이러저러한 방식으로 생각해야겠다고 계획하거나 의도하지 않는다. 자동적 사고를 의식 속으로 끌어올리는 것이 인지행동의 한 목표다.

생각을 인식하는 것은 변화를 가져오고, 보다 나은 방식으로 문제를 해결하기 위한 첫 번째 단계다. 빅은 일단 자신의 생각을 인식하게 되자 어떻게 이 상황을 변화시킬 수 있을지 여러 가능성을 발견할 수 있었다. 만일 자신의 생각이 맞지 않고 자신에게 도움이 되지 않는다고 판단한다면 그 상황을 다르게 생각하려고 노력할 것이다. 만일 자신의 생각이 맞다고 결론을 내린다면 아내에게 자신의 느낌에 대해 직접 이야기한 후 자신을 보다 존중하도록 요청할 것이다.

어떻게 자동적 사고를 인식할 수 있는가

우리는 쉴 새 없이 생각하고 상상한다. 즉, 항상 자동적 사고를 한다. 친구들에 대해서도 생각하고, 주말에 무엇을 할지 상상하기도 하며, 잡다한 일처리에 대한 걱정을 하기도 한다. 이 모든 것이 자동적 사고이다. 우리의 기분을 개선하는 데 가장 중요한 자동적 사고는 우리의 강한 기분을 이해할 수 있게 해 주는 생각이다. 이러한 생각들은 언어적일 수도 있고('나는 해고당할 것이다.'), 이미지일 수도 있으며(마리사는 자신이 노숙자가 되어 카트에 자기 소지품을 넣어 끌고 다니는 모습이 눈앞에 선했다), 기억일 수도 있다(초등학교 5학년 때 실수해서 선생님에게 자로 손바닥을 얻어맞던 기억이 마리사의 머릿속을 스치고 지나갔다).

힌트

자동적 사고를 파악하려면 어떤 대상에 대해 강렬한 기분을 느끼거나 강한 반응을 보일 때 마음속을 스쳐 가는 생각에 주의를 집중하여 알아차리도록 해 본다.

자동적 사고를 파악하는 연습을 하기 위해서 다음의 상황이 일어났다고 상상하고 당신의 마음을 스치고 지나가는 생각을 적어 보라.

1. **상황**: 쇼핑을 하러 나왔다. 점찍어 두었던 물건을 사려고 한다. 그 물건을 몇 주일 전에 보고 마음에 들어 몇 주 동안 돈을 모았다. 그런데 가게에 갔더니 점원은 그 물건이 다 떨어졌다고 말했다.

   자동적 사고: ______________________________

   ____

   ____

2. **상황**: 이웃집에 파티가 있어서 음식을 한 접시 만들어 갔다. 새로운 방법으로 만들어 본 것이라 신경이 좀 쓰인다. 한 10분쯤 지나자 몇 사람이 당신에게 다가와서 음식이 맛있다고 말한다.

   자동적 사고: ______________________________

   ____

   ____

이런 상황에 처했을 때, 사람들마다 떠오르는 자동적 사고는 각각 다르다. 두 번째 음식의 예에서, '음식이 맛있어서 다행이군.' 하면서 안심하거나 자부심을 느끼는 사람도 있을 것이고, '아마 사람들은 맛이 별로 없는데도 내 기분이 상할까 봐 이렇게 말하는 걸 거야.'라고 생각하면서 부끄러워하거나 수치심을 느낄 수도 있다. 보다시피, 어떤 상황에서든지 사건을 해석하는 방법은 여러 가지가 있다. 해석을 어떻게 하는지에 따라 기분이 좌우된다.

실생활에서 우리는 여러 종류의 자동적 사고를 한다. 다음의 글상자 안에 있는 질문들에 답해 보면 자동적 사고를 파악하는 데 도움이 된다. 그렇지만 모든 상황에서 이 질문들을 다 해 볼 필요는 없다. 상황에 맞게 이 질문들을 해 보면 자동적 사고를 포착할 가능성이 높아질 것이다. 어떤 질문이 각 기분에 따라 자동적 사고를 파악하는 데 가장 도움이 되는 질문인지 적어 놓았다.

힌트: 자동적 사고를 파악하는 데 도움이 되는 질문

- 지금 기분처럼 느끼기 직전 어떤 생각이 떠올랐는가?(일반적인 질문)
- 이 상황에 대해 어떤 이미지나 기억을 가지고 있나?(일반적인 질문)
- 이것은 나 자신이나 내 삶 혹은 내 미래가 어떻다는 것을 의미하는가?(우울)
- 나는 어떤 일이 일어날까 봐 걱정하는가?(불안)
- 이것이 사실일 때 일어날 수 있는 최악의 사태는 어떤 것일까?(불안)
- 이것은 남(들)이 나에 대해 어떻게 느낀다는/생각한다는 것을 말해 주는가?(분노, 수치심)
- 이것은 남(들) 혹은 사람들이 일반적으로 어떻다는 것을 말해 주는가?(분노)
- 내가 규칙을 깨거나, 다른 사람의 마음을 상하게 하거나, 해서는 안 될 어떤 일을 했나? 내가 이것을 했거나 했다고 믿음으로써 나에 대해 어떻게 생각하게 되었나?(죄책감, 수치심)

자동적 사고를 파악하려면, 그 상황에서 당신이 왜 그런 기분을 느끼게 되었는지 이해하게 해 주는 생각을 모두 찾아낼 때까지 위의 질문들을 스스로에게 던져 보도록 한다. 자동적 사고를 알아내기 위해서는 위의 질문 중 몇 가지를 두세 번 반복해서 물어보아야 할 때도 있다. 이미지나 기억을 찾기 위해서는 마음을 자유롭게 풀어 놓은 다음, 강한 기분을 느꼈던 상황에서 마음속으로 떠오르는 장면이 있는지를 살펴보는 것이 좋다.

당신이 이 질문들을 다 해 볼 필요는 없다. 어떤 때는 단지 몇 개만 질문해 보아도 강한 감정을 느꼈을 때 마음속에 떠오른 생각들을 찾아낼 수 있을 것이다. 당신의 고통과 관련 있는 생각을 찾아낼 수 있을 만큼만 질문에 답해 보라.

일반적인 질문에서부터 시작하기

보통 우리는 힌트에서 제시한 첫 번째 두 질문부터 시작한다('일반적인 질문'이라고 제시한 질문들). 이 질문들을 통해 당신이 어떤 기분을 느끼든지 스스로에게 물어볼 수 있다. 처음에는 그런 기분을 느끼기 전에 어떤 생각이 마음속을 스쳐 지나갔는지 잘 모를 수 있다. 계속 관찰해 보고 연습해 봄으로써, 사람들은 대부분 첫 번째 질문을 던져 보는 것만으로도 주요한 자동적 사고를 찾아낼 수 있게 된다.

왜 두 번째 질문에서 이미지나 기억에 대해 물어보는지 의아해할 수 있다. 사람들이 어떤 기분을 강하게 느낄 때 이미지를 떠올린다는 것이 밝혀졌다. 그것은 시각적인 이미지일 수도 있고, 노래일 수도 있고, 어떤 단어나 아니면 신체적인 느낌일 수도 있다. 때로는 이 이미지가 완전히 상상에 의한 것일 수도 있다. 예컨대, 사람들이 쳐다보는 가운데 바닥에 누워 있는 당신의 모습이 이미지로 나타날 수도 있다. 혹은 같은 반 친구들이 당신을 놀렸던 일이 기억나듯이 당신이 겪었던 일에 대한 기억이 떠오를 수도 있다. 이런 이미지나 기억이 떠오를 때는 아주 강한 감정이 유발되는 경향이 있다. 즉, 말로 된 생각이 떠오를 때보다 더 강한 감정이 나타난다. 그러므로 이런 이미지나 기억이 있는지 잘 살펴보고, 다른 생각들과 함께 그것을 적거나 그려서 사고기록지에 기록하는 것은 매우 중요하다.

다음, 각 기분과 관련 있는 질문해 보기

일반적인 질문을 던져 보고 답해 본 다음, 힌트에 나와 있는 각 기분과 관련된 질문을 스스로에게 해 보면 도움이 된다. 여기에는 구체적으로 '불안' '우울' '분노' '죄책감' 혹은 '수치심'과 관련 있는 질문들이 제시되어 있다. 이런 질문들을 해 봄으로써 당신의 기분과 더 관련 있는 자동적 사고를 찾아낼 수 있을 것이다. 힌트에 나와 있는 어떤 질문이라도 해 볼 수 있지만, 특정 기분 질문들은 당신이 느끼는 기분에서 흔히 나타날 수 있는 생각들을 찾는 데 도움이 된다.

우울

13장에 있는 바와 같이 우리가 슬프거나 우울한 기분을 느끼면 자기비판적이고, 우리의 삶이나 미래에 대해 부정적인 생각을 가지기 쉽다. 그러므로 당신이 우울이나 혹은 그와 비슷한 기분인 슬픔, 낙심, 실망 등을 느낄 때, 스스로에게 "이것이 나에 대해 무엇을 말해 주는가?" "내 인생에 대해서는 무엇을 말해 주는가?" "내 미래에 대해 무엇을 말해 주는가?"와 같은 질문을 해 보라. 이런 질문들은 우울감과 관련된 부정적인 자동적 사고를 찾아내는 데 도움이 된다.

불안

14장에 설명하듯이 불안할 때 우리는 일련의 '최악의' 일이나 결과가 일어날 것이라고 상상한다. 즉, 위험을 과대평가하고, 잘못된 일을 대처하는 우리의 능력을 과소평가한다. 불안한 생각은 '만일……'로 시작해서 어떤 끔찍한 결과가 일어날 것으로 끝을 맺는 때가 많다. 이런 일이 일어날 때 '만일……'의 질문을 적고, 당신을 가장 불안하게 만드는 그 질문에 대한 답을 써 보는 것이 도움이 된다. 예컨대, 당신이 '만일 상점에서 공황발작이 일어난다면?'이라고 생각한다면, "만일 상점에서 공황발작이 일어난다면 나는 쓰러질 것이다. 구급대원이 와서 날 실어 가는 이미지가 떠오른다. 모든 사람이 날 쳐다보고 있으며, 난 정말 당황스럽다."라고 써 보라. 그러므로 당신이 불안하거나 겁나거나 아니면 비슷한 기분을 느낄 때 "난 어떤 일이 일어나는 것을 가장 두려워하는가? 일어날 수 있는 최악의 일은 무엇인가"라고 스스로에게 질문해 보는 것이 도움이 된다. 이런 질문을 하면서 당신이 그 상황에서 최악의 반응이라고 상상하는 것이 과연 무엇인지 찾아내 보라.

분노

화나 짜증이 나거나 분개할 때, 우리의 생각은 일반적으로 다른 사람들에게 초점이 맞추어져 있으며, 그들이 우리에게 어떻게 해를 끼치고 상처를 주었는지 생각한다. 사실이 그렇든 그렇지 않든 우리는 다른 사람들이 얼마나 불공평하고, 부당하고, 우리를 무시하고, 잘못 대했는지 생각한다. 이것이 82쪽에 나와 있는 힌트에서 '이것은 남(들)이 나에 대해 어떻게 느낀다는/생각한다는 것을 말해 주는가?'와 '이것은 남(들), 혹은 사람들이 일반적으로 어떻다는 것을 말해 주는가?'라는 질문을 스스로에게 해 보라고 권하는 이유다. 15장에는 분노에 흔히 따라오는 생각들에 대해 더 자세한 설명이 나와 있다.

죄책감이나 수치심

죄책감이나 수치심은 무엇인가 잘못했다는 생각과 관련이 있다. 15장에는 이 기분들에 대한 좀 더 자세한 설명이 나와 있다. 다양한 생각이나 행동이 죄책감이나 수치심을 느끼는 것과 관련이 있다. 예컨대, 당신이 어떤 사람을 실망시켰다든지, 누구의 기대를 저버렸다고 생각할 수 있다. 혹은 당신에게 중요한 규범이나 도덕적인 의무를 위반했을 수 있으며, 당신에게 소중한 어떤 것을 훼손했다는 생각을 할 수 있다. 그러므로 당신이 죄책감이나 수치심을 느낀다면 스스로에게 "내가 규칙을 어기거나, 다른 사람에게 상처를 주었거나, 해야 할 일을 하지 않았는가? 이것을 했거나 했다고 생각하는 것이 나에 대해 어떤 생각을 하게 하는가?"라고 질문해 보라. 수치심의 경우는 '이것이 다른 사람들이 나에 대해 어떻게 느끼고/생각한다는 것을 말해 주는가?'나 '내가 이렇다는 것을 알게 되면 그들이 나를 어떻게 생각할까?'라는 질문을 해 보는 것이 도움이 된다.

자동적 사고를 찾는 방법에 대한 요약

당신이 특정 기분과 관련 있는 생각을 찾을 때 82쪽 힌트에 나온 일반적인 질문과 함께 당신이 이해하려는 기분에 해당되는 질문 두세 개를 반드시 해 보라. 그렇지만 때로는 다른 기분과 관련 있는 질문을 해 보는 것도 도움이 된다. 예컨대, 애니야는 사람들과 있을 때 불안을 느끼는데, '일어날 수 있는 최악의 일은 무엇인가?'라는 질문에 대해 "나는 무슨 말을 할지 몰라 사람들에게 우습게 보일 것이다."라고 답했다. 그런데 '이것이 당신에 대해 무엇을 말해 주는가?'라는 우울 관련 질문에 대해서는 자신이 '아무도 날 사랑하지 않을 것이다.'라는 생각을 하고 있다는 것을 발견했다. 애니야와 같이 질문 뒤 괄호 속에 나오는 기분을 가이드로 삼아 질문을 해 보다가 다른 기분에 해당되는 질문에도 답을 하다 보면 중요한 다른 자동적 사고도 찾아낼 수 있다.

연습과제: 생각과 기분 연결하기

작업기록지 7.1을 통해 앞에서 설명한 대로 생각과 특정 기분을 연결시키는 연습을 해 볼 것이다. 다음 각 항목의 생각이 우울, 불안, 분노, 죄책감, 수치심의 다섯 가지 기분 중에서 어떤 것과 가장 관련이 깊은지 적어 보라. 처음 두 문제에 대한 해답은 예로 나와 있다.

작업기록지 7.1: 생각과 기분 연결하기

	우울? 불안? 분노? 죄책감? 수치심?
1. 나는 바보라서 이것을 결코 이해하지 못할 것이다.	우울
2. 늦게 출근해서 직장에서 쫓겨날 것이다.	불안
3. 그녀는 너무 불공평하다.	
4. 나는 그렇게 마음 아프게 하지 말았어야 했다.	
5. 사람들이 나에 대해 이것을 알면 날 좋아하지 않을 것이다.	
6. 내 발표를 들으면 사람들이 날 비웃을 것이다.	
7. 이것에 대해 생각하는 것은 잘못된 일이다.	
8. 그는 날 속이고 모욕하고 있다.	
9. 더 이상 노력해 봐야 소용없다.	
10. 만일 무슨 일이 잘못되면 나는 대처할 수 없을 것이다.	

작업기록지 7.1의 답은 다음과 같다. 이 장의 관련 단락이나 13장, 14장, 15장을 참조하고, 각각의 생각이 왜 특정 기분과 관련 있는지 복습해 보라.

1. 나는 바보라서 이것을 결코 이해하지 못할 것이다. .... 우울
2. 늦게 출근해서 직장에서 쫓겨날 것이다. .... 불안
3. 그녀는 너무 불공평하다. .... 분노
4. 나는 그렇게 마음 아프게 하지 말았어야 했다. .... 죄책감
5. 사람들이 나에 대해 이것을 알면 날 좋아하지 않을 것이다. .... 수치심
6. 내 발표를 들으면 사람들이 날 비웃을 것이다. .... 불안
7. 이것에 대해 생각하는 것은 잘못된 일이다. .... 죄책감
8. 그는 날 속이고 모욕하고 있다. .... 분노
9. 더 이상 노력해 봐야 소용없다. .... 우울
10. 만일 무슨 일이 잘못되면 나는 대처할 수 없을 것이다. .... 불안

이제 당신은 생각과 기분이 어떻게 연결되어 있는지 잘 이해하게 되었을 것이다. 다음 연습과제는 당신의 삶에 이것이 어떻게 작용하고 있는지 직접 살펴볼 기회를 줄 것이다.

연습과제: 상황, 기분, 생각을 구별하기

오늘이나 어제 중 우울, 분노, 불안, 죄책감, 수치심과 같은 강한 감정을 느꼈던 때를 생각해 보라. 이 책을 읽으면서 특정 기분에 대해 작업하고 있다면 그 기분을 느낀 상황을 한 개 골라 적어 보라. 작업기록지 7.2에 이 일을 적어 보고 상황, 기분, 생각을 기억할 수 있는 한 자세하게 적어 보라. 이 연습은 자신의 경험 안에 있는 서로 다른 부분을 알아내고, 구별하고, 이해하도록 만들어진 것으로서, 기분을 통제하는 방법을 배우는 데 중요한 과정이다.

작업기록지 7.2: 상황, 기분, 생각을 구별하기

1. 상황	2. 기분	3. 자동적 사고(이미지)
누구와 함께 있었는가? 무엇을 하고 있었는가? 언제? 어디서?	각각의 기분을 한 단어로 적어 보라. 기분의 강도를 점수로 평가해 보라(0~100%).	다음 질문 중 몇 개 혹은 모두에 답해 보라. 지금 기분처럼 느끼기 직전 어떤 생각이 떠올랐는가? (일반) 이 상황에 대해 어떤 이미지나 기억을 가지고 있나? (일반) 이것은 나 자신이나 내 삶 혹은 내 미래가 어떻다는 것을 뜻하는가? (우울) 나는 어떤 일이 일어날까 봐 걱정하는가? (불안) 이것이 사실일 때 일어날 수 있는 최악의 사태는 어떤 것일까? (불안) 이것은 남(들)이 나에 대해 어떻게 느낀다는/생각한다는 것을 말해 주는가? (분노, 수치심) 이것은 남(들) 혹은 사람들이 일반적으로 어떻다는 것을 말해 주는가? (분노) 내가 규칙을 깨거나, 다른 사람의 마음을 아프게 하거나, 해서는 안 될 일을 했나? 내가 이것을 했거나 했다고 믿음으로써 나에 대해 어떻게 생각하게 되었나? (죄책감, 수치심)

당신이 적은 상황에 대해 한 가지 이상의 기분을 경험했는가? 우리는 종종 같은 상황에서 여러 가지 다른 기분을 느낀다. 각각의 기분과 관련 있는 생각이 다 다르기 때문에 두 번째 칸에 적은 기분 중 당신에게 가장 고통스러운 기분에 동그라미를 치고, 그 기분과 관련 있는 생각을 찾아낼 수 있도록 질문을 던져 보라. 자동적 사고를 파악하는 일은 매우 흥미로운 작업이다. 자동적 사고를 파악하는 것은 당신이 각기 다른 상황에서 왜 그런 기분을 느꼈는지 이해하는 데 도움이 된다. 당신이 자신의 생각에 더 많은 주의를 기울일수록, 하나의 기분에 관련되어 있는 여러 가지 생각을 파악하는 일은 쉬워진다.

사고기록지의 처음 세 칸을 통해 당신의 삶에 일어난 감정적인 상황을 택해서 심리적 현미경 아래 비춰 보는 작업을 하게 될 것이다. 당신은 지금 개인적인 경험을 한 토막 잘라 자세하게 살펴보는 것을 배우는 중이다. 그 상황과 당신 내부에서 어떤 일이 일어나고 있는지 자세하게 살펴보는 일은 사고기록지의 다음 칸으로 넘어가는 데 꼭 필요한 작업이다. 다음 칸들은 어떤 변화를 통해 기분이 더 좋아질지 알아내도록 도와줄 것이다.

작업기록지 7.3은 당신이 좀 더 쉽게 자동적 사고를 파악하도록 연습하기 위한 것이다. 자동적 사고는 이 책의 다음 몇 장에서 다루고 있는 작업의 출발점이 된다. 그러므로 자동적 사고를 파악하는 데 익숙해지는 것이 중요하다. 다음 장들을 읽기 전에 문제가 되는 기분을 느낀 다른 상황을 하나 골라 작업기록지 7.3을 다 적어 보라.

연습과제: 자동적 사고 파악하기

당신이 두 번째 칸에 한 가지 이상의 기분을 적었다면, 그중에서 현미경 아래 비춰 보고 싶은 기분을 한 가지 골라 동그라미를 쳐 보라. 세 번째 칸에 있는 질문들은 동그라미를 친 기분과 관련되어 있는 생각을 찾아내는 데 도움이 될 것이다. 다시 말하지만, 세 번째 칸에 있는 모든 질문에 대해 답할 필요는 없다. 처음 두 개의 일반적인 질문을 해 본 다음 두 번째 칸에 동그라미를 친 그 기분과 관련 있는 질문만 해 보라.

작업기록지 7.3: 자동적 사고 파악하기

1. 상황	2. 기분	3. 자동적 사고(이미지)
누구와 함께 있었는가? 무엇을 하고 있었는가? 언제? 어디서?	각각의 기분을 한 단어로 적어 보라. 기분의 강도를 점수로 평가해 보라(0~100%).	다음 질문 중 몇 개 혹은 모두에 답해 보라. 지금 기분처럼 느끼기 직전 어떤 생각이 떠올랐는가? (일반) 이 상황에 대해 어떤 이미지나 기억을 가지고 있나? (일반) 이것은 나 자신이나 내 삶 혹은 내 미래가 어떻다는 것을 의미하는가? (우울) 나는 어떤 일이 일어날까 봐 걱정하는가? (불안) 이것이 사실일 때 일어날 수 있는 최악의 사태는 어떤 것일까? (불안) 이것은 남(들)이 나에 대해 어떻게 느낀다는/생각한다는 것을 말해 주는가? (분노, 수치심) 이것은 남(들) 혹은 사람들이 일반적으로 어떻다는 것을 말해 주는가? (분노) 내가 규칙을 깨거나, 다른 사람의 마음을 아프게 하거나, 해서는 안 될 일을 했나? 내가 이것을 했거나 했다고 믿음으로써 나에 대해 어떻게 생각하게 되었나? (죄책감, 수치심)

뜨거운 사고

당신이 방에 들어가 탁상 스탠드의 불을 켰는데 불이 들어오지 않는다고 가정해 보자. 아마 플러그가 빠져 있거나 방의 전등 스위치 자체가 꺼져 있을 것이다. 전등의 플러그를 연결하고 스위치를 켜는 것은 전기가 흘러 불이 들어오게 만든다.

전기를 연결하는 전선을 '뜨거운' 전선이라고 부른다. 이와 비슷하게, 강한 기분과 가장 밀접하게 관련된 생각은 '뜨거운' 사고라고 부른다. 바로 이러한 사고가 기분을 강하게 만드는 역할을 하므로, 기분을 개선하기 위해서는 뜨거운 사고를 파악하고 검토하고 변화시켜야 한다.

뜨거운 사고를 좀 더 자세히 알아보기 위해 빅이 작성한 사고기록지(그림 7-1)를 살펴보자. 빅은 자신이 왜 그렇게 불안한지 이해하는 데 도움이 될 자동적 사고나 이미지를 파악하기 위해 사고기록지의 두 번째 칸에서 불안하고 초조함에 동그라미를 쳤다. 빅은 자동적 사고를 찾기 위한 힌트 질문들 중에 일반적인 질문들을 먼저 스스로에게 던져 보았다. 이 질문들은 [그림 7-1]의 세 번째 칸에 밑줄이 쳐 있다. 다음으로 불안과 관련된 질문들을 던져 보았다.

빅이 우선 상황을 설명한 다음에 그때 기분을 파악하여 기분점수를 매긴 것에 주목해 보라. 그는 무엇보다 그가 느끼는 불안과 초조함을 이해해 보고 싶었기 때문에 이 기분에 동그라미를 쳤다. 빅은 자신이 느끼고 있는 '초조함'과 관련 있는 자동적 사고를 알아내기 위하여 82쪽의 힌트에 있는 질문들을 스스로에게 해 보았다. 일반적인 질문('지금 기분처럼 느끼기 직전 어떤 생각이 떠올랐는가?' '이 상황에 대해 어떤 이미지나 기억을 가지고 있나?')과 함께 불안과 관련된 질문들('나는 어떤 일이 일어날까 봐 걱정하는가?' '이것이 사실일 때 일어날 수 있는 최악의 사태는 어떤 것일까?')을 해 보았다. 마지막으로, 그는 이미지와 기억을 찾아보았다. 즉, 그날 자신이 느꼈던 것과 같은 느낌을 가졌던 일이 있었는지 생각해 냈다.

빅은 자신의 생각 중에서 가장 뜨거운 생각, 즉 감정이 가장 많이 함축되어 있는 생각을 알아내고자 했다. 따라서 각각의 생각들이 자신을 얼마나 초조하거나 짜증나게 만드는지를 살펴보았다. 예를 들어, 첫 번째 생각('부장님은 왜 그것을 여기서 읽고 있을까?')만을 고려했을 때, 빅은 자신의 불안을 10%라고 평가했다. 그러나 무엇이 그를 가

사고기록지

1. 상황	2. 기분	3. 자동적 사고(이미지)
누가? 무엇을? 언제? 어디서?	a. 느껴진 기분은? b. 각 기분의 강도를 점수로 매겨 보라(0~100%).	a. 이런 기분을 느끼기 직전 어떤 생각이 떠올랐는가? b. 뜨거운 사고에 동그라미를 쳐 보라.
월간 보고서를 부장에게 제출한다. 부장님은 내 사무실에 서서 그것을 읽는다. 화요일 오후4시 30분	불안하고 초조함 90% 짜증남 60%	(일반적인 질문)불안하고 초조하게 느끼기 직전 어떤 생각이 떠올랐는가? 부장님은 왜 그것을 여기서 읽고 있을까? 그 질문에 답하는 것이 날 불안하게 만든다. 그녀는 문제가 없는지 찾아보고 있으며 날 비판할 것이다. (일반적인 질문)이 상황에 대해 어떤 이미지나 기억을 가지고 있나? 내가 잔디를 깎은 것을 보고 비판하던 아버지의 기억이 떠오른다. 아버지의 얼굴은 빨개졌고, 나한테 정말 화가 난 것처럼 보였다. (불안 질문)나는 어떤 일이 일어날까 봐 걱정하는가? 그녀는 내 판매 실적에 대하여 불만이 있다. 다른 사람들은 이번 달에 더 많이 팔았음에 틀림없다. (불안 질문)이것이 사실일 때 일어날 수 있는 최악의 사태는 어떤 것일까? 내가 해고당하거나 월급이 깎일 것이다.

[그림 7-1] 빅이 부분적으로 완성한 사고기록지

장 초조하게 만드는 생각인지 찾아보면서, '그녀는 문제가 있는지 찾아보고 있고, 날 비판할 것이다.'라는 생각에 그의 초조한 감정이 50%로 올라간다는 것을 알게 되었다. 빅이 평가한 결과는 다음과 같다.

생각	기분
왜 부장님은 그것을 여기서 읽고 있을까?	초조함 10%
그녀는 문제가 있는지 찾아보고 있고, 날 비판할 것이다.	초조함 50%
내가 잔디를 깎은 것을 보고 비판하던 아버지의 기억이 떠오른다. 아버지의 얼굴은 빨개졌고, 나한테 정말 화가 난 것처럼 보였다.	초조함 40%
그녀는 내 판매 실적에 대하여 불만이 있다.	초조함 40%
다른 사람들은 이번 달에 더 많이 팔았음에 틀림없다.	초조함 80%
나는 해고당하거나 월급이 깎일 것이다.	초조함 90%

보다시피, 빅의 첫 번째 생각('왜 부장님은 그것을 여기서 읽고 있을까?')은 기분과 그다지 강하게 연결되어 있는 것이 아니므로 특별히 생생하거나 뜨겁지 않다. 그다음에 오는 네 가지 생각은 모두 그의 초조한 감정과 밀접한 관련이 있었다. 따라서 네 가지 모두가 뜨거운 사고였다. 이 중에서도 마지막 두 생각('다른 사람들은 이번 달에 더 많이 팔았음에 틀림없다.' '나는 해고당하거나 월급이 깎일 것이다.')은 빅을 매우 초조하게 만들었고, 따라서 가장 뜨거운 생각이라고 볼 수 있다. 빅이 했던 것처럼 스스로에게 여러 가지 질문을 하다 보면 당신의 기분반응을 이해하는 데 도움이 될 만한 뜨거운 사고를 발견할 가능성이 높아진다.

빅의 사고기록지에서 마지막으로 중요한 점이 있다면, 그가 생각해 낸 어린 시절에 대한 기억이 그의 상사에 대한 반응과 밀접한 관련을 가지고 있다는 것이다. 빅은 나중에 자신이 작성한 보고서를 읽고 있는 직장 상사와 자신이 깎아 놓은 잔디를 비판하고 있는 아버지의 모습 간의 유사성과 차이점을 찾는 법을 배우게 되었다. 이러한 기억을 인식하는 일, 그리고 어린 시절의 경험과 성인이 되어서 하는 경험 사이의 차이점을 알아내는 일을 통하여 빅은 직장 상사와 아내에게 보다 적응적으로 반응하는 방법을 터득하게 되었다.

연습과제: 뜨거운 사고 파악하기

이제 당신은 자신의 뜨거운 사고를 파악할 준비가 되었다. 작업기록지 7.3에 기록한 각각의 자동적 사고가 당신이 열거한 감정을 얼마나 강하게 느끼게 했는지를 평가해 보라(0~100%). 각각의 자동적 사고 다음에 점수를 적어 보라. 이 점수들은 어떤 것이 뜨거운 사고인지 결정하는 데 도움이 된다. 가장 점수를 높게 받은 생각이 가장 뜨거운 생각이다. 이 생각들이 당신이 왜 그 기분을 느꼈는지 설명하는 데 도움이 되는가? 작업기록지 7.3에 각각의 기분에 대한 뜨거운 사고에 동그라미를 쳐 보라. 열거한 생각 중 어느 것도 생생하거나 뜨겁지 않다면, 82쪽의 힌트에 제시된 질문들을 다시 해 보고, 또 다른 자동적 사고가 있는지 찾아보라.

이 장에서 가르치는 기술들은 매우 중요하므로 마지막으로 특별한 사고기록지를 제시하는 것으로 끝을 맺겠다. 작업기록지 7.4는 작업기록지 7.3과 유사한데, 네 번째 칸에 당신이 파악한 자동적 사고의 뜨거운 정도를 평가하는 부분이 첨가되어 있다. 당신에게 '자동적 사고' 칸에서 어떤 정보가 포함되어야 하는지 상기시키기 위해, 세 번째 칸 밑에 몇 개의 힌트와 질문이 나와 있다.

당신이 성공적으로 자신의 자동적 사고를 파악하기 전까지 작업기록지 7.4를 사용하면서 당신의 기분과 관련된 뜨거운 사고를 발견해 보라. 다음 장으로 넘어가기 전에 당신이 이 기술을 편하게 사용할 수 있도록 연습해 보라. 한 주 동안 적어도 하루에 한 번 작업기록지 7.4를 적어 보는 것이 좋다. (이 작업기록지가 더 필요하면 복사해서 사용하거나 학지사 홈페이지에서 다운로드 받을 수 있다.) 다음 단계로 넘어가기 전에 뜨거운 사고를 찾아내고, 이 사고와 기분 간의 관련성을 이해하는 것이 정말 중요하다. 만일 뜨거운 사고를 찾아낼 수 있다면 다음 장으로 넘어가도 좋다. 8장에서는 이 사고들을 점검해 보고 보다 적응적이고 건강한 사고방식을 가지기 위해 어떻게 해야 하는지가 나온다.

당신이 사고기록지를 더 많이 작성할수록 기분이 더 빨리 좋아질 것이다. 사고기록지를 작성하는 것은 시험이 아니다. 이는 당신의 구체적 사고와 사고 방식을 밝히고 기분과 생각이 일상생활에 어떻게 영향을 미치는지 알게 하는 연습이다. 계속 연습하면 당신은 사고기록지를 보다 잘하게 된다. 이 기술이 늘어날수록 기분은 더 좋아질 것이며 덜 우울해지고 덜 불안해질 것이다. 작업기록지 7.4를 잘하게 되면 8장으로 넘어갈 준비가 되었다고 볼 수 있다.

작업기록지 7.4: 뜨거운 사고 파악하기

1. 상황	2. 기분	3. 자동적 사고(이미지)	각 사고의 뜨거운 정도를 평가하기
누구와 함께 있었는가? 무엇을 하고 있었는가? 언제? 어디서?	각각의 기분을 한 단어로 적어 보라. 기분의 강도를 점수로 평가해 보라(0~100%).	다음 질문 중 몇 개 혹은 모두에 답해 보라. 지금 기분처럼 느끼기 직전 어떤 생각이 떠올랐는가? (일반적인 질문) 이 상황에 대해 어떤 이미지나 기억을 가지고 있나? (일반적인 질문) 이것은 나 자신이나 내 삶 혹은 내 미래가 어떻다는 것을 의미하는가? (우울) 나는 어떤 일이 일어날까 봐 걱정하는가? (불안) 이것이 사실일 때 일어날 수 있는 최악의 사태는 어떤 것일까? (불안) 이것은 남(들)이 나에 대해 어떻게 느낀다는/생각한다는 것을 말해 주는가? (분노나 수치심) 이것은 남(들) 혹은 사람들이 일반적으로 어떻다는 것을 말해 주는가? (분노) 내가 규칙을 깨거나, 다른 사람의 마음을 아프게 하거나, 해서는 안 될 일을 했나? 내가 이것을 했거나 했다고 믿음으로써 나에 대해 어떻게 생각하게 되었나? (죄책감, 수치심)	세 번째 칸의 각 사고를 기반으로 하여, 당신이 경험한 기분의 강도가 어느 정도인지 0~100%로 평가해 보라.

기분 체크하기

이제 자동적 사고를 찾는 연습을 시작했기 때문에 당신의 기분을 다시 한 번 체크해 볼 때가 되었다. 다음의 척도를 사용하고, 잊지 말고 당신의 점수를 기록해 보라.

- 우울/불행감: 『기분 다스리기』 우울척도(작업기록지 13.1과 작업기록지 13.2)
- 불안/초조함: 『기분 다스리기』 불안척도(작업기록지 14.1과 작업기록지 14.2)
- 다른 기분/행복감: 내 기분 평가하기(작업기록지 15.1과 작업기록지 15.2)

7장 요약

▶ 자동적 사고는 당신의 마음에 자동적으로 떠오른 생각이다.

▶ 당신이 어떤 기분을 강하게 느낄 때마다 이 기분을 이해하는 데 단서를 제공하는 자동적 사고가 있다.

▶ 자동적 사고는 단어, 이미지 혹은 기억일 수 있다.

▶ 자동적 사고를 파악하기 위해서 당신이 강한 기분을 느낄 때 마음속에 떠오르는 생각에 주목하라.

▶ 각각의 기분은 특정 사고와 관련되어 있다. 이 장에서는 기분 특정적인 사고를 찾아내기 위해 해야 할 질문들을 제시하였다.

▶ 뜨거운 사고는 가장 강한 감정을 수반하는 자동적 사고다. 이런 사고는 사고기록지에서 검증해야 할 가치가 가장 높은 사고다.

8장

증거를 살펴보기

일단 멈춰 서 보고, 다시 들어 보라: 벤의 사례

어느 목요일 저녁, 빅과 아내 주디는 부엌에서 주말 계획에 대해 의논하고 있었다. 빅은 주디에게 토요일 아침에 알코올중독자모임(AA)에 가서 친구 짐을 만나기로 약속했다고 이야기했다. 그 이야기를 듣자 주디의 안색이 변하였으며, 실망한 기색이 역력했다. '내가 애들이나 아내를 놔두고 나간다니까 기분이 나빠진 거야. 아내가 내 재활 프로그램을 중요하게 생각하지 않다니 불공평해. 나를 애들만큼만 생각했어도 내가 가는 것에 대해 기뻐했을 텐데. 아내는 내가 어떻게 되든 신경 쓰지 않아.' 빅은 이렇게 생각하면서 화가 치밀어 오르는 것을 느꼈다.

빅은 주디에게 버럭 화를 내었다. "당신이 내가 술을 끊든 말든 상관하지 않는다면 나도 상관 안 해!" 그는 주먹으로 식탁을 내려친 후 집 밖으로 뛰쳐나갔다. 등 뒤로 주디가 소리치는 것이 들렸다. "당신이 그런 식으로 행동하는데 나더러 어쩌란 말이에요? 당신 어떻게 된 거 아니에요?"

무작정 차를 몰고 집에서 멀어져 감에 따라 여러 가지 생각이 빅의 머리에 가득 밀려왔다. '주디는 AA가 나한테 얼마나 중요한지 이해해 준 적이 한 번도 없었어. 술을 참는 것이 얼마나 힘든 일인지도 모르고. 아내조차 내가 술을 끊든지 말든지 신경을 안 쓰는데 열심히 노력할 필요가 뭐가 있어! 화가 나서 견딜 수가 없어. 술이라도 한 잔하면 기분이 나아질 거야.'

예전에 늘 가던 술집에 가까워지자, 빅은 주차장에 차를 대고 시동을 껐다. 그는 숨을 돌리기 위하여 운전대에 머리를 댔다. 화가 좀 가라앉자 치료자가 다음에 어떤 기분을 강하게 느끼거나 술 마시고 싶은 충동이 일어난다면 그때 그의 생각을 찾아보고 사고기록지에 그 생각에 대한 증거를 찾아보라고 했던 말이 생각났다. 빅은 한잔하고 싶은 마음이 간절히 들었지만 치료자에게 적어도 한 번은 이 작업을 해 보겠다고 약속했던 것이 떠올랐다. [그림 8-1]은 빅이 차에서 찾은 종이에 적은 내용이 있다.

7장에서 배운대로, 빅은 처음 세 번째 칸에 상황을 적고, 자신의 기분을 파악하여 점수를 주었으며, 그 기분과 관련이 있는 여러 가지 생각을 써 내려갔다. 빅은 자동적 사고 각각에 대해서 그것들이 얼마나 '뜨거운' 것이었는지 평가한 후 점수를 써넣는 과정은 생략했다. 그 대신 마음속으로 각각의 생각이 자신을 얼마나 화나게 했는지 생각하며 가장 뜨거운 생각인 '아내는 내가 어떻게 되든 신경 쓰지 않는다.'에 동그라미를 쳤다. 그는 또 다른 뜨거운 생각인 '화가 나서 견딜 수가 없어. 술이라도 한잔하면 기분이 나아질 거야.'에 동그라미를 쳤다. 이 생각들은 그로 하여금 나중에 후회하게 될, 술을 마시게 하는 생각이었기 때문이다.

일단 이 두 가지 뜨거운 생각을 찾아낸 후, 빅은 치료자가 사고기록지의 네 번째 칸과 다섯 번째 칸에 인지행동치료에서 가장 중요한 질문인 '그 증거가 어디에 있나?'라는 질문을 던져 보고 그 답을 적어 보라고 했던 것을 기억해 냈다. 빅은 주디가 자기에게 관심이 없으며, 그의 분노를 달래려면 술을 한잔해야 한다는 생각을 뒷받침할 만한 증거들을 찾아보기 시작하였다.

빅은 아내의 표정을 보고 자신이 토요일에 AA 모임에 나간다고 말해서 짜증을 내는 것이라고 해석했다. 이렇게 해석한 후에 빅은 바로 화가 나기 시작했다. 그는 이것이 아내가 자신과 회복과정에 대해 관심이 없음을 말해 준다고 생각했었다. 빅은 자신의 결론을 지지하는 증거와 지지하지 않는 증거를 찾아보았다. 그 과정에서 자신과 주디 사이에 어떤 일이 일어나고 있는지 검토해 보고, 그 상황에 보다 잘 대처할 수 있게 되었다. [그림 8-1]의 네 번째 칸과 다섯 번째 칸에 적은 대로 그는 자신이 화난 것을 견딜 수가 없고 한잔해야 기분이 좋아질 것이라는 생각에 대해서도 그의 생각이 맞는지 틀린지 검토할 수 있는 증거를 찾아보았다.

빅이 치료자와 이야기한 것을 떠올려 보았듯이 사고기록지 네 번째 칸과 다섯 번째 칸은 '그 증거가 어디에 있나?'라는 질문을 다루고 있다(그림 8-1). 이들 두 칸은 '자동적 사고' 칸에서 파악해 놓은 뜨거운 사고를 지지하는 정보와 지지하지 않는 정보를 수집하기에 좋도록 만들어진 것이다. 네 번째와 다섯 번째 칸에서 수집한 정보는 뜨거운 사고를 평가하는 데 기초가 된다.

증거와 관련된 이 두 칸을 적어 넣을 때 당신의 뜨거운 사고를 하나의 가정이나 추측으로 여기면 도움이 된다. 자신의 뜨거운 사고가 사실이라고 확신하더라도 이러한 확신을 일시적으로 유보하고 생각해 보면, 당신이 내린 결론을 지지하는 증거 또는 반대하는 증거를 찾기가 보다 쉬워질 것이다.

빅은 술집 앞에 차를 세워 놓고, 아내에 대해서나 술을 한잔하는 것이 필요하다는 생각에 대해 자신이 내렸던 결론을 지지하는 증거와 반대하는 증거에 대해 생각해 보았다. 그는 될 수 있는 대로 자료나 사실, 실제 경험에 근거해서 자신의 뜨거운 생각을 검토하려고 노력했다.

연습과제: 사실 대 해석

작업기록지 8.1은 사실과 해석의 차이를 구별하는 연습을 하는 데 도움이 된다. '사실'은 어떤 상황에 대해 모든 사람이 동의하는 것, 즉 '그날은 목요일 저녁이었다.'나 '주디의 얼굴 표정은 바뀌었다.'와 같은 것을 말한다. '해석'은 같은 상황에 대해서도 사람들의 의견이 다를 수 있는 것을 말한다. 작업기록지 8.1의 왼쪽 칸에 있는 각각의 언급에 대해 그것이 사실인지 해석인지 적어 보라. 첫 두 문항은 예제다. 각각의 언급이 사실인지 해석인지 결정하기 전에 이 장의 서두에 나오는 빅과 주디의 싸움에 대한 설명을 다시 한 번 읽어 봐도 좋다.

사고기록지

1. 상황	2. 기분	3. 자동적 사고(이미지)
누가? 무엇을? 언제? 어디서?	a. 느껴진 기분은? b. 각 기분의 강도를 점수로 매겨 보라(0~100%).	a. 이런 기분을 느끼기 직전 어떤 생각이 떠올랐는가? 떠오른 생각이 또 있는가? 떠오른 이미지는? b. 뜨거운 사고에 동그라미를 쳐 보라.
화요일 오후 8시30분 내가 토요일에 알코올중독자 모임에 나간다고 말하자 주디는 안색이 변했다.	화남 90%	아내는 내가 알코올중독자모임에 나간다고 기분이 상했다. 아내는 내 재활 프로그램을 중요하게 생각하지 않는다. (아내는 내가 어떻게 되든 신경 쓰지 않는다.) 그녀는 술을 참는 것이 얼마나 힘든 일인지 이해하지 못한다. (화가 나서 견딜 수가 없어. 술이라도 한잔하면 기분이 나아질 거야.)

[그림 8-1] 빅의 사고기록지

4. 뜨거운 사고를 지지하는 증거	5. 뜨거운 사고를 지지하지 않는 증거	6. 새로운/균형 잡힌 사고	7. 기분을 재평가하라
		a. 새로운/균형 잡힌 사고를 적어 보라. b. 각각의 사고를 믿는 정도를 점수로 매겨 보라(0~100%).	2번 칸의 기분을 재평가해 보고, 새로 느껴진 기분의 강도도 평가해 보라(0~100%).
아내는 알코올중독자모임을 지지하지 않는다. 아내는 나에게 잔소리를 한다. 아내는 내가 일하는 게 얼마나 힘든지 인정하지 않는다. 아내는 오늘 밤처럼 나를 항상 부정적인 시선으로 본다. 그녀는 집을 떠날 때 내게 고함을 쳤다.	그녀는 내가 술을 마시던 지난 몇 해 동안에도 나와 함께했다. 그녀는 일 년 동안 알코올중독자 가족모임에 참석했다. 그녀는 내가 오늘 직장에서 퇴근할 때 나를 반기는 것처럼 보였다. 그녀는 내게 사랑한다고 말한다. 그리고 우리가 싸우지 않을 때는 내게 친절하게 대해 준다. 주디는 언니의 생일을 기억하고 얼굴표정이 바뀐 것이라고 설명했다. 주디는 내가 AA에 나가서 다행이라고 생각하고 계속 모임에 나가라고 말했다.		

작업기록지 8.1: 사실 대 해석

1. 그녀는 언제나 나를 부정적인 시선으로 바라본다.	해석
2. 주디의 얼굴 표정은 바뀌었다.	사실
3. 나는 화가 난다(빅).	
4. 주디는 내가 술을 끊는지 못 끊는지에 관심이 없다.	
5. 그녀는 나보다 아이들에게 더 관심이 많다.	
6. 내가 집을 나설 때 주디는 소리를 질렀다.	
7. 주디는 내가 술을 마셨던 세월 내내 나를 떠나지 않았다.	
8. 주디는 내가 AA에 다니는 것을 지지하지 않는다.	
9. 나는 화가 난 상태를 견디지 못한다.	
10. 당신이 그렇게 행동할 때 내가 마음을 써줄 것을 기대할 수 없을 것이다(주디).	

다음은 작업기록지 8.1에 대한 답이다.

1. 그녀는 언제나 나를 부정적인 시선으로 바라본다. .... 해석
2. 주디의 얼굴 표정은 바뀌었다. .... 사실
3. 나는 화가 난다(빅). .... 사실
4. 주디는 내가 술을 끊는지 못 끊는지에 관심이 없다. .... 해석
5. 그녀는 나보다 아이들에게 더 관심이 많다. .... 해석
6. 내가 집을 나설 때 주디는 소리를 질렀다. .... 사실
7. 주디는 내가 술을 마셨던 세월 내내 나를 떠나지 않았다. .... 사실
8. 주디는 내가 AA에 다니는 것을 지지하지 않는다. .... 해석
9. 나는 화가 난 상태를 견디지 못한다. .... 해석
10. 당신이 그렇게 행동할 때 내가 마음을 써줄 것을 기대할 수 없을 것이다(주디). .... 해석

사고기록지의 증거 칸에 있는 정보들은 객관적인 자료나 사실을 중심으로 구성하여야 한다. 그러나 이 칸을 처음 작성할 때는 사실과 해석을 혼동할 수도 있다. 빅도 사고기록지를 적어 넣을 때 이런 과정을 거쳤다. '그녀는 오늘 저녁 때 그랬듯이 언제나 날 부정적인 시선으로 바라본다.'와 같이 그녀의 고민에 찬 시선을 부정적인 시선이라고 보는 해석을 증거란에 적었다. 주디가 빅을 바라봤을 때 어떤 생각을 하고 느끼는지 말하지 않았기 때문에 그녀가 '부정적인 시선으로' 그를 바라보았는지 확실히 알 수 없었다. 또한 '그녀는 오늘 저녁 때 그랬듯이 언제나 날 부정적인 시선으로 바라본다.'는 아마 주디가 그를 부정적인 시선으로 자주 바라보았던 것에 대한 과장일 가능성이 높다.

당신은 작업기록지 8.1에 사실과 해석을 잘 가려낼 수 있었는가? 사실은 이 장의 처음에 나온 빅과 주디의 싸움에서 나타난 것을 그대로 말하는 것이다. 아마도 빅과 주디의 싸움을 바라본 사람들은 다음과 같은 점에 동의했을 것이다. 즉, (2) 주디의 얼굴 표정은 바뀌었다, (3) 빅은 화가 났다, (6) 빅이 집을 나설 때 주디는 소리를 질렀다, (7) 주디는 빅이 술을 마셨던 오랜 기간 동안 빅을 떠나지 않았다.

해석은 상황에 대해 우리가 추론하는 일이다. 이것들은 사실일 수도 있고 사실이 아닐 수도 있는 우리의 생각이다. 예컨대, (4) 주디는 빅이 술을 끊는지 못 끊는지에 관심이 없다, (5) 그녀는 빅보다 아이들에게 더 관심이 많다와 같은 것이다. 우리는 주디가 이런 말을 하지 않았기 때문에 그것이 사실인지 아닌지 알지 못한다. 이와 비슷하게, 주디 역시 (10) 빅이 그렇게 행동할 때 주디가 마음을 써줄 것을 기대할 수 없을지 있을지 확실히 알 수 없을 것이다. 어디까지나 이것은 주디의 해석이며, 이 해석이 정확할 수도 있고 정확하지 않을 수도 있다. 때로 우리는 어떤 언급이 사실인지 아니면 해석인지 알기 위해서 좀 더 정보를 알아봐야 할 때도 있다. 예컨대, 주디가 빅이 AA에 나가는 것을 지지하는지 아닌지(8) 직접 물어볼 수 있다. 또는 그가 술 마시는 것을 지연시키면서 그가 상상한 만큼 화난 것을 견딜 수 있는지 없는지 확인해 볼 필요가 있다(9).

사고기록지의 네 번째 칸('뜨거운 사고를 지지하는 증거')와 다섯 번째 칸('뜨거운 사고를 지지하지 않는 증거')은 당신의 뜨거운 생각이 정확한지 아닌지 검토할 수 있게 돕는다. 이들 칸에 증거를 적어 넣는 연습을 할 때 될 수 있는 대로 사실에 입각하여 적는 것이 좋다. 그렇지만 네 번째 칸에 사실이 아닌 생각을 적어 놓더라도 다섯 번째 칸을 하면서 뜨거운 생각을 지지하지 않는 증거를 찾아볼 수 있다면 사고기록지를 해 볼 가치가 있다. 다섯 번째 칸은 당신의 결론을 지지하지 않는 정보를 찾도록 촉구하기 때문에 사고기록지에서 가장 중요한 칸이라고 할 수 있다. 우리가 격한 감정을 느낄 때는 우리의 생각을 지지하지 않는 증거를 찾는 것이 쉽지 않다. 그렇지만 우리 생각을 지지하는 증거와 지지하지 않는 증거를 찾아보는 노력을 기울이는 것이야말로 격한 감정을 줄일 수 있는 비법이다.

당신이 주목해 보았겠지만, 사고기록지의 첫 네 칸은 우리가 강한 기분을 느낄 때 어떤 일이 일어나고 있는지 보다 명확하고 구체적으로 파악할 수 있게 해 준다. 다섯 번째 칸에 가서야 비로소 우리는 그 상황에 대해 다르게 생각해 보게 된다. 이런 이유에서 다섯 번째 칸이야말로 잘하기가 가장 어렵다. 108쪽의 힌트에는 다섯 번째 칸을 잘 적을 수 있도록 돕는 질문이 제시되어 있다. 당신의 생각을 지지하지 않는 증거를 찾는 일이 수월해지기 위해서는 몇 주간의 연습이 필요할 수 있다. 사고기록지를 더 많이 해 보면 당신의 뜨거운 생각을 지지하지 않는 증거를 찾기가 더 쉬워질 것이다.

한 번 더 생각하라: 벤의 사례

벤의 생활에서 예를 한 가지 들어 봄으로써 우리의 해석과 결론이 맞는지 확인하는 데 증거를 찾아보는 것이 얼마나 중요한 일인지 보다 확실하게 알게 될 것이다. 벤이 치료를 받으러 다닌 지 약 3개월쯤 지나서 딸네 집을 찾아갔던 적이 있다. 그는 딸네 가족과 함께 하루를 보낸 후 집으로 돌아오는 길에 매우 슬픈 기분이 들었다. 집에 도착한 벤은 자신의 슬픈 감정을 보다 잘 이해하고 기분을 좀 풀어 보려고 사고기록지를 써 보기로 했다.

벤은 자동적 사고를 여러 개 생각해 냈으며, 그 모두가 '뜨거운' 것이라고 결론지었다. 그러나 자신의 슬픔과 가장 밀접한 관련이 있는 생각은 자신이 더 이상 손주들에게 필요한 존재가 아니라는 것과 그날 아무도 자기에게 관심을 보이지 않았다는 것이었다. 벤은 106~107쪽에 있는 [그림 8-2]의 사고기록지에서 가장 뜨거운 사고에 동그라미를 쳤다.

부정적인 자동적 사고를 할 때는 보통 우리가 내린 결론과 부합하거나 그 결론을 뒷받침하는 정보에 안주하는 경우가 많다. 사고기록지를 작성하기 전까지 벤은 '애들과 손주들은 나를 더 이상 필요로 하지 않는다.'라는 생각을 뒷받침해 주는 일들만 기억하고 있었으며, 이것을 네 번째 칸에 적었다. 벤은 가족이 자신을 필요로 하지 않는다는 방향으로만 생각했기 때문에 매우 슬퍼졌다. 부정적인 경험에 대해 생각하는 것은 우리가 우울할 때 일어나는 자연스러운 일이다.

사고기록지의 다섯 번째 칸을 작성하면서, 벤은 자신이 내린 결론과 상반되는 결론을 찾기 위하여 능동적으로 기억을 탐색해야 했다. 벤은 자신이 가족에게 필요한 사람이며, 가족에게 사랑받고 있다는 사실을 알려 주는 사건을 기억해 냈다. 그렇게 하고 나자 기분도 한결 좋아졌다. 자식들은 성인이 되었으며, 손주들도 점점 더 자신의 일을 스스로 알아서 하게 되었다. 그러나 그는 자신이 여전히 그들의 삶에서 중요한 위치를 차지하고 있다는 것을 말해 주는 일들도 기억해 냈다.

벤이 부정적인 생각들이 맞다는 증거를 찾는 동안에는 자신이 가족에게 얼마나 중요한 존재인지를 깨닫지 못했다. 벤이 다섯 번째 칸을 적을 때 비로소 자신이 원래 가지고 있었던 부정적인 자동적 사고와 상반되는 정보를 능동적으로 기억하고 검토하게 되었다.

벤과 마찬가지로, 당신도 다섯 번째 칸에 포함시킬 증거를 찾은 후에는 기분이 좀 달라질 것이다. 그러나 매우 감정이 격하거나 자신의 입장이 절대적으로 사실이라고 여겨지는 믿음을 가지고 있다면, 그러한 믿음을 뒷받침하지 않는 증거를 찾는 일이 어려워질 수도 있다. 여기에 힌트가 있다. 힌트에 제시된 질문들은 하나의 상황을 여러 관점에서 볼 수 있도록 도와준다. 이 질문들을 해 보면 상반되는 증거를 찾기가 한결 쉬워질 것이다.

그러나 제시된 모든 질문을 다 해 볼 필요는 없다. 당신이 다섯 번째 칸을 처음 적어 보는 연습을 하고 있다면 힌트에 나와 있는 질문들을 여러 개 해 보는 것이 도움이 될 것이다. 그렇지만 점점 경험이 쌓이면 당신에게 가장 도움이 되는 질문이 무엇인지, 또 당신이 가지고 있는 뜨거운 사고에 가장 도움이 되는 질문이 무엇인지 알게 될 것이다.

사고기록지

1. 상황	2. 기분	3. 자동적 사고(이미지)
누가? 무엇을? 언제? 어디서?	a. 느껴진 기분은? b. 각 기분의 강도를 점수로 매겨 보라(0~100%).	a. 이런 기분을 느끼기 직전 어떤 생각이 떠올랐는가? 떠오른 생각이 또 있는가? 떠오른 이미지는? b. 뜨거운 사고에 동그라미를 쳐 보라.
11월 25일 오후 9시 딸네 집에서 딸과 사위, 두 명의 손주, 아내와 생일 디너를 보내고 차를 운전해서 집으로 돌아오고 있었다.	슬픔 80%	내가 오늘 그곳에 없었더라면 그들은 더 좋은 시간을 보냈을 것이다. 하루 종일 아무도 내게 관심을 보이지 않았다. 애들과 손주들은 나를 더 이상 필요로 하지 않는다.

[그림 8-2] 벤의 사고기록지

4. 뜨거운 사고를 지지하는 증거	5. 뜨거운 사고를 지지하지 않는 증거	6. 새로운/균형 잡힌 사고	7. 기분을 재평가하라
		a. 새로운/균형 잡힌 사고를 적어 보라. b. 각각의 사고를 믿는 정도를 점수로 매겨 보라(0~100%).	2번 칸의 기분을 재평가해 보고, 새로 느껴진 기분의 강도도 평가해 보라(0~100%).
예전에 나는 손녀의 구두끈을 매 주곤 했는데 지금은 손녀가 스스로 하려고 한다. 내 딸과 사위는 함께 삶을 꾸려 나가고 나를 필요로 하지 않는다. 열다섯 살의 에이미는 오후 7시에 친구를 만난다고 나갔다. 사위인 빌은 거실에 새 선반과 캐비닛을 만들었다. 3년 전만 해도 그는 그런 일을 할 때 내 도움을 청했고 내 도움을 필요로 했다.	빌이 집에 새로운 방을 만드는 계획에 대해 내게 조언을 구했다. 내 딸이 정원에서 죽어 가는 채소를 봐 달라고 부탁했다. 나는 딸에게 물이 부족한 것이라고 말할 수 있었다. 나는 다섯 살 난 손녀를 웃게 할 수 있었다. 에이미는 엄마가 십대에 어땠는지 내가 이야기해 주는 것을 좋아하는 듯했다. 다섯 살 난 내 손녀는 내 무릎에서 잠들었다.		

힌트: 자신의 생각을 뒷받침하지 않는 증거를 찾는 데 도움이 될 만한 질문

- 나는 이 생각이 언제나 맞지는 않다는 사실을 보여 주는 경험을 한 일이 있는가? 또 그런 정보가 있는가?
- 만약 가장 친한 친구나 사랑하는 사람이 이와 같이 생각하고 있다면 나는 뭐라고 말했을까?
- 가장 친한 친구나 사랑하는 사람이 내가 이렇게 생각하고 있다는 사실을 안다면 나에게 뭐라고 말할까? 내 생각이 100% 사실이 아니라는 것을 주장할 때 어떤 증거를 제시할까?
- 비록 아주 작을지라도 내 뜨거운 사고를 반박하는 정보는 없는가? 혹시 내가 그것들을 무시하거나 중요하지 않다고 과소평가하고 있는 것은 없는가?
- 내가 가지고 있는 강점이나 장점 중 무시하고 있는 것은 없는가? 그것들은 어떤 것인가? 이 상황에서 그것이 어떻게 도움이 될까?
- 이 상황에서 내가 무시하고 있는 긍정적인 측면은 없는가? 이 상황에서 긍정적인 결과가 나올 수 있다는 것을 시사하는 정보는 없는가?
- 과거에도 지금과 같은 상황에 처해 본 경험이 있는가? 어떤 상황이었나? 현재 상황과 그때 상황 간에 다른 점이 있는가? 그때 경험에 미루어 지금의 나를 도울 수 있는 부분은 없을까?
- 내 기분이 지금과 다르다면 조금이라도 달리 생각했을 가능성은 없을까? 만일 그렇다면 어떤 식으로 생각할까?
- 과거에 지금과 같은 기분이 들었을 때, 어떤 생각을 하면 기분이 나아졌나?
- 5년 후에 지금의 상황을 되돌아본다면 지금과 다르게 생각할 부분이 있을까? 나의 현재 경험 중에서 지금 중요하게 생각하는 부분과는 다른 부분을 더 중요하게 생각하지는 않을까? 나 자신 또는 이 상황에 좋은 점이나 유리한 점이 있는데 내가 간과하고 있는 것은 없을까?
- 세 번째와 네 번째 칸에서, 증거를 통해 완전하게 타당성이 입증되지 않은 결론을 내가 성급하게 내리고 있지는 않은가?
- 스스로 통제할 수 없는 일에 대하여 자신을 탓하고 있지는 않은가? 내 책임에 대해 좀 더 공평하고, 온정적이고, 너그럽게 볼 수 있게 해 주는 사실에는 어떤 것이 있을까?

다른 사람의 입장에서 생각해 보라: 마리사의 사례

마리사가 처음 치료를 시작했을 때는 '그 증거가 어디에 있나?'라는 질문에 답하는 데 약간의 어려움을 겪었다. 마리사는 처음 몇 회 동안은 [그림 8-3]의 사고기록지(110~111쪽)를 부분적으로만 완성해서 가지고 왔다.

마리사는 자신의 뜨거운 사고가 100% 사실이 아니라는 증거를 혼자 힘으로 찾아낼 수 없었다. 그러나 치료자와 다음과 같은 대화를 나누는 과정에서 다섯 번째 칸을 채울 수 있는 중요한 정보를 얻게 되었다. 치료자가 물어본 내용이 108쪽의 힌트에 제시된 질문들과 비슷하다는 점을 주의해서 보라.

치료자: 사고기록지를 살펴보니, 당신의 뜨거운 사고는 '이 감정들이 너무 고통스러워 스스로 목숨을 끊을 수밖에 없다.'가 되겠군요. 이 생각을 지지하는 증거는 찾으셨지만, 지지하지 않는 증거는 찾지 못하셨 고요.

마리사: 네, 맞아요.

치료자: 과거에도 고통이 너무 심해 스스로 목숨을 끊을 수밖에 없다고 생각했던 적이 있나요?

마리사: 열 번도 더 돼요.

치료자: 예전에 이런 생각이 들었을 때 기분을 풀기 위해 어떤 식으로 행동하거나 생각을 했나요?

마리사: 이상하게도 제 고통에 대해서 이야기를 하면 기분이 좀 나아지곤 했어요.

치료자: 이야기를 하는 게 도움이 된다는 말씀이군요. 누구에게 이야기하는 것 외에 이러저러한 생각을 했더니 기분이 좋아진 적은 없었나요?

마리사: 기분이 정말 안 좋을 때는 예전에도 이렇게 느꼈던 적이 있지만 그때마다 극복해 냈다는 사실을 기억하려고 노력하죠.

치료자: 아주 중요한 정보군요. 현재 처한 상황을 살펴볼 때 자살이 유일한 해결책이 아니라는 점을 알려 주는 부분은 없을까요?

마리사: 무슨 말씀이신지?

치료자: 자살 말고 다른 방법으로 마리사의 고통이 덜어질지도 모른다고 기대하는

마음이 있는지 알고 싶어서요.

마리사: 글쎄요, 그냥 다른 식으로 생각하기를 배우고 있는 중인데 도움이 될지 잘 모르겠어요.

치료자: 인지행동치료의 효과를 의심하면서도 한편으로는 희망을 가지고 계시는군요.

마리사: 희망보다는 의심을 더 많이 하는 편이지요.

치료자: 마리사가 익히고 있는 기술이 고통을 덜어 줄 것이라고 생각할 때, 그 생각에 대한 희망과 의심은 각각 몇 퍼센트 정도일까요?

마리사: 90~95%쯤은 의심이 가고 5~10% 쯤은 희망이 있는 것 같아요.

치료자: 치료를 진행하면서 의심과 희망의 수준이 어떤 식으로 오르내리는지 계속 살펴보도록 하지요. 만약 가장 친한 친구인 케이트에게 "고통이 너무 심하

사고기록지

1. 상황	2. 기분	3. 자동적 사고(이미지)
누가? 무엇을? 언제? 어디서?	a. 느껴진 기분은? b. 각 기분의 강도를 점수로 매겨 보라(0~100%).	a. 이런 기분을 느끼기 직전 어떤 생각이 떠올랐는가? 떠오른 생각이 또 있는가? 떠오른 이미지는? b. 뜨거운 사고에 동그라미를 쳐 보라.
토요일 오후 9시 30분, 집에 혼자 있을 때	(우울함 100%) 낙담된 95% 공허함 100% 혼란스러운 90% 현실 같지 않은 95%	나는 차라리 무감각해져서 더 이상 느끼지 않기를 바랐다. 나는 전혀 좋아지고 있지 않다. 나는 너무 혼란스러워서 26.75mm명확하게 생각할 수 없다. 나는 무엇이 현실이고 무엇이 현실이 아닌지 모르겠다. (고통이 너무 심해서 스스로 목숨을 끊을 수밖에 없다.) 어떤 것도 도움이 되지 않는다. 살 가치가 없다. 나는 패배자다.

[그림 8-3] 마리사가 부분적으로 완성한 사고기록지

기 때문에 스스로 목숨을 끊을 수밖에 없어."라고 말한다면 케이트는 뭐라고 대답할까요?

마리사: 그런 말은 절대 안 하겠지만, 만일 한다면 저에게 현재 많은 일이 일어나고 있고, 기대할 만한 일도 있고, 또 제가 세상 사람들에게 도움을 줄 수도 있다고 얘기할 거예요. 저야 그 말을 믿지 않겠지만요.

치료자: 조금이나마 신뢰가 갈 만한 다른 이야기는 하지 않을까요?

마리사: 아마도 제 생활 속에 저를 조금이나마 즐겁게 해 주는 일들이 있다는 사실, 하루 중에 덜 고통스럽고 기분이 조금 나아지는 순간이 존재한다는 사실을 지적해 주겠지요. 저에게 재미있는 일들이 일어나서 때때로 웃기도 한다는 사실도 상기시켜 줄 거예요.

치료자: 만약 케이트가 마리사에게 자신이 극심한 고통을 겪고 있기 때문에 자살이 유일한 해결책으로 여겨진다고 말했다면 케이트에게 무슨 이야기를 해 주

4. 뜨거운 사고를 지지하는 증거	5. 뜨거운 사고를 지지하지 않는 증거	6. 새로운/균형 잡힌 사고	7. 기분을 재평가하라
		a. 새로운/균형 잡힌 사고를 적어 보라. b. 각각의 사고를 믿는 정도를 점수로 매겨 보라(0~100%).	2번 칸의 기분을 재평가해 보고, 새로 느껴진 기분의 강도도 평가해 보라(0~100%).
나는 더 이상 견딜 수 없다. 난 죽고 싶다. 스스로 목숨을 끊는 것이 고통을 없애는 유일한 방법이다. 지금까지 누구도 날 도와줄 수 없었다.			

시겠어요?

마리사: 다른 해결책을 계속 시도해 보라고 말해 줄 거예요. 케이트에게는 희망이 있을 거예요. 그렇지만 저 자신의 경우에는 별로 희망이 보이지 않는군요.

치료자: 희망이 얼마나 많이 있어야 적당한 것인지에 대해서는 잠시 후에 생각해 보기로 하지요. 우선은 우리가 방금 이야기한 사항들 중에서 다섯 번째 칸에 들어갈 수 있을 만한 내용을 사고기록지에 적어 봅시다.

사고기록지

1. 상황	2. 기분	3. 자동적 사고(이미지)
누가? 무엇을? 언제? 어디서?	a. 느껴진 기분은? b. 각 기분의 강도를 점수로 매겨 보라(0~100%).	a. 이런 기분을 느끼기 직전 어떤 생각이 떠올랐는가? 떠오른 생각이 또 있는가? 떠오른 이미지는? b. 뜨거운 사고에 동그라미를 쳐 보라.
토요일 오후 9시 30분, 집에 혼자 있을 때	(우울함 100%) 낙담함 95% 공허함 100% 혼란스러움 90% 현실 같지 않음 95%	나는 차라리 무감각해져서 더 이상 느끼지 않기를 바란다. 나는 전혀 좋아지고 있지 않다. 나는 너무 혼란스러워서 명확하게 생각할 수 없다. 나는 무엇이 현실이고 무엇이 현실이 아닌지 모르겠다. (고통이 너무 심해서 스스로 목숨을 끊을 수밖에 없다.) 어떤 것도 도움이 되지 않는다. 살 가치가 없다. 나는 패배자다.

[그림 8-4] 증거 칸을 다 채운 마리사의 기록지

[그림 8-4]를 보면 마리사가 치료자의 도움을 받아서 수집한 정보들이 나와 있다. 108쪽의 힌트에 있는 질문에 답할 때는 증거를 발견한 후에 그것을 써넣는 것이 중요하다. 이러한 증거들에 대하여 치료자와 상의하는 동안에도 마리사는 별로 희망을 갖지 않는 모습이었다. 그러나 사고기록지에 이러한 증거들을 다 기록하자 모든 증거를 한눈에 볼 수 있었다. 그러자 약간 희망이 생기고 우울한 기분이 줄어드는 것을 느꼈다. 당신이 생활 속에서 찾아내는 증거들도 마찬가지다. 단순히 그 증거에 대해 생각만 하는 것보다는 그것을 써 놓고 보면 많은 도움이 될 것이다.

4. 뜨거운 사고를 지지하는 증거	5. 뜨거운 사고를 지지하지 않는 증거	6. 새로운/균형 잡힌 사고	7. 기분을 재평가하라
		a. 새로운/균형 잡힌 사고를 적어 보라. b. 각각의 사고를 믿는 정도를 점수로 매겨 보라(0~100%).	2번 칸의 기분을 재평가해 보고, 새로 느껴진 기분의 강도도 평가해 보라(0~100%).
나는 더 이상 견딜 수 없다. 난 죽고 싶다. 스스로 목숨을 끊는 것이 고통을 없애는 유일한 방법이다. 지금까지 누구도 날 도와줄 수 없었다.	때로는 치료자에게 내 기분에 대해 이야기하는 것이 기분이 나아지는 데 도움이 되기도 했다. 이런 기분이 영원히 지속되지는 않지만 언제나 다시 돌아온다. 이 사고기록지는 새로운 것으로 도움이 될지도 모르지만 과연 그런지 잘 모르겠다. 어떤 날은 기분이 좀 좋아지기도 한다.		

심장마비인가 아니면 불안인가: 린다의 사례

치료를 계속하면서 린다는 스스로에게 질문을 던져 사고기록지의 다섯 번째 칸을 채워 넣는 데 보다 능숙해졌다. 이 기술은 불안 증상이 공황발작으로 확장되지 않도록 예방하는 데 중요한 요소가 되었다. 린다는 비행기가 이륙하는 것을 기다리는 동안 불안해지기 시작했다. 그녀는 불안과 관련된 생각을 찾아내고 그것이 맞는지 틀리는지 검토하기 위해 사고기록지를 해 보기로 결정했다. [그림 8-5]에서 볼 수 있듯이 린다는 그녀의 상황과 기분과 자동적 사고부터 적기 시작했다. 일단 가장 뜨거운 생각인 '심장마비가 일어나고 있다.'는 생각을 찾아내자 이를 지지하는 증거를 네 번째 칸에 적었다. 그다음 그 생각을 지지하지 않는 증거를 찾아보았다. 그리고 만약 자신의 가장 친한 친구가 옆자리에 앉아 있었다면 어떤 이야기를 해 주겠는지 짐작해 보았다. 친구

사고기록지

1. 상황	2. 기분	3. 자동적 사고(이미지)
누가? 무엇을? 언제? 어디서?	a. 느껴진 기분은? b. 각 기분의 강도를 점수로 매겨 보라(0~100%).	a. 이런 기분을 느끼기 직전 어떤 생각이 떠올랐는가? 떠오른 생각이 또 있는가? 떠오른 이미지는? b. 뜨거운 사고에 동그라미를 쳐 보라.
일요일, 비행기에서 이륙하기를 기다리며	두려움 98%	메스껍다. 심장이 가쁘게 빨리 뛰기 시작한다. 땀이 나기 시작한다. 심장마비가 일어나고 있다. 나는 결코 비행기를 벗어나지 못할 것이며 제시간에 병원에 도착하지 못할 것이다. 나는 죽을 것이다.

[그림 8-5] 린다가 부분적으로 완성한 사고기록지

는 심장이 급하게 뛰는 것은 신경이 쓰이고 불안해서 그런 것이지 꼭 심장마비가 일어나는 것은 아닐 거라고 말해 줄 것이다. 또 린다는 의사의 말도 생각해 냈다. 의사는 심장도 일종의 근육이며 더 빨리 뛴다고 위험한 것은 아니라고 이야기했다. 그리고 심장박동이 빠르다고 위험한 것이 아니며, 심장마비의 징조도 아니라고 장담하였다. 또한 그녀의 심장에 대해 종합적인 검사를 해 본 후 심장에 아무 문제가 없다고 말했다.

또한 린다는 자신의 뜨거운 사고가 사실이 아님을 증명할 만한 경험을 한 일이 있는지 스스로에게 질문하였다. 그녀는 자신이 비행기를 탔을 때, 비행장에 있을 때, 비행기가 날고 있다는 생각을 했을 때, 심장박동이 빨라지는 것을 느꼈던 적이 실제로 많이 있다는 것을 깨달았다. 린다는 그러한 상황에 처했을 때 자신에게 심장마비가 일어나고 있다고 생각했다. 그러나 이제는 심장발작이 아닌 공황발작을 일으키고 있음을 알 수 있었다.

린다는 마지막으로 과거에 기분을 추스리게 해 주는 행동이나 생각이 있었는지 자

4. 뜨거운 사고를 지지하는 증거	5. 뜨거운 사고를 지지하지 않는 증거	6. 새로운/균형 잡힌 사고	7. 기분을 재평가하라
		a. 새로운/균형 잡힌 사고를 적어 보라. b. 각각의 사고를 믿는 정도를 점수로 매겨 보라(0~100%)	2번 칸의 기분을 재평가해 보고, 새로 느껴진 기분의 강도도 평가해 보라(0~100%).
심장이 빨리 뛰고 있다. 땀이 난다. 이 두 가지는 심장마비가 일어나고 있다는 징조다.			

문해 보았다. 그녀는 잡지를 읽는 데 집중하거나, 숨을 깊게 들이마시거나, 사고기록지를 작성하거나, 재앙과 관계 없는 생각을 하는 것이 도움이 되었던 것을 기억해 냈다. 린다는 108쪽에 제시된 힌트의 질문들을 스스로에게 해 보았다. 그리고 [그림 8-6]의

사고기록지

1. 상황	2. 기분	3. 자동적 사고(이미지)
누가? 무엇을? 언제? 어디서?	a. 느껴진 기분은? b. 각 기분의 강도를 점수로 매겨 보라(0~100%).	a. 이런 기분을 느끼기 직전 어떤 생각이 떠올랐는가? 떠오른 생각이 또 있는가? 떠오른 이미지는? b. 뜨거운 사고에 동그라미를 쳐 보라.
일요일 저녁, 비행기에서 이륙하기를 기다리며	두려움 98%	메스껍다. 심장이 가쁘게 빨리 뛰기 시작한다. 땀이 나기 시작한다. 심장 마비가 일어나고 있다. 나는 결코 비행기를 벗어나지 못할 것이며 제시간에 병원에 도착하지 못할 것이다. 나는 죽을 것이다.

[그림 8-6] 증거 칸을 다 채운 린다의 사고기록지

다섯 번째 칸에 답을 써 넣었다. 린다는 질문과 답을 거듭하면서 자신에게 심장마비가 일어나고 있다는 원래의 결론과 맞지 않는 정보에도 관심을 기울일 수 있었다. 그녀가 이런 정보들을 신중하게 고려하자 불안도 감소하였다.

4. 뜨거운 사고를 지지하는 증거	5. 뜨거운 사고를 지지하지 않는 증거	6. 새로운/균형 잡힌 사고	7. 기분을 재평가하라
		a. 새로운/균형 잡힌 사고를 적어 보라. b. 각각의 사고를 믿는 정도를 점수로 매겨 보라(0~100%).	2번 칸의 기분을 재평가해 보고, 새로 느껴진 기분의 강도도 평가해 보라(0~100%).
심장이 빨리 뛰고 있다. 땀이 난다. 이 두 가지는 심장마비가 일어나고 있다는 징조다.	불안도 심장박동을 빨라지게 할 수 있다. 내 주치의는 심장이 일종의 근육이고, 근육은 사용될수록 더 강해지므로 심장이 빨리 뛴다고 꼭 위험한 것은 아니라고 말했다. 심장이 빨리 뛴다고 해서 심장발작이 일어나는 것은 아니다. 나는 비행기를 탔을 때, 비행장에 있을 때, 비행기를 타고 날고 있다는 생각을 했을 때도 심장박동이 빨라진다. 잡지를 읽으려고 노력하거나, 숨을 깊게 들이마시거나, 사고기록지를 작성하거나, 재앙과 상관 없는 생각을 하면 심장박동이 정상으로 돌아온 적이 있다.		

작업기록지 8.2: 그 증거가 어디 있나?

1. 상황	2. 기분	3. 자동적 사고(이미지)
누구와 함께 있었는가? 무엇을 하고 있었는가? 언제? 어디서?	각각의 기분을 한 단어로 적어 보라. 기분의 강도를 점수로 평가해 보라(0~100%).	다음 질문 중 몇 개 혹은 모두에 답해 보라. 지금 기분처럼 느끼기 직전 어떤 생각이 떠올랐는가? (일반) 이 상황에 대해 어떤 이미지나 기억을 가지고 있나? (일반) 이것은 나 자신이나 내 삶 혹은 내 미래가 어떻다는 것을 의미하는가? (우울) 나는 어떤 일이 일어날까 봐 걱정하는가? (불안) 이것이 사실일 때 일어날 수 있는 최악의 사태는 어떤 것일까? (불안) 이것은 남(들)이 나에 대해 어떻게 느낀다는/생각한다는 것을 말해 주는가? (분노, 수치심) 이것은 남(들) 혹은 사람들이 일반적으로 어떻다는 것을 말해 주는가? (분노) 내가 규칙을 깨거나, 다른 사람의 마음을 아프게 하거나, 해서는 안 될 일을 했나? 내가 이것을 했거나 했다고 믿음으로써 나에 대해 어떻게 생각하게 되었나? (죄책감, 수치심)

4. 뜨거운 사고를 지지하는 증거	5. 뜨거운 사고를 지지하지 않는 증거	6. 새로운/균형 잡힌 사고	7. 기분을 재평가하라
바로 전 칸에 적어 놓은 생각 중 뜨거운 사고에 동그라미를 쳐 보라. 이 결론을 지지하는 사실적 증거를 적어 보라(지레짐작이나 사실에 대한 해석은 피하도록 하라).	뜨거운 사고를 지지하지 않는 증거를 찾아내기 위해서 힌트(108쪽)에 나와 있는 질문을 해 보라.		

 **연습과제:** 뜨거운 사고를 지지하거나 지지하지 않는 증거를 파악하기

린다가 자신의 뜨거운 사고를 지지하지 않는 증거를 모으기 위해 힌트에 나와 있는 질문들을 사용한 것처럼, 당신도 작업기록지 7.4에서 파악한 뜨거운 사고를 검증하기 위해 같은 질문들을 사용할 수 있다. 이제 작업기록지 7.4로 다시 돌아가 보자. 이제까지 적은 사고기록지 중 두세 개를 선택해 다섯 번째 칸까지 완성해 보라. 만일 작업기록지 7.4에서 적은 사고에 대해 계속 연습하고 싶지 않다면, 최근에 강한 감정을 느꼈던 두세 개의 상황을 작업기록지 8.2에 적고 다섯 번째 칸까지 완성해 보라.

작업기록지 8.2에서 검증해야 할 뜨거운 사고에 동그라미를 쳐 보라. 사고기록지의 네 번째 칸과 다섯 번째 칸에서 동그라미 친 뜨거운 사고를 지지하거나 지지하지 않는 정보를 적어 보라.

네 번째 칸에는 사실의 해석이나 지레짐작을 적기보다 뜨거운 사고를 지지하는 사실적 증거를 적어 보도록 노력하라. '피터가 나를 바라보았다.'는 사실적 증거의 예다. 그러나 '피터가 나를 바라보며 내가 미쳤다고 생각했다.'는 피터가 실제로 "난 네가 미쳤다고 생각해."라고 말하지 않는 이상 사실이 아니다. 피터가 아무 말 없이 당신을 응시했을 때, 피터가 생각하는 바를 안다고 생각했다면 그것은 지레짐작이나 독심술이 된다.

일단 네 번째 칸을 완성하였다면, 뜨거운 사고를 지지하지 않는 증거들을 찾아보기 위해 힌트에 있는 질문들을 스스로 해 보고, 다섯 번째 칸에 각각의 증거들을 적어 보라. 사고기록지에 두 개의 증거 칸을 완성해 보는 것은 다른 관점에서 뜨거운 사고를 평가하도록 해 주고, 나아가 사물을 바라보는 다른 관점을 키워 나가는 데 도움이 되는 정보를 줄 것이다.

다음 장에서는 사고기록지에 있는 나머지 두 칸을 적는 방법을 가르쳐 줄 것이다. 9장으로 넘어가기 전에 사고기록지 대여섯 개를 해 보고 처음 다섯 칸을 적어 보라. 이 장에서 부분적으로 완성했던 사고기록지(작업기록지 7.4)로 해도 좋고, 보다 최근의 상황에 대한 사고기록지를 새로 시작해도 좋다(그림 8-2). 물론 두 가지를 모두 해도 좋다. 뜨거운 사고를 지지하는 증거나 지지하지 않은 증거를 많이 찾아보고 그런 연습을 많이 할수록 유연한 사고방식이 보다 빨리 생겨날 것이며, 그에 따라 기분도 나아질 것이다.

지금이 당신의 기분을 다시 체크해 볼 좋은 시간이다. 다음의 척도를 해 보고, 잊지 말고 당신의 점수를 기록해 보라.

- 우울/불행감: 『기분 다스리기』 우울척도(작업기록지 13.1과 작업기록지 13.2)
- 불안/초조함: 『기분 다스리기』 불안척도(작업기록지 14.1과 작업기록지 14.2)
- 다른 기분/행복감: 내 기분 평가하기(작업기록지 15.1과 작업기록지 15.2)

8장 요약

▶ 부정적인 자동적 사고를 하면 대개 자신의 결론에 맞는 정보나 경험에 더 주의를 기울이게 된다.

▶ 뜨거운 사고를 하나의 가정이나 추측으로 간주하는 것이 도움이 된다.

▶ 뜨거운 사고를 지지하거나 지지하지 않는 증거를 모으는 것은 당신의 사고를 명료하게 하고, 고통스러운 기분의 강도를 낮추는 데 도움이 될 수 있다.

▶ 증거는 해석이 아닌 사실적인 정보로 이루어진다.

▶ 사고기록지의 다섯 번째 칸은 당신의 뜨거운 사고를 지지하지 않는 정보를 능동적으로 찾아보게 만든다.

▶ 사고기록지의 다섯 번째 칸을 완성하기 위해 108쪽의 힌트에 나와 있는 구체적인 질문들을 스스로 해 보면 도움이 된다.

9장

새로운/균형 잡힌 사고

아키코는 감기에 걸려 집에 있었다. 그래서 일곱 살 난 딸 유키에게 엄마가 쉬는 동안 조용히 놀라고 일러두었다. 한 시간쯤 후에 아키코는 차를 끓여 먹으러 부엌에 들어갔다. 그런데 크레파스가 부엌 바닥에 온통 흐트러져 있고, 식탁에는 색종이 조각들과 뚜껑 열린 풀통이 널려 있었다. 그리고 가위가 쓰레기통에 버려져 있었고, 싱크대에는 반쯤 마시다 남은 우유잔이 놓여 있었다.

아키코는 화가 잔뜩 나서 유키를 찾아다니다가 유키가 거실의 텔레비전 앞에 누워 깊이 잠들어 있는 모습을 보았다. 유키의 머리말 쿠션 옆에는 하트 모양이 붙어 있는 커다란 카드가 놓여 있었다. 카드에는 "엄마, 사랑해요. 빨리 나으세요!"라고 적혀 있었다. 아키코는 천천히 고개를 끄덕이면서 미소를 지었다. 그녀는 유키의 어깨에 담요를 둘러 준 후 차를 마시러 부엌으로 되돌아갔다.

때로 부가적인 정보를 약간만 더 얻는다면 상황을 180도 다르게 해석하고 이해할 수 있다. 아키코가 처음 부엌에 들어왔을 때 기대와는 달리 부엌이 어질러져 있었다. 그래서 유키가 어질러 놓은 것에 대해 화가 났으며, 몸이 좋지 않았기 때문에 더욱 그러했다. 아키코를 화나게 만든 뜨거운 사고는 '내가 아픈 줄 알면서도 이렇게 어질러 놓다니. 자기밖에 모르는 녀석 같으니…….'였다.

아키코의 감정은 예쁜 안부 카드를 발견하면서 즉각 변했다. 아키코는 생각했다. '유키가 날 걱정해서 내 기분을 좋게 해 주려고 그랬구나. 생각이 깊기도 하지!' 이런 생각을 하자 유키에 대한 고맙고도 부드러운 마음이 뒤따랐다. 어질러 놓기는 했지만,

그 뒤에 숨어 있던 참뜻을 알아낸 뒤로 아키코의 태도와 기분이 바뀌게 된 것이다.

새로운 증거 모으기: 빅의 사례

8장의 서두에 아내의 표정이 바뀐 것에 대한 빅의 반응을 설명한 바 있다. 빅이 아내 주디에게 토요일 AA 모임에 참석할 계획이 있다고 이야기하자 주디의 표정이 달라졌다. 빅은 '내가 애들이랑 아내를 놔두고 따로 시간을 보내겠다고 하니까 기분이 나빠진 거야.'라고 주디의 표정을 해석하였다. 그리고 그는 생각하면 할수록 화가 점점 더 많이 났다. '주디가 내 재활 프로그램을 중요하게 생각하지 않는 것은 불공평해.' '나를 애들만큼만 생각했어도 AA에 나가는 것을 기쁘게 생각했을 텐데' '아내는 내가 어떻게 되든 신경을 안 써.'

아내의 표정을 이렇게 해석하자 빅은 감정은 물론 행동도 거칠어졌다. 그는 주디에게 소리를 쳤고, 식탁을 주먹으로 내리쳤으며, 집 밖으로 뛰쳐나가 가까운 술집으로 차를 몰았다. 운 좋게도 빅은 술집 안으로 들어가기 전에 사고기록지를 적어 볼 기회를 가졌다. 그는 사고기록지를 쓰면서 '아내는 내가 어떻게 되든 신경 쓰지 않는다.'(그림 8-1)는 생각을 뒷받침하는 증거와 그렇지 않은 증거를 탐색하였다.

빅은 자신의 사고기록지에 적혀 있는 모든 정보에 대해 생각해 보았다. 그리고 주디가 여러 가지 중요한 면에서 자신에 대해 신경을 써 주고 있다는 사실을 깨닫게 되었다. 뿐만 아니라 빅은 자신이 AA 모임에 나가는 것에 대해 주디가 기분 나쁘게 생각했을 만한 이유가 있는지 궁금해졌다. 치료자가 지적해 준 바에 의하면 빅은 윗사람이 무슨 생각을 하고 있는지에 대해 자기 나름대로 추측하는 경우가 많았고(지레짐작), 이러한 추측은 틀릴 때가 많았다. 이런 식으로 윗사람이 어떤 생각을 하리라고 혼자 추측하고 결론을 내릴 때 직장생활에서도 어려움이 발생했다. 빅은 혹시 주디의 생각에 대해서도 자신이 짐작한 추측이 틀린 것은 아닌지 생각하기 시작했다.

빅은 술집에 들어가 술을 한잔하는 대신 AA에서 자신을 돌봐 주는 후원자에게 전화를 걸었다. 몇 분간 이야기한 끝에, 후원자는 빅이 집으로 돌아가기 전에 AA 지역 모임에 참석하는 것이 어떻겠냐고 제안하였다. 후원자와 대화한 후, 빅은 주디에게 전화해야겠다고 생각했다. 통화를 하면서 빅과 주디는 말다툼했던 일에 대해 이야기했다. 빅은 자신이 짐작한 추측이 사실이었는지 확인하고 싶었다. 그래서 토요일에 AA 모임에 나가기로 했다고 이야기했을 때 주디가 왜 그런 반응을 보였는지 물어보았다. 주디의 대답을 듣고 빅은 깜짝 놀랐다. 아내는 빅이 토요일 이야기를 했을 때 그날이 언니 생일이라는 것이 갑자기 생각났다는 것이었다. 그런데 깜빡 잊고 카드를 보내지 않았기 때문에 카드가 제 날짜에 도착하지 않으면 언니가 서운해하거나 상처받지 않을까 걱정했다고 말했다. 주디는 자신의 얼굴 표정에 대해 신경 쓸 겨를이 없었지만 만약 표정이 변했다면 이런 생각 때문이었을 것이라고 장담하였다. 그 당시 주디는 빅을 염두에 두고 있지 않았던 것이다! [그림 9-1]에서 알 수 있듯이 빅은 사고기록지의 여섯 번째 칸에 대안적인 설명을 적어 넣었다.

빅은 당황하여 주디에게 설명하였다. 주디의 안색이 변하는 것을 보고 자기가 토요일에 AA 모임에 나가기로 해서 기분이 상한 것으로 생각했고, 술을 끊든 말든 상관하지 않는다는 뜻인 줄 알고 화가 났다고 말했다. 주디는 빅이 재활 프로그램에 나가는 데 적극 협조한다는 이야기를 해 주었고, 그가 나가 있는 동안 술을 마시고 운전하다가 사고라도 낼까 봐 걱정하고 있었다고 말했다. 주디는 빅이 갑자기 화를 낼 때마다 점점 참기가 어렵다고 말하며, 그럼에도 그를 매우 사랑한다고 이야기했다. 빅은 진심으로 사과했다. 그리고 화내는 것을 바꾸기 위해 노력하고 있으니 조금만 더 인내를 가지고 기다려 달라고 부탁했다.

아키코는 딸의 카드를 보는 순간 기분이 달라졌고, 빅은 아내의 표정이 자기 때문에 바뀐 것이 아니었음을 알게 되었다. 이 두 경우 모두 새로운 부가적인 정보를 얻을 때 괴로운 상황에 대한 관점이 변할 수 있다는 사실을 보여 준다. 빅과 아키코는 사건을 다른 각도에서 설명할 방법을 찾게 되었으며, 이렇게 사건을 다르게 해석할 수 있게 되자 원래의 방법으로 해석할 때보다 괴로움도 줄어들었다. 증거를 모으고 그 증거를 바탕으로 해석함으로써 빅과 아키코의 기분은 나아질 수 있었다.

당신은 8장에서 여러 가지 질문을 스스로에게 해 봄으로써 뜨거운 사고를 뒷받침하거나 뒷받침하지 않는 증거를 능동적으로 탐색하는 방법을 배운 바 있다(108쪽에 있는 힌트). 당신이 찾아낸 증거를 통해 자신의 뜨거운 사고가 그다지 정확하지 않다는 사실을 알게 되는 경우도 있을 것이다. 아키코는 자신의 일곱 살 난 딸이 부엌을 어지른 것이 그녀를 향한 사랑과 관심에서 나온 것이라는 사실을 발견했으며, 빅은 아내의 표정이 자신에 대한 부정적 반응과 무관했음을 알게 되었다. 사고기록지의 네 번째와 다섯 번째 칸에 있는 증거들이 더 이상 원래 가지고 있었던 자동적 사고를 뒷받침하지 않는다면, [그림 9-1]의 여섯 번째 칸에 상황에 대한 새로운 해석을 써넣는다.

주의해서 볼 것은 빅이 상황에 대한 새로운 관점을 매우 신뢰하고 있다는 점이다. 그는 주디의 표정이 언니 생일이 생각났기 때문에 변한 것이라는 사실을 완전하게 믿었다. 따라서 새로운 관점에 대한 자신의 신뢰감에 100%의 점수를 주었다. 빅은 아내와 둘이서 이야기를 나눈 후 아내가 자신이 AA에 나가는 것에 찬성하며, 술을 끊기를 바라고 있다는 사실을 100% 확신하게 되었다. 그는 주디가 자신에 대해 걱정하고 있다는 내용의 새로운 관점을 마지막 칸에 썼으며, 여기에 80%의 점수를 주었다. 그는

사고기록지

1. 상황	2. 기분	3. 자동적 사고(이미지)
누가? 무엇을? 언제? 어디서?	a. 느껴진 기분은? b. 각 기분의 강도를 점수로 매겨 보라(0~100%).	a. 이런 기분을 느끼기 직전 어떤 생각이 떠올랐는가? 떠오른 생각이 또 있는가? 떠오른 이미지는? b. 뜨거운 사고에 동그라미를 쳐 보라.
화요일 오후 8시 30분 내가 토요일에 알코올중독자 모인에 나간다고 말하자 주디는 안색이 변했다.	화남 90%	아내는 내가 알코올중독자 모인에 나간다고 기분이 상했다. 아내는 내 재활 프로그램을 중요하게 생각하지 않는다. 그녀는 내가 어떻게 되든 신경 쓰지 않는다. 그녀는 술을 참는 것이 얼마나 힘든 일인지 이해하지 못한다. 화가 나서 더 이상 참을 수가 없다. 술이라도 한잔하면 기분이 나아질 것이다.

[그림 9-1] 빅의 사고기록지

아내가 자신을 염려해 준다고 굳게 믿고 있었으나, 약간의 회의도 가지고 있었다. 어떤 상황을 설명하는 새로운 관점은 모은 정보를 모두 그 관점에서 설명할 수 있어야 한다. 새로운 관점을 얼마나 믿을 수 있는지 점수를 매겨 놓으면 수집해 놓은 부가적 증거가 어느 정도나 신뢰할 만한 해석이 될 수 있는지 판단하는 데 도움이 된다.

빅의 관점은 거의 완벽하게 바뀌었다. 그는 주디가 자신이 어떻게 되든 상관하지 않는다고 믿고 있다가 관심을 가지고 있다고 믿는 쪽으로 바뀌었다. 빅의 경우와 같이 어떤 때는 증거로 인해 관점이 완전히 바뀌는 때가 있다. 이와는 달리 뜨거운 사고를 지지하는 증거와 지지하지 않는 증거를 기반으로 상황을 바라보는 관점이 좀 더 균형 있게 변하기도 한다.

4. 뜨거운 사고를 지지하는 증거	5. 뜨거운 사고를 지지하지 않는 증거	6. 새로운/균형 잡힌 사고	7. 기분을 재평가하라
		a. 새로운/균형 잡힌 사고를 적어 보라. b. 각각의 사고를 믿는 정도를 점수로 매겨 보라(0~100%).	2번 칸의 기분을 재평가해 보고, 새로 느껴진 기분의 강도도 평가해 보라(0~100%).
아내는 알코올중독자 모임을 지지하지 않는다. 아내는 나를 들볶는다. 아내는 내가 일하는 게 얼마나 힘든지 인정하지 않는다. 아내는 오늘 밤처럼 나를 항상 부정적인 시선으로 본다. 그녀는 집을 떠날 때 내게 고함을 쳤다.	그녀는 내가 술을 마시던 지난 몇 해 동안에도 나와 함께했다. 그녀는 일 년 동안 알코올중독자 가족모임에 참석했다. 그녀는 내가 오늘 직장에서 퇴근할 때 나를 반기는 것처럼 보였다. 그녀는 내게 사랑한다고 말한다. 그리고 우리가 싸우지 않을 때는 내게 친절하게 대해 준다.	주디의 표정은 그녀가 언니의 생일을 기억했기 때문이다. *100%* 그녀는 내가 알코올중독자 모임에 나가는 것을 지지하고, 내가 술을 마시지 않기를 바란다. *100%* 아내는 나를 염려한다. *80%*	

균형 잡힌 사고를 하려면, 사고기록지의 네 번째 칸을 요약한 문장과 다섯 번째 칸을 요약한 문장을 쓴 다음, 필요에 따라 이 두 문장을 '그리고'를 사용하여 하나로 연결하면 된다. 예를 들어 보자. 원래 '나는 나쁜 부모다.'라고 결론을 내렸던 사람은 증거들을 평가한 후에 '나는 부모로서 실수를 했지만, 모든 부모는 실수를 한다. 실수를 조금 한다고 해서 나쁜 부모가 되는 것은 아니다. 나는 우리 아이들을 사랑할 뿐 아니라 내가 했던 좋은 일들이 내가 저질렀던 실수들보다 더 많다.'라고 융통성 있고 균형 잡힌 사고를 하게 된다. 이와 같은 명제는 '나는 나쁜 부모다.'라는 원래의 결론과 비교해 볼 때 부모로서의 역할 전체에 대한 보다 균형 잡힌 사고라고 할 수 있다.

새로운/균형 잡힌 사고는 흔히 네 번째와 다섯 번째 칸에 모은 증거들을 살펴보면서 생겨난다. 당신의 뜨거운 사고를 지지하거나 지지하지 않는 증거를 살펴보면 당신이 처해 있는 상황을 좀 더 넓은 관점으로 볼 수 있게 된다. 새로운/균형 잡힌 사고는 원래 가졌던 자동적 사고보다 긍정적인 경우가 많다. 그러나 단순히 부정적인 사고방식을 긍정적인 것으로 대치한다고 해서 균형 있게 생각하는 것이라고 할 수는 없다. 긍정적으로 생각하는 것과 균형 있고 새롭게 생각하는 것은 다르다. 긍정적으로 생각하면 부정적인 정보를 무시하게 될 가능성이 많으며, 이는 부정적으로 생각하는 것만큼 해로울 수 있다. 예컨대, 당신이 부모로서 실수를 저지른 상황에서 '나는 나쁜 부모다.'라는 뜨거운 생각을 '나는 아주 좋은 부모다.'라고 바꾸는 것은 설득력이 없다. 융통성 있는 사고는 부정적인 정보와 긍정적인 정보를 모두 고려하는 사고방식이다. 즉, 내가 얻을 수 있는 모든 정보를 살펴보고 그 의미를 이해하려는 시도라고 볼 수 있다. 부가적인 정보를 얻거나 보다 넓은 관점에서 바라보면 상황을 해석하는 방식이 달라질 수 있다. 좀 더 균형 잡힌 사고나 새로운 사고를 하기 위해 스스로에게 해 볼 수 있는 질문들이 힌트에 나와 있다.

힌트: 새로운/균형 잡힌 사고에 이르도록 도와주는 질문

- 사고기록지의 네 번째와 다섯 번째 칸에서 나열하였던 증거들에 비추어 보았을 때 상황을 새롭게 바라보거나 이해할 수 있는 방법이 있을까?
- 네 번째와 다섯 번째 칸에서 나온 증거들에 기초해서 상황에 대한 새로운 견해가 떠올랐다면 그것을 여섯 번째 칸에 기록하라. 그렇지 않다면 균형 잡힌 견해를 적어 보라.

- 균형 잡힌 사고를 적기 위해서는 뜨거운 사고를 지지하는 모든 증거(네 번째 칸)와 그것을 지지하지 않는 모든 증거(다섯 번째 칸)를 요약하는 문장을 각각 하나씩 적어 본다. 이 두 개의 문장을 '그리고'를 사용하여 연결했을 때, 내가 수집했던 모든 정보를 포괄하는 융통성 있는 사고방식이 만들어지는가?
- 만일 내가 소중하게 여기는 사람들이 같은 상황에 처해 있고 나와 같은 생각을 하고 있을 때, 이러한 정보가 주어진다면 나는 그들에게 어떤 조언을 하게 될까? 나는 상황을 해석하는 그들의 방식이 어떤 것 같다고 이야기해 줄 것인가?
- 만일 나를 아끼는 사람이 내가 이런 뜨거운 사고를 하고 있다는 것을 안다면 이 상황을 어떻게 다르게 볼 수 있다고 이야기할까?
- 만일 나의 뜨거운 사고가 사실이라면 발생 가능한 최악의 사태는 어떤 것일까? 만일 나의 뜨거운 사고가 사실이라면 발생 가능한 최선의 상황은 어떤 것일까? 만일 나의 뜨거운 사고가 사실이라면 발생할 수 있는 가장 그럼직한 결과는 무엇일까?

사고기록지의 일곱 번째 칸에 당신이 두 번째 칸에 적었던 기분에 대해 점수를 새로 매기도록 한다. 신뢰가 가는 새로운/균형 잡힌 사고를 생각해 낼 수 있다면 불편한 감정이 사그라지는 것을 느낄 수 있을 것이다.

다음 예들을 보면 마리사, 벤, 린다가 새로운/균형 잡힌 사고를 생각해 내는 과정과 사고기록지의 여섯 번째와 일곱 번째 칸을 완성하는 과정을 알 수 있다. 드디어 8장에서 쓰기 시작했던 사고기록지([그림 8-2], [그림 8-4] 및 [그림 8-6])를 완성할 수 있게 된 셈이다.

균형 잡힌 사고: 벤의 사례

8장에서 벤은 딸 가족과 하루를 보내고 난 뒤 그가 경험했던 것에 대해 적은 사고기록지를 치료시간에 가지고 왔다(그림 9-2). 벤이 발견한 뜨거운 사고는 '우리 아이들과 손주들은 나를 더 이상 필요로 하지 않는다. 애들은 하루 종일 나에게 신경을 쓰지 않았어.'였다. 그다음으로 벤은 자신의 뜨거운 사고를 지지하는 증거와 지지하지 않는 증거를 모았다. 그는 사고기록지의 네 번째와 다섯 번째 칸 안에 이 증거들을 써넣었다.

그리고 여섯 번째 칸에 들어갈 균형 잡힌 사고를 구성하는 데 참고하려고 128~129쪽의 힌트 질문들을 살펴보았다.

벤은 네 번째와 다섯 번째 칸 안에 써 놓았던 증거들을 살펴보면서 힌트의 질문들을 곰곰이 생각해 보았다. 처음에는 그 상황을 다르게 보려고 힘겹게 노력했다. 다섯 번째 칸에 있는 증거들을 여러 번 들여다보았을 때 그는 그 증거들이 자신이 가지고 있었던 뜨거운 사고, 즉 '아이들과 손주들은 나를 더 이상 필요로 하지 않아.'라는 생각

사고기록지

1. 상황	2. 기분	3. 자동적 사고(이미지)
누가? 무엇을? 언제? 어디서?	a. 느껴진 기분은? b. 각 기분의 강도를 점수로 매겨 보라(0~100%).	a. 이런 기분을 느끼기 직전 어떤 생각이 떠올랐는가? 떠오른 생각이 또 있는가? 떠오른 이미지는? b. 뜨거운 사고에 동그라미를 쳐 보라.
11월 5일 오후 9시 딸네 집에서 딸과 사위, 두 명의 손주, 아내와 하루를 보내고 차를 운전해서 집으로 돌아오고 있었다.	슬픔 80%	내가 오늘 그곳에 없었더라면 그들은 더 좋은 시간을 보냈을 것이다. 하루 종일 아무도 내게 관심을 보이지 않았다. 애들과 손자들은 나를 더 이상 필요로 하지 않는다.

[그림 9-2] 벤의 사고기록지

을 일관성 있게 뒷받침하지는 않는다고 결론을 내렸다. 그는 보다 정확하고 균형 있게 자신의 경험을 이해하게 되었다. "아이들과 손주들은 예전만큼 내 도움을 필요로 하지는 않아. 그렇지만 그 애들은 아직도 나와 함께 있는 것을 좋아하는 것 같고, 내 조언을 몇 번 구하기도 했지. 과거처럼 나에게 관심을 표현하지는 않았지만, 하루 전체를 놓고 본다면 나에게 관심을 보였던 것이 사실이야." 이와 같은 균형 잡힌 사고를 써 넣고 나자, 벤은 자신의 슬픈 감정에 매겨 놓았던 점수가 80%에서 30%로 내려감을 알 수 있었다. 그는 [그림 9-2]와 같이 자신의 사고기록지를 적어 놓았다.

4. 뜨거운 사고를 지지하는 증거	5. 뜨거운 사고를 지지하지 않는 증거	6. 새로운/균형 잡힌 사고	7. 기분을 재평가하라
		a. 새로운/균형 잡힌 사고를 적어 보라. b. 각각의 사고를 믿는 정도를 점수로 매겨 보라(0~100%).	2번 칸의 기분을 재평가해 보고, 새로 느껴진 기분의 강도도 평가해 보라(0~100%).
예전에 나는 손녀의 구두끈을 매 주곤 했는데 지금은 손녀가 스스로 하려고 한다. 내 딸과 사위는 함께 삶을 꾸려 나가고 나를 필요로 하지 않는다. 열다섯 살의 에이미는 오후 7시에 친구를 만난다고 나갔다. 사위인 빌은 거실에 새 선반과 캐비닛을 만들었다. 3년 전만 해도 그는 그런 일을 할 때 내 도움을 청했고 내 도움을 필요로 했다.	빌이 집에 새로운 방을 만드는 계획에 대해 내게 조언을 구했다. 내 딸이 정원에서 죽어가는 채소를 봐 달라고 부탁했다. 나는 딸에게 물이 부족한 것이라고 말할 수 있었다. 나는 다섯 살 난 손녀를 웃게 할 수 있다. 에이미는 엄마가 십대에 어땠는지 내가 이야기해 주는 것을 좋아하는 듯 했다. 다섯 살 난 내 손녀는 내 무릎에서 잠들었다.	애들과 손자들은 예전에 하던 방식으로 내 도움을 필요로 하지는 않게 되었다. 그렇지만 애들은 아직도 나와 함께 있는 것을 좋아하고, 내 조언을 구하기도 한다. *85%* 나에게 과거에 하던 방식으로 끊임없이 관심을 표현하지는 않았지만, 하루 전체를 본다면 나에게 관심을 보였던 것이 사실이다. *90%*	슬픔 *30%*

만일 벤이 단순히 생각을 긍정적으로만 바꾸었다면 "애들은 나를 절대적으로 필요로 하고 있어."라고 적었을 수 있다. 만약 슬픈 감정을 단지 합리화하려고만 했다면 '애들은 나를 필요로 하지 않아. 그렇지만 그게 무슨 상관이람.'이라고 생각했을 수 있다. 긍정적으로만 생각하거나 합리화하면 문제가 생긴다. 벤이 긍정적으로만 생각하려고 했다면 가족에게 일어나고 있었던 실제 변화를 지나쳐 버렸을 가능성이 높다(그의 자녀나 손주들은 나이가 들고 있었다). 합리화를 했다면 벤은 예전보다 더 심한 고립감이나 외로움을 경험하게 되었을 것이다. 그러나 벤은 증거들을 기반으로 보다 융통성 있게 생각할 수 있었으며, 슬픈 감정을 가라앉히고 가족과의 유대감을 강화하는 방향으로 자신의 경험을 이해하게 되었다.

뿐만 아니라 벤의 균형 잡힌 사고가 개연성도 있고 믿을 만하기도 했다는 점에 주목해 보라. 그는 이 새로운 생각들을 믿는 정도를 각각 85%와 90%로 체크했다. 새로운 관점이나 균형 잡힌 사고를 믿는 정도가 높을수록 부정적인 감정이 가라앉을 가능성도 높아진다. 그다지 믿음이 가지 않는 합리화나 긍정적인 생각을 억지로 여섯 번째 칸에 적어 놓는다면 기분에 장기적인 영향을 미치지 못할 것이다.

새로운 관점: 마리사의 사례

8장에서 마리사는 우울하고, 실망스러우며, 마음이 텅 빈 것 같고, 혼란스럽고, 현실감이 들지 않았던 경험에 대해 말했다([그림 8-3], [그림 8-4]). 마리사는 자동적 사고를 여러 가지 찾아내었다. 그리고 그중에서도 가장 뜨거운 사고는 '고통이 너무 심해서 더 이상 견딜 수 없고, 스스로 목숨을 끊을 수밖에 없다.'는 것이었다. 마리사는 치료자의 도움을 받아서 사고기록지의 네 번째와 다섯 번째 칸들을 완성하였다. 그리고 치료자와 함께 힌트(128~129쪽) 질문들을 살펴보면서 여섯 번째 칸을 적어 넣었다. 마리사의 마음에 가장 와 닿는 질문은 '만일 친구 케이트가 같은 상황에 처해 있고 같은 생각을 하고 있다면, 케이트에게 뭐라고 말했을까?'였다. 마리사는 이 질문에 대해 어떻게 답할 것인지 생각해 보았다. "마음 고생이 심하겠지. 그렇지만 함께 이야기해 보면 좀 나아지곤 했던 적이 있잖아. 못 견딜 것 같은 기분이 영원히 계속되는 건 아니니까 지내다 보면 나아질 때가 있을 거야. 그 점을 잊지 마. 자살이 유일한 해결책은 아니야. 기분이 좀 나아지게 해 줄 새로운 기술을 배우고 있잖니." 마리사는 [그림 9-3]과 같이 사고기록지를 완성하였다.

마리사는 자신이 케이트에게 조언하는 장면을 상상하였다. 그러자 자살에 대한 대안책을 생각하기가 쉬워졌다. 그녀는 상상을 하면서 자신의 생활에서 잠시 떨어져 나와 새로운 관점을 획득할 수 있었다. 마리사는 자신이 겪고 있는 극심한 고통을 새롭게 해석하는 방법을 찾아내었다. 아직은 그녀의 새로운 관점에 그다지 믿음이 가는 것은 아니었지만, 기분이 약간은 긍정적으로 변화하였다. 이 작은 변화는 마리사가 스스로 목숨을 끊고자 하는 마음에 중요한 영향을 미쳤다. 치료자는 마리사가 가지고 있던 자동적 사고와 느낌이 오랫동안 계속되었던 만큼 지극히 작은 변화라도 상당히 고무적이고 희망적인 일이라고 일러 주었다.

당신은 일곱 번째 칸에 기분이 어떻게 변화했는지 다시 한 번 평가해 보아야 한다. 이때 자신의 새로운/균형 잡힌 사고에 대하여 얼마나 신뢰를 하고 있는지에 따라 기분의 변화량이 결정된다. 마리사는 자신이 발견한 새로운 관점에 그다지 높은 신뢰감을 가지고 있지 않았다(10~20%로 평가). 따라서 감정이 많이 변하지는 않았다. 그러나 시간이 지나 마리사의 새로운 관점이 경험과 일치하면 현재보다 나아질 수 있다는 희망이 확고해지면서 마리사의 기분도 점차 달라질 것이다. 균형 잡힌 새로운 대안적인 관점이 네 번째와 다섯 번째 칸에서 수집된 증거에 기초해야 한다는 점이 매우 중요하다. 대안적인 관점이 당신의 실제 경험과 잘 맞을 때 이 새로운 관점을 더 잘 믿게 될 것이다.

벤은 딸네 집에 다녀오면서 '아이들과 손주들은 더 이상 나를 필요로 하지 않는다. 아이들은 하루 종일 나에게 신경을 쓰지 않았어.'라고 생각했다. 이때 벤은 자신의 슬픈 감정에 80%의 점수를 주었다. '아이들과 손주들은 예전에 하던 방식으로 내 도움을 필요로 하지 않게 되었어. 그러나 그 애들은 아직도 나와 함께 있는 것을 좋아하는 것 같고, 때로 내 조언을 구하기도 하지.' 벤이 이와 같은 균형 잡힌 사고를 할 수 있게 된 후로 슬픈 감정의 점수는 30%로 떨어졌다.

벤은 자신의 균형 잡힌 사고가 상당히 믿음직하다고 평가하였음에도(85%) 사고기록지를 끝낸 이후 슬픈 감정이 완전히 사라지지 않았다. 왜냐하면 그가 모은 증거 중 어떤 것은 벤이 실제로 상실을 경험하고 있다는 것을 깨우쳐 주어 슬픈 감정이 아직 남아 있었던 것이다. 사고기록지는 감정을 완전히 없애 버리기 위해 작성하는 것은 아니다. 그 대신, 사고기록지를 작성해 보면 상황을 바라보는 시각이 넓어지므로 감정이 그 상황의 긍정적인 측면과 부정적인 측면을 모두 아우르는 좀 더 균형 잡힌 반응으로 나타나게 된다.

사고기록지

1. 상황	2. 기분	3. 자동적 사고(이미지)
누가? 무엇을? 언제? 어디서?	a. 느껴진 기분은? b. 각 기분의 강도를 점수로 매겨 보라(0~100%).	a. 이런 기분을 느끼기 직전 어떤 생각이 떠올랐는가? 떠오른 생각이 또 있는가? 떠오른 이미지는? b. 뜨거운 사고에 동그라미를 쳐 보라.
토요일 오후 9시 30분, 집에 혼자 있을 때	(우울함 100%) 낙담된 95% 공허함 100% 혼란스러운 100% 현실 같지 않은 95%	나는 차라리 무감각해져서 더 이상 느끼지 않기를 바란다. 나는 전혀 좋아지고 있지 않다. 나는 너무 혼란스러워서 명확하게 생각할 수 없다. 나는 무엇이 현실이고 무엇이 현실이 아닌지 모르겠다. (고통이 너무 심해서 스스로 목숨을 끊을 수밖에 없다.) 어떤 것도 도움이 되지 않는다. 살 가치가 없다. 나는 패배자다.

[그림 9-3] 마리사의 사고기록지

만일 기분이 변하지 않는다면?

만일 사고기록지를 제대로 작성했는데도 불구하고 기분이 바뀌지 않는다면 두 가지 가능성이 있다.

1. 때로 모든 증거를 살펴보았을 때, 그 증거들이 당신의 뜨거운 사고를 지지하는 경우가 있다. 사고기록지를 작성하는 것은 당신의 뜨거운 사고를 반박하기 위함이

4. 뜨거운 사고를 지지하는 증거	5. 뜨거운 사고를 지지하지 않는 증거	6. 새로운/균형 잡힌 사고	7. 기분을 재평가하라
		a. 새로운/균형 잡힌 사고를 적어 보라. b. 각각의 사고를 믿는 정도를 점수로 매겨 보라(0~100%).	2번 칸의 기분을 재평가해 보고, 새로 느껴진 기분의 강도도 평가해 보라(0~100%).
나는 더 이상 견딜 수가 없다. 나는 죽고 싶다. 스스로 목숨을 끊는 것이 고통을 없애는 유일한 방법이다. 누구도 날 지금까지 도와줄 수 없었다.	때로는 치료자에게 내 기분에 대해 이야기하는 것이 기분이 나아지는 데 도움이 되기도 했다. 이런 기분이 영원히 지속되지는 않지만 언제나 다시 돌아온다. 이 사고기록지는 새로운 것으로 도움이 될지도 모르지만, 과연 그럴지 잘 모르겠다. 이런 날은 기분이 좀 좋아지기도 한다.	마음 고생이 심하더라도 그런 어려움에 대해 이야기를 나누면 좀 나아지곤 했던 적이 있다. 15% 못 견딜 것 같은 기분이 영원히 계속되는 건 아니니까 좀 있으면 나아질 것이다. 10% 나는 벌써 예전의 행동방식을 깨뜨릴 수 있는 새로운 기술을 배우고 있다. 15% 자살이 유일한 해결책은 아니다. 20%	우울함 85% 낙담됨 90% 공허함 95% 혼란스러움 85% 현실 같지 않음 95%

아니라 뜨거운 사고를 세밀하게 보고 혹시 중요한 증거를 놓치고 있지는 않은지 살펴보기 위함이다. 당신의 뜨거운 사고가 여러 증거에 의해 지지된다면, 당신의 기분을 변화시키기 위해 행동 플랜을 실행하거나 수용을 연습해야 할 필요가 있다. 10장에는 행동 플랜을 어떻게 짜는지와 수용하는 태도를 어떻게 기르는지에 대한 설명이 나와 있다. 행동 플랜은 어떤 상황을 좀 더 개선하기 위해 취해야 할 일련의 단계를 설정하는 것이다. 수용은 상황에서 변화를 가져오기 힘들 때나 당신이 인생의 어려운 시기를 지나가고 있을 때 도움이 되는 전략이다.

2. 또는 당신의 뜨거운 사고를 지지해 주지 않는 증거가 있음에도 그 뜨거운 사고가 당신의 '핵심신념,' 즉 증거에도 불구하고 깊이 박혀 있는 잘 바뀌지 않는 부정적인 신념이기 때문에 새로운/균형 잡힌 사고를 믿기 어려울 때가 있다. 12장을 읽어 보면 그런 경우 핵심신념을 바꾸기 위해 어떻게 해야 하는지가 나와 있다.

당신이 사고기록지를 제대로 완성했는데도 기분이 변하지 않을 때 어떻게 해야 하나? 우선 사고기록지를 다시 한 번 살펴보고, 제대로 작성했는지를 점검해 볼 필요가 있다. 다음에 사고기록지를 완성한 후에도 기분의 변화가 없을 때 스스로 물어볼 수 있는 질문들이 제시되어 있다.

메모: 사고기록지를 완성해도 기분 변화가 없을 때, 그 원인을 탐색하기 위한 질문

- 설명해 놓은 상황이 구체적이었는가?
- 두 번째 칸에 내 감정을 정확하게 파악하고 평가하였는가?
- 검토하고 있는 생각이 내가 바꾸고자 하는 기분에 대한 뜨거운 사고가 맞는가?
- 뜨거운 사고를 여러 개 생각하였는가? 만약 그렇다면 기분을 바꾸기 위해서 각각의 뜨거운 사고를 뒷받침하는 자료와 그렇지 않은 자료를 모두 모아야 할 필요가 있을 수도 있다.
- 사고기록지에 있는 생각보다 더 뜨거운 사고인데 기록하지 않고 빼놓은 것은 없는가?
- 내가 평가하고 있는 뜨거운 사고(들)를 지지하지 않는 정보를 모두 포함

시켰는가? 새로운/균형 잡힌 사고를 쓰기 전에 다섯 번째 칸에 여러 가지 증거를 나열해 보았는가?

- 여섯 번째 칸에 써 넣은 새로운/균형 잡힌 사고에 믿음이 가는가? 만일 그렇지 않다면 증거들에 대하여 다시 한 번 생각해 본 다음 보다 믿음이 가는 새로운 관점이나 균형 잡힌 사고를 써 보라.
- 증거들이 내 뜨거운 사고를 강하게 지지하는가? 그렇다면 행동 플랜을 마련하거나 아니면 이 상황에 대해 수용하는 태도를 가질 필요가 있다(10장 참조).
- 새롭고 균형 잡힌 사고가 증거와는 잘 맞는데도 믿기가 어려운가? 그렇다면 11장에 나온 대로 부가 정보를 더 모을 필요가 있다. 혹은 12장을 보면서 핵심신념에 대해 작업할 필요가 있다.

새로운 사고: 린다의 사례

때때로 우리 자신보다 다른 사람이 상황을 바라보는 새로운 관점을 더 쉽게 찾는다. 8장에 나온 대로 린다는 비행기가 이륙하기 위해 활주로를 달리는 동안 사고기록지를 작성하였다([그림 8-5]와 [그림 8-6]). 린다가 부분적으로 완성한 사고기록지를 138쪽과 139쪽에 있는 작업기록지 9.1에 다시 옮겨 보았다.

여섯 번째 칸을 완성하는 과정에서, 린다는 네 번째와 다섯 번째 칸에서 모아 놓은 증거들을 유심히 살펴보았다. 그리고 자신에게 떠올랐던 뜨거운 사고에 대해 여러 개의 새로운 관점을 생각해 내었다. 증거들은 심장박동이 빨라지는 이유가 불안 때문이지 심장마비 때문이 아니며 전혀 해가 될 것이 없음을 시사하고 있었다. '심장마비가 일어나고 있다.'라고 생각하는 대신, 린다는 '비행기를 타는 것이 불안하다 보니까 심장도 두근거리고 땀도 나는 거야. 의사 선생님도 확실히 말하셨잖아. 심장박동이 빨라진다고 무조건 위험한 것은 아니라고. 조금만 있으면 심장박동도 제자리로 돌아올 거야.'라고 새롭게 생각하였다. 린다가 활주로에 있는 동안 완성한 사고기록지는 [그림 9-4]와 같다.

린다는 심장이 빨리 뛰는 현상과 땀이 나는 현상에 새로운 의미를 부여하였다. 그렇게 하자 두려운 감정도 눈에 띄게 감소하였다. 두려운 감정은 '심장마비가 일어나고 있다.'는 생각에서 비롯된 것이지, 그녀의 심장박동이 빨리 뛰는 신체 경험에 따라 자연스럽게 따라오는 것은 아니었다. 그녀는 자신의 생각을 뒷받침하는 증거와 뒷받침하지 않는 증거들을 살펴보는 과정을 통하여 심장마비가 일어나는 것이 아니라고 판단할 수 있었으며, 그 결과 두려운 감정도 줄어들었다.

작업기록지 9.1: 린다가 부분적으로 완성한 사고기록지

1. 상황	2. 기분	3. 자동적 사고(이미지)
누가? 무엇을? 언제? 어디서?	a. 느껴진 기분은? b. 각 기분의 강도를 점수로 매겨 보라(0~100%).	a. 이런 기분을 느끼지 직전 어떤 생각이 떠올랐는가? 떠오른 생각이 또 있는가? 떠오른 이미지는? b. 생생한 사고에 동그라미를 쳐 보라.
일요일 오후 비행기에서, 이륙하기를 기다리며	두려움 98%	메스껍다. 심장이 가쁘게 빨리 뛰기 시작한다. 땀이 나기 시작한다. (심장마비가 일어날 것 같다.) 나는 결코 비행기를 벗어나지 못할 것이며 제시간에 병원에 도착하지 못할 것이다. 나는 죽을 것이다.

연습과제: 린다가 새로운/균형 잡힌 사고를 하도록 돕기

네 번째 칸과 다섯 번째 칸에서 린다는 '심장마비가 일어나고 있다.'는 뜨거운 사고를 지지하거나 지지하지 않는 증거들을 적었다. 이 증거에 기초해서 작업기록지 9.1의 여섯 번째 칸에 린다의 두려움을 줄여 줄 균형 잡힌 새로운 사고를 적어 넣었다. 만일 이 연습과제를 하는 것이 어렵다면 128~129쪽에 있는 힌트를 참조하라.

4. 뜨거운 사고를 지지하는 증거	5. 뜨거운 사고를 지지하지 않는 증거	6. 새로운/균형 잡힌 사고	7. 기분을 재평가하라
		a. 새로운/균형 잡힌 사고를 적어 보라. b. 각각의 사고를 믿는 정도를 점수로 매겨 보라(0~100%).	2번 같의 기분을 재평가해 보고, 새로 느껴진 기분의 강도도 평가해 보라(0~100%).
심장이 빨리 뛰고 있다. 땀이 난다. 이 두 가지는 심장마비가 일어나고 있다는 징조다.	불안도 심장을 빨리 뛰게 할 수 있다. 의사가 말하기를 심장도 근육이기 때문에 근육을 사용하면 더 강해지고, 심장이 빨리 뛰는 것은 위험하지 않다고 했다. 심장이 빨리 뛴다고 해서 심장마비가 일어나는 것은 아니다. 비행장에 있을 때, 비행기를 탔을 때, 비행기를 타고 날고 있다는 생각을 했을 때도 심장 박동이 빨라졌다. 잡지를 읽으려고 노력하거나, 숨을 깊게 들이마시거나, 사고기록지를 작성하거나, 재앙과 상관 없는 생각을 하면 심장박동이 정상으로 돌아온 적이 있다.		

사고기록지

1. 상황	2. 기분	3. 자동적 사고(이미지)
누가? 무엇을? 언제? 어디서?	a. 느껴진 기분은? b. 각 기분의 강도를 점수로 매겨 보라(0~100%).	a. 이런 기분을 느끼기 직전 어떤 생각이 떠올랐는가? 떠오른 생각이 또 있는가? 떠오른 이미지는? b. 뜨거운 사고에 동그라미를 쳐 보라.
일요일 저녁, 비행기에서 이륙하기를 기다리며	두려움 98%	메스껍다. 심장이 가쁘게 빨리 뛰기 시작한다. 땀이 나기 시작한다. 심장마비가 일어나고 있다. 나는 결코 비행기를 벗어나지 못할 것이며 제시간에 병원에 도착하지 못할 것이다. 나는 죽을 것이다.

[그림 9-4] 린다가 완성한 사고기록지

4. 뜨거운 사고를 지지하는 증거	5. 뜨거운 사고를 지지하지 않는 증거	6. 새로운/균형 잡힌 사고	7. 기분을 재평가하라
		a. 새로운/균형 잡힌 사고를 적어 보라. b. 각각의 사고를 믿는 정도를 점수로 매겨 보라(0~100%).	2번 칸의 기분을 재평가해 보고, 새로 느껴진 기분의 강도도 평가해 보라(0~100%).
심장이 빨리 뛰고 있다. 땀이 난다. 이 두 가지는 심장마비가 일어나고 있다는 징조다.	불안도 심장박동을 빨라지게 할 수 있다. 내 주치의는 심장이 일종의 근육이고, 근육은 사용할수록 더 강해지므로 심장이 빨리 뛴다고 꼭 위험한 것은 아니라고 말했다. 심장이 빨리 뛴다고 해서 심장마비가 일어나는 것은 아니다. 나는 비행기를 탔을 때, 비행장에 있을 때, 비행기를 타고 날고 있다는 생각을 했을 때도 심장박동이 빨라진다. 잡지를 읽으려고 노력하거나, 숨을 깊게 들이마시거나, 사고기록지를 작성하거나, 재앙과 상관 없는 생각을 하면 심장박동이 정상으로 돌아온 적이 있다.	내 심장이 뛰고 땀을 흘리는 것은 내가 불안하고 비행기에 타는 것이 걱정되서 나타나는 것이다. 95% 내 주치의는 심장이 빨리 뛴다고 꼭 위험한 것은 아니며, 몇 분 이내에 정상으로 다시 돌아올 것이라고 말했다. 85%	두려움 25%

당신은 이제 사고기록지에 있는 일곱 개 칸을 적는 방법을 모두 배웠다. 사고기록지를 쓰면 고통을 유발하는 생각이나 믿음을 파악하고 바꿀 수 있다. 새로운 관점이나 융통성 있고 균형 잡힌 사고를 하게 되면 어려움을 유발하는 자동적 사고에서 자유로워질 수 있다. 당신이 처해 있는 상황을 새로운 관점에서 볼 수 있게 되면 기분이 나아질 것이다.

일주일에 사고기록지를 두세 개씩 작성해 보면 보다 숙달된 방식으로 새로운 관점이나 균형 잡힌 사고를 떠올릴 수 있게 될 것이다(이 책의 부록에 작업기록지 9.2가 첨부되어 있다). 앞으로 생각을 점검하다가 막히는 경우가 생길 때마다 사고기록지에 증거를 적어 보고, 좀 더 균형 잡힌 대안적인 사고를 찾아볼 수 있을 것이다.

사고기록지를 규칙적으로 작성하는 것은 세 가지 이점이 있다. 첫째, 우리는 가끔 감정적으로 반응하다 보면 혼란에 빠질 수 있다. 예컨대, 린다는 비행기에서 왜 공황발작에 빠졌는지 알지 못했다. 앞에서 해 본 것처럼 사고기록지를 작성하다 보면 왜 그런 반응을 보였는지 이해할 수 있다. 둘째, 사고기록지를 써 보면 문제 상황에 대한 관점이 넓어진다. 따라서 협소하거나 왜곡된 관점을 따르기보다는 '큰 그림'을 보게 되고, 그에 따라 반응이 달라진다. 그리하여 상황 전반에 일치하는 방식으로 행동하게 된다. 셋째, 사고기록지는 자동적 사고를 융통성 있고 균형 잡히게 만들어 준다. 사고기록지를 약 20~40개 정도 써 보고 나면 불편한 상황에 처했을 때 사고기록지를 작성하지 않고도 새로운 관점이나 융통성 있는 사고를 하게 된다고 한다. 이런 경지에 도달하면 괴로운 상황은 점점 줄어들 것이다. 그리고 나머지 문제들을 해결하는 데 노력을 더 기울이게 되고, 따라서 보다 여러 상황에서 편안하게 지낼 수 있을 것이다.

만일 증거들이 당신의 뜨거운 사고를 지지한다면?

이 장을 끝내기 전에 아주 중요한 한 가지 점을 짚고 넘어가겠다. 여기까지 읽어 오면서 당신은 아마 부정적인 사고는 언제나 정확하지 않거나 타당하지 않다는 사실을 보여 주기 위해 사고기록지가 만들어진 것이라는 인상을 가졌을지 모르겠다. 그렇지만 이것은 사실이 아니다.

사고기록지는 우리가 어떤 감정을 강하게 경험할 때 기록하게 된다. 연구에 의하면 우리는 강한 감정을 느낄 때 감정과 일치하는 일만 생각한다. 예컨대, 우리가 슬플 때는 슬픈 일만 생각하고, 수치심을 느낄 때는 잘못한 일만 생각한다. 그렇기 때문에 사고기록지를 작성하면 우리 감정과 맞지 않는 측면에 주의를 기울이게 되고, 따라서 어떤 일에 대해 좀 더 균형 잡힌 관점을 갖게 된다.

그렇지만 때때로 우리의 뜨거운 사고가 정확하고 우리가 처한 어려운 상황을 잘 대변해 주기도 한다. 예컨대, '상사가 날 학대한다.'고 뜨거운 생각을 할 때 이 생각이 정확할 수도 있다. 빅은 '내가 계속 성질을 부리면 주디가 지쳐서 날 떠날 수 있다.'라고 생각했다. 이런 경우에 사고기록지를 해 보는 것은 두 가지 측면에서 도움이 된다. 첫째, 우리가 가진 뜨거운 생각이 정확한지 검증함으로써 감정에 휘말려서 잘못된 결론을 내리는 것은 아닌지 확인해 볼 수 있게 해 준다. 둘째, 뜨거운 사고가 증거에 의해 지지된다면 이 상황을 바꾸거나 관리할 방안을 강구하게 해 준다. 다음 장에서는 뜨거운 생각이 증거에 의해 지지될 때 할 수 있는 다양한 방법, 즉 문제를 해결한다든지, 상황에 대한 의미를 재검토한다든지, 수용하는 태도를 가진다든지, 역경에서도 꿋꿋하게 버티는 것을 배운다든지 등의 방법을 다룰 것이다.

기분 체크하기

당신이 이 책을 적극적으로 사용하고 있다면 2주나 3주마다 기분척도를 해 볼 것을 추천한다. 이제까지 이 책을 읽어 오면서 다양한 기술을 배웠을 것이다. 이 기술들이 당신의 기분에 어떤 영향을 미쳤는지 확인해 보기 위해 지금 다시 기분을 체크해 보면 좋을 것이다. 당신이 다스리고자 하는 모든 기분과 행복감을 빠짐없이 다 체크해 보고 그래프로 그려 보라. 잊지 말고 다음 척도들을 해 보고, 당신의 점수를 기록해 보라.

- 우울/불행감: 『기분 다스리기』 우울척도(작업기록지 13.1과 작업기록지 13.2)
- 불안/초조함: 『기분 다스리기』 불안척도(작업기록지 14.1과 작업기록지 14.2)
- 다른 기분/행복감: 내 기분 평가하기(작업기록지 15.1과 작업기록지 15.2)

연습과제: 당신의 새로운/균형 잡힌 사고를 만들어 보기

작업기록지 9.2에는 8장 작업기록지 8.2(118~119쪽)에 적었던 사고에 대해 새로운/균형 잡힌 사고를 구성하는 연습을 해 보라. 작업기록지 8.2의 네 번째 칸과 다섯 번째 칸에 모은 증거에 기초해서 균형 잡힌 사고를 구성해 보고, 그것을 어느 정도 믿는지 체크해 보라. 일곱 번째 칸에는 당신의 기분을 다시 평정해 보라. 당신의 새로운/균형 잡힌 사고를 믿는 정도와 기분의 변화에 관계가 있는지 살펴보라.

작업기록지 9.2: 사고기록지

1. 상황	2. 기분	3. 자동적 사고(이미지)
누가? 무엇을? 언제? 어디서?	a. 느껴진 기분은? b. 각 기분의 강도를 점수로 매겨 보라(0~100%).	a. 이런 기분을 느끼기 직전 어떤 생각이 떠올랐는가? 떠오른 생각이 또 있는가? 떠오른 이미지는? b. 뜨거운 사고에 동그라미를 쳐 보라.

4. 뜨거운 사고를 지지하는 증거	5. 뜨거운 사고를 지지하지 않는 증거	6. 새로운/균형 잡힌 사고	7. 기분을 재평가하라
		a. 새로운/균형 잡힌 사고를 적어 보라. b. 각각의 사고를 믿는 정도를 점수로 매겨 보라(0~100%).	2번 칸의 기분을 재평가해 보고, 새로 느껴진 기분의 강도도 평가해 보라(0~100%).
바로 전 칸에 적어 놓은 생각 중 뜨거운 사고에 동그라미를 쳐 보라. 이 결론을 지지하는 사실적 증거를 적어 보라(지레짐작이나 사실에 대한 해석은 피하도록 하라).	뜨거운 사고를 지지하지 않는 증거를 찾아내기 위해서 힌트(108쪽)에 나와 있는 질문을 해 보라.	새로운/균형 잡힌 사고를 이끌어 내기 위해 9장 힌트에 나와 있는(128~129쪽) 질문들을 해 보라. 새로운/균형 잡힌 사고를 적어 보라. 각각의 사고를 얼마나 믿는지 점수로 평가해 보라(0~100%).	적어 놓은 2번 칸에 기분을 다시 적고 그 강도를 재평가해 보라(0~100%). 새로운 기분이 들었다면 그 기분의 강도도 평가해 보라.

9장 요약

▶ 사고기록지의 여섯 번째 칸 '새로운/균형 잡힌 사고'는 네 번째와 다섯 번째 칸에 기록된 중요한 증거를 요약하기 위한 것이다.

▶ 만약 네 번째와 다섯 번째 칸에 있는 증거들이 원래의 뜨거운 사고를 뒷받침하지 않는다면 여섯 번째 칸에 증거와 부합하는 새로운 관점을 적어 보라.

▶ 만약 네 번째와 다섯 번째 칸에 있는 증거들이 원래의 뜨거운 사고를 부분적으로만 지지한다면 여섯 번째 칸에 균형 잡힌 사고를 적어 보고, 원래의 생각을 지지하고 반박하는 증거를 요약해 보라.

▶ 새로운 혹은 균형 잡힌 사고를 구상하기 위해 128~129쪽에 있는 힌트 질문을 스스로에게 해 보라.

▶ 새로운 관점/균형 잡힌 사고는 단순히 긍정적인 사고나 합리화가 아니다. 이들은 네 번째와 다섯 번째 칸에 적은 모든 가능한 증거를 기초로 한 새로운 해석이다.

▶ 사고기록지의 일곱 번째 칸에는 두 번째 칸에 적은 기분의 강도를 재평가해 보라. 어떤 상황에서 당신이 느끼는 기분의 변화는 새로운 균형 잡힌 사고를 얼마나 신뢰하는가와 관련이 있다.

▶ 만약 사고기록지를 완성한 후에도 기분 강도에 변화가 없다면 136~137쪽의 메모에 제시된 질문들을 사용해서 기분이 나아지기 위한 다른 방법을 탐색해 보는 것이 좋다.

▶ 보다 많은 사고기록지를 적어 볼수록 상황을 균형적으로 생각하는 것이 더 수월해지며, 증거를 적어 보지 않고도 자동적으로 새로운/균형 잡힌 사고를 시작할 수 있다.

10장

새로운 사고, 행동 플랜, 수용

지아는 멕시코 여행을 준비하기 위해 스페인어 강의에 등록했다. 그녀는 길을 묻고, 음식을 주문하고, 간단한 회화를 하는 것을 배웠다. 지아가 멕시코에 도착했을 때, 택시 기사나 호텔 직원들이 영어를 했다. 짐을 풀고 우편엽서와 우표를 사기 위해 근처의 약국에 가 보기로 했다. 약국에서는 모든 사람이 스페인어를 빠르게 말하고 있었다. 지아는 전자통역기를 보고 확인한 후 카운터로 망설이며 다가갔다. 그리고 우표와 우편엽서를 주문하는 말이라고 생각되는 스페인어를 말했다. 놀랍게도 카운터 뒤에 직원이 미소를 지으며 그녀가 사려는 우편엽서와 우표를 건네주었다.

지아는 왜 놀랐을까?

우리가 새로운 것을 처음 배울 때는 그것이 지적인 수준에서 머릿속에만 있기 쉽다. 예컨대, 다른 나라 말을 하면 그 나라에서 통하리라는 것을 머리로는 알고 있지만 실제로 그 언어를 말할 때 우리는 그 말이 잘 이해될 수 있을지 의심한다. 왜냐하면 그 언어의 단어나 구절이 우리에게 익숙한 언어와 매우 다르기 때문이다. 처음에는 우리가 말하는 모국어만이 유일한 언어로 보인다. 새로운 언어는 상당한 연습을 거친 후에야 의사소통을 할 수 있을 것처럼 느껴진다.

지아는 자신의 스페인어가 맞다는 것을 믿었음에도 멕시코에서 만난 사람들로부터 긍정적인 반응을 얻기 전에는 스페인어에 대한 자신감이 없었다. 그녀는 스페인어를 좀 더 자주 이야기하게 되면서 자신감이 붙었다.

새로운 균형 잡힌 사고를 생각해 내는 것은 마치 당신에게 새로운 언어를 말하는 것과 같을지도 모르겠다. 새로운 언어와 마찬가지로 새로운 사고도 매우 어색하고 잘 믿어지지 않는다. 당신의 자동적 사고는 모국어가 익숙한 것처럼 자연적으로 흘러나오지만, 새로운 사고는 많은 노력을 기울인 후에야 나온다. 아마도 새로운 사고를 머릿속으로는 믿지만 자동적 사고처럼 경험에 잘 맞는 것처럼 느껴지지 않을 수 있다.

지아가 스페인어를 배우면서 그랬던 것처럼 새로운/균형 잡힌 사고를 좀 더 잘 믿게 만드는 가장 좋은 방법은 좀 더 많은 증거를 모으면서 일상생활에서 사용해 보는 것이다. 당신의 경험이 새로운/균형 잡힌 사고를 잘 지지한다면 이 사고를 좀 더 믿게 되고 기분도 점차 더 안정되게 좋아질 것이다. 만일 당신의 경험이 새로운 사고를 잘 지지해 주지 않는다면 경험에 좀 더 맞는 다른 대안적인 사고를 찾아내야 할 것이다.

더 많은 증거를 모으고 새로운 사고를 강화하기: 벤의 사례

벤이 딸네 가족을 방문한 날 느꼈던 슬픈 기분은 좋아졌다. 이것은 딸과 사위, 손주들이 이전과 같은 방식으로 그를 필요로 하지는 않지만 여전히 그의 존재감을 즐기고 그에게 충고를 요청한다는 것을 깨달았기 때문이다. 이 새로운 대안적인 사고(그림 9-2, 130쪽)가 벤으로 하여금 기분이 더 나아지게 해 주었지만 완전히 잘 믿어지지는 않았다. 물론 그가 모은 증거에 의하면 이 새로운 사고가 더 맞긴 하였다. 벤이 이 새로운 사고를 강화하는 한 가지 방법은 그것이 맞는지 더 많은 정보를 모으는 것이었다. 벤은 이 새로운 사고('그들은 나와 함께 있는 것을 즐긴다. 그렇지만 이전과 같은 방식으로 나를 필요로 하지는 않는다.')를 검증해 보기로 결심했다. 그는 딸과 사위에게 전화를 걸어 무언가 도울 일이 있는지 물어보았다. 딸은 아버지가 도와주어야 할 큰일이 있지는 않다고 말했다. 벤은 과거에 했던 것처럼 자기가 더 이상 필요하지 않다고 결론을 내리는 대신에 이전과는 다른 방식으로 혹시 도와줄 일이 있는지 물어보기로 결심했다.

잠시 동안 생각한 후 딸은 손녀 에이미의 가장 친한 친구가 이사를 갔기 때문에 최근에 에이미가 무척 외로워하고 있다고 말했다. 특히 친구와 시간을 보냈던 방과 후 시간에 더 그렇게 느꼈다고 했다. 딸은 벤이 에이미를 위해서 뭔가 해 줄 수 있는지 물어보았다. 벤은 일주일에 두세 번 에이미와 방과 후에 시간을 같이 보내기로 했다.

에이미 역시 이 아이디어를 좋아했다. 특히 벤이 그녀에게 무엇을 하면 좋을지 물어보았을 때 그랬다. 그녀는 최근에 축구팀에 들어갔는데 축구를 연습했으면 좋겠다고 했다. 벤은 축구 연습을 할 수 있는 넓은 운동장으로 그녀를 태우고 가서 연습을 시켜 주기로 했다. 에이미는 그 운동장이 걸어가거나 자전거를 타고 가기에 너무 멀고 부모는 직장에서 일하고 있어 태워다 줄 수 없었기 때문에 이 말을 듣고 매우 기뻐했다. 벤은 이런 방식으로 손녀딸의 삶에 참여할 수 있게 된 것을 반가워했다.

이 경험은 벤의 새로운 사고('그들은 나와 함께 있는 것을 여전히 즐긴다. 그러나 과거와 같은 방식으로 나를 필요로 하지는 않는다.')를 강화시켜 주는 정보를 제공해 주었다. 가족들의 반응은 벤으로 하여금 이 새로운 사고를 더 믿게 만들어 주었다. 또 이 사고에 따라 행동하는 것에 대한 자신감을 높여 주었고 에이미와 함께 즐겁고 긍정적인 시간을 가지게 해 주었다. 과거와 같은 벤의 사고 방식('무슨 소용이 있단 말인가. 그들은 나를 더 이상 필요로 하지 않는다.')은 딸과 사위가 벤이 도와줄 큰일이 없다고 말했을 때 의기소침해지고 쉽게 포기하게 만들었을 것이다. 벤의 대안적인 사고는 그로 하여금 원래의 제안이 거부되었을 때 포기하는 대신 자신이 다른 방식으로 필요한 존재라는 것을 깨닫게 해 주고 자신감을 주었다.

연습과제: 새로운 사고를 강화하기

작업기록지 10.1을 새로운 사고를 검증하고 강화하기 위한 가이드로 사용하라.

작업기록지 10.1: 새로운 사고를 강화하기

이제까지 기록한 사고기록지나 연습 노트를 보면서 당신이 50% 이하로 믿는 새로운 사고나 균형 잡힌 사고를 하나 고르라. 그 사고를 아래에 적고, 그 사고를 믿는 정도를 기입하라.

사고: ______________________________ 믿는 정도: ______%

다음 일주일간 생활하면서 매일 이 새로운 사고를 지지하는 증거가 있는지 찾아보고 기록하라.

____

____

____

일주일이 지난 후 당신의 새로운 사고에 대한 믿음을 다시 한 번 평정해 보라.

새로운 사고나 균형 잡힌 사고에 대한 증거를 찾아보고, 기록하는 것이 당신의 사고를 강화해 주었는가?

_______예 _______아니요　　왜 그렇다고 생각하는가?

____

____

____

직장을 유지하기 위한 행동 플랜: 마리사의 사례

어떤 사고를 검증하기 위한 증거를 모으다 보면 어떤 때는 대부분의 증거가 그 사고를 지지해 준다는 것을 발견하게 되고 새로운 사고가 마땅치 않을 때가 있다. 이런 일이 일어난다면 이것은 해결해야 할 문제가 있다는 것을 말해 준다. 때로는 사고를 변화시키는 것도 도움이 되지만, 그게 다 해결책이 될 수는 없다. 대부분의 증거가 당신의 사고를 지지해 준다면 행동 플랜을 세워 보는 것도 좋다.

마리사와 치료자는 그녀가 왜 점점 더 죽고 싶은 생각이 많아졌는지 찾아내는 데 몇 회기를 할애했다. 마리사가 절망하는 가장 중요한 이유는 그녀가 직장에서 해고당하고 그녀와 아이들을 먹여 살리지 못하게 될까 봐 두려웠기 때문이다. 그녀는 생명보험을 들었기 때문에 차라리 자기가 죽으면 보험비가 나와 아이들이 자립할 때까지 생활비로 쓸 수 있다고 생각했다.

마리사는 '직장에서 쫓겨날 것이다.'라는 자동적 사고가 맞는지 사고기록지를 사용해 검증해 보았다(6~9장 참조). 물론 이 일이 실제로 일어나기 전에는 이 사고가 맞는지 완전히 확인할 수 없지만, 마리사가 직장에서 쫓겨날지도 모른다는 이 생각이 맞을 수도 있다는 것을 지지하는 꽤 신빙성 있는 증거가 있었다. 그녀는 지난달 상사로부터 세 차례의 경고를 받았는데, 한 개는 직장에 만성적으로 늦게 출근하기 때문에 받았고, 두 개는 '작업결과가 형편없어' 받았다. 그녀 회사에서는 경고를 세 개 받으면 그다음에 쫓겨나는 경우가 많다.

마리사는 직장과 관련된 일이 통제 불능이라고 느꼈다. 아침마다 너무 우울해 침대에서 일어나는 것이 힘들어 또다시 지각을 하면 모양새가 좋지 않다는 것을 알면서도 늦게 된다. 직장에서도 집중력이 떨어져 실수가 많아 상사에게 지적을 받는 때가 많다.

직장에서 쫓겨날지도 모른다는 마리사의 괴로운 생각은 지지하는 증거가 많아 치료자와 마리사는 이 문제를 해결하기 위한 행동 플랜을 짰다. 마리사로 하여금 직장에서의 근무 성적을 개선하고 직장에 계속 남아 있게 해 주는 다양한 행동 플랜을 논의하고 적어 보았다. 우선, 마리사는 직장 상사에게 자신이 노력하고 있음을 알리고 도움을 청하기로 했다. 이 상사야말로 몇 달 전에 그녀가 일을 잘한다고 칭찬했던 사람이다. 마리사는 그녀가 노력하고 있다는 것을 알면 상사가 기꺼이 도와 줄 것이라고 생각했다. 다음으로, 그녀는 사무실에서 같이 일하는 메기에게 도움을 청해 자기가 작성한 서류를 상사에게 제출하기 전에 한번 검토해 달라고 부탁하기로 했다. 마지막으로, 마리사는 우울하더라도 직장에 제시간에 출근하도록 돕는 다양한 방도를 생각해 냈다.

마리사의 행동 플랜은 그녀가 직장을 계속 다니는 것에 좀 더 희망을 가지게 해 주었다. 이런 논의를 하고 몇 분 후 그녀는 곧 행동 플랜을 실행하는 데 방해가 될 수 있는 문제를 파악했다. 문제는 상사에게 자신이 우울하다는 말을 하는 것이 과연 안전할지를 확신할 수 없다는 것이었다. 그녀는 상사가 다른 사람에게 말할까 봐 걱정했고, 그렇게 될 때 수치스럽게 느낄 것 같았다. 치료자는 도움을 구하기 위해 상사에게 어느 선까지 이야기하는 것이 좋겠는지 생각해 보라고 했다.

마리사는 상사에게 자신이 현재 스트레스를 많이 받고 있으나 이를 해결하기 위해 엄청 노력하고 있어서 그녀의 근무 실적이 영향받지 않도록 할 계획이라고 말하기로 했다. 그녀는 이전에 자신이 일을 잘할 때도 있었던 것을 상기시키고, 현재 문제가 일시적이며 곧 좋아질 것이라고 확신시키겠다고 말했다. 치료자는 마리사가 상사에게 말할 때 그녀가 이 직장에 계속 다니고 싶은 의사가 얼마나 확고한지 말하면서 직장에서 요구하는 수준으로 일을 잘하기 위해 어떻게 해야 하는지 상사에게 어떤 도움이라도 받을 용의가 있다는 것을 말하라고 하였다. 마리사는 [그림 10-1]의 행동 플랜을 작성하였다.

마리사의 절망감과 자살사고는 이 행동 플랜을 짜고 실행하면서 줄어들었다. 그녀의 직장 근무 실적이 좋아지기까지 몇 단계를 거쳤다는 점에 주목하길 바란다. 그녀는 우울증으로 인해 기능이 좋아지기까지 시간이 걸리기 때문에 다른 사람들의 도움을

목표: 직장을 계속 다니기

행동계획	시작 시간	일어날 수 있는 문제	문제를 극복할 전략	진행 경과
상사에게 스트레스에 대해 이야기하고, 전에 일을 잘 했다는 것, 문제가 일시적이라는 것, 일을 계속하고 싶다는 것, 그의 도움에 감사하고 있다는 것을 이야기하기	수요일 그룹회의 후에	부장이 너무 바빠서 만날 수 없을지도 모른다.	미리 부장에게 15분 정도 면담을 요청한다.	화요일 – 부장이 수요일 면담에 동의했다. 수요일 – 면담이 잘 되었다. 나는 그러고 싶지 않았지만 울었고, 부장은 내가 그에게 이야기하는 것에 대해 반기는 것 같았다. 그는 내가 일을 좀 더 잘해 보도록 몇 주의 시간을 주겠다고 위로했다.
		직장에서 밀려나지 않기에는 너무 늦었다고 부장이 말할지도 모른다.	그에게 올해 초에는 일을 잘했다는 것을 상기시키고 개선할 30일의 여유를 달라고 요청한다.	
메기에게 내가 한 일을 검토해 달라고 부탁한다.	화요일 점심	그것은 우리 우정에 부담을 줄 수 있다.	메기가 여름휴가를 갈 때 도와주겠다고 약속할 수 있다. 그녀의 화분에 물을 줄 수 있다.	메기는 도와주겠다고 약속했다.
직장에 제시간에 간다. 자명종 소리를 듣고 침대에서 일어나도록 시계를 방 저편에 놓아둔다. 다음날 아침에 입고 갈 옷을 미리 내어놓는다. 10분 일찍 출발하고 제시간에 도착하면 커피를 마심으로써 스스로에게 보상한다.	화요일 오전	자명종이 울린 다음 꺼 놓고 다시 잘지도 모른다.	몇 분 더 누워 있기 전에 먼저 샤워를 하고 옷을 입도록 규칙을 정한다.	화요일 – 정시에 도착함 수요일 – 5분 일찍 도착함 목요일 – 8분 일찍 도착해 커피를 마심

[그림 10–1] 마리사의 행동 플랜

구했다. 그녀의 상사에게 적절한 도움을 받았고 그녀의 이전 근무 실적이 좋았다는 점을 상기시켰다. 또한 친구 메기에게 도움을 받고는 그녀에게 언젠가 도움을 돌려주겠다고 약속했다. 이러한 단계를 통해 좀 더 잘 통제하고 있다고 느끼게 되고 터널 끝의 빛을 보았다.

마리사의 예는 우리 삶에서 고통스러운 사고를 지지하는 증거가 많을 때 행동 플랜을 어떻게 사용할지에 대해 말해 준다. 또한 해결해야 할 문제가 생길 때마다 우리는 행동 플랜을 사용할 수 있다.

부부관계를 개선하기 위한 행동 플랜: 빅의 사례

시간이 지나면서 빅은 부인 주디가 자기에 대해서 마음을 쓰며 술을 마시지 않기를 원한다는 것을 확실히 알게 되었다. 그렇지만 주디는 그가 자주 분노 폭발을 일으켜 정말 힘들다고 수년 동안 불만을 토로하였다. 주디는 또한 결혼 초기에 그와 같이 했던 근사한 일들을 지금 하지 못하는 것을 아쉽게 생각한다고 말했다. 빅은 주디를 사랑했고 그의 분노가 부부관계에 실제적인 문제를 일으키고 있다는 것을 인정했다. 그는 또한 그녀에게 좀 더 친절하게 대할 수 있다는 것을 시인했다. 그는 정말 부부관계를 개선시키기를 원했고, 따라서 [그림 10-2]와 같이 행동 플랜을 짜기로 결심했다.

빅은 그들의 부부관계를 개선시킬 수 있는 두 개의 목표를 적었다. 첫째, 주디에게 고맙게 생각한다는 것을 보여 줄 수 있는 긍정적인 일들을 더 많이 하기로 했다. 둘째, 그의 분노 폭발을 중단하기를 원했다. 빅은 치료자와 같이 작업을 하면서 [그림 10-2]와 같은 행동 플랜을 짜 보았다. 행동 플랜을 통해 더 많은 혜택을 보기 위해서는 구체적으로 기술하는 것이 도움이 된다. 빅은 그의 행동 플랜대로 실행할 시간을 정했는데, 성공적으로 행동 플랜을 실행하는 데 방해가 되는 문제로 어떤 것들이 있는지 예상해 보고, 행동 플랜대로 실행하기 위해서 그것들을 해결할 전략을 짰다. 마지막으로, 행동 플랜은 빅에게 그의 호전을 기록하는 기록지 역할을 하였다.

그가 주디와 긍정적인 상호작용을 더 많이 하고 분노 폭발을 줄이자, 빅의 결혼생활은 좋아지기 시작했다. 행동 플랜의 '문제를 극복하기 위한 전략' 칸에 이전에 폭발적인 분노를 보였던 상황에 잘 대처할 수 있는 방법을 기록하였다. 분노를 조절하기 위한 구체적인 대처 계획은 치료자와 함께 만들었는데, 그의 분노 폭발을 줄이는 데 성

 **목표: 결혼생활을 개선하기**

행동계획	시작 시간	일어날 수 있는 문제	문제를 극복할 전략	진행 경과
주디를 위해 매일 다섯 가지 좋은 일을 한다. 키스하기, 칭찬하기, 집안일 돕기, 미소 짓기, 어깨 마사지해 주기, 그녀의 불평을 화내지 않고 들어주기, 사무실에서 전화를 걸어 사랑한다고 말해 주기, 커피를 갖다 주기	오늘(10/6) 집에 왔을 때와 매일 아침 일곱 시 반에	그녀에게 화가 날 수도 있다.	화가 나면, 좀 더 하기 쉬운 일을 할 것(설거지를 도와주기, 커피 갖다 주기) 화난 감정을 줄일 수 있는지 사고기록지를 적어 보고 타임아웃과 같은 방법을 사용해 볼 것	10월 6일 – 저녁 때 여섯 가지 좋은 일을 했다. 기분이 좋았다. 10월 7일 – 다섯 가지 좋은 일을 했다. 주디가 도와주었다고 껴안았다. 10월 9일 – 화가 났지만 세 가지 좋은 일을 했다. 사고기록지가 도움이 되었다.
집에서 화내는 것 중지하기, 주디와 같이 있을 때 화가 나면 잠깐 나가는 등 휴식을 취해서 화난 상태로 주디와 2분 이상 같이 있지 않기	지금부터	직장에서 언짢은 일이 있어 집에 올 때 기분이 좋지 않을 수 있다.	퇴근하기 전 사무실에서 사고기록지를 적어 보고, 사무실 문제를 해결할 계획을 세워 본다. 집으로 운전해 오는 동안 기분 좋은 음악을 듣는다. 집에 편안한 마음으로 들어올 수 있을 때까지 차에 좀 앉아 있다 들어온다. 주디에게 기분이 안 좋은 하루였다고 말하고 차분히 앉는다. 그녀에게 도움을 청한다.	10월 6일 – 문제 없었다. 10월 7일 – 사무실에서 갈등을 해결할 계획을 세웠다. 집에 편안한 마음으로 돌아왔다. 10월 8일 – 집에 운전해 오는 동안 좋은 음악을 들었다. 집에 들어가기 전 약 2분간 차에 앉아 있었다. 화내지 않고 애들이 우는 것에 잘 대처했다.

[그림 10–2] 빅의 행동 플랜

행동계획	시작 시간	일어날 수 있는 문제	문제를 극복할 전략	진행 경과
화내는 것 중지하기 첫 번째 주에는 한 주에 세 번 이상 화내지 않고, 두 번째 주에는 두 번 이상, 세 번째 주에는 한 번 이상 화를 내지 말 것 그 다음에는 한 달에 한 번 이상 화를 내지 말 것	지금부터	화가 날 때 금방 폭발한다.	주디와 대화할 때 화가 나려고 하면 매번 화가 나는 정도를 10점 척도에 잰다. 화가 3점 정도 되면 마음을 가라앉히게 몇 분 쉬었다 이야기하자고 말한다. 화가 5점 정도 되면 휴식시간을 갖고 사고기록지를 적어 본다. 주디가 말한다고 생각하는 것과 내가 사실이라고 믿는 바를 적고 주디에게 보여 주어 제대로 상대를 이해하고 있는지 체크한다. 화가 5점 이상 되면 주디에게 더 긴 휴식시간이 필요하다고 말한다. 화가 3점 아래 내려갈 때만 대화를 다시 시작한다. 산책을 하면서 사고기록지를 검토하고, 주디가 날 사랑한다는 사실을 기억한다. 또 우리 부부가 과거에 많은 문제를 해결해 왔고, 이 문제도 해결할 수 있을 것이라는 점을 상기해 본다.	10월 6일 – 화를 안 냄 10월 7일 – 화가 나기 시작해서 말하는 도중 세 번 휴식기간을 갖고 대화를 끝냈다. 주디는 내가 계획한 대로 화를 내지 않는 것을 보고 감동했다. 10월 8일 – 약간 화가 났다. 한 번 쉬고 괜찮았다.

공적이었다. 빅은 대부분의 상황에서 폭발하지 않고 그 상황을 잘 다루게 될 때까지 상당히 여러 주 동안 행동 플랜을 그대로 잘 따라 했다. 다음 몇 주 동안 분노하게 되었을 때는 분노를 좀 더 잘 이해하고 그것을 조절하고 표현하는 좀 더 효과적인 계획을 짜는 데 활용했다.

연습과제: 행동 플랜 짜기

당신의 인생에서 변화시키고자 하는 문제를 찾아서 작업기록지 10.2에 목표를 적어 보라. 가능한 한 구체적으로 행동 플랜을 마련하라. 시작하는 시간을 정하고 계획을 수행하는 데 방해가 되는 문제가 무엇인지 찾아보고, 그것이 일어날 때 어떻게 대처할지 전략을 마련하고 당신의 향상 정도를 계속 기록하라. 당신이 변화를 이루고자 하는 다른 문제가 있다면 부가적인 행동 플랜을 마련해 보라. (작업기록지 10.2는 부록에 있으므로 필요한 경우 복사해서 사용하라.)

작업기록지 10.2 행동 플랜

목표: ______________________________

행동계획	시작 시간	일어날 수 있는 문제	문제를 극복할 전략	진행 경과

수용

우리가 문제를 해결하기 위해 어떤 일을 할 수 있다면 행동 플랜은 무엇을 해야 할지 찾아내는 데 도움이 된다. 그러나 문제를 해결할 수 없는 때도 있다. 또는 견디기 힘든 상황 속에 있지만 사고기록지나 행동 플랜으로 해결할 수 없는 문제가 있을 때도 있다. 예컨대, 병이 들 수도 있고, 가까운 사람이 죽을 수도 있으며, 불쾌하지만 해야 할 과제가 있을 수도 있다. 이런 경우에는 수용의 태도를 가지는 것이 상황을 더 잘 대처할 수 있게 하고 기분이 나아지게 만든다.

루프는 6개월 전에 뇌종양 진단을 받았다. 처음에 그녀는 그런 병이 있다는 것을 부인했다. 그래서 두 번째 의사와 세 번째 의사, 네 번째 의사를 찾아가서 그녀가 정말 뇌종양인지, 예후는 무엇인지 등에 대한 의사들의 의견을 물어보았다. 그들은 한결같이 종양이 많이 퍼져 있고 치료를 통해서 할 수 있는 것이 없다고 말했다. 루프는 너무나 큰 충격을 받았으며 종양이 있다는 것에 분노했다. 얼마 지나지 않아서 그녀의 분노는 두려움과 뒤섞였다. 59세의 나이는 죽기에는 너무나 이른 나이이지만, 의사들은 종양이 말기여서 손 쓸 방법이 없다고 했다.

그녀의 반응을 이해하기는 어렵지 않다. 진단을 받은 지 한 달 후, 루프는 화를 덜 내게 됐고 덜 두려워하게 되었다. 친구에게 그녀의 기분이 변한 것을 말했다. "나는 죽고 싶지 않아. 그렇지만 내가 곧 죽는다면 품위 있게 죽고 싶어. 그래서 남은 몇 달 동안을 나 자신과 내 가족, 친구들과 될 수 있는 한 아름답고 의미 있는 시간을 보내려고 해." 그녀의 이 새로운 태도는 그녀의 기분과 기운을 좋게 만들어 주었다. 그녀는 여전히 죽음에 직면해 있지만 병을 수용하자 남은 몇 달 동안 무엇을 하는 것이 중요한지에 초점을 맞출 수 있게 되었다. 말기 암을 가지고 있다는 사실을 수용하자, 루프는 남은 날 동안 어떻게 지내야 할지에 대해 생각할 수 있게 되었다. 루프의 최우선 순위는 가족과 친구들과 가능한 한 많은 시간을 같이 보내면서 그들과 기억할 만한 시간을 가지는 것이었다. 수용은 루프에게 하나의 전환점이었다. 수용은 그녀가 절망에서 벗어날 수 있게 도와주었고, 그녀로 하여금 남은 인생을 어떻게 살지에 마음을 집중할 수 있게 해 주었다.

로드니에게도 수용은 중요했다. 로드니는 매주 연로한 아버지를 방문하였다. 로드니의 아버지는 치매에 걸렸으며, 로드니가 아들인지도 알아보지 못했다. 매주 아버지를 방문할 때 아버지는 그에게 "누구세요? 제가 아는 사람입니까?"라고 물었다. 처음에는 "아들이잖아요. 저를 알아보지 못하시겠어요?"라고 말했다. 로드니가 이렇게 말하면 아버지는 어쩔 줄 몰라서 매우 불안해하셨다. 때로 아버지는 "난 너를 몰라. 넌 내 아들이 아니야."라고 말했다. 아버지가 자기를 알아보지 못한다는 것은 매우 고통스럽고 슬픈 일이었다. 그의 고통과 슬픔이 아버지와의 남은 시간을 가득 채울 수도 있었다.

요양원의 간호사가 로드니로 하여금 수용적인 태도를 가지도록 도와주었다. 그녀는 "아버님은 당신이 누군지 알아보지 못해요. 당신이 이 사실을 이해하고 아버지로 하여금 친절한 분이 자신을 방문한 것으로 경험하게 하세요. 그러면 아버지와 같이 있는 시간을 조금 더 즐기실 수 있을 거예요."라고 말했다. 이러한 가능성을 고려해 보고 로드니는 아버지와의 관계에서 이 새로운 실제를 수용하기로 결심했다. 아버지가 "누구세요? 제가 아는 분이세요?"라고 물으면 로드니는 다음과 같이 대답했다. "제 이름은 로드니입니다. 여기에 와서 사람들과 이야기하는 것을 좋아합니다. 당신과 오늘 이야기해도 괜찮겠습니까?" 그의 아버지는 이 대답을 만족스럽게 생각했고, 그들은 같이 앉아서 이야기하고 때로는 아버지의 먼 과거에 일어났던 일에 대해서도 화제를 삼았다. 이러한 대화는 로드니에게 여전히 고통스러웠다. 왜냐하면 아버지와 이전에 가졌던 완전한 관계를 가지지 못했기 때문이다. 아버지와 시간을 같이 보내는 것은 옛날에 아버지와 날카로운 유머를 주고받거나 스포츠 게임에 대해 같이 이야기했던 것 같은 즐거운 일들을 기억나게 했다. 그러나 로드니는 아버지에게 존경심을 보여 드릴 수 있었으며, 아버지를 방문해서 그의 기분이 좋아지는 것의 새로운 즐거움을 발견했다.

루프와 로드니의 경험은 수용이 부정적인 사건에 대해서 긍정적으로 생각해야 한다든지 우리가 경험하는 일들에 대해 행복하게 느껴야 한다는 것을 의미하지 않는다는 것을 보여 준다. 『기분 다스리기』와 인지행동치료에서는 부정적인 사고를 긍정적인 사고로 바꾸는 것이 좋은 아이디어라고 생각하지 않는다. 루프가 "나는 암이 없다." 또는 "죽어도 괜찮아."라고 말하는 것은 루프에게 아무 소용이 없다. 대신에 부정적인 상황이나 고통스러운 기분에 대해서 수용하는 것은 불행한 환경에서 개인적인 의미를 얻게끔 앞으로 나아갈 수 있는 기초를 마련해 준다. 수용은 인생의 어려움을 인정하고 그것을 우리 자신의 방식대로 이해하고 우리의 가치관이나 우리에게 중요한 것들과 일관된 방식으로 그것을 살아 낼 수 있게 해 준다.

똑같은 접근이 덜 극적인 일상생활의 경험에도 적용될 수 있다. 우리는 즐겁지 않은 많은 일을 한다. 출근하기 위해 우리가 원하는 것보다 더 이른 시간에 일어나야 하고, 아이가 아프면 사람들과의 약속을 취소하고 집에 있어야 한다. 우리가 이런 일들을 수용하는 것은 불편감보다 그것이 우리에게 더 중요한 가치가 있기 때문이다. 우리는 때로 가족이나 일이나 가치 있게 생각하는 다른 일들을 위해 우리의 필요를 잠시 보류한다.

즐겁지 않은 일을 하는 동안 우리가 가지는 태도는 어떤 기분을 느끼는가에 큰 영향을 미친다. 예컨대, 매일 아침 직장에 가기 위해 일찍 일어날 때 얼마나 피곤하고 더 자고 싶은지에 대한 생각을 계속 한다면 안 좋은 기분이 계속 들 것이다. 그렇지만 아침 일찍 일어나서 "아 피곤해. 좀 더 잘 수 있으면 좋겠어. 그렇지만 직장이 있다는 것이 가족들을 먹여 살릴 수 있으니 얼마나 다행인지 모르겠어."라고 말한다면 기분이 한결 좋아질 것이다. 우리의 가치와 우리에게 중요한 것을 마음속에 지니는 것은 어려운 과제를 할 때 진짜 도움이 된다.

생각과 기분을 수용하는 것도 때때로 생각을 찾아내고 바꾸는 것에 대한 중요한 대안이 될 수 있다. 수용이란 생각과 기분과 신체반응을 판단하지 않고 관찰하는 태도를 포함한다. 많은 사람은 그들의 생각이 나타났다 사라지는 것을 단순히 관찰하는 것이 도움이 된다고 말한다. 당신의 생각을 수용하는 것은 당신의 생각이 정확하거나 적응적이라고 믿는 것과 혼돈해서는 안 된다. 수용은 단지 그 생각들이 존재한다는 것을 알아차리고 그것에 의미나 판단을 부과하지 않은 채로 관찰하는 것을 뜻한다.

샐은 불안을 다스리는 것을 배우는 중요한 첫 번째 단계가 그를 불안하게 만드는 상황에 들어가는 것임을 깨달았다. 들어가서, 그의 불안을 테스트해 보고 대처를 연습해 보는 것이라는 것을 배웠다. 처음에는 이런 상황에서 불안할 때 자신을 부정적으로 판단했다. '도대체 나는 왜 이렇지? 나는 너무나 약해. 이런 불안이 사라졌으면 좋겠어.' 사실 그런 생각은 샐의 불안을 더 심하게 만들었다. 아이러니하게 셀은 그의 불안을 다스리는 한 가지 방법이 그의 기분을 받아들이는 것임을 배웠다. "여기 있다는 것이 지금으로서는 불안해. 그렇지만 어쩌면 당연한 거야. 나는 이 상황에 계속 머물면서 내 불안이 어떻게 변해 가는지 살펴볼 거야. 불안을 밀어내 버리기보다는 내 반응을 이해하려고 노력해 볼 거야." 이와 같이 수용적이고 비판단적인 태도는 샐로 하여금 그의 사고와 기분에 초점을 맞추고 불안을 좀 더 새롭고 나은 방식으로 다스릴 수 있도록 해 주었다.

이러한 예들이 보여 주듯이 수용에는 여러 길이 있다.

1. 우리의 생각과 감정을 판단하거나 변화시키려고 하지 않고 단지 관찰할 수 있다. 이것이 불안에 대한 샐의 접근이었다. 어떤 여성은 "나는 내 생각을 볼 수 있지만 내 생각이 되지는 않으려고 한다."라고 말한다.
2. 우리는 더 큰 그림에 대해서 생각함으로써 우리의 생각과 감정을 더 넓은 관점에서 볼 수 있다. 예컨대, 마리사의 상사는 직원들에게 "즐겁게 일합시다."라고 말했다. 이 말은 너무나 겉치레처럼 들려서 모든 직원을 화나게 했으며 마리사가 우울할 때는 특히 짜증 나게 만들었다. 그렇지만 좀 더 큰 그림을 보자. 이 말이 도움이 됐다. 그녀가 계속 짜증을 내고 있을 때에는 기분이 정말 가라앉았다. 그러나 그녀는 이것이 단지 하루 중 1분에 불과하다는 것을 깨닫고, 상사가 그녀로 하여금 계속 직장일을 잘할 수 있도록 얼마나 열심히 도우려는지 생각해 보았다. 이 큰 그림이 마리사로 하여금 그녀에게 매우 지지적이고 잘해 주려는 상사를 위해 이 짜증 나는 말을 참을 수 있는 조그만 일로 받아들이게 해 주었다.
3. 어떤 생각이나 기분이 우리에게 중요한 가치와 관련 있다는 것을 깨닫는다면 내적인 반응이나 외적인 상황을 수용하기가 훨씬 쉽다. 로드니는 아버지에 대한 사랑과 배려가 아버지가 그를 알아보지 못하는 고통보다 더 위에 있기 때문에 이것을 받아들일 수 있었다. 아버지와 같이 앉아 있으면 여전히 고통스러웠지만 이 고통이 아버지와 시간을 같이 보내는 것을 막지 못하게 했다. 로드니는 아버지의 건강이 날로 쇠약해지는 것에 대한 애도와 슬픔을 인정하고 여전히 아버지와 좋은 시간을 보냈다. 애도와 사랑과 배려가 로드니가 가진 경험의 한 부분이었다. 시간이 지나자 아버지와 같이 보내는 이 시간의 가치가 더 의미 있게 되어, 로드니는 아버지와의 관계에서 이 시간을 마지막 단계로 받아들일 수 있게 되었다.

연습과제: 수용하기

작업기록지 10.3을 이용하여 당신이 처한 상황 중에 수용해야 할 상황에 대해 작업해 보라.

작업기록지 10.3: 수용하기

당신이 생각하기에 더 수용한다면 도움이 될 외적인 상황(예: 가족, 건강, 관계) 하나를 골라 보라. 아마 쉽게 바뀌거나 해결될 수 없는 상황일 가능성이 높다. 혹은 자주 발생하면서 기분에 부정적인 영향을 미치는 내적 경험(생각이나 기분)을 적어 보라.

상황: ______________________________

____

____

생각: ______________________________

____

____

기분: ______________________________

____

____

수용을 향해서 다음에 설명한 한 가지 방법을 사용해 보라. 각 상황이나 생각이나 기분에 대해 각각의 방법을 다 사용해 볼 필요는 없다. 아마 시간이 지나면서 수용을 연습하는 동안 각 방법이 도움이 되는지 알아보기 위해 적어도 한 번 이상은 사용해 보는 것이 좋을 것이다.

1. 당신의 생각이나 기분(당신이 앞에서 적은 상황에 대해)이 어떤 것인지 판단이나 비판을 하지 말고, 또 그것을 바꾸려고 하지 말고 그냥 관찰만 해 보라. 비판적인 시각으로 보지 말고 호기심을 가지고 보라. 일주일 동안 매일 몇 분씩 관찰해 보라. 실제 해 보면 처음 생각한 것보다 더 어려울 것이다. 좌절감을 느끼거나 지루하게 느껴지거나 판단적이 된다면 그냥 그것을 알아차리면 된다. 이런 일들을 주목하게 되면 다시 주의를 돌려 원래 관찰하고 있던 생각이나 기분으로 돌아가 보라.
2. 좀 더 큰 그림을 생각해 보라. 고통을 느끼는 대신 그것을 그냥 수용하는 것의 이점은 무엇인가? 당신은 이 경험의 다른 측면에 대해서는 무시하면서 부정적인 부분에만 초점을 맞추고 있지는 않은가? 부정적인 부분을 상쇄하는 다른 측면은 없는가? 만일 당신에게 고통을 주는 그 부분을 받아들일 수 있다면 그 경험의 다른 부분을 더 쉽게 즐기거나 누릴 수 있지 않은가?

3. 때로 우리의 고통에 주의를 너무 기울이다 보면 그것이 우리로 하여금 목표를 성취하거나 우리에게 중요한 가치대로 사는 것에서부터 우리를 멀어지게 하지 않는가?
   a. 이 상황에서 고통보다 더 중요하고 의미 있는 가치나 목표가 있는가? 그렇다면 그 목표나 가치를 적어 보라. ______________________________

   ____
   b. 그 가치나 목표가 얼마나 중요한지 생각해 보라.
   c. 『기분 다스리기』에서 나온 기술을 사용하며 그 고통스러운 상황이나 생각이나 기분을 어떻게 잘 관리하여 그 가치나 목표에 접근할 수 있을지 생각해 보라.
   d. 당신이 경험하는 고통을 받아들이면서 그 가치나 목표로 더 나아갈 수 있는가?

당신이 첫 번째, 두 번째, 혹은 세 번째 방법 중 어떤 것을 사용했든지 간에 이 연습을 통해 배운 것에 대해 적어 보라. ______________________________

____

이 장에서는 당신의 기분과 관련된 생각을 찾아내서 검증하는 데 사용하는 공통적인 세 가지 방법, 즉 새로운 생각을 강화하기, 행동 플랜을 사용하기, 수용하기를 배우고 연습해 보았다. 이 세 가지 방법 중 어떤 방법을 사용할지는 당신이 어떤 생각을 대상으로 작업하고 있는가에 달렸다. 증거를 더 모으면서 새로운 생각을 강화하는 것은 대안적인 좀 더 균형 잡힌 생각이 경험에는 잘 맞아도 그것을 믿기 어려울 때 사용하는 것이 좋다. 행동 플랜은 생활에서 나온 증거나 실제 해결해야 하는 문제가 있다는 것을 말해 줄 때 사용한다. 수용은 당신이 해결할 수 없는 문제에 처해 있을 때 그것들을 통과해야 하거나 아니면 고통을 좀 더 큰 관점에서 바라봄으로써 당신이 가장 가치 있다고 느끼는 방향으로 나아가고 싶을 때 가장 좋은 길이다. 자주 이 방법들을 조합해 사용하면서 새로운 관점을 찾아낸다면 이 힘든 상황이나 기분을 다스리는 데 좀 더 자신감을 가지게 될 것이다.

기분 체크하기

다음 장으로 넘어가기 전에 다시 한 번 당신의 기분을 측정해 보고 점수를 기록해 보라.

- 우울/불행감: 『기분 다스리기』 우울척도(작업기록지 13.1과 작업기록지 13.2)
- 불안/초조함: 『기분 다스리기』 불안척도(작업기록지 14.1과 작업기록지 14.2)
- 다른 기분/행복감: 내 기분 평가하기(작업기록지 15.1과 작업기록지 15.2)

목표 체크하기

지금이야말로 작업기록지 5.1(56쪽)에 나와 있는 목표를 다시 한 번 점검해 볼 좋은 시간이다. 계속 『기분 다스리기』에 나온 기술을 연습하면서 이 목표를 마음속에 간직하면 목표로 나아가기가 더 쉬울 것이다. 벌써 알아차릴 수 있는 변화가 나타나는지 확인하기 위해 작업기록지 5.4(60쪽)에 나와 있는 개선의 징후를 한번 살펴보는 것도 좋다. 목표에 좀 더 빨리 다다를 수 있도록 어떤 단계를 밟을지 행동 플랜을 세워 봐도 좋다.

10장 요약

▶ 처음에는 새로운/균형 잡힌 사고를 완전히 믿을 수 없을 것이다.

▶ 그것들을 지지하는 증거를 좀 더 모아 보면 새로운 균형 잡힌 생각을 강화할 수 있다. 이것은 지속적으로 해야 하는 과정이다.

▶ 새로운/균형 잡힌 사고에 대한 신뢰성이 점차 커지면 개선된 기분이 더 안정될 것이다.

- ▶ 행동 플랜은 당신이 발견한 문제를 해결하는 데 도움이 된다.
- ▶ 생각이나 기분을 수용하는 것이 때로는 생각을 찾아 평가하고 변화시키는 것에 대한 가치 있는 대안이 될 수 있다.
- ▶ 당신이 변화시킬 수 없거나 계속 참을 수 없는 상황 가운데 있다면 수용의 태도를 발달시키는 것도 도움이 된다.
- ▶ 수용을 하기 위한 세 가지 방법은 생각과 기분을 판단하지 않고 관찰하기, 큰 그림을 마음에 품기, 고통스러울 때라도 자신의 가치에 부합하게 행동하기다.

11장

기본가정과 행동실험

숀텔과 트레이는 결혼한 지 1년밖에 되지 않았으며 서로를 깊이 사랑했다. 그러나 서로에 대한 애정에도 불구하고 둘 사이에는 많은 긴장이 있었고, 파티에 가려고 준비할 때 특히 자주 싸웠다. 트레이는 떠나기 10분 전에 언제나 준비를 마치고, 문 앞에서 발을 동동거리고 서 있곤 했다. 몇 분마다 한 번씩 숀텔에게 문자를 보내 지금이 몇 시인지 알고 있냐며 떠나야 할 시간이라고 깨우치곤 했다. 트레이가 이런 문자를 보낼 때마다 숀텔도 짜증이 나고 기분이 상했으며, 남편이 왜 그렇게 서두르는지 이해할 수 없었다.

6장에서 9장까지 당신은 자동적 사고를 찾아서 검증하기 위하여 사고기록지를 사용하는 법을 배웠다. 자동적 사고는 특정 상황에서 자동적으로 당신 마음에 떠오르는 생각이다. 자동적 사고와 더불어, 우리 모두는 마음 저변에서 조용히 작용하고 있는 생각들을 가지고 있다. 흔히 우리는 이 생각을 자각하고 있지 않지만, 이 생각들은 기분과 행동과 신체반응에 강력한 영향을 미치고 있다. 이 생각들은 우리가 자각하지 못하는 사이에 작용하고 있기 때문에 '기본가정'이라고 부른다. 기본가정은 일종의 규칙이라고 말할 수 있다. 우리는 수많은 기본가정을 가지고 있는데, 각각의 기본가정은 '만일...... 그렇다면......'의 형식으로 되어 있다.

예컨대, 파티에 가기 위해 준비하는 것에 대한 트레이와 숀텔의 반응은 처음에는 잘 이해되지 않는다. 트레이가 왜 문 앞에 서서 그녀에게 계속 시간이 없다고 재촉하는 문자를 보냈을까? 이런 행동이 숀텔의 마음을 상하게 하는지 잘 알면서도 왜 계속 문자를 보냈을까? 그리고 숀텔은 오래 준비하는 것이 트레이를 안달하게 만든다는 것을 알면서도 준비하는 데 왜 그렇게 시간이 많이 걸렸을까? 트레이와 숀텔의 기본가정을 살펴보면 이 반응을 완벽하게 이해할 수 있다.

트레이는 시간을 엄수하는 것을 매우 중요시하는 가정에서 자랐다. 7시 파티에 초대받는다는 것은 손님들이 7시 정각에 도착한다는 것을 뜻한다. 트레이 가족에게는 7시보다 늦게 도착한다는 것은 상대방을 존중하지 않는다는 표시다. 그러므로 트레이는 '내가 정각에 도착하지 않는다면 초대한 사람을 존중하지 않는 행동이 되고, 상대방도 나에게 화가 날 것이다.'라는 기본가정을 가지고 있었다. 그렇지만 숀텔의 가정에서는 파티의 시작시간은 일종의 제안과도 같이 여겨졌다. 아무도 시작하는 시간에 딱 맞게 오리라고 기대하지 않았다. 사실 그녀의 가정에서는 아무도 말한 시간에 도착하리라고 기대하지 않았고, 오히려 초대한 사람이 파티를 준비하는 데 압박감을 준다고 생각했다. 숀텔의 기본가정은 '내가 정각에 도착하면 초대한 사람에게 압박감을 줄 것이다.'였다. 트레이와 숀텔의 기본가정을 알게 되면 그들이 왜 그렇게 행동했는지 이해하기 쉽다. 그렇지만 트레이와 숀텔은 그들의 가정을 자각하고 있지 않았기 때문에 서로 다른 가정은 부부관계에 긴장을 가져왔다.

우리가 가지고 있는 기본가정을 확인하는 것은 우리 행동이나 자동적 사고의 뿌리를 더 깊이 이해하게 해 준다. 기본가정을 알게 되면 그것이 도움이 되는 가정인지 아닌지 평가할 기회를 가지게 되고, 우리 삶에 더 잘 작동하는 새로운 가정을 이끌어 낼 수 있게 된다.

자동적 사고와는 달리, 기본가정은 다양한 상황에 걸쳐 작용하면서 우리의 행동과 기분에 영향을 준다. 당신이 큰 가족 모임에 갔다고 상상해 보자. 어떤 사촌은 방을 돌아다니면서 모든 사람과 이야기를 나누고, 또 다른 사촌은 구석에 앉아서 그에게 다가오는 사람과만 이야기한다. 무엇이 이들의 행동을 다르게 만들었을까? 만일 당신이 '사람들과 이야기를 나누면 더 재미있을 것이다. 왜냐하면 나를 좋아하는 사람들을 더 많이 만날 수 있을 것이기 때문이다.' '여기에 있는 사람들은 다 가족이니 같이 이야기할 게 많고, 서로 이야기하는 것을 즐길 것이다.'라는 가정을 가지고 있다면 사람들 사이를 헤치고 다니면서 더 자유롭게 이야기할 것이다. 한편, 더 조용한 사촌은 다음과 같은 기본가정을 가지고 있을 수 있다. '내가 대화를 시작하면 뭔가 잘못 말할 위험이 있다. 그러니니 다른 사람이 대화를 하려고 다가올 때까지 기다리는 것이 낫다.' 혹은

'나같이 나이 든 사람이면 젊은 사람이 존경심을 가지고 다가와서 대화를 시작해야 한다.' 이와 같이 서로 다른 기본가정을 가지고 같은 행동을 할 수 있다는 사실을 주목해 보라. 어떤 사람의 기본가정이 무엇인지 아는 것은 단지 그들의 행동을 살펴보거나 그들의 기분을 아는 것만으로는 불가능하다.

다행스럽게도, 기본가정은 일반적으로 겉으로 드러나지 않게 작용하지만 찾기가 쉽다. 기본가정이 작용하고 있다는 실마리는 언제나 같은 기분과 같은 행동으로 반응하는 상황에서 찾을 수 있다. 예컨대, 당신이 언제나 집을 말끔히 정리하고 있다면, 아마도 '만일...... 그렇다면......' 문장을 채워 봄으로써 기본가정을 찾을 수 있을 것이다. '만일 집을 깨끗하게 정리한다면......' 어떤 사람은 이 문장을 다음과 같이 마칠 수 있다. '만일 내가 집을 깨끗하게 정리한다면, 친구가 잠깐 들를 때 우리 집이 산뜻하게 보일 것이다.' 또 다른 사람은 다음과 같이 생각할 수 있다. '만일 내가 집을 깨끗하게 정리한다면, 좀 더 기분이 편안해지고 내가 필요한 물건을 쉽게 찾을 수 있을 것이다.'

당신이 토요일 밤에 집에 혼자 있는 것에 대해서 언제나 슬픈 기분을 느낀다면 이것은 기본가정이 배경에서 작용하고 있다는 실마리가 된다. 당신은 다음과 같이 가정하고 있을 수 있다. '만일 토요일 밤이라면 무엇인가 재미있는 일을 해야 한다. 만일 내가 집에 있으면서 재미있는 일을 하지 않는다면, 내가 실패자라는 것을 의미한다.' 다음과 같은 다른 가정을 가지고 있는 사람은 슬픔 대신에 만족감을 느낄 수 있다. '만일 오늘이 토요일 밤이라면 내가 원하는 것을 무엇이든지 할 수 있다. 집에 혼자 있으면 긴장을 풀고 조용하고 멋있는 저녁을 지낼 수 있을 것이다.'

때로 기본가정은 확인하고 검증해야 할 가장 중요한 사고 수준이다. 불안할 때 우리가 가진 뜨거운 생각들 중 많은 것은 '만일...... 그렇다면......' 가정들이다. 예컨대, '만일 내가 말한다면, 나는 우스꽝스럽게 보일 것이다.' '만일 내 심장박동이 빨리 뛰면, 심장마비가 일어나고 있다는 것을 뜻한다.' 혹은 '만일 나쁜 일이 일어난다면, 나는 잘 대처할 수 없을 것이다.'와 같은 것이다.

- 대인관계에서 생기는 많은 오해는 사람들이 서로 다른 기본가정을 가지고 있어서 생긴다. 예컨대, 한 배우자는 '만일 당신이 나에게 관심이 있다면 나에게 물어보지 않고도 내가 무엇을 원하는지 알 것이다.'라고 가정하고, 다른 배우자는 '당신이 무엇을 원하면 나한테 말해 줘야 내가 알 수 있다.'라고 가정할 수 있다.

- 술이나 마약을 남용한다든지 폭식한다든지, 완벽주의와 같은 극단적인 행동은 자주 기본가정에서 비롯된다. '만일 술을 마시면 좀 더 사교적이 될 것이다.' '만일 힘든 날을 보냈다면 많은 양의 디저트를 먹을 자격이 있다.' 혹은 '만일 어떤 일을 완벽하게 하지 않으면 할 만한 가치가 없다.'라는 기본가정에서 나올 수 있다.

기본가정은 자동적 사고와 마찬가지로 검증해 볼 수 있다. 그렇지만 사고기록지는 어떤 특정 상황에서 우리가 가지는 생각을 검증하도록 만들어져 있고, 기본가정은 여러 상황에 적용되기 때문에 기본가정을 검토하는 데 자동적 사고 기록지를 사용하지는 않는다. 기본가정을 검증하는 이상적인 방법은 일련의 행동실험을 하는 것이다. 행동실험은 '만일...... 그렇다면......' 규칙이 일어날 일을 정확하게 예측하는지 여부를 살펴보는 적극적인 테스트다. 많은 종류의 행동실험이 있다. '만일...... 그렇다면......'에서 '만일......' 부분에 해당하는 행동을 하고 '그렇다면......' 부분이 일어나는지 살펴볼 수도 있고, 새로운 행동을 해 보고 어떤 일이 일어나는지를 관찰해 볼 수도 있다. 또는 다른 사람들도 우리와 같은 가정을 가지고 있는지 조사해 볼 수도 있다. 이 장에서는 어떻게 기본가정을 찾아내서 행동실험으로 테스트해 볼 수 있는지 다룰 것이다.

두려움 자체 외에는 두려워할 것이 없다: 린다의 실험

당신이 기억하듯이 린다의 심장박동이 빨리 뛰면 심장마비가 일어나고 있다고 생각해서 공황에 빠지곤 했다. 그녀는 9장에 제시된 사고기록지(그림 9-4, 140쪽)를 다 기록해 보고 거기에 적은 여러 가지 증거에 기초해 새로운 사고를 생각해 냈다. 즉, 심장이 뛰고 땀이 나는 것은 심장마비가 오는 신호가 아니고 불안하다는 증거다. 린다가 경험한 바에 의하면 이 새로운 생각이 맞는 것 같았지만, 아직도 이 새로운 생각을 완전히 믿지는 못하였다. 새로운 관점을 보다 확고하게 받아들이기 위해 증거들을 좀 더 모으기 시작했다. 린다는 '심장이 뛰고 땀이 난다고 해도 위험에 처한 것은 아니다. 이러한 신체 변화는 운동할 때 일어날 수도 있고, 불안에 의해서도 일어날 수 있다. 또 다른 여러 가지 요인에 의해서도 일어날 수 있다. 이러한 신체 변화가 일어난다고 해서 반드시 심장마비가 일어나는 것은 아니다.'라는 생각을 직접 검증해 보기로 결심했다.

많은 증거가 새로운 사고를 지지해 줌에도 아직 새로운 사고를 믿지 못한다면, 그것은 우리의 뜨거운 사고가 기본가정에서부터 나올 가능성이 많다. 린다의 경우 치료를 받기 시작하기 전에 '만일 심장박동이 빨리 뛰고 땀을 흘린다면, 심장발작이 일어나고 있다는 것을 말한다.'라는 기본가정을 가지고 있었다. 그녀와 치료자는 대안적인 기본가정을 '만일 심장박동이 빨리 뛰고 땀을 흘린다면 심장이 건강하다는 증거이고, 심장박동이 빨리 뛰는 것은 위험하지 않다.'로 정했다.

심장이 뛰고 땀이 나는 것이 위험하지 않다는 기본가정을 지지하는 증거는 많았다. 공황발작으로 병원 응급실에 갔을 때 의사는 그녀의 심장을 진찰해 보고 심장이 건강하며 심장마비가 일어나고 있는 것이 아니라고 말했다. 린다는 치료자와 함께 심장이 일종의 근육이며 운동을 할 때 근육이 더 튼튼해진다는 것에 대해 논의했다. 린다는 운동을 할 때 심장박동이 빨리 뛰고 땀이 나지만 위험하다고 생각하지 않았다. 그렇지만 운동을 하지 않을 때 심장이 빨리 뛰고 땀이 나면 심장마비가 일어나는 신호라고 믿고 있었다.

그녀의 새로운 가정인 '비록 심장이 빨리 뛴다고 해도 내가 위험하다는 것을 뜻하지는 않는다.'를 검증하기 위해 린다와 치료자는 일련의 행동실험을 고안하였다. 처음에는 상담실에 있는 동안 심장이 빨리 뛰고 땀이 나게 하는 다양한 실험을 해 보았다. 숨을 가쁘게 쉬면서 최근에 일어났던 공황발작을 기억하자 수분 내에 그녀가 무서워하는 모든 증상이 나타났다. 이런 실험을 여러 번 반복한 다음 이 경험에 대해 치료자와 같이 이야기해 보았다. 이 행동실험 기록을 자세히 살펴보면서 린다는 심장박동이 7~8분 동안 매우 빨리 뛰었지만 잠시 후에 다시 정상으로 돌아왔고, 땀도 더 이상 나지 않고 놀라지 않았다는 사실에 주목해 보았다. 이런 사실은 그녀의 새로운 가정인 빠른 심장박동이 위험하지 않다는 것에 대한 신뢰감을 높여 주었으나, 아직 상담실 밖에서 그녀가 어떻게 느낄지는 자신이 없었다.

다음 일련의 실험에서 린다와 치료자는 상담실 밖에서 이런 증상을 고의로 일으켜 보기로 했다. 매일 몇 분 동안 숨을 가쁘게 쉬어 심장이 뛰고 땀이 날 때 심장발작이 일어나지 않는다는 생각을 얼마나 신뢰하는지 체크해 보았다. 린다는 '지금은 괜찮아! 하지만 내가 더 오래 숨을 가쁘게 쉰다면 심장마비가 일어날지도 몰라!'라고 생각하고 이 생각을 검증하기 위해서 숨을 더 오래 가쁘게 쉬어 보았다. (린다는 빨리 숨을 쉬는 이 실험을 하기 전에 의사를 찾아갔고, 의사는 린다의 심장에 아무런 문제가 없고 그녀는 안전하지 않다고 생각했지만 숨을 가쁘게 빨리 쉬는 것이 의학적으로 안전하다는 것을 확인했다).

테스트한 가정	신장이 뛰고 땀이 난다고 해서 내가 위험에 처해 있는 것은 아니다. 이러한 신체 변화는 운동이나 불안, 그 밖의 다른 요인에 의해서도 얼마든지 일어날 수 있다.				
실험	예측	생길 수 있는 문제	문제를 극복하기 위한 전략	실험결과	이 실험을 통해 내 가정에 대해 배운 점
상담실에서 치료자와 같이 있을 때 숨을 가쁘게 쉬어 신장박동이 빨라졌다.	빨리 숨 쉬는 것을 멈출 때 신장박동은 정상으로 돌아올 것이다.	신장마비가 일어날 것 같이 느껴져 실험을 중단할 수 있다.	치료자에게 신장마비가 올 것 같다고 이야기하면, 치료자는 어떻게 할지 도와줄 것이다.	숨을 가쁘게 쉬기 시작하자 신장박동은 곧바로 빨라졌다. 그러나 빨리 숨 쉬는 것을 그치자 대략 10분 안에 신장박동은 정상으로 돌아왔다.	내 신장은 빨리 뛸 수 있으며, 그렇다고 위험하거나 신장마비를 일으키지는 않는다. 내가 생각했던 것처럼 빠른 신장박동을 두려워할 필요는 없다.
나는 마음속으로 비행기를 타고 이륙하는 것을 상상해 보았다.	상상을 시작하면 신장박동이 빨라지고 땀을 흘릴 것이다. 상상을 멈추면 신장박동이 정상으로 돌아오고 땀이 나지 않을 것이다.	신장이 너무 빨리 뛰면 실험을 중단하고 신장마비가 일어난다고 생각해서 공황발작이 생길 것이다.	신장마비가 일어날 것처럼 생각되면 1~2분 안에 상상을 멈추고, 숨 쉬기를 깊이 하여 마음을 가라앉힐 수 있을 것이다. 그런 다음 상상을 다시 시작해서 계속할 것이다.	더 깊이 상상에 빠져들어가자 신장박동이 빨라지고 땀이 나기 시작하였다. 상상하기를 끝내자 신장박동이 정상으로 돌아오고 땀이 더 이상 나지 않았다.	빠른 신장박동은 어떤 일을 생각하거나 두려운 느낌에 의해서도 생길 수 있다. 두려운 일을 상상하는 것을 그치면 신장박동과 땀이 원래의 정상 수준으로 돌아온다. 따라서 위험한 일이 아니고 단지 불편하고 불쾌한 일일 따름이다.
실험결과와 맞는 대안적 가정	만일 신장박동이 빨라지고 땀을 흘린다면, 위험한 일이 일어나는 것이 아니고, 대신 빨리 숨을 쉬거나 불안하거나 다른 원인에서 일어날 가능성이 높다.				

[그림 11-1] 린다의 기본가정을 테스트해 보기 위한 실험 작업기록지

그다음 치료자는 린다가 비행기를 타고 날아가는 것을 상상해 보도록 했으며, 심장박동이 빨라지고 땀이 날 때까지 상상을 계속하도록 했다. 이 실험들은 린다로 하여금 상상해서 불안한 것만으로도 심장박동이 빨라지고 땀이 날 수 있다는 것을 믿게 해 주었다. 이 상상의 비행에서 린다는 신체 증상들이 심장마비의 신호가 아니라는 것을 점점 더 확신하게 되었다. 마침내 그녀는 두려워하던 비행 날짜를 정했다.

처음으로 비행기를 타러 공항에 가는 길에 린다는 이제까지 여러 번 행동실험을 해왔으니까 불안하지 않기를 바랐다. 그러나 집을 떠나는 순간부터 그녀의 심장은 무섭게 고동쳤다. 린다는 숨을 가쁘게 쉬거나 불안해서 심장이 몹시 두근거리던 때를 전부 회상해 보았다. 심장마비가 일어날 것처럼 생각되었지만, 한 번도 심장마비가 일어나지 않았다는 사실을 환기시켰다. 공항에 가는 도중 이 증상이 불안 증상이고 심장마비가 아니라는 사실을 검증하기 위하여 린다는 자기 몸에 관심을 집중하기보다는 회사에 제출할 보고서를 쓰는 데 관심을 집중하였다. 보고서를 쓰기 시작해서 10분 정도 시간이 지나자 심장박동이 점차 느려지는 것을 알 수 있었다. 관심을 분산시키는 것이 불안을 감소시킬 수는 있지만 심장마비를 멈출 수 없다는 것을 알기 때문에, 린다는 좀 더 편안하게 숨을 쉬기 시작하였다. 그녀는 불안할 따름이지 죽어 가고 있는 것은 아니었다.

다음 몇 달에 걸쳐 비행기를 여러 번 타면서 린다는 비행기 타는 것이 훨씬 쉬워졌다. 물론 때때로 불안을 느낄 때도 있었다. 특히 비행기가 요동칠 때는 더욱 불안했다. 그렇지만 불안할 따름이지 심장마비가 일어나는 게 아니라는 점을 좀 더 확실히 믿게 되었다. [그림 11-1]에는 린다가 실험을 어떻게 계획하고 수행해 나갔는지가 자세히 나와 있다.

불안 증상이 줄어든 후, 린다는 그녀의 증상이 위험한 것이 아니고 단지 불편한 것이라는 사실을 더 확인하기 위해 행동실험을 계속하였다. 그녀는 때때로 심장이 뛰어도 10분 이상 그대로 놔두었고, 뛰는 심장이 위험하지 않다는 것을 환기시켰다. 그녀는 항공사로부터 장거리 비행으로 보너스 티켓을 받았을 때 드디어 자신이 불안을 완전히 정복했다는 것을 알게 되었다. 또 그 티켓으로 휴가여행을 가는 비행기 예약을 하게 되어 무척 기뻤다.

린다의 경험은 우리에게 행동실험을 어떻게 계획하는지에 대한 훌륭한 지침을 알려준다.

행동실험을 계획할 때 도움이 되는 지침

1. 당신이 테스트하는 가정을 적어 보라

이 장의 다음 부분에서는 테스트할 가정을 고르는 요령을 알려 줄 것이다. [그림 11-1]과 같이, 린다는 그녀가 테스트하는 가정을 다음과 같이 적어 보았다. "만일 내 심장박동이 빨리 뛰고 땀이 나더라도 그것은 위험하지 않다. 아마도 숨을 빨리 쉬거나 불안하거나 다른 요인에 의해 일어났을 것이다."

2. 구체적인 예측을 해 보라

당신이 계획하는 실험들을 통해 가정이 맞는지 평가해 볼 수 있는 새로운 정보를 얻도록 실험을 고안하라. 이 방법은 당신이 이전에 가지고 있는 가정이 맞는지 아니면 새로운 가정이 맞는지에 대한 더 구체적인 예측을 하도록 실험을 계획하는 것이다.

3. 실험을 몇 개의 작은 단계로 나누어 보라

작은 단계의 실험들은 훨씬 수행하기가 쉽고, 작은 단계에서 배운 것은 좀 더 큰 단계의 실험을 하는 데 도움을 줄 수 있다. 린다는 상담실에서 숨을 빨리 쉬어 여러 신체 증상을 일으키는 실험을 시작하였다. 그다음 치료자 없이 집에서 혼자 숨을 빨리 쉬었다. 마지막으로 불안 때문에 신체 증상들이 생기는 실험을 처음에는 상상 속에서 그다음에는 실제로 해 보았다. 숨을 빨리 쉬는 많은 실험(처음 작은 단계)을 반복한 것이 불안으로 심장이 뛰는 것(더 큰 단계)에 대처하는 데 도움이 되었다.

4. 수많은 실험을 해 보라

우리가 새로운 관점을 보다 확고히 믿기 위해서는 수많은 실험을 할 필요가 있다. 린다는 불안하지 않을 때는 신체 증상들이 위험하지 않다는 것을 믿었다. 그러나 수없이 많은 실험과 실제 비행을 거친 후에야 마음이 안정되어 있을 때뿐 아니라 불안할 때에도 새로운 관점을 믿게 되었다. 여러 종류의 실험을 해 봄으로써 불안을 좀 더 잘 다루게 되었고, 불안이 예상되는 상황을 더 이상 피하지 않게 되었다.

5. 문제를 해결하라, 중간에 그만두지 말라

우리가 기대한 대로 실험결과가 나오지 않을 때 실험을 중지하기보다는 문제를 새롭게 해결해야 한다. 실험을 하기 전에 어떤 문제에 부딪힐지 미리 예상해 보는 것이 좋다. 그러면 문제가 생길 때 어떻게 다룰지 미리 계획할 수 있다. [그림 11-1](170쪽)을 보면 린다는 '생길 수 있는 문제' 칸과 '문제를 극복할 수 있는 전략' 칸에 이것들을 적어 보았다. 린다는 처음 비행기를 탈 때 자신도 놀랄 만큼 불안 수준이 높았기 때문에, 다음 비행기를 타기 전에는 대처하는 방법을 조금 바꾸어 보았다. 첫째, 공항에 가기 전에 커피 대신 우유를 마셨다. 둘째, 이전보다 30분 일찍 떠나서 서둘러 가지 않도록 했고, 불안을 가라앉힐 시간을 더 많이 가졌다. 대처하는 방법을 이렇게 두 가지로 바꾸자 심장박동이 빨라지는 두 가지 자연적인 원인(카페인, 서둘러 뛰어감)이 줄어들 수 있었다. 그녀는 집을 떠나기 전 몇 분간 긴장이완법을 사용했고, 이것이 공항 가기 전에 그녀의 심장박동을 감소시켜 주었다. 그리고 심장박동이 더 내려가자 불안에 대처하기가 더 쉬워졌다. 심장박동을 빨리 뛰게 하는 일은 그녀의 가정을 테스트하는 실험을 하기 위해 중요했지만, 불안을 일으키는 상황에 접근할 때 너무 서두르지 않고 실험에 집중해 볼 시간을 가지는 것이 도움이 되었다.

6. 실험과 그 결과를 적어 보라

실험과 그 결과를 실제로 적어 보는 것은 도움이 된다. 실험결과를 적어 보면 실험에서 더 확실히 배울 수 있다. 린다는 실험을 해 보기까지는 비행이 무사히 끝나면 운이 좋은 것이라고 생각했다. 반면, 공황발작이 일어날 때는 스스로를 정신적으로 문제가 있는 사람이라고 생각했다. 그러나 그녀가 실험결과를 자세히 적어 보자 좋은 경험과 나쁜 경험 모두에서 배울 수 있다는 것을 깨닫게 되었다.

린다가 이렇게 계속 노력하자 첫 번째 비행에 성공적으로 대처할 수 있게 되었다. 그녀에게 성공은 불안이 없어지는 것이 아니고 그녀가 불안할 때 어떻게 대처할지를 알게 되는 것을 의미했다. 그녀는 심장박동이 빨라지는 것이 불안 때문이지 심장마비 때문이 아니라는 가정을 강화할 수 있게 되어 성공적이라고 생각했다.

기본가정 찾기

기본가정이 비록 '표면 아래에' 놓여 있지만, 그것을 어떻게 찾는지 알게 되면 쉽게 찾아볼 수 있다. 기본가정이 우리의 행동과 정서반응을 이끌어 내기 때문에 우리가 어떤 행동을 변화시키고 싶으나 쉽지 않을 때, 어떤 것을 계속 회피할 때, 어떤 감정을 강하게 느낄 때 기본가정이 작용하고 있다는 것을 알 수 있다.

이런 상황에서 당신의 가정을 찾아내기 위해서는 당신의 반응(회피나 강한 감정)을 이끌어 내는 행동이나 상황을 '만일……'로 시작해서 '그렇다면……'으로 끝나는 문장으로 만들어 보는 것이 도움이 된다. 그 반대의 문장, 즉 '만일 내가 ……하지 않으면, 그렇다면……' 문장을 써 보는 것도 도움이 된다.

난 운동을 시작할 수 없다: 리타의 사례

리타는 운동을 해서 살을 빼고 싶지만 좋은 의도에도 불구하고 운동을 시작할 수 없는 이유를 찾아낼 수 없었다. 그녀는 기본가정을 다음과 같이 찾아보았다.

> 만일 살을 빼기 위해서 운동을 한다면, 그렇다면……

리타가 이 문장을 보았을 때 마음에 문장의 다음 부분이 다음과 같이 빠르게 떠올랐다.

> 만일 내가 살을 빼기 위해서 운동을 한다면, 그렇다면 나는 금방 다시 살이 찔 텐데 그러면 무슨 소용이 있담?

그녀는 '만일 내가 ……하지 않으면, 그렇다면……'의 문장을 다음과 같이 적어 보았다.

> 만일 내가 살을 빼기 위해 운동을 하지 않는다면, 그렇다면 아침에 일찍 일어날

평온가 없을 것이다.

이 두 가지 가정을 찾아낸 후 리타는 그녀가 왜 운동을 시작하지 않는지 이해할 수 있게 되었다.

난 완벽해야 한다: 데릭의 사례

데릭은 완벽주의자다. 직장에서 한 가지 프로젝트를 하는 데 몇 시간을 보내지만 '더 잘할 수 있어.'라고 생각하기 때문에 보고서를 제출하지 못한다. 그의 기본가정은 무엇일까? 그는 다음과 같이 적어 보았다.

> 만일 완벽하지 않은 프로젝트 보고서를 제출한다면, 그렇다면……

몇 초 동안 생각한 후 다음과 같이 문장을 완성하였다.

> 만일 완벽하지 않은 프로젝트 보고서를 제출한다면, 그렇다면 나는 비판을 받게 될 것이고 상사는 나를 승진시키지 않을 것이다.

난 너무 창피하다: 켈리의 사례

켈리는 취직도 못했고, 35세인데 아직도 미혼이었기 때문에 그녀의 개인적인 삶이 어떤지 사람들이 알기를 원하지 않았다. 그녀 자신은 이런 사실을 받아들였기 때문에 다른 사람들이 아는 것을 왜 그렇게 창피하게 생각하는지 어리둥절했다. 이것을 알아보기 위해서 그녀는 다음과 같이 가정을 찾아보았다.

> 만일 다른 사람들이 내가 취직도 하지 못하고 미혼인지 알게 된다면, 그렇다면 그들은 내가 실패자라고 생각하고 나에 대해 뒷담화를 하고 인터넷에 나쁜 말들을 남길 것이다.
>
> 만일 내가 다른 사람들에게 취직도 하지 못하고 미혼인 것을 말하지 않는다면,

그렇다면 나는 불안하지 않고 더 잘 지낼 것이다.

당신은 사람들의 행동이나 정서적인 반응을 보는 것만으로는 그들의 기본가정을 알 수 없다. 예컨대, 데릭은 비판을 두려워하기 때문에 완벽주의자로 살아간다. 그렇지만 어떤 완벽주의자는 다른 사람들보다 일을 더 잘하는 것에 즐거움을 느끼고 칭찬을 바라기 때문에 그렇게 하기도 한다. 당신만이 당신의 기본가정이 무엇인지 알 수 있다.

연습과제: 기본가정 찾아보기

작업기록지 11.1을 통해 당신의 기본가정을 찾아보자.

작업기록지 11.1 : 기본가정 찾아보기

문항 1과 문항 2에는 그렇게 하지 않는 것이 더 나음에도 당신이 계속 하는 어떤 행동을 찾아보라 (예: 늦게까지 텔레비전을 보면서 늦게 자는 것, 술을 너무 많이 마시는 것, 폭식하는 것, 다른 사람을 비판하는 것, 나쁜 사람과 사귀는 것, 집을 언제나 깨끗이 치우는 것). 문장의 '만일......' 부분에 각각의 행동을 적어 보고 '그렇다면......' 부분을 채워 보라. '만일 내가 ......하지 않는다면'도 같은 방식으로 해 보라.

1. 만약 내가 ______________________________,
   그렇다면 ______________________________.
   만약 내가 ______________________________하지 않는다면,
   그렇다면 ______________________________.

2. 만약 내가 ______________________________,
   그렇다면 ______________________________.
   만약 내가 ______________________________하지 않는다면,
   그렇다면 ______________________________.

문항 3과 문항 4에는 당신이 흔히 회피하는 일들을 찾아보고 회피를 설명할 수 있는 기본가정을 찾아보라.

3. 만약 내가 ______________________________,
   그렇다면 ______________________________.
   만약 내가 ____________________. 하는 것을 회피하지 않는다면,
   그렇다면 ______________________________.

4. 만약 내가 ______________________________,
   그렇다면 ______________________________.
   만약 내가 ____________________. 하는 것을 회피하지 않는다면,
   그렇다면 ______________________________.

문항 5와 문항 6에는 특별히 어떤 감정을 강하게 느끼는 때가 언제인지를 살펴보라(예: 누가 당신을 비판할 때, 당신이 실수를 했을 때, 사람들이 늦게 왔을 때, 누가 당신을 방해했을 때, 누가 당신을 이용했을 때, 보험판매원의 전화를 받았을 때). 어떤 기본가정이 당신의 반응을 설명할 수 있을까? '만일......' 부분에 당신의 감정을 촉발하는 상황을 적고 나머지 문장을 채워 보라.

5. 만약 ______________________________,
   그렇다면 ________________________을 의미한다.
   만약 ________________________이 일어나지 않는다면,
   그렇다면 ________________________을 의미한다.
6. 만약 ______________________________,
   그렇다면 ________________________을 의미한다.
   만약 ________________________이 일어나지 않는다면,
   그렇다면 ________________________을 의미한다.

이 연습을 해 보면서 적어도 몇 개의 기본가정을 발견했는가? 만일 그렇다면 기본

가정으로 인해 당신의 행동이나 감정을 더 잘 이해하게 되었는가? 기본가정은 자동적 사고와 마찬가지로 검증될 수 있고 변화될 수도 있다. 기본가정이 '만일…… 그렇다면……'의 예측으로 이루어지기 때문에 그것을 검증할 수 있는 가장 좋은 방법은 행동실험을 해 보는 것이다. 한 가지 행동실험은 '만일…' 부분을 실제로 해 보고 '그렇다면……' 부분이 언제나 뒤따라 오는지 살펴보는 것이다. 또 다른 종류의 실험은 다른 사람들을 관찰해 보고 당신이 '만일…… 그렇다면……' 규칙이 다른 사람에게도 적용되는지 관찰해 보는 것이다. 때로 기본가정과 반대되는 방식으로 행동해 보고 행동을 바꿨을 때 그 결과를 살펴보는 것도 도움이 된다. 이 세 가지 종류의 실험을 다음의 예에서 설명하고자 한다.

실험 1: "만일……" 다음에 언제나 "그렇다면……"이 따라오는가

마이크는 사회적 상황에서 불안을 많이 느낀다. 직장에서 상사가 불러 이야기하지 않기를 바라며 사람들과 눈 맞춤을 피한다. 파티나 모임에 가면 다른 사람들을 만나고 싶어 하면서도 사람들에게 멍청하게 보일까 봐 수줍어하고 구석에 있는다. 그는 다음과 같은 기본가정이 자기에게 있다는 것을 알게 되었다.

> 만일 내가 무슨 이야기를 한다면, 멍청하게 보이고 사람들이 날 비웃을 것이다.
> 만일 내가 처음 보는 사람을 만나 이야기하면, 그들은 내가 지루하다고 생각할 것이다.

마이크는 자기 말이 멍청하게 들리고 사람들이 비웃을 것이라는 그 가정을 테스트하기 위해 실험을 하기로 작정했다. [그림 11-2]에 나와 있는 것처럼 마이크는 같은 실험을 세 번 했다. 처음에는 비교적 쉬운 실험부터 시작하려고 했다. 그래서 상점에 물건을 사러 갔을 때 점원에게 주말을 어떻게 지낼 것인지 물어보는 계획을 세웠다. 시선을 피하지 않고 점원이 그를 비웃는지 혹은 부정적으로 평가하고 있는지 잘 살펴보고 증거를 수집하기 위해 점원을 똑바로 쳐다보고 이야기했다. 그는 적어도 두 사람의 점원이 그를 놀리거나 아니면 부정적인 이야기를 할 것으로 예상했다.

[그림 11-2]에 나와 있듯이 마이크가 긴장하고 있었음에도 어떤 점원도 그를 비웃거나 부정적인 이야기를 하지 않았다. 사실 두 사람이 그와 주말 이야기를 하는 것을 진정으로 즐기는 것처럼 보였다. 마이크는 이런 결과에 대해 기분 좋게 놀랐다. '내 말이 멍청하게 들리고 사람들이 날 놀릴 것이다.'와 같은 결과는 일어나지 않았던 것이다. 대신 그의 실험결과는 다른 가정을 지지해 주었다. '만일 내가 사람들에게 이야기한다면, 때로 사람들은 진정으로 관심을 가지는 것처럼 보이고 나를 비판하는 것처럼 보이지 않는다.' 이 결과에 기초해 그는 직장이나 다른 사회적 상황에서도 그의 새로운 가정이 맞는지 실험을 더 해 보기로 했다.

테스트한 가정		만일 내가 무슨 이야기를 한다면, 멍청하게 들리고 사람들이 날 놀리거나 부정적인 말을 할 것이다.			
실험	예측	생길 수 있는 문제	문제를 극복하기 위한 전략	실험결과	이 실험을 통해 내 가정에 대해 배운 점
세 명의 점원과 내 주말 계획에 대해 이야기하기	내 말이 멍청하게 들리고, 두 명은 나를 놀리거나 부정적인 말을 할 것이다.	초조하게 느껴 말하는 것을 회피할 것이다. 눈을 제대로 쳐다보지 못해 편안한 증거를 얻지 못할 것이다.	내 가정을 검증해 보는 것이 중요하다는 생각을 일깨우겠다. 초조한 것은 괜찮다. 몇 분만 지나가면 끝날 일이다. 치료자도 내가 초조하게 느끼는 것은 제대로 하고 있는 증거라고 말했다. 말하는 동안 점원을 잘 쳐다보아야 한다.	첫 번째 점원: 미소를 지으면서 자기 주말 계획에 대해 이야기했다. 두 번째 점원: 잘 듣고 있었으나 더 이상 말하지 않았다. 세 번째 점원: 나와 농담을 하였으며, 나를 놀리는 것 같지는 않았다. 나에게 친절하게 대했다.	비록 초조하기는 했지만 내 말이 멍청하게 들릴 것이라는 예측을 지지하는 일은 일어나지 않았다. 점원 중 누구도 나를 놀리거나 부정적인 말을 하지 않았다. 두 명은 나와 이야기하는 것을 즐기는 것처럼 보였다.
실험결과와 맞는 대안적인 가정		만일 내가 사람들에게 이야기한다면, 때로 사람들은 진정으로 관심을 가지는 것처럼 보이고, 나를 비판하는 것처럼 보이지 않는다.			

[그림 11-2] 마이크의 기본가정을 테스트해 보기 위한 실험 작업기록지

실험 2: 다른 사람을 관찰해 보고, '만일...... 그렇다면......' 규칙이 다른 사람에게도 적용되는지 살펴보기

클로디아는 미혼모로서 딸을 키우기 위해 음식점의 여 종업원으로 일하고 있다. 그녀는 자신과 딸에게 완벽주의 기준을 가지고 있다. 딸은 학교에서 가장 좋은 점수를 받아야 하고, 그녀는 집을 조금도 흠이 없이 늘 깨끗하게 치워야 하고, 두 사람 모두 언제나 말끔하게 잘 차려입어야 하고, 식당에서는 주문을 조금도 실수하지 않고 빨리 나르기 위해 쉴 새 없이 뛰어다녀야 했다. 언제나 최선을 다하려다 보니 늘 피곤하게 느꼈고, 딸과의 관계도 삐걱거렸다. 치료자와 이야기하면서, 그녀는 다음과 같은 가정이 있음을 발견했다.

만일 내가 하는 일이 완벽하지 않으면, 난 실패자다.
만일 어떤 일이 완벽하지 않으면, 그것은 가치가 없다.

치료자는 클로디아에게 이 가정이 맞는지 테스트해 보자고 했다. 즉, 완벽하지 않으면 언제나 실패하거나 가치가 없는지 살펴보자고 했다. 클로디아는 완벽하게 하지 않는 것을 상상할 수도 없었다. 치료자는 첫 번째 단계로 다른 사람들이 완벽하게 하지 않을 때 그녀의 가정대로 실패하는지 관찰해 보기로 했다. 그녀는 다른 사람들이 실수하는 것을 얼마든지 찾아볼 수 있었기 때문에 이 실험이 쉬울 것이라고 생각했다.

처음에 클로디아는 다른 여 종업원들이 실수하는 것을 보면 비판적인 시선으로 바라보았다. 그러나 기본가정 작업지에 실험결과를 적어 보면서 그녀의 예측이 맞지 않다는 것을 주목하게 되었다. 다른 여 종업원들은 실수를 해도 그들이 가치 없다고 느끼지 않는 것처럼 보였다. 사실 그들이 실수를 해도 손님들은 팁을 잘 주었다. 다시 말해, 그들이 완벽하지 않아도 손님들은 그들의 서비스가 가치 있다고 생각하는 것처럼 보였다. 여 종업원들 자신도 실수를 한 후 스스로를 실패자로 생각하지 않는 것처럼 보였다. [그림 11-3]에 나온 것처럼 어떤 경우에는 실수에 대해 웃어넘기기도 했다. 이것은 모든 사람이 클로디아와 같은 가정을 가지고 있지는 않다는 것을 암시했다. 클로디아는 아직 완전히 확신이 들지는 않았지만, 어떤 일이나 사람이 완벽하지 않더라도 가치 있음을 받아들이지 않을 수 없었다. 이 생각은 클로디아로 하여금 스스로 어떤 일을 완벽하게 하지 않는 실험을 해 볼 마음을 가지게 만들었다.

테스트한 가정		만일 어떤 일이 완벽하지 않으면, 그것은 가치가 없고, 그것을 한 사람은 실패자다.			
실험	예측	생길 수 있는 문제	문제를 극복하기 위한 전략	실험결과	이 실험을 통해 내 가정에 대해 배운 점
같은 음식점에서 일하는 다른 여 종업원이 실수하는 것을 관찰해 본다.	그들이 실수하면 그 일은 할 만한 가치가 없고 나는 실패자가 된다.	너무 바빠서 그들의 실수를 관찰하지 못한다.	쉬는 시간에 주문을 잘못 받았거나 실수한 일이 없었는지 물어본다.	한 명은 음식을 다른 테이블에 갖다 주는 바람에 손님이 지적했다. 여 종업원이 사과하고 다시 그가 주문한 음식을 갖다 주자 잘 이해하고 팁까지 주었다.	어떤 일이 완벽하게 되지 않더라도 여전히 가치가 있다(팁도 받음). 실수를 한다고 실패자가 되는 것은 아니다. 그 여 종업원은 자기 실수에 대해 웃어넘겼고, 손님도 신경 쓰지 않았다. 사람들이 완벽해야 한다는 내 기준을 똑같이 가지고 있지는 않다.
실험결과와 맞는 대안적인 가정		어떤 일이 완벽하지 않더라도 여전히 가치가 있을 수 있다. 만일 내가 실수를 한다고 해도 내가 실패자라는 것을 뜻하지는 않는다.			

[그림 11-3] 클로디아의 기본가정을 테스트해 보기 위한 실험

실험 3: 반대의 행동을 해 보고 어떤 일이 일어나는지 관찰하기

가브리엘라는 자기 아이들에 대해 끊임없이 걱정했다. 맏딸 안젤리나가 십 대 친구

들과 놀러 나가면 그녀가 집에 돌아올 때까지 집에서 걱정하고 앉아 있었다. 그녀가 자동차 사고를 당하지는 않을까, 유괴당하지는 않을까, 잘못된 선택을 하지 않을까, 낯선 사람에게 말을 걸지는 않을까, 폭력범죄의 피해자가 되지는 않을까 상상하였다. 이렇게 끊임없이 걱정하면서 밤에도 잠을 잘 자지 못하고 낮에도 고통스러운 날들을 보냈다.

그녀가 걱정을 '만일...... 그렇다면......'의 문장 속에 넣어 보았을 때 다음과 같은 가정이 있다는 것을 알게 되었다.

> 만일 내가 걱정한다면, 나쁜 일을 미리 예상하고 우리 아이들을 보호할 수 있다.
> 만일 내가 걱정하지 않는다면, 우리 아이들은 더 취약하고 피해를 입기 쉬울 것이다.
> 만일 내가 걱정하지 않는다면, 나는 좋은 엄마가 아니다.

가브리엘라의 가정에 의하면 걱정은 좋은 일처럼 보이지만 그녀는 언제나 불안했다. 그녀는 자기처럼 긴장과 고통의 비싼 대가를 치르지 않고도 아이들을 보호하고 좋은 엄마가 될 수 있을지 생각해 보았다. 예컨대, 언니는 그녀처럼 걱정하지 않고도 좋은 엄마인 것처럼 보였다. 그녀가 언니에게 이 문제에 대해 이야기하자, 언니는 "난 걱정을 너무 많이 하지 않으려고 해. 과거에 내가 걱정하던 일들이 실제로는 일어나지 않았어. 오히려 나쁜 일들은 내가 한 번도 걱정하지 않은 일들이었지! 그렇지만 그 일들이 일어났을 때 나름 잘 대처할 수 있었기 때문에 난 나쁜 일이 생기면 그때그때 대처하려고 생각하고 있어."

언니와 이런 이야기를 나눈 다음, 가브리엘라는 걱정과 반대되는 행동을 해 보고 걱정이 아이들을 보호하고 좋은 엄마 노릇을 하는 데 필요한 일인지 살펴보기로 했다. 그녀는 걱정의 반대되는 행동으로 긴장을 풀고 편안하게 해 주는 무엇인가를 하기로 했다. 더 좋은 방법은 아마도 자기가 즐기는 어떤 일이나 의미 있는 일을 하는 것이라고 생각했다. 다음 주말에 딸이 외출했을 때, 그녀는 자신을 덜 걱정할 수 있게 만드는 재미있는 어떤 일을 하기로 했다. 그녀는 아이들에게 그날 저녁을 '게임 나이트'로 정하자고 말하고, 이웃들도 같이 게임을 하자고 초대했다. 가브리엘라는 파티 분위기를 만들기 위해 음악도 틀고 간식도 준비했다.

이 실험에서 최대한의 이득을 얻기 위해 기본가정 테스트 작업기록지를 기록하였

테스트한 가정	만일 내가 걱정하지 않는다면, 나쁜 일이 안젤리나에게 생길 것이다. 만일 내가 걱정하지 않는다면, 나는 좋은 엄마가 아니다.				
실험	예측	생길 수 있는 문제	문제를 극복하기 위한 전략	실험결과	이 실험을 통해 내 가정에 대해 배운 점
안젤리나가 친구들과 같이 외출할 때 걱정하는 대신, 아이들과 이웃들을 불러 게임을 하면서 즐긴다.	내가 걱정하고 있지 않으면, 안젤리나에게 나쁜 일이 일어날 것이다. 나쁜 일이 일어나든 일어나지 않든 걱정하지 않는 것에 대해 나쁜 엄마처럼 느낄 것 같다.	게임 파티에 있으면서도 안젤리나를 걱정하기 시작할 수 있다.	걱정하기 시작하면 다시 게임에 집중하려고 노력한다. 어린아이들에게 관심을 기울이면서 재미있게 게임을 하다 보면 다시 게임 파티를 즐길 수 있을 것이다.	평소보다 훨씬 덜 걱정했다. 끔찍한 이미지가 떠올랐을 때라도 다시 게임에 집중할 수 있었다. 안젤리나가 집에 돌아왔을 때 즐거운 시간을 보냈다고 했으며, 나쁜 일이 일어나지 않았다.	내가 걱정하지 않는다고 아이들이 더 취약한 상황에 놓이지 않는다. 좋은 엄마가 되기 위해 계속 걱정하고 있을 필요는 없다. 설사 나쁜 일이 일어난다고 해도 내가 하는 걱정이 딸을 보호해 주지는 않는다. 안젤리나에게 내가 필요했을 때 나는 집에 있었다. 안젤리나에게 좋은 선택을 하고 안전하게 지내라는 것을 가르쳤다. 그러므로 안젤리나가 나가 있을 때 긴장을 풀고 있어도 된다.
실험결과와 맞는 대안적인 가정	나쁜 엄마처럼 느껴지지 않았다. 오히려 나 자신이 자랑스러웠다. 나는 좋은 부모가 되기 위해 끊임없이 걱정할 필요가 없다. 만일 내가 아이들에게 선택을 잘하고 안전한 행동을 하도록 가르쳐 왔다면, 그것으로도 좋은 부모 역할을 한 것이다.				

[그림 11-4] 가브리엘라의 기본가정을 테스트해 보기 위한 실험 작업기록지

다. [그림 11-4]에서 보듯이 그녀의 예측은 '내가 걱정하지 않으면, 안젤리나에게 나쁜 일이 일어날 것이다. 나쁜 일이 일어나든 일어나지 않든 걱정하지 않는 것에 대해 나쁜 엄마처럼 느낄 것 같다.'였다. 가브리엘라는 걱정을 멈추지 못하는 문제가 생길 가능성을 미리 인식하고 이것을 작업기록지에 적었다. 이와 함께 걱정되는 생각이 계속 날 때 게임에 더 집중하고 어린 자녀들과 게임을 하면서 그들이 재미를 느끼게 하는 데 더 관심을 가지기로 대처계획을 잡았다.

가브리엘라는 걱정을 덜하고 게임 나이트를 즐겼다. 그녀의 예측과는 반대로, 그녀가 덜 걱정한다고 안젤리나에게 나쁜 일이 일어나지는 않았다. 나쁜 엄마처럼 느끼는 대신, 그녀는 저녁 내내 마음 졸이지 않고 게임을 하면서 즐겁게 지낸 것에 대해 스스로 자랑스럽게 여겼다. 그녀는 아이들이 나가 있는 동안 매 순간 걱정하는 것이 좋은 부모가 되기 위한 필수사항이 아님을 깨달았다. 사실 가브리엘라는 그날 저녁 어린 자녀들과 즐거운 시간을 보냈고, 자녀들이 필요할 때 있어 주었다는 점 때문에 자신이 좋은 부모라고 생각하게 되었다. 그녀는 아이들에게 부모 없이 혼자 있을 때 어떻게 책임 있는 행동을 할지에 대해 오랫동안 가르쳐 왔다는 사실을 인식하게 되었다. 그녀는 새로운 가정을 형성하기 시작하였다. 즉 '나는 좋은 부모가 되기 위해 끊임없이 걱정할 필요가 없다. 만일 내가 아이들에게 선택을 잘 하고 안전한 행동을 하도록 가르쳐 왔다면, 그것으로도 좋은 부모 역할을 한 것이다.'

연습과제: 당신의 기본가정을 테스트하는 실험해 보기

이 장의 앞에서 당신의 행동을 이끄는 일련의 가정을 찾아보았다(183쪽). 이 가정들 중 테스트할 가정을 하나 정하라. 당신의 가정을 테스트하기 위해 어떤 종류의 실험을 할지 생각해 보라.

1. '그렇다면......'이 언제나 '만일......'에 따라오는가?
2. 다른 사람들을 관찰해 보고, '만일...... 그렇다면......'의 규칙이 적용되는지 살펴보라.
3. 반대의 행동을 해 보고 그 결과를 관찰해 보라.

혹은 당신의 가정을 테스트해 보기 위해 다른 종류의 실험을 생각해 봐도 좋다. 예컨대, 다른 사람들을 관찰하는 대신 친한 친구에게 당신의 '만일...... 그렇다면......' 규칙을 따르는지 진지하게 물어봐도 좋다.

실험을 하는 데 중요한 것은 여러 다양한 상황에서 당신의 기본가정에서 예측한 대로 결과가 일어나는지 관찰해 보거나 검증해 보는 것이다. 공정한 테스트를 하기 위해서는 결론을 내리기 전 적어도 세 개의 실험을 해 보는 것이 가장 좋다. 그러므로 매일 해 볼 수 있는 조그만 쉬운 실험을 생각해 내는 것이 도움이 된다.

작업기록지 11.2에 테스트하려는 기본가정을 적어 보라. 부록에 작업기록지가 두 개 더 있다. 첫 번째 칸에는 당신이 계획하는 실험을 적어 보라. 만일 같은 실험을 세 번 해 본다면 작업기록지에 각각 적고, 만일 다른 실험을 한다면 각각의 내용을 적으면 된다. 다음 칸들에는 당신의 기본가정에 기초해 어떤 일이 일어날지에 대한 예측과, 실험을 방해할 수 있는 발생 가능한 문제 및 그것을 극복하기 위한 대처방안을 적어 보라.

당신이 일단 처음 네 개의 칸을 적었다면 실험을 하고 그다음 어떤 일이 발생했는지 될 수 있는 대로 자세히 적어 보라. 그런 다음 당신의 예측과 비교해 보라. '실험결과' 칸에는 다음의 질문에 대한 답을 적으면 된다.

- 어떤 일이 일어났나(당신의 예측과 비교해서)?
- 결과가 당신이 예측한 것과 맞는가?
- 예상하지 못한 일이 일어났는가?
- 당신이 원한 대로 일이 진행되지 않았다면 당신은 그것을 얼마나 잘 다루었는가?

각 실험을 해 본 후 마지막 칸에는 당신이 실험을 통해 배운 것을 적어 보라.

9장에서는 증거를 수집한 후 당신이 원래 가졌던 뜨거운 생각에 대한 대안적인 생각을 구성해 내는 것을 배웠다. 비슷한 방식으로 실험을 한 후에 대안적인 가정이 당신의 원래 가정보다 경험에 더 잘 맞는지 살펴볼 수 있다. 예컨대, 마이크는 점원에게 이야기해 보는 실험을 한 후에 그의 대안적인 가정을 다음과 같이 적었다. "만일 내가 사람들에게 이야기한다면, 때로 사람들은 진정으로 관심을 가지는 것처럼 보이고 나를 비판하는 것처럼 보이지 않는다." 클로디아는 실험에서 다른 여 종업원을 관찰해 본 후 "어떤 일이 완벽하지 않더라도 여전히 가치가 있을 수 있다. 만일 내가 실수를 한다

작업기록지 11.2: 당신의 기본가정을 테스트하는 실험해 보기

테스트한 가정					
실험	예측	생길 수 있는 문제	문제를 극복하기 위한 전략	실험결과	이 실험을 통해 내 기본가정에 대해 배운 점
				어떤 일이 일어났나(당신의 예측과 비교해서)? 결과가 당신이 예측한 것과 맞는가? 예상하지 못한 일이 일어났는가? 당신이 원한 대로 일이 진행되지 않았다면 당신은 그것을 얼마나 잘 다루었는가?	
실험결과와 맞는 대안적인 가정					

고 해도 그것이 내가 실패자라는 것을 뜻하지는 않는다."라고 결론 내렸다. 가브리엘라는 그녀의 실험에 기초해 '나는 좋은 부모가 되기 위해 끊임없이 걱정할 필요가 없다. 만일 내가 아이들에게 선택을 잘 하고 안전한 행동을 하도록 가르쳐 왔다면, 그것으로도 좋은 부모 역할을 한 것이다.'라는 대안적인 가정을 생각해 내었다.

일단 실험을 해 본 다음에는 결과가 당신의 가정을 지지하는지 그렇지 않은지 살펴보라. 작업기록지 11.2를 보고 당신이 예측한 대로 일이 일어나지 않았다면 실험결과에 잘 맞는 대안적인 가정을 생각해 보라. 작업기록지 11.2의 가장 아래에 이 대안적인 가정을 적어 볼 수 있다.

우리는 자주 가정이나 지역사회나 우리가 자라난 문화에서 기본가정을 배운다. 우리가 어떤 가정을 하고 있는지 충분히 자각하지 않은 채 모든 사람이 우리와 같은 규칙을 가지고 살지는 않는다는 사실을 깨닫고 놀라게 된다.

때때로 이전엔 우리에게 좋은 역할을 했던 가정이 더 이상 잘 맞지 않거나 긍정적인 변화를 이루는 데 방해가 될 수 있다. 좋은 소식은 기본가정이란 우리가 배워서 가지게 된 것이므로 새로 배울 수도 있다는 사실이다. 우리의 기본가정을 찾아내고 검증하는 과정은 새로운 가정, 즉 우리에게 의미 있는 변화를 가져다주고 더 큰 행복감을 주는 가정을 발견해 나가게 해 준다. 어떤 사람은 다양한 가정을 테스트하는 데 1~2개월 이상 걸리기도 한다. 당신의 인생에서 작용하는 가정들을 추가로 더 테스트해 보려면 언제든지 이 장으로 다시 돌아와서 해 보면 된다.

기분 체크하기

다음 장으로 넘어가기 전에 다시 한 번 당신의 기분을 측정해 보고 점수를 기록해 보라.

- 우울/불행감: 『기분 다스리기』 우울척도(작업기록지 13.1과 작업기록지 13.2)
- 불안/초조함: 『기분 다스리기』 불안척도(작업기록지 14.1과 작업기록지 14.2)
- 다른 기분/행복감: 내 기분 평가하기(작업기록지 15.1과 작업기록지 15.2)

11장 요약

▶ '만약...... 그렇다면......'의 기본가정은 자동적 사고보다 좀 더 깊은 수준에서 우리의 행동과 감정반응을 이끌어 내는 신념이다.

▶ 자동적 사고와 마찬가지로 기본가정도 찾아서 검증해 볼 수 있다.

▶ 기본가정을 찾기 위해서는 어떤 감정을 강하게 촉발하는 행동이나 상황을 '만일......'로 시작해서 '그렇다면......'으로 끝나는 문장으로 만들어 살펴볼 수 있다.

▶ 기본가정은 행동실험을 통해서 검증해 볼 수 있다.

▶ 다양한 종류의 실험이 있다. 기본가정의 '만일......' 부분을 행동하고, '그렇다면......' 부분이 어떻게 일어나는지 관찰하는 것이나, 다른 사람들에게도 이 규칙이 적용되는지 살펴보거나, 반대의 행동을 해 보고 그 결과 어떤 일이 일어나는지 관찰해 보는 것 등이 있다.

▶ 기존에 가지고 있던 기본가정을 테스트해 보고, 당신의 경험에 더 맞는 새로운 가정을 만들어 내기 위해서는 많은 실험을 해 보는 것이 필요하다.

▶ 새로운 가정을 만들어 내는 것은 의미 있는 변화를 이끌어 내고 더 큰 행복감을 가져다줄 것이다.

12장

핵심신념

자동적 사고는 뜰에 난 꽃이나 잡초와 비슷하다. 사고기록지(6~9장), 행동 플랜과 수용(10장)은 모두 뜰에 난 잡초를 땅에서 제거하여 꽃이 날 자리를 마련하는 데 쓰는 도구와도 같다. 이 도구들을 계속 사용하여 익숙해지면 당신이 살아가는 데 아주 유용하다. 이제 당신은 잡초가 뜰에 많이 날 때 어떻게 없애는지 알게 되었다. 대부분의 사람은 1장에서 10장까지 배운 기술을 가지고도 문제를 효과적으로 대처할 수 있다.

그렇지만 어떤 사람들에게는 이런 방법을 쓴 후에도 꽃보다는 잡초가 더 많이 나고, 잡초를 하나 없애면 잡초 두 개가 또다시 생겨난다. 11장에서는 기본가정을 찾아서 실험을 통해 테스트하는 법을 배웠다. 만일 당신의 가정이 정확하지 않다는 것을 발견해서 버렸다면 이것은 잡초를 뿌리째 제거한 것과 비슷하다. 새로운 가정을 심고 가꾸어서 뜰에 더 많은 꽃이 나도록 할 수도 있다. 당신이 새로운 가정을 정말로 믿기까지는 수주 혹은 수개월이 걸릴 수 있기 때문에 이 가정에 대한 믿음을 강화하기 위해 많은 시간을 보내는 것이 중요하다. 새로운 가정을 확실하게 믿는 데 수개월 이상 많은 실험을 하면서 시간을 들이는 것이 필요하다.

많은 사람이 앞으로 나올 기분에 대한 장들(13~15장)에서 배운 기술과 이 책의 이전 장들(1~11장)에 소개된 기술을 잘 통합해서 적용하면 기분에 큰 변화가 나타난다고 보고하였다. 이 기술들이 당신의 삶에 의미 있는 방식으로 영향을 끼치게 하려면 시간과 노력을 들여 반복적으로 연습을 해야 한다. 이와 같이 시간을 보내고 나면 대안적인 생각이나 가정들이 당신의 새로운 자동적 사고가 되고, 그 결과 당신의 삶의 여러 영역에서 긍정적인 변화가 나타나는 보상을 받을 것이다. 기분이 개선될 것이고, 사람들과의 관계도 좋아지고, 전반적인 웰빙도 나아질 것이다. 만일 이런 변화가 이미 나타나고 있다면 이 장에 제시된 내용을 해 보는 것은 당신의 선택이다. 만일 이 장 전체를 읽을 필요가 없다고 생각하더라도 감사하는 마음과 친절한 행동에 대한 부분(216~228쪽)을 읽는 것은 흥미 있을 것이다. 왜냐하면 이 부분은 당신의 긍정적인 기분을 더 강화시켜 줄 것이기 때문이다.

그렇지만 당신이 사고기록지(6~9장), 행동 플랜이나 수용(10장), 행동실험(11장)을 하고서도 여전히 기분과 씨름하고 있다면 이 장에서 배우게 될 '핵심신념'을 찾아서 작업하는 것이 그 해결책이 될 것이다.

다음 도식은 세 가지 수준의 사고, 즉 자동적 사고, 기본가정, 핵심신념 사이의 관계를 잘 보여 준다. 자동적 사고는 가장 접근하기 쉽고 발견하기도 쉽다. 자동적 사고는 땅 위에 솟아난 잡초나 꽃과 같다. 자동적 사고는 그 표면 밑에 있는 기본가정이나 핵심신념에 뿌리를 두고 있다. 도식에 화살표가 양방향으로 표시되어 있음을 주목해 보라. 이것은 각 부분이 다른 부분과 서로 연결되어 있음을 말해 준다. 그러므로 한 수준의 사고에 대해 작업한다면 다른 수준의 사고에도 영향을 미치게 된다. 이런 이유로 보통 더 간단한 수준의 사고, 즉 자동적 사고나 기본가정에 대해 먼저 작업한다. 많은 경우 처음 두 수준의 사고를 변화시키면 가장 근원적인 핵심신념에도 변화가 나타나 기분에 긍정적인 변화가 일어난다.

자동적 사고는 우리 마음속에 자동적으로 떠오르는 말이나 이미지다. 11장에서 배웠듯이 기본가정은 겉으로 드러나지 않는다. 기본가정은 대체로 강한 감정을 느끼게 하는 행동이나 상황을 '만일...... 그렇다면...... ' 문장을 만들어서 채워 보는 방법을 통해 유추해 볼 수 있다.

사고의 가장 깊은 수준에 핵심신념이 있다. 핵심신념은 우리 자신이나 다른 사람 혹은 주위 세계에 대한 절대적 진술을 말한다. 마리사의 핵심신념은 '나는 아무런 가치가 없다.' '나는 사랑받을 만하지 못하다.' '나는 부적절하다!'다. 다른 사람에 대해 마리사가 가지고 있는 핵심신념은 다음과 같다. '사람들은 위험하다.' '다른 사람은 내게 상처를 줄 것이다.' '사람들은 못된 마음을 가지고 있다!' 이 모든 신념은 '절대적'이다. 즉, 조건이 없다. 마리사는 다음과 같이 생각하지 않는다. '내가 실패하면 가치가 없다.' '나는 때때로 가치가 없다!' 마리사는 '나는 (절대적으로) 가치가 없다.'고 믿고 있다.

모든 사람은 부정적인 핵심신념과 긍정적인 핵심신념을 가지고 있다. 우리가 아주 강한 감정을 경험할 때나 아주 긍정적이거나 부정적인 일을 경험할 때 핵심신념이 활성화된다. 우리 기분이 좋을 때는 긍정적인 핵심신념('나는 똑똑하다.')이 활성화되고, 기분이 좋지 않을 때는 부정적인 핵심신념('나는 어리석다.')이 활성화된다. 일단 핵심신념이 활성화되면, 우리가 사물을 바라보는 시각에 영향을 주고 관련된 자동적 사고나 기본가정을 일으킨다. 예컨대, 우리가 기분이 좋을 때 실수를 하면 '실수를 했지만 난 똑똑하니까 실수를 만회할 수 있을 거야.'라고 생각하지만, 기분이 나쁠 때 실수를 하면 '실수한 걸 보면 내가 얼마나 어리석은지 알 수 있어.'라고 생각한다.

보통은 자동적 사고나 기본가정에 대해 더 먼저 작업하게 되는데, 이 수준의 사고에서 변화가 더 빨리 나타나고 기분도 더 빨리 좋아지기 때문이다. 그런데 자동적 사고나 기본가정에서 나타난 변화가 우리가 바라던 기분 변화를 일으키지 않을 때 이것은 긍정적 핵심신념이 부정적 핵심신념보다 약해 이 부분을 강화시킬 필요가 있다는 것을 말해 준다.

자동적 사고나 기본가정을 발견해서 검토했던 것과 마찬가지로 핵심신념을 발견하고 검토하는 방법도 배울 수 있다. 만일 당신의 부정적인 핵심신념이 더 많이 활성화되어 있다면 긍정적인 핵심신념을 찾아서 강화시킬 필요가 있다. 일단 긍정적 핵심신념이 더 활성화되면, 기분도 나아지고 삶도 더 보람차고 편안해질 것이다. 예컨대, 마리사가 자신을 형편없다고 보는 한(핵심신념), 그녀는 다른 사람들에게 마음을 열지 않을 것이다. 그녀는 사람들로부터 고립되고 자신을 보호하는 방식으로 행동할 것이다. 만일 마리사가 '나는 사람들이 좋아할 만하다.'라는 새로운 긍정적 핵심신념을 갖게 되면 훨씬 더 기꺼이 다른 사람들과 가까워질 것이다. 이러한 새 신념을 가지게 되면 마리사는 마음이 훨씬 더 편안해지고, 사람들과도 긍정적인 교류를 더 하게 될 것이다.

그렇다면 기본가정이나 핵심신념은 어디에서 오는 것일까? 어린 시절부터 가지고 있는 경우가 많다. 우리는 보통 우리 자신이나 세상에 대해 가족들이나 우리 주위 사람들로부터 배운다. 그들은 우리에게 '하늘은 푸르다. 이것은 강아지다. 너는 가치 있는 사람이 아니다.'와 같은 것을 가르친다. 그들이 가르쳐 주는 많은 것이 옳기 때문에('하늘은 푸르다.' '이것은 강아지다.') 우리는 그들이 말하는 모든 것을 믿는다. 때로 잘못된 메시지('너는 가치 있는 사람이 아니다.')까지도 믿는다.

어린아이는 인생에서 그들이 경험한 것에 기초해 결론에 도달한다. 어떤 아이들은 '너는 가치 있는 사람이 아니다.'라는 말을 직접 듣지 않더라도, 자기 형이 더 사랑받는 것을 보거나 남자아이가 여자아이보다 더 귀하게 여겨지는 것을 경험하거나 운동을 잘하는 아이가 책벌레보다 더 인기가 좋은 것을 보고 자라난다. 이런 것들을 관찰하면서 '나는 형보다, 남자아이보다, 혹은 운동을 잘하는 아이보다 더 못하다.'라고 생각하게 된다. 시간이 지나면서 '나는 형편없다.' '나는 어디가 좀 모자란다.' 혹은 '나는 실패자다.'라는 생각을 마음에 품게 된다.

모든 핵심신념이 우리 자신에 대한 것은 아니다. 경험에 근거해서 아이들은 '개는 문다.' '개는 상냥하다.'와 같은 핵심신념을 습득하게 되고, 그것이 그들의 행동을 이끈다(낯선 강아지를 멀리하는 것을 배우거나 가까이 하는 것을 배운다). 아이들은 우리 주위 사람들로부터 규칙을 배운다('남자아이는 울면 안 된다.' '난로는 뜨겁다.')

아이가 가지게 되는 원칙이나 신념이 언제나 옳은 것은 아니다(실제로, 다 큰 소년이나 남자들이 울기도 한다). 그러나 아이는 융통성 있게 생각하는 정신적 능력을 가지고 있지 못해 이런 원칙은 아이들에게 어떤 절대적인 특성을 가지게 된다. 세 살짜리 여자아이는 '다른 사람을 때리는 것은 나쁜 일이다!'와 같이 믿을 수 있다. 그래서 엄마가 음식이 목에 걸려 우는 남동생을 칠 때 엄마에게 화가 날 수도 있다. 아이가 좀 더 자라면, 도우려고 치는 것과 아프게 치는 것 사이의 차이를 이해할 수 있게 된다.

나이가 들어 감에 따라 우리는 인생의 많은 영역에 대해 보다 융통성 있는 원칙이나 신념을 갖게 된다. 꼬리를 흔드는 강아지에게는 다가가지만, 으르렁거리는 강아지는 피하는 법을 배우게 된다. 또한 우리는 같은 행동이 맥락에 따라 '나쁜' 행동과 '좋은' 행동으로 달라질 수 있다는 것도 배우게 된다. 그러나 아동기부터 가지게 된 신념 중에는 어른이 될 때까지 절대적으로 남아 있는 것이 있다.

절대적 신념은 외상적인 상황에서 생겨나거나 변하지 않는 초기 경험에 의해서 사실이라고 받아들여질 때 특히 고정되기 쉽다. 마리사는 어렸을 때 학대를 당한 후 자신이 나쁜 사람이고 다른 사람들은 위험하다고 결론지었다. 어린아이들은 발생한 모든 일이 자기 책임이라고 믿는 경향이 있다. 어떤 아동도 학대받아서는 안 되며 아동학대의 경우 어른에게 책임이 있지만, 학대받은 많은 아동은 자신이 나빠서 그런 일이 일어났다고 결론을 내린다. 불행하게도, 이런 신념은 다른 사람들로부터 다른 메시지를 받지 못할 때 성인기까지 지속된다. 마리사는 두 남편에게서 다 신체적인 학대를 당했기 때문에 이런 부정적인 핵심신념이 시간이 갈수록 더 강해졌다.

빅은 스포츠 스타이며 모든 과목에서 A학점을 받는 형 더그와 함께 자랐다. 빅이 학교 공부나 스포츠를 아무리 잘해도 한 번도 더그만큼 잘하지는 못했다. 자신의 성공에도 불구하고 빅은 그가 부족하다는 핵심신념을 가지고 성장하게 되었다. 이러한 신념은 빅에게는 사실인 것처럼 보였다. 왜냐하면 자신이 한 일이 가장 좋은 성적을 얻지 않으면(다시 말해서, 더그보다 잘하지 않으면) 그만한 가치가 없다고 생각했기 때문이다. 더구나 더그가 성취한 것을 보고 부모나 선생님 또는 코치가 늘 자랑스럽게 말하는 것을 들으며 자랐기 때문에 이러한 신념이 지지되었다.

핵심신념이 우리가 아주 어렸을 때 주위 세계를 이해하는 데 도움이 되었기 때문에 어른이 되어서도 그것이 경험을 이해하는 데 여전히 유용한 방법인지 검토하지 않는다. 어른이 되어서도 우리는 마치 이 신념들이 아직도 100% 사실인 것처럼 느끼고 생각하고 행동한다. 특히 우리가 가지고 있는 핵심신념 중 어떤 것은 어린아이일 때 잘 적용되고 도움도 되었기 때문에 이해할 만하다. 예컨대, 마리사와 같이 학대받으며 알코올중독 부모 밑에서 자라게 되면 다른 사람이 위험하다고 보고 늘 경계하는 자세를 가지는 것이 적응적일 수 있다. 그렇지만 마리사를 학대적인 관계에서 보호해 주었던 바로 이 핵심신념이 마리사에게 상처를 주지 않는 다른 사람들과 더 가깝고 신뢰할 수 있는 관계를 맺는 데는 방해가 되었다. '사람들은 위험하다.'는 고정관념 때문에 일상생활에서 일어나는 많은 행동을 부정적이고 공격적인 행동으로 오해하는 위험이 생기게 된 것이다.

마리사에게는 '많은 사람이 친절하다.'는 새로운 긍정적인 핵심신념을 가지게 되는 것이 도움이 될 것이다. 이런 긍정적인 핵심신념을 발달시킴으로써 그녀와 같이 지내는 사람에게 어떤 핵심신념이 더 맞는지 융통성 있게 적용할 수 있게 된다('사람들은 위험하다.' '사람들은 친절하다.'). 우리가 만일 긍정적이거나 부정적인 두 가지 종류의 핵심신념을 다 가지고 있다면 우리 삶에서 긍정적인 것부터 부정적인 것까지 아우르는 폭넓은 경험을 할 수 있다. 그렇지만 우리가 부정적인 핵심신념만 가지고 있다면 모든 인생경험을 부정적이거나 경직된 렌즈를 통해서 보게 되기 때문에 다소간 다 부정적으로 보게 된다.

핵심신념을 발견하는 길: 하향 화살표 기법

기본가정이나 핵심신념을 찾아내는 한 가지 방법은 이제까지 적어 놓은 사고기록지에서 반복적으로 나타나는 주제를 찾아보는 것이다. 7장에서 당신은 자동적 사고를 찾기 위해 "이 일이 나에게 의미하는 바가 무엇일까?"와 같이 어떤 일의 의미를 찾는 질문을 하는 것을 배웠다(82쪽의 힌트). 자동적 사고를 찾아낸 후 핵심신념을 찾기 위해서도 같은 질문을 해 볼 수 있다. 예컨대, 어떤 한 가지 자동적 사고에 대해 "만일 이것이 사실이라면, 나에 대해 무엇을 말해 주는가?"와 같이 질문해 볼 수 있다. 때로 '이것은 나에 대해 무엇을 말해 주는가?'의 질문을 계속 반복적으로 하다 보면 이전에 찾아낸 자동적 사고의 기저에 깔린 핵심신념을 발견하게 된다.

예컨대, 마리사가 '마르샤는 나를 좋아하는 것 같지 않다.'와 같은 자동적 사고를 하고 있어 우울하게 되면 하향 화살표 기법을 통해 다음과 같은 핵심신념을 발견할 수 있다.

마르샤는 나를 좋아하는 것 같지 않다.

(만일 이것이 사실이라면, 나에 대해 무엇을 말해 주는가?)

내가 사람들과 가까워질 때마다 사람들은 결국 나를 좋아하지 않게 된다.

(만일 이것이 사실이라면, 나에 대해 무엇을 말해 주는가?)

↓

나는 결코 사람들과 친해질 수 없다.

(만일 이것이 사실이라면, 나에 대해 무엇을 말해 주는가?)

나는 사람들이 좋아할 만하지 않다.

이와 같이 하향 화살표 기법을 사용할 때 제일 위에 있는 자동적 사고('마르샤는 나를 좋아하는 것 같지 않다.')는 특정한 상황에 관한 것이다. 마리사가 그녀의 우울과 관련된 핵심신념을 발견하게 되면('나는 사람들이 좋아할 만하지 않다.'), 그것은 모든 상황에 적용된다고 믿는 절대적 진술일 가능성이 높다.

이 예를 통해 나에 대한 핵심신념을 찾는 방법을 살펴보았다. 우리는 또한 다른 사람들과 주위 세계에 대한 기본가정과 핵심신념을 가지고 있다. 하향 화살표 기법에서 쓴 질문을 조금만 바꿔서 해 보면 다른 사람들이나 주위 세계에 관한 핵심신념을 발견할 수 있다. 예컨대, 다른 사람에 대한 핵심신념을 찾아볼 때 '이 상황이 다른 사람에 대해 무엇을 말해 주는가?'와 같은 질문을 스스로 해 봄으로써 하향 화살표 기법을 사용할 수 있다. 세상에 관한 기본가정이나 핵심신념을 찾아볼 때 '이 상황이 세상에 대해, 또 세상이 돌아가는 방식에 대해 무엇을 말해 주는가?'와 같은 질문을 스스로 해 보는 것이 도움이 된다. 다른 사람들이나 세상에 대한 핵심신념을 찾아볼 때 하향 화살표 기법을 사용한 예는 다음과 같다.

상황: 빅과 그의 동료들은 새로운 판매 할당량을 받았다.

자동적 사고: 나 말고 다른 모든 사람은 이 할당량을 채울 것이다.

하향 화살표:

(이것이 다른 사람들에 대해 무엇을 말해 주는가?)

사람들은 나보다 쉽게 일을 할 수 있다.

(이것이 사실이라면, 사람들에 대해 무엇을 말해 주는가?)

그들은 나보다 유능하다.

상황: 상사가 마리사를 평가 회의에 오라고 했다.

자동적 사고: 내가 또 실수를 했나 봐. 그가 나를 해고할 거야.

하향 화살표:

(이것이 세상에 대해, 또 세상이 어떻게 돌아가는지에 대해 무엇을 말해 주는가?)

나쁜 일은 언제나 나에게 생긴다.

(만일 이것이 사실이라면, 세상에 대해, 세상이 돌아가는 방식에 대해 무엇을 말해 주는가?)

세상은 험하고 벌 주는 곳이다.

(만일 이것이 사실이라면, 세상에 대해, 세상이 돌아가는 방식에 대해 무엇을 말해 주는가?)

세상은 나에게 등을 돌리고 있다.

때때로 나에 대한 핵심신념을 통해 당신의 삶 속에 반복해서 일어나는 문제들을 충분히 다 이해할 수는 없다. 나에 대한 핵심신념은 흔히 그림 전체의 일부분일 수 있다. 다른 사람들이나 세상에 대해 가지고 있는 핵심신념을 이해함으로써 어떤 상황이 왜 그렇게 고통스러운지 이해할 수 있게 된다. 예컨대, 빅이 다른 사람들도 자기 몫의 판매량을 다 채우지 못할 것이라고 생각했다면 자신이 판매량을 다 채우지 못할 것에 대해 그렇게 많이 걱정하지 않았을 것이다. 다른 사람들이 자기보다 더 유능하다고 생각했기 때문에 고통이 더 심해졌고, 스스로가 부적절하다는 그의 생각에 더해졌던 것이다.

마리사의 경우 '세상은 험하고 벌 주는 곳이다.'와 '세상은 나에게 등을 돌리고 있다.'라는 핵심신념이 그녀의 우울감과 무망감을 가중시켰다. 그녀는 아무리 노력해도 세상이 그녀를 실패하게 만들 것이라는 핵심신념을 가지고 있어 매일 노력하려 애쓰는 것이 정말 힘들었다. 사실 세상에 대해 그런 신념을 가지고 있었는데도 그녀가 계속 열심히 살았다는 것은 그녀의 용기를 말해 주는 것이기도 했다.

외상적인 경험을 한 사람들이 세상에 대해 부정적인 핵심신념을 가지게 되는 것은 이해할 만하다. 누구의 도움도 받지 못하고 혹독한 경제적인 어려움을 헤쳐 나가며 살았다든지, 예측할 수 없는 혼란스러운 환경에서 자랐다든지, 끊임없는 차별로 인해 상처를 받았다든지, 그 외에도 해롭거나 극도로 힘든 인생경험을 하며 자란 아동은 세상에 대해 이런 부정적인 핵심신념을 가지기 쉽다. 어떤 나이에 겪었나와 관계없이 강력한 부정적인 경험은 부정적인 신념을 갖게 만든다.

이와 비슷하게, 다른 사람들에 대한 부정적인 핵심신념은 다른 사람과의 외상적인 경험이나 끊임없는 부정적인 상호작용에서 생겨난다. 빅과 같이 형제가 뛰어난 성공을 하는 것을 보며 자란 경우에도 다른 사람들에 대해 고통스러운 핵심신념을 가지게 된다. 빅이 다른 사람들에 대해 가지고 있는 핵심신념('사람들은 유능하다.')이 자신에 대한 핵심신념('나는 좀 모자란다.')과 결합될 때 불안이 커지게 만들었다.

부정적인 핵심신념과 긍정적인 핵심신념을 다 가지는 것이 건강하다는 것을 유념할 필요가 있다. 부정적인 핵심신념은 그 자체가 문제라기보다 그것이 고정되고 융통성이 없을 때 문제가 된다. 예컨대, 어떤 사람이 당신을 이용해 부당한 이익을 취한다면 그 사람의 부정적인 의도를 알아차리는 것이 도움이 된다. 어떤 개는 물기도 한다는 것을 알고 있는 것은 도움이 된다.

다음에 나오는 작업기록지(12.1, 12.2, 12.3, 12.4)를 사용해서 당신이 가지고 있는 핵심신념을 발견하는 연습을 할 것이다. 당신이 이 책을 통해 개선하려고 하는 기분과 관련 있는 핵심신념을 찾아 보라. 만일 그런 핵심신념을 찾기 어렵다면 아마 당신이 선택한 상황이 그런 핵심신념을 잘 반영하지 않을 가능성이 있다.

연습과제: 핵심신념 찾아내기

당신이 최근에 강한 기분을 느꼈던 상황을 한번 생각해 보라. 그 상황이 마치 현재 일어나는 것처럼 생생하게 상상해 보라. 그 상황을 상상하고, 강한 기분이 다시 불러일으켜졌을 때 당신은 자신, 다른 사람 그리고 세상을 어떻게 바라보고 있는가?

작업기록지 12.1: 핵심신념 찾아내기

1. 나는 ______________________________

____

2. 다른 사람들은 ______________________________

____

3. 세상은 ______________________________

____

연습과제: 나에 대한 핵심신념 찾아내기

당신이 최근 강한 기분을 느꼈던 또 다른 상황을 한번 생각해 보고, 작업기록지 12.2를 해 보라. 이 연습과제를 하다 보면 제일 마지막에 당신에 대한 절대적 진술을 찾게 될 것이다. 어떤 경우에는 '이것이 사실이라면, 나에 대해 무엇을 말해 주는가?'라는 질문을 한두 번 해 보고 핵심신념을 찾을 수 있고, 어떤 경우에는 책에 나와 있는 것보다 더 많이 질문해 봐야 할 수도 있다.

작업기록지 12.2: 하향 화살표 기법: 나 자신에 대한 핵심신념을 찾아내기

상황(강한 기분을 느꼈던)

____

이것이 나에 대해 무엇을 말해 주는가?

____

↓

이것이 사실이라면, 나에 대해 무엇을 말해 주는가?

____

↓

이것이 사실이라면, 나에 대해 무엇을 말해 주는가?

___

↓

이것이 사실이라면, 나에 대해 무엇을 말해 주는가?

___

연습과제: 다른 사람에 대한 핵심신념을 찾아내기

작업기록지 12.2에 적었던 상황을 가지고 작업기록지 12.3을 해 보라. 혹은 두 사람 이상 있었던 상황에서 강한 기분을 느꼈던 최근 일을 하나 골라 해 보라. 다른 사람들에 대해 절대적 진술을 찾을 때까지 이 연습을 해 본다. '만일 이것이 사실이라면, 이것이 다른 사람들에 대해 무엇을 말해 주는가'와 같은 질문을 스스로에게 계속 해 보아야 한다. 이 질문을 한두 번 해 본 후 핵심신념에 도달할 수도 있고, 아니면 작업기록지에 나와 있는 것보다 더 여러 번 해 본 후에야 핵심신념을 발견할 수도 있다.

작업기록지 12.3: 하향 화살표 기법: 다른 사람에 대한 핵심신념을 찾아내기

상황(강한 기분을 느꼈던)

___

이것이 다른 사람들에 대해 무엇을 말해 주는가?

___

이것이 사실이라면, 다른 사람들에 대해 무엇을 말해 주는가?

___

이것이 사실이라면, 다른 사람들에 대해 무엇을 말해 주는가?

이것이 사실이라면, 다른 사람들에 대해 무엇을 말해 주는가?

연습과제: 세상(내 인생)에 대한 핵심신념을 찾아내기

작업기록지 12.2나 작업기록지 12.3, 혹은 강한 기분을 느꼈던 최근 상황을 하나 골라 작업기록지 12.4를 해 보라. 세상에 대해 절대적 진술을 찾을 때까지 연습을 계속해 본다. '이것이 사실이라면, 세상에 대해 무엇을 말해 주는가?'라는 질문을 스스로에게 계속 해 보아야 한다. 이 질문을 한두 번 해 본 후 핵심신념에 도달할 수도 있고, 아니면 작업기록지에 나와 있는 것보다 더 여러 번 해 보아야 할 수도 있다. 만일 이 질문이 당신에게 별 의미가 없다면 '이것이 사실이라면, 내 인생에 대해 무엇을 말해 주는가?'의 질문으로 바꾸어 해 봐도 좋다.

작업기록지 12.4: 하향 화살표 기법: 세상(내 인생)에 대한 핵심신념을 찾아내기

상황(강한 기분을 느꼈던)

이것이 세상(내 인생)에 대해 무엇을 말해 주는가?

이것이 사실이라면, 세상(내 인생)에 대해 무엇을 말해 주는가?

↓

이것이 사실이라면, 세상(내 인생)에 대해 무엇을 말해 주는가?

____

↓

이것이 사실이라면, 세상(내 인생)에 대해 무엇을 말해 주는가?

____

고통을 주는 핵심신념의 기원이 무엇이든 그것을 바꿀 수 있는데, 그 방법이 이 장의 다음 부분에 나와 있다. 마리사에게는 핵심신념을 바꾸는 것이 세상이 언제나 험하고 겁나며 벌주는 곳이 아니며, 때로는 세상 일이 그녀에게 유리하게 돌아갈 수도 있다는 것을 배우는 것이었다. 세상이 때론 자기에게 유리하게 돌아갈 수도 있다는 핵심신념을 갖게 되자, 마리사는 좀 더 꾸준히 자기를 지지해 줄 만한 사람을 찾아보았다. 그런 다음 힘든 문제가 있을 때 그들에게 도움을 얻어 대처하는 방법을 배웠다. 빅은 '최고'가 아니어도 자신이 괜찮은 사람이라고 느끼도록 핵심신념을 바꾸는 법을 배우게 되었다. 빅 역시 '최고'와 '완전한 실패' 사이의 중간이 있다는 것을 알게 됨으로써 도움을 받았다.

핵심신념 검증하기

아마 당신은 자동적 사고를 검증하기 위해 사고기록지를 해 보았던 것처럼 핵심신념도 그것을 지지하는 증거와 지지하지 않는 증거를 찾아서 검증해 보면 되겠다고 생각할지 모르겠다. 이 접근은 핵심신념을 검증하는 데는 그다지 유용하지 않다. 왜냐하면 핵심신념이란 렌즈를 통해 우리 경험을 보기 때문에 우리 핵심신념에 맞지 않는 경험을 찾아내기가 쉽지 않기 때문이다.

예컨대, 마리사는 자신이 사랑받을 만하지 않다고 믿었다. 그녀는 이 생각을 처음 검증할 때 직장 사람들이 점심을 같이 먹자고 하는 것이나, 직장에 출근할 때 그들이 따뜻하게 인사하는 것이나, 자녀들이 그녀를 사랑하는 것이나, 친구들이 그녀를 높게 평가하는 것을 반대되는 증거로 생각하지 않았다. 심지어는 그들이 직접 그녀를 사랑한다고 말해도 믿지 않았다. 이 예들은 마리사가 사랑받을 만하다는 것을 지지하는 중요한 증거다. 그러나 마리사는 '그들은 단지 나를 딱하게 여길 뿐이야.' 혹은 '그들은 아직 나를 잘 몰라.'와 같이 생각했기 때문에 이런 것을 증거로 생각하지 않았다. 이와 같이 핵심신념이 작동하고 있으면 우리는 그 신념에 맞게 우리의 경험을 왜곡해서 바라본다.

우리가 가지고 있는 부정적인 핵심신념을 검증하는 작업을 하는 대신 (1) 우리가 가지기를 바라는 새로운 핵심신념을 찾거나, (2) 새로운 핵심신념을 지지해 주거나 강화해 주는 증거는 찾는 것이 더 도움이 된다. 이런 작업은 우리 인생경험을 참신한 새로운 관점에서 보게 해 준다. 만일 이런 신념을 지지해 주는 증거를 많이 찾을 수 있다면 그것을 더 믿게 될 것이다. 다시 말해, 부정적인 핵심신념을 없애 버려야만 하는 것은 아니다. 새로운 핵심신념이 부정적인 신념만큼 강해지면 우리 생각이 더 융통성을 가지게 될 것이다. 우리의 경험을 언제나 부정적인 핵심신념이라는 렌즈를 통해 이해하기보다 주어진 상황에 맞는 핵심신념을 활성화시킬 수 있을 것이다.

새로운 핵심신념 찾기

부정적인 핵심신념('나는 사랑받을 만하지 않다.')을 검증하고 변화시키는 것에 대한 대안으로서 새로운 핵심신념('나는 사랑받을 만하다.')을 찾는 것의 이점은 두 가지 신념을 다 가지게 될 때 더 유연한 생각을 가지게 되고 더 큰 만족과 행복감을 느끼는 방향으로 경험을 이해하게 된다는 것이다. 한 가지 핵심신념만 활성화되면 대부분의 경험을 이 한 가지 핵심신념의 렌즈만을 통해 보게 된다. 우리가 두 개의 핵심신념을 가지게 되면 그때그때 경험에 더 맞는 신념을 골라 경험을 좀 더 융통성 있게 볼 수 있다. 예컨대, 회사 동료가 웃어 주면 이것을 사랑받지 못함이라는 핵심신념의 렌즈를 통해 거르지 않고 그 자체를 긍정적인 경험으로 받아들일 수 있게 된다. 즉, 사람들과의 긍정적인 교류를 있는 그대로 즐길 수 있다.

새로운 핵심신념을 통해 사물을 보는 시각이 더 융통성 있게 될 뿐 아니라 긍정적인 경험을 더 잘 기억할 수 있게 된다. 만일 우리가 긍정적인 핵심신념을 가지고 있지 않으면 마치 밑 빠진 독을 가지고 있는 것과 같다. 우리가 거기에 긍정적인 경험을 쏟아부어도 잠시 있다가 사라질 것이다. 새로운 핵심신념은 긍정적인 경험을 저장할 수 있는 그릇을 마련하는 것과도 같다. 일단 새로운 핵심신념을 가지게 되면 긍정적인 경험을 더 잘 포착하고, 저장하고, 기억할 수 있게 된다. 이를 통해 우리는 더 큰 행복감을 경험하고 붙잡게 된다.

예컨대, '나는 사랑받을 만하지 않다.'라는 부정적인 핵심신념이 언제나 활성화되어 있으면 무슨 일이 일어나든지 그렇게 이해하고 마음에 담는다. 사람들이 마리사를 좋아하는 것처럼 보여도 '나는 사랑받을 만하지 않다.'라는 핵심신념에 끼워 맞춰 이 경험을 왜곡해서 보게 된다('사람들이 단지 날 불쌍하게 생각하는 것이겠지.' 혹은 '그들이 날 잘 모르기 때문일 거야.'). 그녀는 자신의 부정적인 핵심신념의 렌즈를 통해 세상을 바라보기 때문에 모든 경험을 바로 '나는 사랑받을 만하지 않다.'라는 그릇에 맞추어 담는다. 만일 마리사가 '나는 사랑받을 만하다.'라는 새로운 핵심신념을 만들어 낼 수 있다면 경험을 이해하고 담는 데 사용할 수 있는 옵션을 더 가지게 된다. 시간이 지나면서 더 많은 경험이 '나는 사랑받을 만하다.'라는 그릇에 담기게 되면 마리사의 이 새로운 신념은 더 강해질 것이다.

때로 새로운 핵심신념이 원래 핵심신념의 반대가 될 수 있다. 예컨대, 마리사가 '나는 사랑받을 만하지 않다.'라는 핵심신념에서 '나는 사랑받을 만하다.'라는 새로운 핵심신념으로 바꾸는 것과 같다. 이 새로운 핵심신념을 가진다고 해서 모든 사람이 그녀를 사랑할 것으로 기대한다는 것은 아니다. 사람들이 그녀를 좋아하든 좋아하지 않든 그녀가 사랑받을 만하며, 많은 좋은 성품을 가지고 있다는 것을 뜻한다. 때로 새로운 핵심신념은 절대적인 진술에서 조건이 달린 진술로 바뀔 수도 있다. 예컨대, 마리사가 '사람들은 나에게 상처를 준다.'라는 신념에서 '어떤 사람들은 나에게 상처를 줘도, 대부분의 사람들은 나에게 친절하고 베풀어 준다.'라는 신념으로 바꾸는 것이 이런 경우다. 어떤 때는 새로운 핵심신념이 완전히 다른 각도에서 경험을 바라보게 만들어 줄 수도 있다. 예컨대, 빅은 그의 성공이나 가치가 '최고'여야 한다는 신념에서 그가 성취를 얼마나 잘하는가에 관계없이 수용받을 만하다고 신념을 바꾸었다.

때로 새로운 핵심신념은 수용의 관점을 포함한다. 예컨대, '사람들은 믿을 만하지 않다.'에서 '사람들이 믿을 만하지 않아도 괜찮다. 왜냐하면 나는 능력 있고, 그것을 잘 다룰 수 있기 때문이다.'로 핵심신념을 바꿀 수 있다. 이 경우, 당신 자신에 대한 긍정적인 핵심신념이 다른 사람에 대한 부정적인 핵심신념을 수용하도록 도운 것이다. 이런 예들에서 볼 수 있듯이 새로운 핵심신념이 반드시 반대되는 말로 바뀔 필요는 없다(예컨대, '사랑받을 만하지 않음'에서 '사랑받을 만함'으로). 마리사는 다른 사람들에 대한 그녀의 신념을 '상처 주는'에서 '친절하고 베푸는'이라는 새로운 단어로 바꿀 수 있다. 혹은 빅과 같이 자신에 대한 핵심신념을 '무가치한'에서 '수용할 만한'으로 바꿀 수도 있다.

연습과제: 새로운 핵심신념 찾기

작업기록지 12.5를 사용해서 새로운 핵심신념을 찾아 보라.

작업기록지 12.5: 새로운 핵심신념 찾기

당신이 작업기록지 12.1에서 작업기록지 12.4까지 해 보면서 찾아낸 부정적인 핵심신념을 검토해 보자. 당신은 이 핵심신념이 삶에서 자주 작동하고 있다는 사실을 깨달았는가? 아래에 그 부정적인 핵심신념을 적고, 새로운 핵심신념을 찾아보자. 새로운 핵심신념에 가장 잘 맞는 단어는 무엇일까?

부정적 핵심신념	새로운 핵심신념
______________________	______________________

당신이 일단 새로운 핵심신념을 찾아냈다면 그것을 지지해 주는 증거를 찾아보아야 한다. 과거에 가졌던 부정적인 핵심신념을 강하게 믿어 왔던 정도로 새로운 핵심신념을 믿기까지 시간이 좀 걸릴 것이다. 다음에서는 새로운 핵심신념을 강화하기 위해 어떤 경험에 주목해야 하고, 어떤 경험을 새로 해야 하는지 다룰 것이다.

새로운 핵심신념 강화하기

 **연습과제:** 새로운 핵심신념을 지지하는 증거를 기록하기

작업기록지 12.6의 맨 위에 작업기록지 12.5에서 찾은 새로운 핵심신념을 적어 보라. 다음 몇 주 동안 당신의 새로운 핵심신념을 지지해 주는 조그만 사건이나 경험을 다 주목하고 적어 보라. 다음 몇 달에 걸쳐 새로운 핵심신념을 지지해 주는 경험을 찾아 적는 연습을 계속해 보라.

당신이 찾는 증거는 아주 작은 것이라는 점을 늘 마음에 새겨야 한다. 예컨대, 마리사는 그녀가 사랑받을 만하다고 생각하는 증거로 사람들이 그녀에게 미소 짓는 것이나 그녀를 보고 반가워하는 것, 같이 시간을 보내자고 청하는 것, 사람들이 같이 시간을 보내자는 그녀의 초청을 받아들이는 것, 칭찬해 주는 것 등을 다 포함시켜 기록했다.

작업기록지 12.6: 핵심신념 기록지: 새로운 핵심신념을 지지해 주는 증거 기록하기

새로운 핵심신념: ______________________________

새로운 핵심신념을 지지해 주는 증거나 경험:

1. ____________________
2. ____________________
3. ____________________
4. ____________________
5. ____________________
6. ____________________
7. ____________________
8. ____________________
9. ____________________
10. ____________________
11. ____________________

12. ______________________________
13. ______________________________
14. ______________________________
15. ______________________________
16. ______________________________
17. ______________________________
18. ______________________________
19. ______________________________
20. ______________________________
21. ______________________________
22. ______________________________
23. ______________________________
24. ______________________________
25. ______________________________

힌트

조그만 일들을 주목하기 위해 다음과 같은 질문들을 스스로에게 해 보라.

- 오늘 새로운 핵심신념에 잘 맞는 일을 혼자 혹은 다른 사람들과 한 것이 있나?
- 다른 사람들이 새로운 핵심신념에 잘 맞는 행동을 조그만 혹은 두드러진 방식으로 나에게 했는가?
- 새로운 핵심신념에 잘 맞는 습관을 매일 행하는 것이 있나?
- 새로운 핵심신념에 잘 맞는 긍정적인 일이 일어났는가?

아무리 작은 일이라도 새로운 핵심신념에 잘 맞는 경험을 하게 되었다면 그것을 기록해 보라. '이 일은 정말 사소한 일 혹은 평소에 잘 일어나지 않는 일인데, 이것을 굳이 적어야 하나'라고 생각하더라도 적는 것이 좋다. 작은 일이라도 쌓일 수 있고, 또 이런 경험들을 무시하지 않는 것이 필요하다. 아마도 아주 사소한 일이라도 부정적인 일이라면 자각할 가능성이 높고, 따라서 긍정적인 일이라도 아주 사소한 일에 대해 자각하는 것이 중요하다.

당신의 신념이 어떻게 바뀌고 있는지 보기 위해 3장에서 나온 기분의 강도를 체크하는 척도 위에 핵심신념의 강도를 체크해 보는 것이 도움이 된다. 예컨대, 마리사가 처음 핵심신념을 검토하기 시작할 때 '나는 사랑받을 만하다.'라는 신념을 거의 사실로 믿지 않았기 때문에 이 핵심신념에 대한 척도점수는 다음과 같았다.

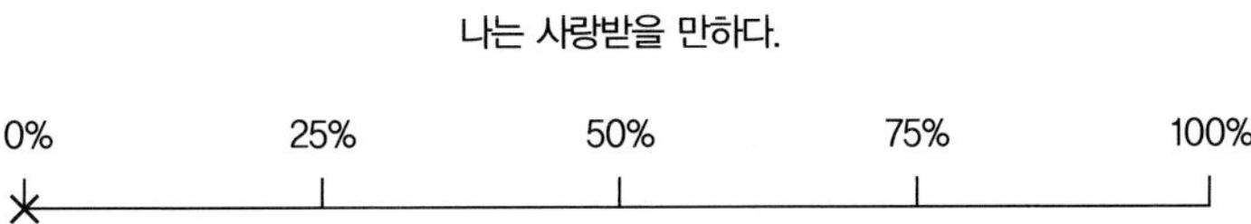

새로운 핵심신념에 대한 기록지(작업기록지 12.6)를 10주 기록하는 동안 마리사의 척도점수는 다음과 같이 변했다.

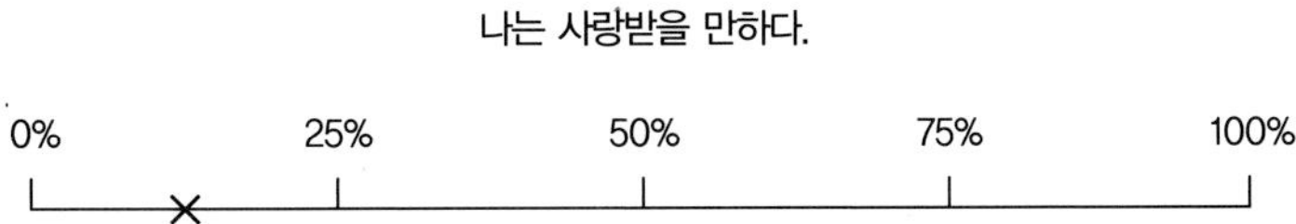

이 변화는 아주 작은 것처럼 보일지 모르지만 마리사에게는 매우 중요했다. 그녀의 인생에서 조금이라도 사랑받을 만하다고 느낀 것은 이번이 처음이었기 때문이다. '나는 사랑받을 만하다.'라는 신념을 조금이라도 신뢰하게 됨에 따라 그녀는 자신의 아이들이나 친구들로부터 사랑받는다는 느낌을 갖게 되었다. 그녀가 일 년 동안 이 사랑받을 만하다는 신념과 관련된 조그만 일이라도 계속 기록해 나가는 동안 그녀의 점수는 70%까지 올라갔다. 마리사의 새로운 핵심신념은 점점 강해졌고, 이에 따라 일상생활에서 언제나 있어 왔지만 무시하거나 왜곡했던 긍정적인 경험에 좀 더 많이 주목하게 되었다. 좀 더 긍정적인 경험에 주목하고 그것을 귀중하게 생각하게 되자, 마리사는 자신에 대해서나 사람들과의 관계에서 더 많은 기쁨과 행복감을 느끼게 되었다.

연습과제: 새로운 핵심신념에 대한 신뢰도 점수 평정하기

작업기록지 12.7의 첫 줄에 당신이 강화하기를 원하는, 작업기록지 12.6에 기록한 새 핵심신념을 적어 보라. 그다음 날짜를 적고, 이 핵심신념이 얼마나 사실인 것처럼 느껴지는지 해당하는 숫자 위에 X표시를 한다. 새로운 핵심신념을 전혀 믿을 수 없다면 숫자 0에, 완전히 신뢰한다면 100에 X표시를 하면 된다. 새 핵심신념에 대한 신뢰도가 어떻게 변화하는지 측정하기 위하여 3~4주마다 새 핵심신념에 대한 신뢰도 점수를 계속 매겨 보라.

작업기록지 12.7: 새로운 핵심신념에 대한 신뢰도 점수 평정하기

새 핵심신념: ______________________________

날짜:

0% 25% 50% 75% 100%

날짜:

0% 25% 50% 75% 100%

날짜:

0% 25% 50% 75% 100%

날짜:

0% 25% 50% 75% 100%

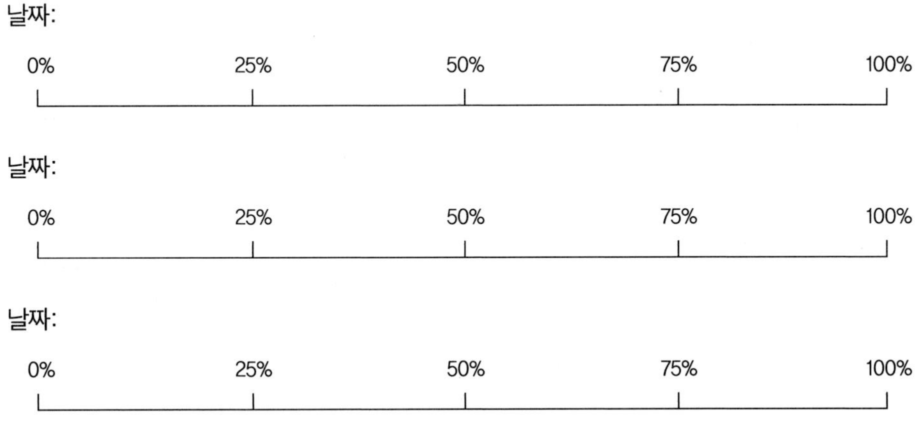

당신이 작업기록지 12.6과 작업기록지 12.7에 더 많은 경험을 기록하고 연습을 계속하면 새로운 핵심신념에 대한 신뢰도는 점점 높아질 것이다. 새로운 핵심신념에 대한 신뢰를 쌓는 데 여러 달이 걸리기 때문에, 핵심신념에 대한 신뢰도 점수가 매우 느리게 바뀌어 간다거나 혹은 오랫동안 한자리에 머물러 있다고 해도 실망하지 않는 것이 좋다. 더 많은 경험에 주목하고, 이 새 신념을 지지하는 쪽으로 기록이 쌓여 가면 새 핵심신념에 장점이 있다는 것을 점차 신뢰하게 될 것이다. 이렇게 새로운 핵심신념에 대해 신뢰감이 생기면 삶의 많은 영역에서 점점 더 기분이 좋아질 것이다. 시간이 지나면서 긍정적인 경험이 더 눈에 들어오게 될 것이며, 이에 따라 만족감과 행복감도 늘어날 것이다.

새로운 핵심신념을 100% 신뢰할 필요는 없다. 사실 사람들은 대부분 새로운 신념에 대한 신뢰도가 척도의 중간 부분쯤 올 때부터 기분이 훨씬 좋아지기 시작한다. 자신의 핵심신념을 작업기록지 12.7에 평가할 때, 부분적인 성공이나 점점 좋아지는 것에도 점수를 확실히 주도록 하라.

행동에 나타나는 긍정적인 변화를 척도로 평정하기: 빅의 사례

때로 우리의 새로운 핵심신념과 일치하는 방식으로 행동을 변화시킴으로써 핵심신념을 강화할 수 있다. 예컨대, 빅은 일을 얼마나 잘하는가에 관계없이 그가 수용받을 만하다고 믿고 싶었다. 그는 자신이 어떤 일을 '실패'하거나 완벽하게 하지 못할 때 특히 기분이 나빠진다는 것을 깨달았다. 직장에서나 집에서 일을 덜 완벽하게 하는 것에 대해 스스로 용납할 수 있어야 한다는 점은 이해가 되었지만, 아내 주디에게 분통을 터뜨릴 때 죄책감을 느끼지 말아야 할지에 대해서는 확신이 서지 않았다. 그는 이런 방식으로 행동하고 싶지 않았는데, 그의 분노 폭발이 결혼생활과 자존감을 갉아먹고 있었기 때문이다. 빅은 자신의 분노 행동을 긍정적으로 변화시킬 수 있으면 자신이 더 수용할 만하다고 생각할 수 있을 것 같았다. 더 중요한 점은 이러한 변화가 주디와의 관계를 개선시킬 수 있으리라고 확신했다. 빅은 화가 났을 때 자신의 행동을 변화시키는 것을 목표로 삼았다. 자신의 행동을 잘 통제하고 위협적인 말이나 행동을 하지 않기를 원했다. 주디와 의견이 다를 때라도 이를 차분하게 다룰 수 있기를 원했다. 구체적으로 말하자면, 의견이 달라도 주디의 말을 경청하고 그녀를 깎아내리지 않고 자신의 의견을 잘 말하는 것이었다. 빅은 자신이 완벽주의자라는 것을 알고 있어, 완벽주의를 완화시키기 위해 척도를 사용해 점수를 매겨 보기로 했다. 치료자는 빅에게 직장에서 느끼는 분노를 점수로 매기도록 가르쳐 주었고, 집에서는 분노통제 척도에 점수를 매기는 것을 가르쳐 주었다. 다음 척도는 주디와의 대화에서 그가 분노를 얼마나 잘 통제했는지를 점수로 매긴 것이다.

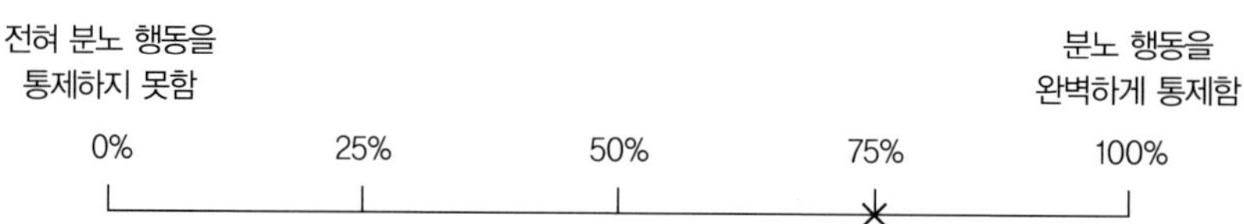

대화 중에 빅은 짜증을 냈고 여러 번 언성을 높였다. 테이블을 주먹으로 한 번 치기도 하였다. 그러나 주디를 비판하거나 집을 떠나거나 주디를 위협하는 행동은 하지 않았다. 그는 이야기하고자 하는 주제에 대해 계속 이야기했고, 화를 통제할 수 없을 때는 3분간 타임아웃을 하면서 열을 식혔다.

빅이 그의 경험에 점수를 매기는 것을 배우기 전에는 이런 일이 있을 때 완벽하게 통제하지 못했기 때문에 분노를 통제하는 면에서 실패했다고 판단했을 것이다. 이 경험을 '실패'라고 평가했다면 실망했을 것이고, 분노를 통제하는 것을 배우는 데 희망이 없다고 생각했을 것이다. 이 척도를 사용함으로써 빅의 관점은 바뀌었다. 그가 실패하지 않았다는 것을 알게 되었다. 즉, 그는 0% 성공했다고 보는 대신에 75% 성공했다고 보았다. 그는 매우 화가 났지만 분노를 터뜨리지 않았고, 주디에게 상처를 주지도 않았다. 그는 주디가 말하는 것을 들었고, 자신에게 중요하다고 생각한 것을 주디에게 말했다. 화가 쌓였을 때 폭발하지 않고 3분간 타임아웃을 한 다음 대화로 돌아올 수 있었다. 이런 이유로 빅과 주디는 그의 노력이 가치 있다고 생각하게 되었다. 빅은 이렇게 조금씩 통제력을 갖게 되자 자신이 앞으로 점점 나아간다는 것을 알게 되었고 기분 좋게 느꼈다.

당신의 경험을 점수로 매기는 것은 매우 도움이 된다. 어떤 변화를 시도하려고 할 때 그것이 완전하지 않으면 실패라고 생각하기 쉬운데, 이때 척도 위에 점수를 한번 매겨 보라. 부정적인 면만 보는 대신 조금이라도 긍정적인 측면에 초점을 맞춤으로써 어떤 차이가 나는지 직접 경험할 수 있을 것이다.

연습과제: 행동을 척도로 평정하기

작업기록지 12.8에 당신이 '전부'가 아니면 '아무것도 아님'과 같이 평가하기 쉬운 경험에 점수를 한번 매겨 보라. 각 척도마다 상황을 자세히 적고, 어떤 측면에 점수를 매기는지 기록하라. '전부'가 아니면 '아무것도 아님'이라는 말로 평가하는 대신, 조금이라도 점수를 줄 때 어떤 기분이 드는지 주목해 보라(더 많은 경험에 점수를 매겨 보도록 부록에 작업기록지가 첨부되어 있다). 이 척도들 위에 여러 경험을 점수로 매기고 난 후 작업기록지의 맨 아래에 배운 것을 요약해 보라. 예를 들면, 빅은 다음과 같이 썼다. "부분적인 성공이라도 가치 있다."

작업기록지 12.8: 행동을 척도로 평정하기

상황: ____________________ 점수 매기는 행동: ____________________

0% 25% 50% 75% 100%

상황: ____________________ 점수 매기는 행동: ____________________

0% 25% 50% 75% 100%

상황: ____________________ 점수 매기는 행동: ____________________

0% 25% 50% 75% 100%

상황: ____________________ 점수 매기는 행동: ____________________

0% 25% 50% 75% 100%

상황: ____________________ 점수 매기는 행동: ____________________

0% 25% 50% 75% 100%

상황: ____________________ 점수 매기는 행동: ____________________

0% 25% 50% 75% 100%

요약: ____

행동실험을 통해 핵심신념 강화하기

11장에서 당신의 가정을 검증하기 위해 행동실험을 하는 법을 배웠다. 행동실험은 새로운 핵심신념을 강화하는 데 도움을 줄 수 있다. 새로운 핵심신념에 대해 생각만 해서는 그 신념에 대한 자신감을 키우기 어렵다. 새로운 핵심신념과 관련 있는 새로운 행동을 해 봄으로써 자신감이 커진다. 예컨대, 빅은 화를 통제할 수 있는 행동을 실제로 해 봄으로써 그가 분노를 통제할 수 있다는 자신감이 생겨났다.

칼라는 자신이 수용받을 만하지 않고 중요하지 않은 사람이라고 스스로를 생각했다. 다른 사람들을 그녀보다 더 중요하다고 생각해 자신의 욕구보다 다른 사람의 욕구를 먼저 생각하고, 다른 사람이 원하는 일을 언제나 해 주었다. 그녀는 다른 사람들이 그녀에 대해 역정을 내면 기분이 안 좋아져서 될 수 있는 대로 갈등을 피했다. 그녀는 갈등이 있을 때면 언제나 그녀가 잘못했다고 생각했고, 기분이 엄청 나빠졌다. 이 장에 나와 있는 작업기록지를 하면서 새로운 핵심신념인 '내 욕구 역시 중요하다.' '사람들이 원하는 것이 다 다르기 때문에 인간관계에서 갈등은 피할 수 없다.' '내 욕구를 스스로 챙기면서 불편감을 잘 견딜 수 있다면 장기적으로는 더 기분이 좋아질 것이다.'를 강화하기를 원했다. 그래서 매일 다음과 같은 실험을 하나 이상 하기로 결심했다.

1. 내가 원하는 것이 무엇인지 주의를 기울이고 내 욕구를 챙긴다.
2. 다른 사람과 의견이 맞지 않을 때 내 의견이나 관점을 표현한다. 그때 느끼는 불편감을 감수하고, 단지 갈등을 피하기 위해 다른 사람과 타협하지 않는다.
3. 매일 나를 위해 중요한 어떤 일을 하는 시간을 가진다.

칼라는 그녀가 이제까지 가져왔던 핵심신념과 새로운 핵심신념에 기초해서 어떤 일이 생길지 예상해 보았다. 그녀의 이전 핵심신념에 의하면 이런 일을 하면 사람들이 그녀에게 기분 나빠하거나 비판적인 말을 해서 그녀의 기분이 더 나빠질 것으로 보았다. 그녀의 새로운 핵심신념에 의하면 이런 일을 하면 잠깐은 불편하더라도 장기적으로는 기분이 더 좋아질 것으로 보았다.

칼라는 자신의 행동이 변화했을 때 특히 친한 친구들과 가족들이 그녀에게 어떻게 반응할지 걱정이 되었다. 그래서 이 행동실험을 할 때 처음에는 낯선 사람들을 대상으로 해 보았다. 그녀는 가게 점원이나 처음 보는 사람들에게 이런 방식으로 행동했을 때 나타난 몇 가지 일로 놀라게 되었다. 우선 그녀의 예상과는 달리 그녀가 자기가 원하는 것을 명확하게 표현했을 때 사람들은 전혀 이상한 반응을 보이지 않았다. 어떤 사람들은 심지어 더 긍정적으로 반응하면서 "아, 당신이 원하는 게 무엇인지 알겠어요!"라고 말했다.

이런 반응에 용기를 얻어 칼라는 가족과 친구들에게 비슷한 실험을 해 보기 시작했다. 가족들과 친구들은 때로 긍정적이거나 중립적인 반응을 보였지만, 어떤 사람들은 그녀가 자신이 원하는 것을 주장하자 기분 나빠했다. 그녀가 계속 자기주장을 해 가면서 처음에는 조금 불편했지만, 차차 의견이 달라도 기분이 좋아진다는 것을 알고 놀랐다. 그녀는 가족들이 동의하건 말건 자신의 욕구를 표현해도 괜찮다는 것을 깨닫기 시작했다. 또한 가족들 중 자기와 의견이 같지 않은 사람이 있더라도 그녀는 수용받을 만하며, 자신의 욕구를 표현하는 것이 중요하다는 것을 알게 되었다.

이 실험들을 해 가면서 칼라는 가족 중 어떤 사람들은 그녀가 언제나 자기의 의견이나 취향에 맞춰 줄 것을 기대하고 있다는 것을 깨달았다. 그녀가 그렇게 하지 않자 그들은 부정적으로 반응했다. 그래서 그들과 진지하게 이야기해 보기로 했다. 그녀는 그들에게 앞으로 자신이 원하는 것을 좀 더 직접적으로 표현하고 싶다고 밝혔다. 시간이 좀 걸렸지만, 가족 내에서 그녀의 역할이 조금씩 변했다. 그녀가 좀 더 자주 자신의 의견을 명확하게 밝히자, 다른 사람들도 자신의 욕구뿐 아니라 그녀의 욕구나 의견을 반영할 수 있도록 타협해 가기 시작했다.

이 실험들을 해 가는 데 초기에는 특히 칼라가 어느 정도 불편감을 감수해야 했다. 그렇지만 불편감이 오래가지 않았고, 실험을 좀 더 많이 하자 점점 줄어든다는 것을 알게 되어 기분 좋게 놀랐다. 일단 실험들을 하면서 사람들이 그녀가 원하는 것에 좀 더 관심을 기울여 주고 맞춰 주는 것을 보게 되면서 새로운 신념에 대한 자신감이 늘었다. 사람들이 그녀의 요구에 반응해 주지 않을 때라도 사람들과 의견이 다르다는 것이 그녀가 중요하지 않다는 것을 의미하지 않는다는 점을 이해하게 되었다. 그녀는 아무리 서로 아끼는 사이라도 의견이 다를 수 있다는 것을 알게 되면서 갈등이 인간관계의 정상적인 한 부분이라는 것을 이해하게 되었다.

연습과제: 새로운 핵심신념을 강화하는 행동실험

이 시점에서 당신은 새로운 핵심신념을 강화하는 행동실험을 할 준비가 되어 있을 것이다. 다음과 같이 행동실험을 하기 위해 작업기록지 12.9를 사용하라.

1. 당신의 새로운 핵심신념과 관련 있는 두세 개 행동을 적어 보라. 이 행동들을 하려면 주저하게 되거나 신경이 좀 쓰일 수 있다. 이는 당신이 제대로 하고 있다는 신호다.
2. 당신의 이전 핵심신념과 새로운 핵심신념에 기초해서 어떤 일이 일어날지를 예상해 보라.
3. 가능하다면 낯선 사람(예: 가게 점원이나 길에서 만난 사람)과 이 행동들을 시도해 보라. 이들은 당신이 어떻게 행동할지에 대해 전혀 기대하는 바가 없기 때문에 도움이 된다.
4. 일단 낯선 사람과 여러 번에 걸쳐 실험을 해 본 다음 당신이 잘 아는 사람에게 이 행동을 해 보라. 만일 그렇게 하는 것이 적절하다면 가족이나 친구들에게 당신이 어떤 행동을 새로 시도하고 있는지, 그것이 왜 중요한지에 대해 말해 주어라.
5. 실험결과가 새로운 핵심신념이나 그에 따른 예상과 관련해서 어떻게 나왔는지, 어떤 것을 배웠는지에 대해 적어 보라(2번의 답 참조). 새로운 행동이나 그 결과가 당신의 새로운 핵심신념을 부분적으로라도 지지하는가?

작업기록지 12.9: 새로운 핵심신념을 강화하는 행동실험

강화하기 원하는 새로운 핵심신념: ______________________________

새로운 핵심신념에 잘 맞는 두세 가지 행동을 적어 보라. 이 행동들은 당신이 새로운 핵심신념에 대해 확신을 가지고 있다면 실제로 할 만한 행동들이다. 아마 지금은 하기를 꺼릴 수 있지만 당신이 이 행동들을 한다면 새로운 핵심신념을 강화할 수 있다.

이전 핵심신념과 새로운 핵심신념에 기초해서 어떤 결과가 일어날지 예상해 보라.

나의 이전 핵심신념에 의하면:

____

____

____

____

나의 새로운 핵심신념에 의하면:

____

____

____

____

낯선 사람에게 행동실험을 한 결과(누구에게 어떤 행동을 했고, 어떤 일이 일어났는지):

아는 사람에게 행동실험을 한 결과(누구에게 어떤 행동을 했고, 어떤 일이 일어났는지):

배운 점(결과가 당신의 새로운 핵심신념을 부분적이라도 지지하는가?):

앞으로 해 보고 싶은 실험:

감사하기

지금까지 이 장에서는 새로운 핵심신념을 찾아내고 강화시키는 작업을 해 왔다. 당신은 핵심신념이 긍정적인 것과 부정적인 것의 짝으로 되어 있음을 기억할 것이다. 만일 긍정적인 핵심신념과 부정적인 핵심신념을 모두 가지고 있으면 어떤 주어진 순간에 둘 중의 하나가 활성화된다. 당신은 아마 긍정적인 핵심신념과 긍정적인 기분이 부정적인 핵심신념과 부정적인 기분보다 더 활성화되게 하는 방법이 없는지 궁금할 것이다. 당신의 삶에 대해 감사하는 마음을 더 가지는 것이야말로 긍정적인 핵심신념과 기분을 강화시키는 한 방법이다.

최근에 나온 많은 연구는 감사하는 태도가 행복감을 더 느끼게 해 주고, 기분을 더 좋게 만들어 주고, 심지어 신체적인 웰빙도 개선해 준다는 것을 보여 주었다. 감사하는 마음이 모든 주요한 종교에서 핵심적인 역할을 한다는 것은 흥미로운 사실이다. 감사하는 마음은 다양한 문화에 걸쳐서 모든 시대에서 보편적인 인간 가치로 여겨져 왔다. '감사'란 우리 자신, 다른 사람, 세상의 특성이나 경험한 것에 대해 고마워하는 것을 말한다. 우리가 어떤 일에 대해 고마워할 일을 찾게 되면 긍정적인 핵심신념이 더 활성화되고 강화될 수 있다. 따라서 기분을 개선시킬 수 있는 한 방법은 정기적으로 고마워하는 마음을 가지는 것이다. 감사하는 마음은 긍정적인 경험을 깨닫고 누리게 만드는 첩경이다. 우리가 이 길을 따라가서 감사하는 마음가짐을 기르면 우리의 더 나은 본성이 나타나고 더 긍정적인 경험을 하게 된다.

우리가 고마워할 일에 초점을 맞추는 것은 부정적인 관점에서 긍정적인 관점으로 관점을 변환시켜 준다. 친구와 점심을 먹고 있는 루이자를 생각해 보라. 루이자의 음식은 그녀가 원하는 만큼 따뜻하지 않았고, 맛도 약간 실망스러웠다. 만일 그녀가 이런 부분에 초점을 맞추면 기분이 부정적인 쪽으로 변할 것이다. 그렇지만 루이자가 누군가가 그녀를 위해 점심을 차려 주었다는 사실에 고마워하면 대체로 음식이 무난하고 친구와 같이 점심을 먹으면서 대화를 한다는 것 자체를 더 즐기게 되고, 기분이 더 좋아질 것이다.

감사하는 마음을 가진다는 것은 부정적인 일을 무시하는 것만을 말하지는 않는다. 루이자는 식당 점원에게 그녀의 음식을 더 데워 달라고 요청할 수도 있다. 그렇지만 루이자는 그녀의 삶의 부정적인 측면을 감사함으로써 받아들이고 그녀가 가치 있게 생각하는 긍정적인 측면에 더 주목하는 것을 선택하였던 것이다.

다음에 있는 작업기록지는 당신으로 하여금 매일의 삶에서 감사하는 마음이 생겨나도록 도울 것이다. 어떤 사람들은 이 연습의 효과를 금방 경험할 것이고, 어떤 사람들은 이 작업기록지를 수 주 동안 사용한 후에야 효과가 있음을 주목하게 될 것이다. 만일 이 경험이 당신에게 도움이 된다면, 감사하기를 앞으로도 계속 실천하도록 결심해 보라.

연습과제: 감사일지 시작하기

다음 6주 동안에는 일주일에 5분간 시간을 내서 감사할 일에 대해 적어 보라. 팔에 힘이 있는 것을 느꼈다든지 햇빛이 따뜻한 것이라든지와 같이 작은 일에서부터 자녀의 사랑을 받았다든지 아니면 좋은 리더를 선출한 것과 같은 큰일에 이르기까지 다양하게 적을 수 있다. 작업기록지 12.10, 12.11, 12.12를 사용하라. 일주일에 한 번 기록을 하므로 달력이나 스마트폰에 그때그때 느꼈던 감사한 일을 적어 놓는 것도 도움이 될 것이다.
다음에는 루이자가 적은 것들을 예로 들어 놓았다.

난 안전한 동네에 살고 있다. 이웃 사람들이 날 알고 지나갈 때 손을 흔들어 주는 것에 대해 감사한다. 아이들이 노는 것을 보고 그들의 웃음소리를 듣는 것을 즐긴다(세상).

난 내 강아지와 산책하는 것을 즐긴다. 줄을 풀어 주고 같이 걸을 때 강아지가 얼마나 좋아하는지 모른다. 힘든 하루를 보내고 집에 돌아왔을 때 강아지가 반겨 줄 것을 기대하면 기분이 좋아진다. 소파에 앉으면 강아지가 내게 안기고, 나는 강아지를 쓰다듬어 주는 것을 즐긴다(다른 사람들).

나이 드신 이웃 어른을 도와주게 되었다. 그 집 마당에 있는 나뭇가지를 손질하고 계셨는데, 높은 나무에 손이 닿지 않을 때 도와드렸다. 난 다른 사람들을 도와주는 일을 가치 있게 생각해서, 보상을 기대하지 않고 친절한 일을 하고 나면 기분이 좋아진다. 내가 도와드려서 그분의 기분이 좋아진 것 같아 나도 행복했다(나 자신).

작업기록지에 있는 범주(세상, 다른 사람들, 나 자신)를 사용하는 것이 도움이 된다. 이렇게 세 영역의 감사할 일을 찾음으로써 이 장에서 우리가 작업하고 있는 세상과 다른 사람들 및 자기 자신에 대한 핵심신념과 관련 있는 일들을 생각해 보게 될 것이다.
감사할 일의 목록을 단지 길게 늘어 놓는 것보다 루이자가 한 것처럼 어떤 일에 대해 자세히 적어 보는 것이 도움이 된다. 매주 한 가지만 적더라도 자세하게 적도록 노력해 보라. 어떤 주에는 세 작업기록지에 모두 적지 않고, 한두 작업기록지에만 적을 수도 있다. 그래도 괜찮다. 이 세 작업기록지를 6주간 한다는 것을 잊지 말라. 6주간 기록해 본 다음 작업기록지 12.13에 나와 있는 질문에 답해 보라.

작업기록지 12.10: 세상과 내 삶에 대해 감사하기

세상과 내 삶에 대해 감사하게 생각하는 것:

1. ______________________________
2. ______________________________
3. ______________________________
4. ______________________________
5. ______________________________
6. ______________________________
7. ______________________________
8. ______________________________
9. ______________________________
10. ______________________________
11. ______________________________
12. ______________________________
13. ______________________________
14. ______________________________
15. ______________________________
16. ______________________________
17. ______________________________
18. ______________________________
19. ______________________________
20. ______________________________

작업기록지 12.11: 다른 사람에 대해 감사하기

다른 사람에 대해 감사하게 생각하는 것:

1. ______
2. ______
3. ______
4. ______
5. ______
6. ______
7. ______
8. ______
9. ______
10. ______
11. ______
12. ______
13. ______
14. ______
15. ______
16. ______
17. ______
18. ______
19. ______
20. ______

작업기록지 12.12: 나 자신에 대해 감사하기

나 자신에 대해 감사하게 생각하는 것:

1. __________
2. __________
3. __________
4. __________
5. __________
6. __________
7. __________
8. __________
9. __________
10. __________
11. __________
12. __________
13. __________
14. __________
15. __________
16. __________
17. __________
18. __________
19. __________
20. __________

작업기록지 12.13: 감사일지를 기록하면서 배운 것

1. 감사일지를 통해 내 인생이나 다른 사람들 혹은 나 자신에 대해 관점이 바뀐 부분이 있는가? 어떤 부분이 바뀌었는가?

2. 내 기분이 조금이라도 바뀌었는가?

3. 지난주에 더 쓴 것이 없더라도 일지를 살펴보는 것이 도움이 되는가?

4. 시간이 지나면서 감사해야 할 것들을 더 쉽게 찾을 수 있게 되었는가?

5. 감사일지를 계속 쓰는 것이 한 주 동안 감사할 일을 찾는 데 도움이 되었는가?

6. 감사하기 연습을 계속 하면서 감사하는 효과가 더 오래갔는가?

7. 감사일지를 쓰는 것이 내 새로운 핵심신념을 강화하는 데 도움이 되었는가? 어떻게?

8. 감사일지를 계속 쓰는 것이 도움이 될 것 같은가? 어떤 면에서, 왜?

만일 감사일지를 쓰는 것이 긍정적인 기분을 더 느끼게 해 주었다면, 6주 후에도 계속 감사일지를 써 보아도 좋을 것이다. 이렇게 일지를 써 보면 기분이 울적할 때 일지를 읽어 보면서 감사하였던 일들을 되돌아볼 수 있는 장점이 있다. 어떤 사람들은 일지를 쓰지 않고 감사할 일에 대해 생각만 하는 것을 더 선호하는데, 그런 경우 그렇게 해도 좋다.

다른 사람에게 감사를 표현하기

대부분의 사람은 감사일지를 쓰는 것이 상당히 도움이 된다고 한다. 우리 인생에서 감사할 일을 찾고 그것에 대해 감사하는 마음을 가지는 것은 중요한 걸음이 된다. 때로 다른 사람에게 감사한 마음을 표현하는 것은 더 가치가 있다. 다른 사람에게 감사한 마음을 표현하는 것은 몇 가지 이점이 있다. 첫째, 감사하는 마음에 더 초점을 맞추기 때문에 감사한 순간을 연장해 준다. 둘째, 우리가 감사한 일에 대해 이야기하면 그들도 감사한 일에 대해 말해 주어서 대화가 더 긍정적으로 흐르고, 기분도 좋아질 수 있다. 셋째, 다른 사람들이 내게 해 준 고마운 일이나 혹은 단지 그들의 존재 자체가 감사하다고 직접 말해 준다면 감사경험이 더 심화될 뿐 아니라 관계도 더 좋아진다. 다른 사람과 긍정적인 관계를 가지는 것은 행복에 이르는 첩경이다. 일반적으로 감사한 마음을 표현하는 것은 더 긍정적인 마음가짐을 가지게 해 준다.

연습과제: 다른 사람에게 감사한 마음 표현하기

당신이 다른 사람에게 감사한 마음을 표현할 수 있는 두 가지 종류의 일이 있다. 첫 번째는 작업기록지 12.10에 쓴 것처럼 세상에 대해 감사한 것을 말하는 것이다. 예컨대, "비바람 치는 곳도 많은데 우리 사는 곳은 이렇게 날씨가 화창하다는 것이 얼마나 좋아요!"라고 (처음 보는 사람에게라도) 말하는 것이다. 두 번째로는 작업기록지 12.11에 쓴 것처럼 당신에게 고마운 일을 해 준 사람에게 이메일을 쓴다는지 편지를 써서 직접 감사함을 표현하는 것이다. 이 사람이 당신의 인생에 어떤 긍정적인 영향을 미쳤는지 시간을 내서 잘 생각해 보라. 편지에 고마움을 자세하게 써 볼 수 있는데, 때로는 편지를 보내지 않기로 정할 수도 있다.

당신이 고마운 사람에게 직접 말하기로 작정했을 때 얼굴을 보고 말할 수도 있고, 전화 혹은 편지로 말할 수도 있다. 때로는 직접 방문해서 당신이 어떻게 느끼는지 말할 수도 있다.
당신이 누구에게 감사함을 표현했는지, 그 결과 어떤 일이 일어났는지 적어 보라. 다음은 루이자의 예다.

난 가게 점원이 내가 찾는 샴푸를 찾아 준 것에 대해 고마움을 표현했다.

어떤 일이 일어났나?

내가 그녀에게 고마움을 표시하자 그녀는 정말 기뻐하는 것처럼 보였다. 난 그런 작은 일로 그녀의 기분을 북돋워 준 것에 대해 기분이 좋아졌다.

점심 때 날씨가 좋아서 참 감사하다고 말했다.

어떤 일이 일어났나?

이 말을 하자 직원들이 돌아가며 주말에 화창한 야외에서 어떤 즐거운 일을 계획하는지 서로 이야기했다. 평소 점심 때 하는 대화보다 더 긍정적인 대화였다.

나는 수년 전에 피아노를 가르쳐 주었던 선생님에게 편지를 썼다. 그 선생님이 가르쳐 주신 덕분에 아직도 피아노 치는 것을 즐기고 있다고 말하면서, 나에게 끈기 있고 친절하게 가르쳐 주신 것에 대해 감사했다.

어떤 일이 일어났나?

편지를 쓰면서 내 마음도 훈훈했다. 아직 답장을 받지 못했지만, 생각지 않은 그 편지로 선생님의 하루가 밝아졌으리라고 기대한다.

작업기록지 12.14에 당신이 감사하는 마음을 누구에게 어떻게 표현했는지, 그 결과 어떤 일이 일어났는지 적어 보라. 감사함을 표현하는 것이 기분이나 다른 사람에게 혹은 대인관계에 어떤 영향을 미쳤는지 주의 깊게 살펴보라. 어떤 때는 그 효과가 짧고 순간적이지만, 어떤 때는 그 효과가 더 오래가기도 한다.

작업기록지 12.14: 감사하는 마음 표현하기

1. 내가 감사하는 마음을 표현한 사람은 ______________________
   내가 말하거나 쓴 것은 ______________________
   어떤 일이 있어났나? ______________________

2. 내가 감사하는 마음을 표현한 사람은 ______________________
   내가 말하거나 쓴 것은 ______________________
   어떤 일이 있어났나? ______________________

3. 내가 감사하는 마음을 표현한 사람은 ______________________
   내가 말하거나 쓴 것은 ______________________
   어떤 일이 있어났나? ______________________

4. 내가 감사하는 마음을 표현한 사람은 ______________________
   내가 말하거나 쓴 것은 ______________________
   어떤 일이 있어났나? ______________________

5. 내가 감사하는 마음을 표현한 사람은 ______________________
   내가 말하거나 쓴 것은 ______________________
   어떤 일이 있어났나? ______________________

친절한 행동

우리 인생의 긍정적인 일에 대해 감사하는 마음을 가지는 것에 더해 긍정적인 핵심 신념을 활성화시키고 강화하는 또 한 가지 방법은 다른 사람에게 친절한 일을 하는 것이다. 우리가 다른 사람에게 친절한 일을 하게 되면 기분이 더 좋아지고 더 큰 행복감을 느낄 수 있다. 한 연구에 의하면 다른 사람에게 매일 친절한 일을 4주 동안 한 사람들은 행복감을 더 느끼고 대인관계에서도 더 만족하였다. 이런 변화를 이끈 친절한 행동은 아주 작은 것들이었다. 예컨대, 다른 사람에게 문을 열어 준다든지, 몸이 아픈 친구를 방문한다든지, 칭찬을 해 준다든지, 이웃 사람이 집을 고치거나 쇼핑하는 것을 도와주는 것 등이었다. 우리가 다른 사람에게 이런 종류의 일을 해 줄 때 자신에 대해 더 좋게 느끼고, 다른 사람과도 더 긍정적인 유대감을 가지고, 시간이 지나면서 더 행복해지는 경향이 있다.

크리스틴은 친절한 행동에 대한 실험을 해 보았다. 그녀가 새로운 우체국에 가기 시작했을 때 모든 사람이 행복해 보이지 않고, 줄을 서서 기다리는 것에 짜증을 내었다. 그녀는 우체국에 갈 기회가 생길 때마다 창구 직원들에게 미소를 지으면서 따뜻하게 인사하고, 줄에 서 있으면서 사람들과 즐거운 대화를 하기로 마음먹었다. 수주가 지나자, 그녀는 우체국 직원들이 그녀가 가면 따뜻한 미소로 인사한다는 것을 알아차렸다. 이런 인사는 다른 고객에게도 퍼져 갔다. 시간이 지나면서 이 우체국은 유머와 친근함과 미소가 넘치는 곳이 되었다. 크리스틴의 경험은 중요한 아이디어를 말해 주는데, 우리가 친절한 행동을 하면 다른 사람들뿐 아니라 우리도 기분이 좋아진다는 것이다. 우리가 가는 곳이 기분이 좋아지고 다른 사람들과 유대감도 깊어지는 장소가 된다.

연습과제: 친절한 행동하기

다음 몇 주 동안 친절한 행동을 정기적으로 하는 계획을 세워 보라. 가족이나 친구나 직장 동료나 이웃 사람이나 낯선 사람, 동물들에게 하는 작은 행동이 다 포함된다. 작업기록지 12.15에 당신이 한 친절한 행동을 적어 보라. 몇 주 동안 이렇게 해 본 후 작업기록지 제일 밑에 이런 행동들이 기분이나 대인관계에 어떤 효과를 가지고 왔는지 적어 보라. 이런 친절한 행동을 할 때 긍정적인 핵심신념이 활성화되는지도 주목해 보라.

작업기록지 12.15: 친절한 행동

내가 한 친절한 행동:

1. ______________________
2. ______________________
3. ______________________
4. ______________________
5. ______________________
6. ______________________
7. ______________________
8. ______________________
9. ______________________
10. ______________________
11. ______________________
12. ______________________
13. ______________________
14. ______________________
15. ______________________
16. ______________________
17. ______________________
18. ______________________
19. ______________________
20. ______________________
21. ______________________
22. ______________________

이런 친절한 행동이 내 기분(긍정적, 부정적)에 어떤 영향을 미쳤는가?

이런 친절한 행동이 대인관계에 어떤 영향을 미쳤는가?

나의 긍정적인 핵심신념 중 어떤 것이 활성화되었는가(나 자신, 다른 사람, 세상)?

이 장에서 새롭게 배워서 한 경험들은 긍정적인 핵심신념을 위한 씨를 뿌리는 것과 같다. 긍정적인 핵심신념은 당신을 행복하게 만들고, 이 신념들이 더 강해질수록 부정적인 자동적 사고가 더 적게 나타날 것이다. 그렇지만 살다 보면 우울감, 불안, 분노 및 다른 부정적인 감정들이 더 나타나는 때도 있다. 이런 힘든 때 부정적인 사고나 부정적인 핵심신념이 돌아올 수 있다. 이럴 때는 이제까지 해 왔던 작업기록지(작업기록지 12.6, 12.7), 감사일지(작업기록지 12.10, 12.11, 12.12, 12.13, 12.14)와 친절한 행동 일지(작업기록지 12.15)를 다시 한 번 살펴보는 것이 도움이 된다. 힘든 때는 이제까지 해 왔던 연습을 다시 해 보는 것이 도움이 된다. 시간이 지나면서 이런 행동들이 습관이 되면서 거의 자동적으로 긍정적인 경험을 할 수 있게 되고, 감사하는 마음을 느끼고, 표현하고, 다른 사람들에게 친절을 베풀게 된다.

기분 체크하기

다음 장으로 넘어가기 전에 다시 한 번 당신의 기분을 측정해 보고 점수를 기록해 보라.

- 우울/불행감: 『기분 다스리기』 우울척도(작업기록지 13.1과 작업기록지 13.2)
- 불안/초조함: 『기분 다스리기』 불안척도(작업기록지 14.1과 작업기록지 14.2)
- 다른 기분/행복감: 내 기분 평가하기(작업기록지 15.1과 작업기록지 15.2)

이 장에서는 당신의 행복감에 영향을 줄 수 있는 여러 연습과제를 해 보았기 때문에 행복감을 체크해 보는 것이 특히 더 중요하다.

다음에는 무엇을 할까

이 책 『기분 다스리기』를 읽는 방법은 여러 가지이기 때문에 당신은 지금 이 장을 끝낸 후 어쩌면 거의 모든 장을 읽었을 수 있다. 만일 당신이 목표에 도달하였고, 기분이 좋아졌다면 16장으로 곧바로 가도 좋다. 만일 당신이 한 가지 기분에 초점을 맞춰 작업해 왔는데 다른 기분과도 씨름하고 있다면 관련 있는 기분에 대한 장들(13장 우울, 14장 불안, 15장 분노, 죄책감, 수치심)로 넘어가도 좋다. 이들 장은 각 기분을 다스리는 데 관련 있는 『기분 다스리기』 기술을 안내해 줄 것이다. 기분이 좋아졌더라도 이 책의 다른 장들에 나오는 기술들을 더 배우고 싶다면 남은 장들을 읽어 보라.

12장 요약

- 사고기록지(6~9장), 행동 플랜(10장), 행동실험(11장)을 연습한 후에도 기분과 씨름하고 있다면 당신의 핵심신념을 찾아 작업하는 것이 필요할 것이다.
- 핵심신념들은 자신이나 남들이나 세상에 대해 우리가 가지고 있는 절대적 진술이다.
- 핵심신념은 우리가 가진 자동적 사고와 기본가정의 뿌리다.
- 핵심신념은 대개 쌍으로 작용한다. 부정적인 핵심신념은 대부분의 시간에 활성화되어 있다.
- 핵심신념은 하향 화살표 기법이나 '나는 ____________.' '사람들은 ____________.' '세상은 ____________.'와 같은 문장을 완성시켜 봄으로써 찾을 수 있다.
- 새로운 긍정적인 핵심신념은 그 새로운 신념과 일치하는 경험을 계속 주목하고 기록해 봄으로써, 새로운 핵심신념에 대한 신뢰도를 체크해 봄으로써, 새로운 핵심신념과 관련 있는 행동들을 평정해 봄으로써, 새로운 신념을 검증하는 행동실험을 해 봄으로써 강화될 수 있다.
- 핵심신념은 서서히 변하지만 시간이 지날수록 더 강해지고 안정되어 가고, 당신이 생각하고 행동하고 느끼는 방식에 강한 영향력을 발휘한다.
- 감사일지를 쓰고 감사한 마음을 표현하는 것은 긍정적인 핵심신념을 강화시켜 주고 행복감을 더 느끼게 해 준다.
- 친절한 행동을 하는 것을 통해 행복감과 다른 사람과의 유대감이 더 증진된다.

13장

우울증 이해하기

당신이 이 책 『기분 다스리기』를 사용하는 초기에 이 장을 읽고 있다면 아마 우울한 기분 때문일 것이다. 이 책 전반을 통해 벤, 빅, 마리사의 이야기를 따라가면서 우울을 극복하는 방법을 배우길 바란다.

벤은 이제까지 살아오는 동안 심각한 우울을 거의 경험하지 않고 살아왔다. 그의 우울증은 절친한 친구가 죽고 부인 실비가 암에 걸리는 힘든 일을 겪으면서 시작되었다. 실비는 치료가 잘 되고 완전히 회복되었는데도 벤은 여전히 낙심하면서 미래에 대해 희망을 가지지 못했고, 자신에 대해 부정적인 생각을 하였다. 시간이 지나면서 입맛을 잃고, 평소에 즐기던 일을 더 이상 즐기지 못하고, 어떤 날은 침대에서 일어나기도 힘들어했다. 벤의 우울증은 서서히 시작되었고, 날마다 더 어둡게 드리워질 때까지 점점 더 심해졌다.

한편, 빅은 어렸을 때부터 낮은 자존감과 무가치감 때문에 일생을 힘들게 살아왔다. 인생의 대부분을 알코올중독으로 시달려 왔으나, 최근 몇 년 동안은 아내와 AA의 지지로 술을 마시지 않으며 지내고 있다. 빅은 우울증으로 완전히 가라앉은 적은 없지만, 경미한 우울증은 계속 있어서 자기 자신에 대한 의심과 부적절감을 안고 살아왔다.

마리사는 그동안 여러 번 심한 우울증에 시달렸다. 어렸을 때 아버지에게 성적 학대를 받았으며, 두 남편 모두에게 학대를 받았다. 마리사는 우울증이 특별히 더 심할 때 자살 충동을 심하게 느꼈고, 두 번의 자살시도를 했다. 그녀는 아주 어렸을 때부터 자신에 대해 부정적인 생각을 하기 시작했다. 그녀의 우울증은 일상생활에 지장을 많이 주었으며, 직장 일에 집중하기 어렵게 만들었다. 우울증으로 인해 직장에 늦게 출근하고 일에도 집중하지 못했다. 그 결과, 그녀는 직장을 잃을 위기에 있다.

이 세 사례가 말해 주듯이 우울증은 사람마다 다르게 나타난다. 서서히 나타날 수도 있고 갑자기 다가올 수도 있으며, 약하게 올 수도 있고 심하게 올 수도 있다. 일생에 한 번 혹은 여러 번 겪는 사람도 있으며, 어떤 때는 배경에 늘 존재하는 경우도 있다. 당신의 우울증은 어떤가?

급하게 시작되었는가, 아니면 서서히 왔는가? ______________________

우울증이 당신의 삶에 어느 정도 영향을 미쳤는가? 약하게, 심하게, 혹은 아주 심하게? ______________________

이번이 처음인가, 이전에도 그런 적이 있는가?, 아니면 계속되었는가?

____

당신의 답이 어떨지라도 이 장은 당신의 우울증을 이해하는 데 도움을 주고, 우울증을 개선하기 위한 첫발을 내딛게 해 줄 것이다.

우울증의 증상을 발견하고 평가하기

감정은 일반적으로 우리의 인생을 풍요롭게 하지만 어떤 감정이라도 지나치면 파괴적이 된다. 우리가 어떤 일에 대해 슬프게 느낄 때 그 일이 우리에게 중요하고 의미 있는 일이라는 것을 알게 해 준다. 예컨대, 우리가 좋아하는 사람과 데이트를 하다가 헤어지게 되면 슬픔을 느낀다. 우리의 슬픔을 통해 그 사람이 얼마나 중요했는지, 그 사람과 얼마나 관계를 계속하기를 원했는지 알게 된다. 이런 감정은 어떤 일이 잘못되었을 때 무엇이 잘못되었는지, 또 다음에는 관계가 잘되기 위해 어떻게 다르게 해야 하는지에 대해 알려 준다. 그렇지만 어떤 사람과 관계가 끝났을 때 슬픔이 우울증으로 발전하게 되면, 자신이 사랑스럽지 않다고 느끼고 누가 나를 다시 좋아해 줄 수 있을지를 절망적으로 느끼게 된다. 침대에 그냥 누워 있게 되고 사람들과의 만남을 피하게 된다. 극단적으로는 우리의 감정이 삶을 파괴시키고 실제로 일들을 더 어렵게 만든다.

사람마다 우울증을 경험하는 양상은 다 다르다. 따라서 우울증을 이해하는 첫 번째 단계는 우울증에 따라오는 증상을 얼마나 자주 경험하는지 체크해 보는 것이다. 많은 사람이 이런 다양한 증상이 우울증의 한 부분이라는 것을 흥미롭게 생각한다. 물론 우리가 심각하게 우울하지 않다면 이 증상들을 가끔씩만 경험한다. 그러나 우울증이 심해지면 우울증에 따른 이런 증상들을 거의 매일 경험하게 된다.

연습과제: 우울 증상을 측정하기

당신에게 우울 증상이 있는지 확인하려면 작업기록지 13.1의 『기분 다스리기』 우울척도에 제시된 증상들과 각 증상의 강도를 체크해 보라. 당신의 우울증이 변하고 있는지 또 『기분 다스리기』 기술 중 어떤 기술이 가장 도움이 되는지 평가하기 위해 이 책을 볼 때마다 주기적으로 이 우울척도를 사용해 보라.

각 문항에서 당신이 동그라미를 친 숫자를 모두 더하면 총점이 된다. 예를 들어, 각 문항의 3점에 모두 동그라미를 쳤다면 총점은 57(3×19)점이 된다. 문항을 읽어 보고 어떤 숫자에 동그라미를 칠지 정하기 힘들면 둘 다 동그라미를 치고, 총점을 계산할 때 숫자가 많은 쪽을 더하면 된다. 증상이 감소하고 있는지, 또 어떤 증상이 좋아지고 어떤 증상은 나빠지는지 알아보려면 일주일에 한 번 내지 두 번 척도를 사용하고 점수를 비교해 보라.

변화를 알아보기 위해서 작업기록지 13.2의 우울척도 점수기록표에 점수를 기록해 보라. 각 칸에 우울척도를 실시한 날짜를 적고, 그날 몇 점을 받았는지 해당되는 점수에 X 표시를 하라. 당신이 우울감을 느낄 때만 하지 말고 정기적으로, 즉 매주 혹은 격주에 한 번 이 척도를 사용하고 그래프에 표시해 보라. 이 그래프에 나타난 점수의 변화를 통해 당신의 기분을 좀 더 잘 파악할 수 있을 것이다.

우울척도 점수는 매주 변동이 있을 수 있으며, 점수가 늘 좋아지지는 않는다. 어떤 주에는 지난주보다 더 우울할 수도 있다. 이런 현상이 꼭 나쁜 것이라고는 말할 수 없고, 또 드물게 일어나는 것도 아니다. 사실 이러한 패턴은 회복기에 종종 나타난다.

이 책의 에필로그에는 벤과 마리사의 증상의 감소 양상이 어떻게 나타나는지 그래프로 제시하였다([그림 13-1], [그림 13-2]). 만일 이 책에 소개된 연습을 잘하고 있는데도 6주 동안 점수가 계속 올라간다든지 바뀌지 않으면, 다른 접근법을 사용하거나 정신건강 전문가에게 도움을 받는 것이 좋을 것이다.

작업기록지 13.1: 『기분 다스리기』 우울척도

다음 각 문항을 읽고 각각의 증상을 지난주에 얼마나 자주 경험했는지 해당되는 숫자에 동그라미를 치시오.

문항	전혀 그렇지 않다	때때로 그렇다	자주 그렇다	언제나 그렇다
1. 슬프거나 우울한 기분을 느꼈다.	0	1	2	3
2. 죄책감을 느꼈다.	0	1	2	3
3. 짜증이 났다.	0	1	2	3
4. 늘 하던 일에 관심이나 즐거움을 덜 느꼈다.	0	1	2	3
5. 사람들을 멀리 했다.	0	1	2	3
6. 어떤 일을 하는 것이 평소보다 어려웠다.	0	1	2	3
7. 나 자신이 가치 없게 느껴졌다.	0	1	2	3
8. 집중하기가 어려웠다.	0	1	2	3
9. 결정하기가 어려웠다.	0	1	2	3
10. 자살 생각을 했다.	0	1	2	3
11. 죽음에 대한 생각이 자주 났다.	0	1	2	3
12. 자살에 대한 계획을 세우는 데 시간을 보냈다.	0	1	2	3
13. 자존감이 낮았다.	0	1	2	3
14. 미래가 아무 희망 없이 보였다.	0	1	2	3
15. 자기비판적인 생각을 했다.	0	1	2	3
16. 피곤하게 느껴졌고, 기운이 없었다.	0	1	2	3
17. 다이어트를 하지 않는데도 체중이 줄고 입맛이 떨어졌다.	0	1	2	3
18. 잠들기가 어렵거나 평소보다 잠을 더 많이 혹은 더 적게 잤다.	0	1	2	3
19. 성욕이 줄어들었다.	0	1	2	3
총계				

작업기록지 13.2: 『기분 다스리기』 우울척도 점수기록지

점수																
57																
54																
51																
48																
45																
42																
39																
36																
33																
30																
27																
24																
21																
18																
15																
12																
9																
6																
3																
0																
날짜																

작업기록지 13.1과 작업기록지 13.2의 우울척도와 점수기록지는 당신이 정기적으로 기분의 변화를 체크할 수 있게 해 주는 도구다. 다시 말하면, 이들 도구는 당신의 기분 변화를 정기적으로(매주 혹은 한 달에 두 번) 추적할 수 있게 해 준다. 우울척도를 처음 사용한 후 점수를 기저선 혹은 출발점에 적어 놓아라. 점수를 꾸준히 기록하다 보면, 시간이 지나면서 혹은 기분을 개선시키기 위한 새로운 전략을 시도할 때 당신의 점수가 변화하는 것을 잘 살펴볼 수 있다. 예컨대, 당신은 운동을 시작할 수 있고, 당신을 괴롭혔던 문제를 해결하기 위한 조치를 취할 수 있고, 약을 먹기 시작할 수 있고, 혹은 인지행동치료를 시작할 수 있다. 이런 각각의 개입법을 통해 당신의 우울 증상이 줄어들고 『기분 다스리기』 우울척도 점수도 내려가리라고 기대했을 것이다. 점수의 변화 양상을 확인해 보는 것은 서로 다른 개입법들이 얼마나 도움이 되는지 평가하는 한 방법이다.

『기분 다스리기』 우울척도 점수는 우울증을 진단하는 용도로는 사용하지 않는다. 만일 당신이 우울하다고 생각된다면 『기분 다스리기』 우울척도를 사용한 후 정신건강 전문가에게 가져가 자문을 구할 수 있다. 이 척도에서 당신이 어떻게 답했는지를 보면 전문가가 당신의 우울경험을 이해할 수 있게 되어, 진단을 내리고 당신에게 도움이 되는 치료가 무엇인지 정할 수 있게 될 것이다.

『기분 다스리기』 우울척도에서 체크한 증상들은 2장에서 설명했던 5요인 모델에 맞게 인지적 · 정서적 · 행동적 · 신체적 변화를 포함한다는 것을 주목하라. 우울증의 인

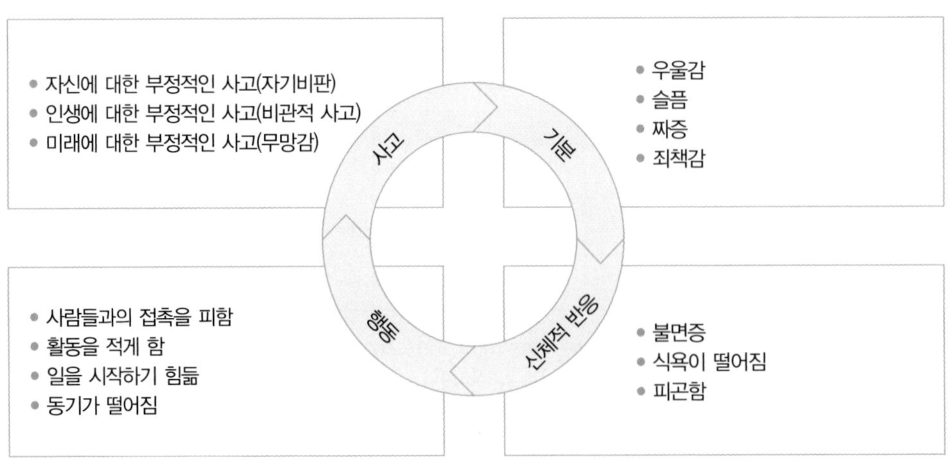

[그림 13-1] 우울 증상 프로파일

지적 증상은 자기비판, 무망감, 자살 생각, 집중곤란, 전반적인 부정적 생각 등을 포함한다. 우울증과 관련된 행동적 증상은 사람들과 접촉을 피하는 것, 즐거운 활동을 예전만큼 하지 않는 것, 어떤 활동을 '시작하기' 어려워하는 것 등을 포함한다. 신체적 증상은 불면증, 피로, 식욕 감퇴, 체중 감소 등을 포함한다. 우울증에 따라오는 정서적 증상은 슬픈 감정, 짜증, 분노감, 죄책감, 초조감 등이다. [그림 13-1]은 우울 증상 프로파일을 잘 나타내 준다.

우울증과 사고

벡(Beck)은 우울증을 현대적이고 과학적으로 이해하는 데 많은 공헌을 했다. 1960년대 벡은 우울한 기분을 유지하는 사고 방식이 우울증의 핵심 특징이라는 점을 강조했다. 예를 들어, 벡은 우리가 우울할 때 자기 자신에 대한 부정적 생각(자기비판), 세상에 대한 부정적 생각(부정적 세계관), 미래에 대한 부정적 생각(희망이 없음)을 하게 된다는 것을 밝혔다. 다음에서 우울증 사고의 이 세 가지 측면에 대해서 좀 더 자세히 설명해 보겠다.

자신에 대한 부정적 사고

마리사는 인지치료를 시작하기 전 극도로 자기비판적이었다. 예를 들어, 그녀는 다음과 같은 생각들을 했다. '이런 일들이 나에게 일어난 것을 보면 나는 나쁜 사람이야!' '나는 엄마로서나 한 사람의 인간으로서 다 부족해!' '남편들에게 매 맞고 산 것은 다 내 잘못이야.' 이 생각들의 기저에 깔린 핵심신념은 '나는 형편없다.' 혹은 '나는 사랑받을 만하지 않다.' '나는 쓸모가 없는 사람이다.'다.

우울한 사람들은 누구나 다 이런 자기비판적인 생각들을 한다. 이 생각들은 자존감과 자신감을 낮추며 대인관계에 문제를 가져온다는 점에서 매우 해롭다. 또한 우리가 기분이 좋아질 만한 일을 해 보려고 할 때 우리 기를 꺾어 놓는다.

자기비판이 인생에 중요한 역할을 한다는 것을 살펴보기 위해 특히 기분이 저조했을 때를 한번 기억해 보라. 당신이 쓸모없게 느껴지고, 사랑받을 만하지 못하다고 느껴질 때가 있었을 것이다. 마음속에 우울했던 순간을 떠올려 보고 그때 특별히 어떤 생각을 했는지 기억해 보라. 자신에 대해 어떤 부정적인 생각을 했는가? 다음에 한번 적어 보라.

____

____

____

____

____

세상에 대한 부정적 사고

당신이 현재 경험하는 일을 부정적으로 생각하는 것은 우울증 사고의 또 다른 특징이다. 사람들은 자주 어떤 사건을 액면 그대로 받아들이지 않는다. 즉, 사건을 제대로 해석할 수도 있고 혹은 잘못 해석할 수도 있다. 예를 들어, 친구나 친척이나 동료가 말할 때, 우리가 우울하면 흔히 다른 사람을 부정적이고 비열하고 비판적인 사람으로 지각한다.

부정적인 생각을 하게 되면 주위에서 어떤 일이 일어날 때 그 일의 부정적인 측면을 긍정적이거나 중립적인 측면보다 훨씬 더 잘 주목하고 생생하게 기억한다. 예를 들어, 우울할 때는 그날 일어난 일 중 나쁜 일에만 주의를 기울이고 좋은 일은 무시한다. 토요일에 해야 할 열 가지 일 중 두 가지를 못했을 때 잘 끝낸 여덟 가지 일에 대해서는 생각하지 않고 그 두 가지만을 기억하는 것도 세상에 대한 부정적 사고의 또 다른 예다.

최근에 특별히 우울하게 느꼈던 때를 생각해 보라. 부정적인 측면에만 초점을 맞추고 긍정적인 측면은 무시했거나 부정적인 방식으로 해석했던 생각의 예들을 적어 보라.

____

____

____

____

____

미래에 대한 부정적 사고

벤이 처음 치료받으러 와서 한 말은 그의 절망감을 잘 말해 준다. "이게 다 무슨 소용이 있나요? 내 남은 인생은 병과 죽음으로 가득 차 있을 텐데요." 벤의 아내가 암 투병하여 성공적으로 회복된 다음 또다시 친구 루이가 죽자, 벤은 자신이나 주위 사람들의 인생이 비극으로 이루어져 있고, 결국은 자기도 죽게 될 것이라고 믿게 되었다. 그는 황량한 미래 이외에 다른 것을 생각할 수 없었다.

우울할 때 우리는 미래가 완전히 부정적일 것이라고 상상한다. 미래가 부정적일 것이라고 예측하고 기대하는 것을 무망감 혹은 절망감이라고 한다. 이런 종류의 사고의 예는 다음과 같다. '나는 그 일을 망칠 거야.' '아무도 나를 좋아하지 않을 거야.' '난 그걸 잘 못할 거야.' 미래에 대한 부정적인 태도는 다음과 같은 생각에도 잘 나타난다. '나는 이 우울증에서 결코 벗어나지 못할 거야.' '시도해 봐야 무슨 소용이 있어. 나는 결코 좋아지지 않을 텐데.' 우리는 대화가 잘 안 되고 새로운 인간관계도 잘 안 될 것이라고 기대한다. 또 문제가 잘 해결되지 않고 우울증에서 벗어날 길이 없다고 생각한다. 절망감이 극단적인 형태가 될 때 자살에 대한 생각을 떠올리게 된다.

미래에 대한 부정적인 사고가 우리 삶에 어떤 영향을 미치는지 알아보기 위해 미래에 대해 부정적인 예측을 한 예를 적어 보라. 예컨대, 당신이 우울한 기분일 때 잘 되지 않을 것이라고 예상해서 평소에는 즐겼지만 더 이상 하지 않는 활동이 무엇인지 찾아보라.

____

____

____

____

____

연습과제: 우울증의 인지적 측면 발견하기

작업기록지 13.3에는 사람들이 우울할 때 흔히 하는 부정적인 생각들을 열거해 놓았다. 당신이 이런 부정적 생각들을 하고 있는지 한번 체크해 보고 그것이 자신에 대한 것인지, 미래에 대한 것인지, 또는 세상에 대한 것인지 적어 보라.

작업기록지 13.3: 우울증의 인지적 측면 발견하기

당신이 가지고 있는 생각에 표시하라.	자신에 대한 부정적 생각인가, 미래에 대한 부정적 생각인가, 또는 경험에 대한 부정적 생각인가?
☐ 1. 나는 쓸모가 없는 사람이다.	
☐ 2. 나는 실패작이다.	
☐ 3. 아무도 나를 좋아하지 않는다.	
☐ 4. 상황은 절대로 좋아지지 않을 것이다.	
☐ 5. 나는 패배자다.	
☐ 6. 나는 쓸모없는 사람이다.	
☐ 7. 아무도 나를 도울 수 없다.	
☐ 8. 나는 사람들의 기대를 저버린다.	
☐ 9. 다른 사람들이 나보다 낫다.	
☐ 10. 그(녀)는 나를 싫어한다.	
☐ 11. 나는 언제나 실수한다.	
☐ 12. 내 인생은 불행하다.	
☐ 13. 그(녀)는 나를 좋아하지 않는다.	
☐ 14. 나는 희망이 없다.	
☐ 15. 남들은 나에게 실망만 할 것이다.	
☐ 16. 나는 변할 수 없다.	

출처: *Mind Over Mood, Second Edition*. Copyright 2016 by Dennis Greenberger & Christine A. Padesky. 이 책의 구매자는 이 작업기록지를 복사하거나 다운로드 받을 수 있음.

작업기록지 13.3에 대한 답은 다음과 같다. 답이 두 개로 나와 있을 때는 둘 중 어느 것이라도 맞다.

1. 나는 쓸모가 없는 사람이다. .... 자기 자신
2. 나는 실패작이다. .... 자기 자신
3. 아무도 나를 좋아하지 않는다. .... 자기 자신/세상
4. 상황은 절대로 좋아지지 않을 것이다. .... 미래
5. 나는 패배자다. .... 자기 자신
6. 나는 쓸모 없는 사람이다. .... 자기 자신
7. 아무도 나를 도울 수 없다. .... 세상/미래
8. 나는 사람들의 기대를 저버린다. .... 자기 자신
9. 다른 사람들이 나보다 낫다. .... 세상
10. 그(녀)는 나를 싫어한다. .... 세상
11. 나는 언제나 실수한다. .... 자기 자신
12. 내 인생은 불행하다. .... 자기 자신
13. 그(녀)는 나를 좋아하지 않는다. .... 세상
14. 나는 희망이 없다. .... 미래/자기 자신
15. 남들은 나에게 실망만 할 것이다. .... 세상
16. 나는 변할 수 없다. .... 자기 자신

우울증의 치료

우울증은 거의 대부분 치료가 된다. 이 책에서 가르치는 모든 기법은 원래 우울증을 치료하기 위해 개발된 것들이다. 이 장의 다음 부분에는 우울증을 감소시키는 데 가장 도움이 된다고 알려진 치료법들을 요약해 보겠다. 인지치료, 약물치료, 대인관계 개선법, 행동활성화치료가 그것이다. 연구에 의하면, 행동활성화치료와 인지치료는 우울한 사람들을 도와주는 가장 효과적인 치료로 밝혀졌다. 이 두 가지 접근은 보통 인지행동치료라고 일컬어진다. 인지적인 접근과 행동적인 접근을 분리해서 설명하겠지만, 아마 당신은 이 두 가지를 동시에 사용하는 법을 배우게 될 것이다. 다른 기술들을 배울 때

와 같이 각각의 방법을 따로 배운 다음, 자신감이 생길 때 두 가지 접근을 결합하는 것이 도움이 된다. 이 두 가지 치료법이 매우 효과적이기 때문에 이 장에서는 이 두 가지 접근에 대해 강조할 것이다.

우울증 약만 먹는 사람들은 우울증 약과 인지행동치료를 같이 받는 사람들보다 재발 가능성이 더 높다. 만일 우울증 때문에 약을 복용해 왔다면, 『기분 다스리기』에서의 기술을 배울 경우 기분이 다시 나아져서 약을 중단했을 때 우울증이 재발할 가능성이 아주 낮아질 것이다.

다음에서는 각각의 치료법을 따로 설명할 것이다. 당신이 우울하다면 행동활성화치료부터 시작하는 것이 가장 좋다. 우리가 소개하고자 하는 방법들을 처음부터 끝까지 한 번 읽어 보라. 행동활성화치료는 가장 마지막에 소개될 텐데 거기에 소개된 연습들을 몇 주 동안 해 보고 다음 장으로 넘어가는 것이 좋다.

인지치료

우울한 기분일 때 사람들은 자기 주위에서 일어나는 일 중에서 긍정적이거나 중립적인 측면보다는 부정적인 측면을 더 잘 주목하고 기억한다. 우울하지 않은 사람들은 어떤 일을 긍정적으로 해석하는 반면 우울한 사람들은 부정적으로 해석한다. 예컨대, 당신이 세 사람에게 점심을 같이 먹자고 초대했는데 두 사람이 오기로 했다고 하자. 당신이 우울하다면 오지 않은 그 한 사람에게 초점을 맞추고 '아무도 나를 좋아하지 않는다.'라고 결론 내릴 가능성이 높다. 만일 당신이 우울하지 않다면 '사람들은 대개 나를 좋아한다. 올 수 없었던 사람은 다른 계획 때문에 못 왔을 텐데 좋은 시간을 놓치게 되었다.'라고 생각할 가능성이 높다.

우울증의 인지치료에서는 사람들이 가지고 있는 부정적인 사고를 찾아내서, 관련 있는 정보(부정적 · 긍정적, 또는 중립적)를 자세히 살펴봄으로써 사고가 타당한지 검토하고 이를 바꾸도록 가르친다. 이 책의 6~9장과 11~12장에서는 우울증을 감소시키기 위해 어떻게 좀 더 적응적인 방식으로 생각하는지를 알려 주고 있다. 당신이 짐작한 대로 이 책은 당신의 기분이 좋아지도록 생각하는 방식을 변화시키는 방법을 가르쳐 주기 때문에 '기분 다스리기'라고 불린다.

약물치료

약물치료는 때로 우울증을 완화시키는 데 도움이 되지만, 모든 우울한 사람에게 도움이 되는 것은 아니다. 치료자는 당신에게 정신과 의사와 상의해서 약이 필요한지 자문을 받아 볼 것을 권할 수 있다. 사람들은 항우울제를 복용하는 것에 대해 여러 걱정을 하는데 다음과 같은 것들이 있다.

"약이 나에게 도움이 되는지 어떻게 알 수 있을까?"

의사가 항우울제를 처방할 때는 여러 약을 시험 삼아 써 보고 맞는 약을 고른다. 현재 시중에는 10여 종의 항우울제가 나와 있는데, 어느 약이든 약 1~2주 복용해 보아야 그 약의 효과를 확실히 알 수 있다. 약을 잘 고르기 위해서는 어떤 증상을 가지고 있는지, 또 약을 먹고 어떤 효과를 얻으려고 하는지 잘 생각해 보고 결정해야 한다. 만일 처음 복용한 항우울제의 효과가 없다면 원하는 효과를 얻기까지 다른 항우울제를 시도해 볼 수 있다. 다른 약과는 달리 항우울제는 효과가 나타나는 데 2~4주가 걸린다. 만일 처음 처방된 항우울제의 반응이 좋지 않으면, 다시 자신에게 맞는 항우울제를 골라 약이 치료 효과를 발휘할 때까지 기다려야 하기 때문에 약의 효과를 보기까지는 8주 이상이 걸릴 수 있다. 항우울제의 단점은 부작용인데, 특히 약을 처음 복용했을 때 심하게 나타난다. 흔히 나타나는 부작용으로는 입이 마르거나, 나른하거나, 몸무게가 변하는 것인데, 약을 한동안 복용하면 이러한 부작용이 줄어들거나 사라지기도 한다.

"약을 복용한다는 것은 내가 미쳤다는 말인가?"

거의 모든 사람은 때로 우울해진다. 우울하다는 것이 미쳤다는 것을 의미하지는 않는다. 당신이 오랜 기간 우울증에 빠져 있었거나 혹은 우울증이 매우 심각하다면 기분을 개선시킬 다양한 방법을 찾아보는 것이 당연하다. 만일 약을 복용하는 것이 도움이 된다면 기분이 다시 좋아지기 위해 약을 복용하는 것도 그만한 가치가 있다. 약을 복용한다는 것이 당신이 미쳤다는 것을 의미하지는 않는다. 기분이 좋아지기 위해 당신이 어떤 방법이라도 기꺼이 시도해 보겠다는 것을 의미한다. 약을 복용하는 것에 대해 걱정되는 점이 있다면 의사와 직접 이야기해 보고 얼마나 오래 약을 먹어야 하는지도 물어볼 수 있다.

"항우울제를 얼마나 오래 복용해야 할까?"

의사와 함께 당신에게 효과적인 항우울제를 발견했다면 그 약을 1년 내지 2년 정도 복용하게 될 것이다. 어떤 사람들은 더 오래 약을 먹어야 도움을 받기도 한다. 당신은 의사와 함께 얼마나 오래 약을 먹어야 할지 잘 의논해서 정할 수 있다. 의사가 약을 줄이자고 권할 때는 체계적이고도 점진적으로 줄여 나가게 될 것이다. 의사의 지시를 잘 따르면서 약을 복용하거나 줄여 나가는 것이 중요하다. 약의 효과는 늘리고 부작용은 줄이는 방향으로 용량을 늘리거나 줄이게 될 것이다.

대인관계치료

우울증 치료 중에는 가까운 사람들과의 인간관계를 개선하는 것을 강조하는 치료도 있다. 가족이나 친구들은 긍정적인 지지를 해 줄 수 있고 우울증에서 회복되도록 도울 수도 있다. 당신은 이 책에서 소개된 방법을 사용해서 대인관계를 개선할 수 있다. 이 책에서 계속 이야기하는 세 사람 중 한 사람인 빅은 이 책에서 가르쳐 준 방법을 사용해서 부인 주디와의 관계를 개선하였다. 인지치료를 사용한 자가치료 책으로는 벡의 『사랑만으로는 충분하지 않아요(Love Is Never Enough)』(뉴욕: 하퍼 콜린스, 1988, 학지사)와 가트만의 『부부를 위한 사랑의 기술(The Seven Principle for Making Marriage Work)』(뉴욕: 하모니, 2014, 해냄 출판사)가 있다.

만일 당신을 학대하거나 끊임없이 비판하는 사람과 같이 살고 있다면 당신은 우울증에서 회복되기가 힘들 것이다. 부부치료나 가족치료는 우울증을 지속시키는 대인관계를 개선하는 데 도움을 줄 수 있다. 만일 당신이 신체적 학대나 성적 학대를 당하고 있다면 가까운 지역사회 정신건강센터에서 상담을 받거나 정신건강 전문가에게 치료 프로그램을 소개받는 것이 좋다.

행동활성화치료

당신이 일상생활에서 하는 활동과 기분의 관계를 면밀하게 관찰해 보면, 우울한 기분이 들 때는 더 소극적이 되고 활동량도 줄어든다는 것을 발견하게 될 것이다. 이런 이유로 우울증에서 회복하는 중요한 한 방법은 매일 하는 활동을 늘리는 것이다. 더 중요한 것은 활동을 단지 늘릴 뿐 아니라 다양한 활동을 하고, 활동의 질을 높이는 일이다. 일반적으로 즐거움을 주는 활동과 성취감을 주는 활동이 기분을 가장 북돋워 주는 것으로 알려져 있다. 그런 활동들은 인생의 도전을 피하지 않고 직면하게 해 주며, 우리가 가치 있게 생각하는 것을 추구하게 해 준다. 기분을 개선시키기 위해서는 각자에게 가장 잘 맞는 활동 프로파일을 찾아내는 것이 필요하다.

활동기록표를 사용하면 당신이 어떤 활동들을 했고 그것이 기분에 어떤 영향을 끼쳤는지 살펴볼 수 있다. 한 주일 동안 활동기록표를 검토해 보면 가장 우울했을 때와 가장 덜 우울했을 때 당신이 어떤 활동을 하고 있었는지 알 수 있다. 물론 행동의 변화가 기분을 바꾸어 주는지도 알 수 있다.

벤의 활동기록표는 [그림 13-2]에 나와 있다. 벤이 그의 활동을 한두 마디로 기록했다는 점을 눈여겨보라. 한두 마디 말이면 그가 나중에 이 기록표를 살펴볼 때 무엇을 했는지 기억하는 데 충분하다. 한 시간 동안에 한 가지 이상의 활동을 한 경우 가장 중요한 행동 한두 가지만 기록했고(예: 산책, 아침식사), 어떤 일은 한 단어로 전체 경험을 요약하기도 했다(예: 쇼핑).

벤은 활동기록표를 계속 기록한다는 것이 어려울 것이라고 예상했지만 막상 해 보니 한 시간 동안의 활동을 기록하고 우울 강도를 체크하는 데 1~2분밖에 걸리지 않았다. 목요일 10시에서 11시 사이에 기분이 무척 많이 변했는데 이 변화를 기록하기 위해 가장 기분이 나빴던 때와 좋았던 때를 다 적어 놓았다.

활동과 기분 간의 관계는 매우 중요하기 때문에 계속 이 장을 읽어 나가지 말고 중단한 후 한 주일 동안 활동기록표를 채워 볼 것을 권한다. 그런 다음 이 장의 나머지 부분을 읽어 보라. 활동과 기분 간의 관련성을 충분히 이해하고 다음 부분을 읽는 것이 더 유익할 것이다. 작업기록지 13.4(249~250쪽)는 활동을 통해 기분을 개선시키는 데 도움이 되는 여러 작업기록지 중 첫 번째 것이다.

모든 빈칸을 다 적어 보라: (1) 활동. (2) 기분평가(0~100%) (내가 평정하는 기분: 우울)

시간	월요일	화요일	수요일	목요일	금요일	토요일	일요일
6~7 A.M.	기상 60	기상 70	기상 60	기상 50	기상 60	기상 40	기상 60
7~8 A.M.	샤워, 옷 입기 60	침대에 누워 있기 80	샤워, 옷 입기 50	샤워, 옷 입기 50	옷 입기 60	샤워, 옷 입기 30	옷 입기 60
8~9 A.M.	산책, 아침식사 40	옷 입기 80	아침식사 50	아침식사 40	아침식사 40	아침식사 20	아침식사 50
9~10 A.M.	골프 40	아침 80	철물점 40	산책 30	차고청소 40	밥 집으로 드라이브 30	산책 40
10~11 A.M.	골프 40	의자에 앉아 있기 80	문 고치기 30	전화(밥) 30~60	차고청소 30	밥과 아이들을 방문하기 10	쇼핑 30
11~12 A.M.	골프 60	독서 80	문 고치기 30	실비와 대화 30	차고청소 30	그렉과 아이들을 방문하기 10	쇼핑 30
12~1 P.M.	실비와 점심 40	실비와 점심 70	실비와 점심 20	점심 60	점심 20	점심 0	외식하기 20
1~2 P.M.	실비와 쇼핑 40	설거지 80	설거지 30	치료 50	차고 청소 20	공원 가기 0	실비와 드라이브하기 40
2~3 P.M.	쇼핑 40	의자에 앉아 있기 80	산책 20	버트와 전화하기 40	실비와 산책하기 20	캐치볼 하기 0	실비와 편하게 있기 20
3~4 P.M.	쇼핑 50	청구서 납부 80	우편물 읽기 20	작업대 청소하기 40	신문, 우편물 읽기 20	실비의 개와 산책하기 0	실비와 편하게 있기 10
4~5 P.M.	쇼핑백 풀기 50	실비와 은행 가기 70	요리 돕기 20	요리 돕기 40	요리 돕기 20	집까지 운전하기 10	저녁 준비하기 10

5~6 P.M.	의자에 앉아 있기 60	외식 60	실비와 저녁식사 20	저녁식사 30	저녁식사 20	저녁식사 10	저녁식사 10
6~7 P.M.	저녁식사 60	백화점 걸어가기 70	설거지 20	설거지 30	설거지 20	설거지 10	설거지 10
7~8 P.M.	TV 60	영화 50	카드놀이 20	TV 30	밥과 전화 10	의자에 앉아 있기 30	TV 20
8~9 P.M.	TV 60	영화 50	카드놀이 20	TV 40	TV 10	앨범 보기 30	TV 20
9~10 P.M.	TV 60	집까지 운전하기 20	실비와 대화하기 20	TV 40	TV 10	TV 30	TV 30
10~11 P.M.	TV 60	TV 50	TV 20	TV 40	TV 10	TV 30	TV 30
11~12 P.M.	잠자리에 들기 70	잠자리에 들기 60	잠자리에 들기 20	잠자리에 들기 60	잠자리에 들기 10	잠자리에 들기 30	잠자리에 들기 20
12~1 A.M.	수면	수면	수면	수면	수면	수면	수면

[그림 13-2] 벤의 활동기록표

메모: 활동기록표를 사용하는 법

- 어떤 기분을 평정할지 정하라.
- 하루에 매 시간 활동을 기록하라.
- 매 시간 기분의 강도를 1~100에서 체크하라. 0은 그 기분을 전혀 경험하지 않는 상태이고, 100은 그 기분을 최대로 느끼는 상태다.
- 일주일 동안 활동기록표를 기록한 다음 당신의 활동과 기분 간의 관계를 한번 살펴보라.

자, 여기서 일단 멈추고 한 주일 동안 활동기록표를 채워 보는 연습을 해 보라.

연습과제: 활동기록표 사용하기

첫째, 당신을 괴롭히는 기분이나 아니면 개선시키기 원하는 기분을 하나 선택해서 적어 보라.

기분: ______________________________

이번 주 동안 이 기분을 0~100점 척도로 평정해 보라.

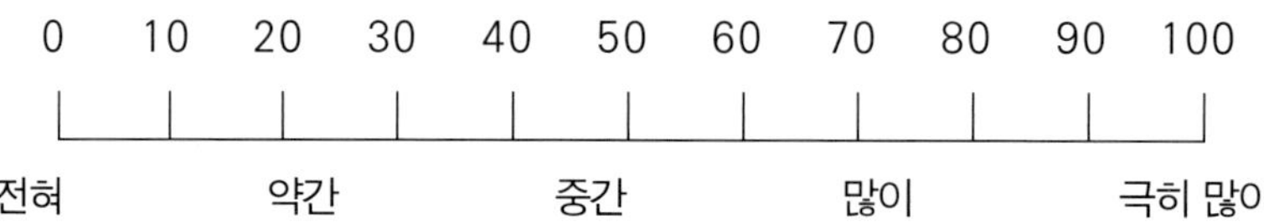

작업기록지 13.4에 있는 활동기록표를 채워 보라. 매 시간 무엇을 했는지, 기분이 어땠는지 0~100점으로 체크해 보라. 기록하는 것을 잊어버릴 때도 있겠지만, 한 주일 동안 더 많이 기록해 보면 당신의 기분에 대해 더 많이 알게 될 것이다. 따라서 기록하는 것을 잊어버린 날이 있다고 해서 포기하지 말고 기억나는 대로 계속 하면 된다.

활동기록표에 기록하는 것을 잊어버리지 않기 위해 활동기록표를 가지고 다니는 것이 좋다. 그렇지만 매 시간 기록할 필요는 없다. 대부분의 사람은 몇 시간 동안 느꼈던 기분을 다 기억할 수 있기 때문에 하루에 서너 번 정도 기록해도 괜찮다. 예를 들면, 점심시간에 아침 동안의 활동과 기분을 기록하고, 저녁식사 시간에 오후의 활동을 기록하고, 잠자기 전에 저녁시간의 활동을 기록하면 된다.

작업기록지 13.4 활동기록표

모든 빈칸을 다 적어 보라: (1) 활동 (2) 기분평가(0~100%) (내가 평정하는 기분:)

시간	월요일	화요일	수요일	목요일	금요일	토요일	일요일
6~7 A.M.							
7~8 A.M.							
8~9 A.M.							
9~10 A.M.							
10~11 A.M.							
11~12 A.M.							
12~1 P.M.							
1~2 P.M.							
2~3 P.M.							
3~4 P.M.							

4~5 P.M.							
5~6 P.M.							
6~7 P.M.							
7~8 P.M.							
8~9 P.M.							
9~10 P.M.							
10~11 P.M.							
11~12 P.M.							
12~1 A.M.							

연습과제: 활동기록표에서 배우기

지난 일주일간 기분과 활동을 기록한 것을 보고, 이제 활동기록표를 분석해서 기분과 활동 사이에 어떤 패턴이 나타나는지 살펴보라. 작업기록지 13.5에는 당신이 활동기록표를 보고 배우는 데 도움이 되는 질문이 있다.

작업기록지 13.5: 활동기록표에서 배우기

1. 내 기분은 지난주 동안 어떻게 변했는가? 어떤 패턴이 있는가?

2. 내가 하는 활동이 기분에 영향을 미쳤는가? 어떻게?

3. 기분이 좋아졌을 때 어떤 활동을 하고 있었는가? 이 활동은 장기적으로 나에게 도움이 되는가? 내 기분을 좋게 해 줄 다른 어떤 활동들을 할 수 있는가?

4. 내가 기분이 나빠졌을 때 어떤 활동을 하고 있었는가? 이 활동들은 나에게 도움이 되는가? 내가 그 활동을 하는 동안 기분을 더 좋게 만들 방법이 있는가?

5. 하루 중 혹은 주중에 기분이 더 나빠지는 때가 있는가?

6. 기분이 나빠질 때 기분이 좋아지도록 할 수 있는 일이 있는가?

7. 하루 중 혹은 주중에 기분이 좋아지는 때가 있는가? 이것으로 내가 무엇을 배울 수 있는가?

8. 이 질문들에 대한 답을 살펴보면서 다음 주에 기분이 더 좋아지도록 미리 계획할 수 있는 활동이 있는가? 혹은 다음 몇 주 동안에 할 수 있는 활동은 무엇인가?

1. 내 기분은 지난주 동안 어떻게 변했는가? 어떤 패턴이 있는가?

그렇다. 내 기분은 변했다. 일단 내 기분이 가라앉고 나면 그 기분이 몇 시간 동안 가는 것 같다. 어떤 날에는 기분이 그렇게 나쁘지 않았다.

2. 내가 하는 활동이 기분에 영향을 미쳤는가? 어떻게?

그렇다. 바쁜 날에는 기분이 조금 더 좋았다. 내가 좋아하는 사람들, 아내나 손주들과 같이 있으면 기분이 더 좋다. 혼자 있으면서 그냥 앉아 있을 때는 일들을 곰곰이 생각해 보게 되고 기분이 나빠진다.

3. 기분이 좋아졌을 때 어떤 활동을 하고 있었는가? 이 활동은 장기적으로 나에게 도움이 되는가? 내 기분을 좋게 해 줄 다른 어떤 활동들을 할 수 있는가?

실비와 일을 하는 것—실비와 같이 있으면 편하다. 실비는 나에게 너무나 중요한 사람이다. 문을 고치는 것—내가 쓸모 있는 사람이라고 느꼈다. 교회에서 아침 배식봉사를 하면 사람들에게 말도 걸 수 있고 일도 돕게 되어 즐겁다. 손자들과 함께 시간을 보내는 것. 골프를 더 치는 것. 교회봉사를 좀 더 하는 것. 실비와 외식을 하는 것

4. 내가 기분이 나빠졌을 때 어떤 활동을 하고 있었는가? 이 활동들은 나에게 도움이 되는가? 내가 그 활동을 하는 동안 기분을 더 좋게 만들 방법이 있는가?

생각하면서 의자에 앉아 있는 것—돈이 계속 없어지는 것에 대해 걱정했다.
목요일 날 밤의 전화를 받았을 때—손녀딸 니콜이 팔을 부러졌다.
그렇다. 나를 위한 것이다.—어려운 상황을 다루는 것도 필요하다. 그냥 걱정하고 앉아 있는 것보다는 낫다. 실비에게 이야기해 보고 어떻게 할지 정하면 된다.

5. 하루 중 혹은 주중에 기분이 더 나빠지는 때가 있는가?

무슨 일을 시작하기 전 아침 나절에는 기분이 나빴다.
주초에 기분이 나빴다.

6. 기분이 나빠질 때 기분이 좋아지도록 할 수 있는 일이 있는가?

샤워를 하고 옷을 갈아입으면 도움이 된다. 산책을 하는 것도 도움이 된다. 그렇지만 기분이 우울할 때는 산책하고 싶지 않다. 기분이 나쁜 날 집 바깥에 나가는 것도 도움이 될 것 같다. 사람들과 같이 있거나 다른 사람들을 도와주는 것이 기분을 좋게 만든다.

7. 하루 중 혹은 주중에 기분이 좋아지는 때가 있는가? 이것으로 내가 무엇을 배울 수 있는가?

일반적으로 하루 후반에 기분이 좋아졌다. 이번 주에는 금요일, 토요일, 일요일에 기분이 좋아졌다. 이것을 보면 기분이 최악으로 나빠도 그 기분이 영원히 계속되는 것은 아니라는 것을 알 수 있다. 주말에는 사람들과 더 어울리게 되는데 도움이 된다. 주중에도 사람들을 더 만날 방법을 생각해 봐야겠다.

8. 이 질문들에 대한 답을 살펴보면서 다음 주에 기분이 더 좋아지도록 미리 계획할 수 있는 활동이 있는가? 혹은 다음 몇 주 동안에 할 수 있는 활동은 무엇인가?

집안일을 하는 것, 더 많은 활동, 특히 내가 좋아하는 사람들과 같이 하는 것, 손주들을 방문하기, 밥의 개를 데리고 걷는 것, 혼자 앉아 있는 시간을 줄일 것, 교회 자원봉사 일을 더 하는 것.

[그림 13-3] 벤이 활동기록표에서 배운 것

벤은 활동기록표에서 많은 것을 배웠다. 당신이 어떤 기분을 살펴보았는지에 따라 약간 달라질 수 있지만 기분을 관찰해 보면 다양한 것을 배울 것이다. 우울한 사람은 활동을 더 많이 할 때 확실히 기분이 더 좋아진다. 왜 활동을 많이 하면 기분이 좋아질까? 당신은 어떻게 생각하는지 적어 보라.

우리는 우울한 사람이 더 많은 활동을 할 때 왜 기분이 더 좋아지는지 아직 확실히 알지 못한다. 몇 가지 가능한 이유는 다음과 같다.

- 어떤 종류의 행동, 예컨대 운동은 기분을 더 좋게 만드는 대뇌물질을 증가시킨다.

- 우리는 아무것도 하고 있지 않을 때 부정적인 일에 대해 되풀이해서 생각하게 된다. 따라서 활동은 우리 마음을 부정적인 일에서부터 분산시킨다.
- 활동은 성공할 기회를 우리에게 주고(예: 가구를 재배치하는 것), 즐거운 일을 하게 해 주고(예: 우리가 좋아하는 사람과 대화하는 것), 문제를 해결할(예: 우리가 해야 할 일에 착수하는 것) 수 있는 기회를 준다. 이와 같은 경험—성공, 즐거움, 회피하던 일들에 접근하는 것—은 우리의 기분이 좋아지는 데 도움을 준다. 우리에게 중요한 일이나 가치 있게 생각하는 일들을 하는 것은 우리 삶에 의미를 더해 준다. 일반적으로 삶이 더 의미가 있고 목적에 부합할 때 사람들은 더 기분 좋게 느낀다.

우울증을 치료하는 첫 번째 단계로 활동들, 특히 즐거움을 주는 활동, 성취감을 주는 활동, 이제까지 회피해 오던 일에 접근하는 활동, 혹은 내가 가치 있게 생각하는 활동을 늘리는 것이 도움이 된다. 이런 종류의 활동을 하면 기분이 좋아진다.

이 방법이 당신에게 도움이 되는지 알아보기 위해 작업기록지 13.1에 나와 있는 『기분 다스리기』 우울척도를 사용해 보고 점수를 작업기록지 13.2에 적어 보라. 처음 우울척도를 사용했을 때보다 점수가 높아졌을 수도 있고, 낮아졌을 수도 있고, 그대로 있을 수도 있다. 당신의 기분을 개선하기 위해 작업기록지 13.5에서 찾은 활동들을 언제 할지 작업기록지 13.6에 적어 보라. 작업기록지 13.6은 활동기록표와 비슷한데, 여기에는 당신의 활동계획을 미리 적어 보게 되어 있다.

매일 여러 가지 다양한 활동을 할 계획을 잡아 보라. 서로 다른 종류의 활동을 시도해 보라. 당신이 성취감을 주는 일을 주로 하는 사람이면 즐거움을 주는 활동을 더 해 보는 것이 도움이 될 것이다. 반면에, 당신이 즐거움을 주는 활동을 많이 하는 사람이라면, 성취감을 주는 활동을 포함시키고 회피를 극복하는 활동을 하는 것이 기분을 가장 많이 개선시키는 방법이 될 것이다. [그림 13-4]는 벤이 활동계획표에 적어 놓은 활동들을 보여 준다.

즐거운 활동: 실비와 산책을 간다, 손주들을 보러 간다, 골프를 치러 간다, 밥의 강아지에게 공을 던져 준다, 친구에게 점심을 먹자고 청한다, 카드 게임을 주선한다, 영화를 보러 간다, 실비와 외식을 한다, 손녀딸의 연주 발표회에 간다, 운전하는 동안 음악을 듣는다, 밖에 있을 때 노래하는 새들과 꽃들을 유심히 관찰한다, 동네에서 어린아이들이 노는 것을 본다, 밤에 별을 본다, 쿠키를 굽는 냄새를 즐긴다.

성취감을 주는 활동: 수도꼭지가 새는 것을 고친다, 새집을 만든다, 고지서를 보고 돈을 낸다, 스마트폰으로 찍은 사진들을 정리한다, 차고를 치운다, 빨래를 한다, 교회에서 하는 자원봉사 일을 신청한다.

그동안 회피해 왔던 일에 접근하기 위한 활동: 예약을 하기 위해 병원에 전화한다, (특히 기분이 저조할 때) 침대에서 곧바로 일어나 샤워를 한다, 실비에게 내가 걱정하는 것에 대해 이야기한다, 너무 우울해서 내가 하기로 한 일을 하지 못할 때 실비에게 도와 달라고 청한다.

내가 가치 있게 생각하는 활동: 교회에서 자원봉사 활동을 더 많이 하기, 손주들의 숙제를 도와주기, 이웃 사람에게 그 집 대문을 고쳐 주겠다고 제안하기, 누군가에게 매일 긍정적인 말을 하기, 병원에 입원해 있는 친구 병문안 가기

[그림 13-4] 벤의 활동계획표에 나온 활동 목록

즐거움이나 성취감을 주는 활동을 미리 계획하기

당신에게 즐거움이나 성취감을 주는 활동들을 미리 계획하면 우울감을 감소시킬 수 있는 행동 변화를 일으킬 수 있다.

- 일주일에 즐거움을 주는 활동을 다섯 가지만 하는 대신 열 가지 해 보라.
- 즐거움을 조금 주는 활동보다 즐거움을 많이 주는 활동을 해 보라.
- 사람들은 서로 다른 활동들을 즐긴다. 당신의 흥미와 가치에 맞는 활동을 골라 보라.

- 즐거움을 주는 활동이 꼭 시간이나 돈이 많이 드는 활동일 필요는 없다.
- 즐거움을 주는 활동의 예는 친구에게 이야기하기, 음악 듣기, 컴퓨터 게임하기, 산책하기, 나가서 점심 먹기, 좋아하는 TV 프로그램 보기, 스포츠 중계 보기, 어린 아이와 놀아 주기 등이다. 이런 활동들은 매일 할 수 있는 즐거움을 주는 활동들이다.

연습과제: 활동계획표 짜기

작업기록지 13.6을 하기 전에 당신이 계획해서 하려는 활동들을 일단 적어 보라. 작업기록지 13.5, 특히 질문 3, 6, 8에 대한 답을 다시 한 번 살펴보면 도움이 될 것이다. 다음 각 범주에 들어가는 활동들을 생각해 보고, 일주일에 걸쳐 이 활동들을 할 계획을 세워 보라.

즐거운 활동: ______________________________

____

____

____

____

____

성취감을 주는 활동: ______________________________

____

____

____

____

____

그동안 회피해 왔던 일에 접근하기 위한 활동: ______________________________

____

____

____

____

내가 가치 있게 생각하는 활동: ______________________________

____

____

____

____

____

한 가지 활동이라도 여러 범주에 속할 수 있다. 예컨대, 산책이 어떤 사람에게는 즐거운 활동이 되지만, 어떤 사람에게는 성취감을 주는 활동이 되며 또는 건강증진 활동이 되기도 한다. 운동하는 것을 회피해 온 사람에게는 회피를 극복하는 활동이 되기도 한다. 어떤 범주든지 당신에게 맞는 범주에 넣으면 된다. 중요한 점은 일주일 동안 이 각각의 영역에 해당하는 활동들을 하는 것이다.

작업기록지 13.6: 활동계획표 짜기

앞에서 계획한 활동들을 언제 할지 시간을 정하는 데 이 작업기록지를 사용하라. 이 활동계획표에 계획한 일보다 더 즐거운 일이 생기면 그 일을 해도 좋다. 만일 계획한 일과 다른 활동을 하게 되면 줄을 긋고 그 시간에 실제로 한 일을 적으면 된다. 각 활동을 한 시간대에 (1) 활동, (2) 기분점수 (0~100)를 적어 보라.

(내가 평정하는 기분: ______________________)

시간	월요일	화요일	수요일	목요일	금요일	토요일	일요일
6~7 A.M.							
7~8 A.M.							
8~9 A.M.							
9~10 A.M.							
10~11 A.M.							
11~12 A.M.							
12~1 P.M.							
1~2 P.M.							

2~3 P.M.							
3~4 P.M.							
4~5 P.M.							
5~6 P.M.							
6~7 P.M.							
7~8 P.M.							
8~9 P.M.							
9~10 P.M.							
10~11 P.M.							
11~12 P.M.							
12~1 A.M.							

당신이 지난주 동안 활동계획표에 기록한 활동들을 해 보았다면 작업기록지 13.1에 있는 『기분다스리기』 우울척도를 다시 한 번 해 보라. 이번 주에 활동을 하기 전과 후를 비교해 보고 활동계획을 하는 것이 기분의 변화를 가져오는지 알아볼 수 있을 것이다. 점수가 조금이라도 변화했다는 것은 약간의 행동 변화를 통해 기분상의 개선이 일어날 수 있음을 말해 준다. 당신의 우울증 수준에 따라 우울증 점수에서 주목할 만한 변화가 일어나기까지 몇 주 동안 더 활동계획을 계속해 보는 것이 필요하다.

활동계획표에 대한 질문

당신이 지난주에 활동들을 더 했음에도 기분이 좋아지지 않았다면 다음 질문들과 답을 살펴보는 것이 도움이 된다.

"내가 계획한 활동들을 할 기분이 나지 않는다면?"

당신이 계획한 활동을 하고 싶은 기분이 들지 않을 때 몇 분만이라도 그 활동의 일부를 할 수 있는지 해 보라. 자주 우리는 그 일을 실제로 해 보기 전까지는 그 일을 하고 싶은 동기가 생기지 않을 수 있다. 특히 우리가 우울할 때, 하고 싶은 동기가 먼저 생기고 그 일을 하는 것이 아니고 그 일을 해 본 후에 동기가 생긴다는 것을 알고 놀랄 수 있다.

당신의 일정에 있는 활동을 한두 개 빼먹었다고 해도 낙심하거나 자신을 비판하지 말라. 일정에 있는 다음 활동을 그냥 하면 된다. 만일 원한다면 당신이 빼먹은 활동을 다시 일정을 잡아 해 볼 수도 있다. 활동계획표의 목표는 당신이 계획한 모든 활동을 완벽하게 하기 위한 것이 아니고 다양한 더 많은 활동을 하기 위한 것이다. 몇 주에 걸쳐 활동계획표를 실행해 왔다면 시간이 지남에 따라 더 많은 활동을 하기가 훨씬 쉬워질 것이다.

"만일 과거에 즐기던 만큼 활동을 즐기지 않는다면?"

만일 우울증을 감소시키기 위한 첫 번째 단계로 활동계획표대로 시도해 보기로 했다면 당신이 우울하기 전에 즐겼던 만큼 활동들을 즐기지 못하거나 만족스럽지 않을 수 있다. 예컨대, 벤은 우울하기 전 골프 치는 것을 즐겼으나 우울해진 후에는 골프 치는 것이 그다지 만족스럽지 않다는 것을 발견했다. 그가 우울할 때 골프 치는 것에 오는 즐거움을 과거와 비교한다면, 아마도 '이것은 별 도움이 안 돼. 과거만큼 재미가 없어.'라고 결론지을 수 있다. 이런 생각 때문에 골프를 치고 난 후에 더 우울해질 수 있다. 그렇지만 벤이 집에서 아무것도 하지 않고 앉아 있는 것에 비교한다면, '골프 치는 것은 좋은 일이야. 적어도 조금은 재미있어. 집에서 침울하게 앉아 있는 것보다 훨씬 낫군.'이라고 생각할 수 있다.

"만일 활동을 전혀 즐기지 않는다면?"

활동을 하는 동안에 당신이 마음속에 어떤 생각을 하고 있는지 주목해 보라. 당신이 즐거울 것이라고 생각하는 일(공원을 걷는 것 등)을 하면서 매 걸음을 걸을 때마다 부정적인 일을 생각하고 있다면, 당신은 즐거움을 느끼지 못할 것이다. 활동을 하면서 부정적인 일들에 대해 곰곰이 생각하는 당신을 발견하면 주의를 다시 활동에 맞추고 즐거움을 느낄 무엇인가(즐거움, 성취감, 회피를 극복함, 가치에 맞는 일을 행함 등)를 찾아보라. 당신이 계속 부정적인 생각을 하는 대로 돌아올지라도 이것이 우울증에서는 흔한 일이므로 낙심하지 말라. 매일 활동의 긍정적인 측면에 주의를 기울이는 연습을 수백 번 해야 할지도 모른다. 당신이 부정적인 생각을 하고 있는 자신을 발견한다면 그것이 무언가 다른 것을 해 볼 기회를 주기 때문에 실제로는 다행인 것이다.

오랫동안 우울증에 빠져 있던 사람들은 긍정적인 기분을 경험하기가 매우 어렵다. 당신이 이런 경우라면 아주 조금의 긍정적인 경험이라도 붙잡도록 노력해 보라.

더 많은 즐거움을 경험하기 원하는 많은 사람에게 도움이 되는 전략은 '즐거움 붙잡기' 연습이다. 이렇게 하기 위해서는 단순히 활동을 하는 데 그치지 않고 활동을 하면서 적극적으로 즐거움을 추구하는 것이 필요하다.

당신의 감각적인 경험(시각, 후각, 촉각, 청각, 미각)에 주목해 보는 것에서부터 시작하는 것이 때로 도움이 된다. 하루를 지내면서 오감 모두에 주의를 기울여 보라. 촉감과 소리와 냄새와 보는 것 중에 조금이라도 즐거움을 주는 것에 주목해 보라. 음식을 먹을 때 맛을 음미해 보라. 집 밖에 나가면 멈춰 서서 공기를 들이마셔 보고 조금이라도 즐거움을 주는 향내가 나는지 살펴보라. 피부에 와 닿는 공기를 느껴 보라. 온도가 따뜻한가, 찬가? 새 소리든 자동차 소리든 재미있거나 즐거움을 주는 소리에 귀 기울여 보라. 당신 주위의 색깔을 바라보라. 즐거워 보이거나 유머를 즐기는 사람이 있는가 보라. 무엇에든지 아주 조그만 긍정적인 반응을 경험해 보는 것이 도움이 된다. 하루를 보내면서 그런 조그만 순간을 붙잡을 수 있을 것이다.

시간이 지나면서 긍정적인 기분을 조금 더 정기적으로, 더 오래 경험하는 것이 쉬워질 것이다. 당신의 경험 중 아주 작은 부분이라도 음미하고자 하는 마음가짐을 갖도록 하라. 이렇게 한다면 경험의 즐거운 측면을 찾기 위해 즐거운 활동들을 하면서 더 많은 즐거움을 경험할 수 있을 것이다. 예컨대, 남들이 웃기는 대화를 하는 것을 엿듣는 것을 즐길 수도 있고, 가게 점원과 기분 좋은 대화를 할 수도 있다. 하루 동안에 긍정적인 일을 찾기 위해 의도적으로 노력하고 선택한다면 긍정적인 경험을 하기 위한 틈새를 만들기 시작한 것이다. 동시에 우리가 적극적으로 긍정적인 경험을 찾을 때 우리의 마음은 부정적인 것에 초점을 덜 맞추게 될 것이다.

『기분 다스리기』 우울척도에서의 점수가 좋아질 때까지 3～5주 이상 활동계획을 하는 것이 좋다. 하루 내내 더 많은 활동을 하는 것이 쉬워졌다면 5～12장에 나온 기술들을 배우고 연습할 준비가 되었을 것이다. 처음 시작할 때보다 기분이 조금 더 좋아지고 우울점수도 내려갔다면 5장으로 가서 다음 단계를 밟아도 된다. 『기분 다스리기』 기술을 새로 터득한다면 당신의 기분을 좋게 하는 활동들을 계속하라.

앞에서 말한 증상 중에서 어떤 것은 우울증에 따른 증상인지 몰랐을 수도 있다. 어떤 사람들은 수면, 식욕, 동기, 분노 등의 문제를 우울증과 별개로 생각하거나 우울증에 부가적으로 나타나는 것으로 생각한다. 그러나 대부분 이 증상들은 우울증과 함께 나타나며, 우울증을 성공적으로 치료하면 이 증상들도 상당히 좋아진다.

13장 요약

- 우울은 단순히 기분만 관계된 것이 아니다. 우울은 사고, 행동, 신체 기능의 변화를 포함한다.
- 『기분 다스리기』 우울척도(작업기록지 13.1)를 사용하여 우울 증상을 평가할 수 있다. 매주 우울척도 점수를 작업기록지 13.2에 기록해 『기분 다스리기』의 기술을 배우고 적용하여 나타나는 우울의 변화를 알아볼 수 있다.

▶ 우울증을 치료하는 다양한 효과적인 치료법이 있다. 인지행동치료, 대인관계치료, 약물치료 등이다.

▶ 『기분 다스리기』에서 가르치는 기술을 배운 사람은 단지 약물치료만 받는 사람보다 재발률이 낮다.

▶ 우울할 때는 자신이나 경험, 미래에 대해 부정적인 방식으로 생각하는 경향이 있다.

▶ 우울증에 대한 인지행동치료는 기분을 장기적으로 개선하기 위해 새로운 사고방식과 행동방식을 배우게 해 준다.

▶ 활동기록지에 활동과 그것을 하는 동안의 기분을 평정하고 기록하면 행동과 우울의 관계를 알 수 있다(작업기록지 13.4, 13.5).

▶ 활동계획표를 사용해서 즐거움과 성취감을 주는 활동을 미리 계획하고 실행하면 회피를 줄일 수 있고, 당신의 가치에 맞는 행동을 할 수 있다. 활동계획표를 5~6주 사용하면 기분이 좋아질 것이다.

14장

불안을 이해하기

당신은 아마도 불안 때문에 이 책『기분 다스리기』를 읽고 있을지도 모른다. 불안은 매우 흔한 문제지만 우리가 경험하는 기분 중 가장 고통스러운 기분 중 하나다. 어떤 사람들은 하루 중 대부분의 시간 동안 불안을 느끼고, 어떤 사람은 특정한 상황에서만 불안을 경험한다.

이 책에 나온 린다는 비행기를 타야 할 때 공황발작과 함께 많은 불안을 경험했다. 린다가 불안을 경험하지 않는 때도 많았지만, 불안해질 때는 너무나 불안이 심해서 병원 응급실로 갔다. 린다는 더 이상 비행기를 타고 싶지 않아서, 또 공황발작이 일어나는 것이 두려워서 직장에서의 승진을 포기할까 생각했다.

린다는 그녀를 불안하게 만드는 상황이 어떤 상황인지 잘 알고 있었다. 사람에 따라서는 불안이 '갑자기' 나타나서 그것이 왜 일어났는지 도무지 알 수 없기도 하다. 이 책을 통해서 불안에 대해 더 배우고 연습한다면 무엇이 당신의 불안을 촉발하는지 좀 더 잘 알게 될 것이다.

'불안'이라는 용어는 때로는 회사 면접이나 의학적 검사와 같은 어려운 일을 앞두거나 그런 일을 하는 동안에 일시적으로 초조함과 두려움을 느끼는 것을 지칭한다. 그렇지만 이 용어는 흔히 좀 더 지속적으로 일어나는 불안을 지칭하는데, 예컨대 공포(높은 곳, 동물, 곤충, 비행 등과 같은 특정한 사물이나 상황을 두려워하는 것), 사회불안(사회적 상황에서 이상하게 보일까 봐 두려워하거나, 비판을 받거나 거부될까 봐 두려워하는 것), 공황장애(금방 죽거나 미칠 것같이 느껴지는 극심한 불안을 경험하는 것), 외상후 스트레스 장애

(끔찍했던 외상 사건을 반복적으로 기억하고 고통을 심하게 느끼는 것), 건강염려증(의학적 검사에서 정상으로 나와도 질병이나 신체적인 문제를 가지고 있을까 봐 끊임없이 걱정하는 것) 및 범불안장애(걱정과 불안의 신체 증상이 자주, 다양한 상황에서 나타나는 것)가 있다.

자신의 불안을 잠깐 생각해 보자.

당신은 언제 처음 불안을 경험했는가? ____________________

당신은 대부분의 시간 동안 불안한가, 아니면 때때로 불안한가? ________

당신이 불안을 경험하는 정도는 어느 정도인가? 경미한 정도, 심한 정도, 아니면 심각한 정도인가? ________________

당신은 하루 종일 불안한가, 아니면 특정 상황에서만 불안한가? ________

만일 당신이 특정 상황에서 불안을 느낀다면 불안을 느끼는 상황을 다음에 적어 보라.

나는 ________________________ 때 불안을 느낀다.

나는 ________________________ 때 불안을 느낀다.

연습과제: 불안증상을 찾아내고 체크하기

당신이 불안할 때 어떤 증상들을 경험하는지 찾아내기 위하여 작업기록지 14.1 『기분 다스리기』 불안척도에 나와 있는 증상들을 체크해 보라. 당신이 불안을 조절하는 방법을 배워 가면서 일주일에 한 번 혹은 두 번 불안기록표를 체크해 봄으로써 『기분 다스리기』에 나와 있는 어떤 방법이 가장 효과적인지 알 수 있을 것이다.

『기분 다스리기』 불안척도의 각 문항에 동그라미 친 숫자를 더해서 불안의 총점을 계산할 수 있다. 예를 들어, 각 문항에 3점에 체크했다면 당신의 불안 총점은 72(3×24)점이 된다. 만일 어떤 문항에서 체크할 숫자를 정할 수 없다면 해당되는 숫자 모두에 동그라미를 쳐 놓고 총점을 계산할 때 더 높은 점수를 더하면 된다.

변화를 살펴보기 위해 작업기록지 14.2에 『기분 다스리기』 불안척도의 총점을 기록해 보라. 불안척도를 체크한 날짜를 적고 총점이 해당하는 곳에 × 표시를 하면 된다.

작업기록지 14.1: 『기분 다스리기』 불안척도

지난주에 각 항목에 나와 있는 증상을 얼마나 자주 경험했는지 해당하는 곳에 동그라미를 치시오.

문항	전혀	때때로	자주	대부분
1. 초조하게 느꼈다.	0	1	2	3
2. 걱정했다.	0	1	2	3
3. 떨리거나 경련이 일어났다.	0	1	2	3
4. 근육이 긴장되고 쑤셨다.	0	1	2	3
5. 안절부절못했다.	0	1	2	3
6. 쉽게 피곤해졌다.	0	1	2	3
7. 숨이 가빴다.	0	1	2	3
8. 심장박동이 빨라졌다.	0	1	2	3
9. 덥지도 않은데 땀이 났다.	0	1	2	3
10. 입이 말랐다.	0	1	2	3
11. 어지러웠다.	0	1	2	3
12. 구역질이 나거나 설사가 나거나 배가 아팠다.	0	1	2	3
13. 소변이 마려운 충동을 더 많이 느꼈다.	0	1	2	3
14. 얼굴이 화끈거리거나 한기를 느꼈다.	0	1	2	3
15. 침을 삼키기가 어렵거나 목에 응어리를 느꼈다.	0	1	2	3
16. 벼랑 끝에 있는 것처럼 느꼈다.	0	1	2	3
17. 쉽게 놀랐다.	0	1	2	3
18. 집중하기가 어려웠다.	0	1	2	3
19. 잠들기가 어려웠다.	0	1	2	3
20. 쉽게 짜증이 났다.	0	1	2	3
21. 불안하게 느낄 만한 곳에 가는 것을 피했다.	0	1	2	3
22. 위험에 대해 생각했다.	0	1	2	3
23. 내가 잘 대처하지 못할 것같이 느꼈다.	0	1	2	3
24. 끔찍한 일이 일어날 것같이 생각했다.	0	1	2	3
총점(모든 문항을 합한 점수)				

작업기록지 14.2: 『기분 다스리기』 불안척도 점수기록지

점수																
72																
69																
66																
63																
60																
57																
54																
51																
48																
45																
42																
39																
36																
33																
30																
27																
24																
21																
18																
15																
12																
9																
6																
3																
0																
날짜																

『기분 다스리기』 불안척도와 점수기록지(작업기록지 14.1과 14.2)는 당신이 경험하는 불안의 변화를 추적하기 위한 도구다. 이 척도를 사용해서 나온 첫 번째 점수가 당신의 기저선 혹은 출발점 점수다. 시간이 지나면서 그리고 불안을 낮추기 위한 여러 가지 방법을 사용하면서 점수가 좋아지거나 나빠지는 방향으로 변화하는 것을 관찰하게 될 것이다. 예컨대, 이 책에 나온 여러 전략을 배우기 시작하면서, 당신을 괴롭혔던 문제를 해결하기 위한 조치를 취하면서, 인지행동치료를 시작하면서 변화가 나타날 수 있다. 이 각각의 치료법을 쓰면서 당신은 불안 증상의 빈도나 심각도가 감소할 것으로 기대할 것이고, 그 결과 『기분 다스리기』 불안척도 점수가 떨어질 수 있다. 불안척도를 사용해 보면 각각의 접근방법이 얼마나 도움이 되는지를 평가해 볼 수 있다.

『기분 다스리기』 불안척도는 불안을 진단하는 데는 사용하지 않는다. 당신이 불안하다고 생각되면 『기분 다스리기』 불안척도를 완성한 후 그것을 정신건강 전문가에게 가져가서 의논해 볼 수 있다. 척도에 대한 당신의 응답을 보고 전문가는 당신의 불안경험이 어떤 것인지 이해할 수 있게 되고, 진단을 내리고, 당신에게 잘 맞는 치료를 결정할 수 있다.

『기분 다스리기』 불안척도에서 당신이 체크하는 증상들은 2장에서 기술한 모델대로 인지적, 행동적, 정서적, 신체적 변화를 포함하고 있다. 불안의 인지적 증상은 위험하거나 나쁜 일이 일어날 것에 대한 생각, 당신이 잘 대처하지 못할 것이라는 생각과 함께 다양한 걱정을 포함한다. 이 생각들은 자주 말이 아닌 이미지로 나타난다. 불안할 때 우리는 불편하거나 불안하게 만드는 상황과 장소를 회피하는 경향이 있다. 회피는 불안과 관련된 가장 흔한 행동이다. 또한 불안에는 많은 신체 증상이 있다. 예컨대, 맥박이 빨리 뜀, 입이 마름, 땀 흘림, 근육이 긴장됨, 떨림, 어지러움, 메스꺼움과 복부 불편함, 얼굴이 화끈 달아오르거나 한기가 듦, 소변이 자주 마려움, 안절부절못함, 삼키기 어려움 등이 있다. 불안한 기분을 묘사할 때 우리는 '초조한' '패닉' 또는 '안절부절못하는' 등의 단어를 사용한다. [그림 14-1]은 불안에서 흔히 나타나는 증상들을 요약해서 보여 준다. 좋은 소식은 인지행동치료와 『기분 다스리기』에서의 기술이 모든 종류의 불안 증상을 감소시키는 데 매우 효과적이라는 사실이다.

일상생활에서 겪는 경험들은 불안을 촉발하기도 하고 불안에 많은 영향을 끼친다. 외상(예: 신체적으로나 성적으로 학대당함, 자동차 사고를 당함, 전쟁터에 있음), 질병이나 죽음, 우리가 배운 사실('뱀은 문다.' '더러우면 병에 걸린다.'), 다른 사람에게서 관찰한 일(비행

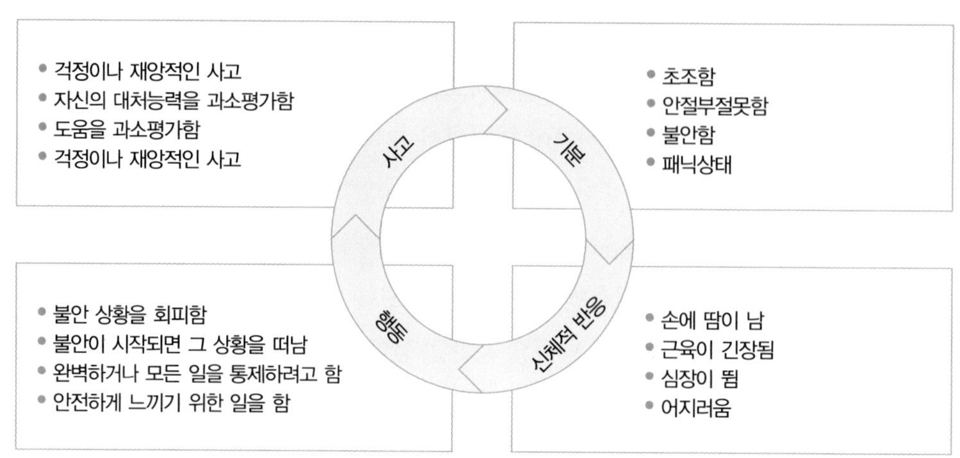

[그림 14-1] 불안 증상 프로파일

기 추락사고에 대한 신문기사, '심장이 잠깐 멈췄다.')과 다루기 힘든 일(사람들 앞에서 발표를 하는 것, 승진이나 퇴직, 출산) 등이다. 린다의 불안은 아버지가 죽은 직후 시작되었다. 린다는 막막하게 느꼈고, 많은 문제를 대처하는 데 어려움을 느꼈다. 그녀는 또 다른 재앙이 일어날지 모르며, 그런 일이 일어나면 도저히 대처하지 못할 것이라고 예상하기 시작했다.

불안할 때 경험하는 이 모든 신체적 · 행동적 · 인지적 변화는 '투쟁, 도주, 얼어붙음'이라고 불리는 불안반응의 일부분이다. 실제로 당신이 위험에 처했을 때 이런 반응이 나타난다면 이 반응들은 적응적일 수 있다. 예를 들어, 낯선 도시에 있다고 상상해 보라. 밤에 산책을 나갔다가 어두운 거리에서 길을 잃었다. 그때 10m 앞에 덩치 큰 남자가 다가오고 있는 것을 보았다고 하자. 만일 그 남자가 당신을 보고 습격해서 돈을 빼앗을 것이라고 생각했다면 어떻게 했을까? 한 가지 방법은 싸우는 것이다. 이를 위해 심장박동과 호흡은 빨라지고 근육은 긴장될 것이다. 이때 땀이 나는 것은 몸을 식히는 데 도움이 된다. 당신이 볼 수 있듯이, 모든 신체 변화는 이 상황에서 상당히 도움이 된다. 이러한 변화는 모두 '투쟁' 반응을 이룬다.

아마 당신은 그 남자와 싸우지 않고 도망가는 편이 더 낫다고 생각할 수도 있다. 빨리 도망가기 위해서는 심장박동이 빨라져야 하고, 산소 공급도 많아져야 하며, 근육은 긴장되어야 하고, 땀이 나야 한다. 그러므로 '투쟁' 반응을 일으켰던 바로 똑같은 신체적 변화가 '도주' 반응을 이룬다. 신체적 에너지를 싸우는 데 쓰지 않고 도망가는 데 쓴다는 점만 다를 뿐이다. 운이 좋다면 달아남으로써 습격을 피할 수 있을 것이다.

세 번째 반응은 얼어붙는 것이다. 그 남자가 아직 당신을 보지 못했다면 가만히 서 있어 당신을 주목하지 못한 채 지나치게 할 수도 있다. 이 경우 완전히 얼어붙기 위해서는 매우 긴장되고 경직된 근육이 필요하다. 가슴을 빳빳하게 하면 숨 쉬는 것이 눈에 띄지 않을 것이다. 가만히 멈춰 있도록 만드는 신체 변화는 '얼어붙음' 반응의 일부다.

이 세 가지 불안반응—투쟁, 도주, 얼어붙음—은 위험에 대한 효과적인 반응이다. 불안은 우리가 실제적이고도 심각한 위험을 만날 때 일어나면 적응적이라고 할 수 있다. 그러므로 불안을 완전히 없애는 것은 좋은 아이디어가 아니다. 불안은 통증과도 같다. 만일 우리에게 통증이 일어나지 않는다면 뜨거운 난로에 손을 데고도 손을 떼지 않을 것이므로 위험할 수 있다. 마찬가지로 불안반응은 위험을 경계하고 대비할 수 있게 해 준다.

불행하게도, 우리는 강도가 나오는 영화를 보고도 불안을 느끼고 사람들 앞에서 발표를 할 때도 불안을 느낀다. 이 책에서는 위험이 실제로 존재하지 않을 때 또는 위험이 당신이 생각한 만큼 심각하지 않을 때, 불안으로 인해 당신이 잘 대처하지 못할 때 불안을 감소시키는 방법을 가르쳐 줄 것이다. 불안치료의 목표는 될 수 있는 대로 빨리 위험의 정도를 파악하고, 당신이 생각한 것보다 위험이 크지 않을 때 불안을 감소시키는 방법을 배우고, 불안에 잘 대처할 수 있다는 것을 깨닫도록 돕는 것이다. 치료에서는 대개 위험의 정도가 얼마나 큰지, 또 당신이 얼마나 잘 대처할 수 있는지 파악하기 위해 당신이 두려워하는 대상에 접근하도록 한다.

불안 행동

불안의 특징적인 행동으로는 회피와 안전 행동 두 가지가 있다. 우리는 불안할 때 회피하고 안전을 구하는데, 왜냐하면 이 행동들이 단기적으로 우리를 덜 불안하게 해 주기 때문이다. 그러나 불안에 대처하는 이 흔한 방식은 불안을 더 오래 지속시키고, 시간이 지나면 더 악화시킨다.

회피

피터는 필수과목으로 스피치 강의를 들어야 했다. 급우들 앞에서 발표하는 것을 상상할 때마다 그는 정말 불안해졌다. 그래서 발표 준비를 해야 하는 것을 생각할 때마다 뒤로 미루고 다른 일들을 했는데, 그때마다 불안한 느낌을 피할 수 있었다. 발표를 준비하는 대신 친구들과 놀러 나갔을 때, 당장은 기분이 좋아졌다. 왜냐하면 발표에 대한 생각을 하는 대신 친구들과 이야기할 수 있었기 때문이다. 그렇지만 수주일이 지나가자 피터는 닥쳐온 발표에 대해 더 두려워지기 시작했다. 게다가 피터는 반에서 자기 의견을 적극적으로 말하지 못했다. 의견을 말해야 할 때마다 불안이 몰려오는 것을 느꼈다. 그래서 의견을 말하지 않기로 정하면 불안은 즉시 가라앉았다. 즉, 피터는 말하는 것을 회피할 때마다 기분이 당장 좋아지는 것으로 보상을 받았는데, 그 결과 계속 회피해 나갈 가능성이 더 높아졌다.

피터의 회피는 당장은 불안을 덜 느끼게 해 주었지만 시간이 지나면서 불안을 더 악화시켰다. 회피는 다음의 네 가지 이유로 불안을 더 심해지게 만든다. (1) 두려운 것에 대해 접근하지 않음으로 인해 불안을 견딜 방법을 배울 기회를 놓치게 만든다. (2) 두려운 상황에 대처하는 방법을 배우지 못한다. (3) 그 상황이 두려워하는 만큼 위험하지 않다는 것을 배울 기회를 가지지 못한다. (4) 만일 그 상황을 다룰 수 있는 능력을 이미 가지고 있다고 해도 그것을 알 도리가 없다.

마크도 피터와 마찬가지로 스피치 강의를 수강하고 있었는데, 그 역시 발표하는 것에 대해 불안을 느꼈다. 그러나 발표 준비를 회피하는 대신 불안을 감소시키기 위한 조치들을 취했다. 첫째, 마크는 발표 기준이 얼마나 높은지 알기 위해 강의를 수강하고 있는 다른 학생들에게 담당 선생님과 스피치 강의에 대해 물어보았다. 그 선생님은 성적을 잘 주지 않는 분으로 알려져 있었지만, 학생들이 강의에 잘 참여하기 위하여 노력을 기울이는 한 학생들을 지지해 주고 격려한다는 것을 알게 되었다. 발표를 준비하려고 앉았을 때 불안을 느꼈지만, 그만두지 않고 계속 앉아서 준비했다. 그는 발표 주제를 어떻게 잡을지에 대해 써 내려가기 시작했을 때 불안이 약간 감소하였다는 것을 알게 되었다. 그는 일찍부터 발표를 준비하였고 수십 번 연습하였다. 준비하고 연습을 거듭해 감에 따라 불안이 점점 감소한다는 것을 발견하였다.

마크는 학급 토론을 할 때도 적극적으로 참여하여 사람들 앞에서 자기 의견을 표현하는 것을 연습할 수 있었다. 이런 경험을 통하여 자신감이 늘어 자기 의견을 말할 수 있게 되었고, 모든 사람이 자기를 쳐다보는 것에도 잘 대처할 수 있었다. 어느 날 같은 강의를 수강하는 학생 중 한 명이 마크의 의견에 반대하면서 그를 놀렸다. 마크는 얼굴이 붉어지는 것을 느꼈으나 그렇다고 세상이 끝날 정도의 재앙은 아니라고 생각했다. 그는 자신이 이 상황을 잘 다룰 수 있었던 것에 대해 흐뭇했다. 수강생 중 한 여학생이 다른 급우가 너무나 무례하게 말했다고 그에게 말해 줬다. 이 사건을 통해 마크는 자기가 실수를 하거나 그가 말한 것에 대해 사람들이 반대하더라고 여전히 그에 대해 긍정적으로 생각하는 사람이 있다는 것을 배우게 되었다.

피터와 마크의 사례를 통해 회피는 즉각적인 안도감을 주지만 장기적으로는 불안을 증가시킨다는 것을 알 수 있다. 두려움에 직면하는 것은 처음에는 불편감을 가져오지만 시간이 지나면 불안을 극복할 수 있게 도와준다. 당신이 불안을 경험해 왔다면 아마도 다양한 상황과 경험을 회피해 왔을 것이다. 당신이 불안 때문에 회피해 온 일들의 목록을 한번 작성해 보라.

연습과제: 불안 때문에 회피한 것

1. ______________________________
2. ______________________________
3. ______________________________
4. ______________________________
5. ______________________________
6. ______________________________
7. ______________________________

안전 행동

회피뿐 아니라 우리가 불안할 때 자주 하는 행동으로 안전 행동이 있다. '안전 행동'

이란 무엇인가? 위험을 줄이기 위해서 혹은 우리를 불안하게 하는 상황에서 망신당하지 않기 위해서 우리가 대비하는 행동들이다. 그 목적은 자칫 좋은 것처럼 보이지만, 실제로 안전 행동은 불안을 악화시킨다. 왜냐하면 안전 행동으로 인하여 실제보다 상황이 더 위험하다는 느낌을 주기 때문이다. 몇 가지 예를 들어 보자.

타이라는 뱀을 무서워한다. 그녀는 딸을 데리고 동물원에 갈 때 뱀을 관람하는 곳이 어디인지 지도로 먼저 확인한다. 그녀는 뱀 관람관을 회피하고 싶지만 딸이 뱀을 보고 싶어 하여 뱀을 관람하러 간다. 그곳에서 타이라는 한 팔로 딸을 붙잡고 있는데 이것은 만일에 뱀이 우리에서 도망 나올 때 딸을 붙잡고 관람관에서 재빨리 빠져나오기 위함이다. 그녀가 한 팔로 딸을 붙잡고 있기 때문에(안전 행동), 타이라는 평소보다 더 위험한 것처럼 생각하게 된다. 안전 행동으로 인해, 타이라는 실제 위험이 거의 없음에도 평소보다 더 위험하게 생각하고 불안을 느낀다.

켄지는 여러 가지 다양한 일에 대해 불안을 느낀다. 밤에는 누군가 집에 침입할까 봐 신경이 쓰인다. 문을 잠그고도 몇 분 뒤에 불안해져서 다시 가서 문이 잠겨 있는지 확인하기 위해 문을 점검한다(안전 행동). 매일 밤 이 의례적인 행동을 예닐곱 번씩 한다. 문이 잠겨 있다는 것을 확인할 때마다 불안이 일시적으로는 조금 감소하지만, 걱정은 다시 돌아오고 문이 잠겨 있다는 기억이 맞는지 의심하게 된다. 문을 계속 점검하는 것은 안전 행동으로서 켄지로 하여금 침입자의 위험에 더 초점을 맞추게 한다. 그의 안전 행동은 불안을 낮추는 데 지속적인 효과가 없다.

로버타는 매주 직원 회의에 참석해야 한다. 그녀는 과장님이 그녀에게 질문을 하거나 그녀가 할 수 없는 과제를 줄까 봐 두려워서 불안해진다. 그녀는 모든 직원 회의에 참석하지만 뒷줄에 앉는다(안전 행동). 그녀는 기침도 하지 않고 다른 사람들과 시선도 맞추지 않으며 자기가 알고 있는 정보를 회의에서 말하지 않는데(추가적인 안전 행동) 사람들의 관심을 끌고 싶지 않기 때문이다. 로버타의 안전 행동은 그녀로 하여금 과장님의 관심에서 멀어지게 하는 데는 성공했지만 시간이 지나도 불안을 감소시키지는 못했다. 그 대신 과장님이 그녀에게 무슨 이야기를 하지 않고 넘어간 주에는 만일 그가 말했다면 잘 대처하지 못했을 것으로 점점 확신하였다. 그 결과, 그녀는 시간이 지남에 따라 직원 회의에서 더 불안해졌다.

안전 행동과 불안 대처 행동 사이의 차이는 무엇인가

안전 행동을 할 때 우리는 자주 불안을 잘 대처하고 있다고 생각한다. 앞의 예에서 보듯이 안전 행동은 일반적으로 위험에 더 초점을 맞추게 하고, 실제로는 그렇지 않은 때라도 그 상황이 매우 위험하다는 생각을 지지하게 만든다. 회피 행동과 마찬가지로, 안전 행동은 일시적으로는 불안을 줄여 주지만 실제로는 불안과의 싸움을 더 오래하게 만든다. 왜냐하면 안전 행동은 두려움에 충분히 직면하지 못하게 하고, 어떤 일이 잘못되었을 때 그 일을 다룰 수 있는 자신감을 가질 기회를 놓치게 만들기 때문이다.

다른 한편, 좋은 대처는 보통 두려움에 직면하게 하고 두렵게 만드는 상황과 반응을 잘 관리하게 해 준다. 두려움에 대처하는 연습을 할 때 그것을 다룰 수 있다는 자신감이 길러지고 불안이 감소한다. 안전 행동과 대처 행동은 다음의 두 가지 점에서 차이가 있다.

1. 안전 행동은 위험을 없애려고 계획된 행동이다. 반면, 대처 행동은 우리를 두렵게 만드는 상황에 접근하고 그 상황에 머물면서 두려움을 관리하게 해 준다.
2. 안전 행동은 불안을 유지시키거나 증가시킨다. 반면, 대처 행동은 시간이 지나면서 불안을 줄여 준다.

타이라, 켄지와 로버타가 안전 행동 대신에 대처 행동을 사용하기 시작하면 불안이 감소하는 것을 경험할 가능성이 높다. 예컨대, 타이라에게 좋은 대처 행동은 딸에게 손을 떼고 신나게 뱀을 보는 딸에게 초점을 맞추는 것이다. 이에 더해, 동물원에 있는 모든 뱀은 가장 위험한 뱀이라도 안전하게 가두어져 있고 도망갈 수 없다는 사실을 되새겨야 할 것이다.

켄지에게 좋은 대처 행동은 아마 문을 잠그는 행위에 좀 더 주의를 기울이는 것일 수 있다. 그가 다시 불안해지기 시작할 때 문을 다시 점검하는 대신에 그가 불확실성과 불편감을 참아 낼 수 있다는 것을 떠올려야 한다. 처음에는 이것이 어렵더라도 시간이 지나면서 문을 다시 점검하고 싶은 충동이 감소할 것이고, 문을 점검하는 것이 안전감을 증진시켜 주지 못한다는 것을 깨닫게 될 것이다.

로버타는 질문을 받거나 일을 배정받는 것을 두려워하는데, 그런 상황에서 관심의 초점이 되고 당황하게 되거나 실패할 것을 두려워하였다. 좋은 대처란 그녀가 알고 있는 정보를 회의석상에서 적극적으로 말하는 것이다. 과장이 대답하기 어려운 질문을 할 때 무엇이라고 말할지 미리 연습해 갈 수 있을 것이다. 만일 그녀가 잘 모르는 일을 배정받는다면 동료에게 도움을 받아서 기술을 쌓아 갈 수 있을 것이다. 로버타는 이런 대처 행동을 시도한 처음 몇 번은 더 불안하게 느낄 것이다. 그렇지만 시간이 지남에 따라 나쁜 일이 생기지 않고, 설령 나쁜 일이 생긴다 하더라도 잘 대처할 수 있다는 것을 알게 될 것이다. 시간이 지나고 연습을 더 한다면 그녀의 불안은 줄어들고 자신감은 늘어 갈 것이다.

타이라, 켄지, 로버타와 같이 아마 당신도 불안할 때 안전 행동을 사용할지 모르겠다. 불안을 방지하려고 당신이 하는 안전 행동을 두세 가지 찾아보라. 안전 행동은 어떤 경우는 당신이 하는 행동이고(예: 친구가 같이 있을 때만 파티에 가는 것, 불안할 때 먹으려고 항불안제를 넣고 다니는 것), 어떤 경우는 당신이 하지 않는 행동일 수 있다(예: 사람들이 당신에게 이야기하지 않도록 시선을 맞추지 않는 것, 필요할 때 빨리 나올 수 있도록 줄 중간에 앉지 않고 복도 자리에 앉는 것). 다음 연습과제에서 당신이 불안을 느끼는 특정한 상황을 생각해 보고, 어떤 안전 행동을 사용하는지 적어 보라. 한 상황에 한 개 이상의 안전 행동을 사용할 수도 있다.

연습과제: 불안을 대처하기 위해 내가 사용하는 안전 행동

1. 상황: ______________________________
   안전 행동: ______________________________
2. 상황: ______________________________
   안전 행동: ______________________________
3. 상황: ______________________________
   안전 행동: ______________________________

불안한 사고

불안에 수반되는 생각을 알게 되면 당신이 불안할 때 왜 그런 행동들을 하는지 이해하기가 쉽다. 불안할 때 우리는 위험, 위협, 자신의 취약점에 대한 생각을 한다. 위험이나 위협은 신체적일 수도 있고, 정신적일 수도 있고, 사회적일 수도 있다. 신체적 위협은 신체적으로 다쳤다고 느낄 때 일어난다(예: 뱀이 문다거나, 심장발작이 일어났다거나, 어디에 부딪혔을 때). 사회적 위협은 당신이 거부를 당했거나, 창피를 당했거나, 무안했을 때나, 무시당했다고 느낄 때 일어난다. 정신적 위협은 당신이 어떤 일을 걱정해서 미치거나 이성을 잃을 것 같다고 느낄 때 일어난다.

위험에 관한 생각에서뿐 아니라, 불안할 때 우리는 그 상황에 잘 대처하지 못할 것이라고 믿는다. 위협을 지각하는 정도는 사람마다 다르다. 사실 불안은 우리가 처한 위험이 감당할 수 있는 것보다 더 크다고 지각할 때 일어난다. 어떤 사람이 당신에게 바위에서 다이빙해서 호수로 뛰어내려 보라고 했을 때 어떻게 느낄지 생각해 보라. 어느 정도의 위험이 있지만, 다이빙을 할 줄 알고, 호수 물도 충분히 깊고, 사람들이 같은 자리에서 다이빙하면서 엄청나게 재미있어 하는 것을 보았다면, 아마 당신도 불안하기보다 신나서 흥분하게 될 것이다. 이것은 당신이 그 상황에서 오는 위험을 충분히 대처할 수 있다고 믿기 때문이다. 그러나 만일 당신이 안전하게 다이빙할 수 있을지 자신이 없고, 자신의 수영실력도 믿지 못한다면 이 상황에서 흥분하기보다는 불안을 느낄 것이다.

우리는 이와 같이 매일의 삶 속에서 위험과 우리의 대처능력에 대해 판단을 내리며 산다. 운전할 때 얼마나 빨리 혹은 천천히 운전해야 하는지, 건널목에 그냥 서 있어야 할지 길을 건널지, 사람들 앞에서 내 의견을 말할지 안 할지 판단할 때도 얼마나 위험이 따르는지, 우리가 대처할 수 있는 능력이 있는지를 보고 결정한다. 만일 우리의 대처능력이 그 상황에 존재하는 위험을 감당할 만하다고 생각하면, 우리는 좀 더 쉽게 행동한다. 만일 그 상황이 대처할 수 있는 것보다 더 위험하다고 생각하면, 우리는 물러나서 회피하거나 안전 행동을 한다.

불안이 언제나 나쁜 것은 아니다. 우리가 대처할 수 있는 것보다 위험이 더 크다면 물러나는 것이 현명하다. 그렇지만 자주 불안을 느낀다면 많은 상황에서 위험을 과대

평가하고 대처능력을 과소평가할 가능성이 높다. 이런 사고 스타일이 많은 상황에서 필요 이상으로 불안을 느끼게 만든다. 시간이 지나면서 불안은 점점 더 심해지고, 삶에 더 많은 영향을 미치게 된다.

'만일……' 사고

불안한 사고는 미래 지향적이며 재앙을 쉽게 예상한다. 불안한 사고는 종종 '만일……'로 시작하며 재앙적인 결과로 끝을 맺는다. 때로는 위험한 이미지로 나타날 수도 있다. 예를 들면, 연설하는 것을 두려워하는 남자는 연설하기 전에 다음과 같이 생각할 수 있다. '만일 내가 말을 더듬으면 어떡하지? 만일 내가 메모지를 잊어버리면 어떡하지? 만일 사람들이 나를 바보로 생각하면 어떡하지?' 이외에도 군중 앞에서 얼어붙은 자신의 이미지를 떠올릴 수 있다. 이 생각들은 모두 미래에 관한 것이고 극단적인 결과를 예측한다.

비행기 타는 것을 무서워하는 사람이나 고속도로에서 운전하는 것을 두려워하는 사람은 다음과 같이 생각할 수 있다. '만일 비행기가 폭발하면 어떻게 하지? 만일 비행기 안에서 공황발작이 일어나면 어떻게 하지? 만일 비행기에 산소가 충분치 않아서 숨 쉬기가 어려우면 어쩌지? 만일 고속도로에서 교통사고가 나면 어떻게 하지? 만일 숨 쉬기가 어려워 고속도로에서 빠져나오려고 하는데 교통체증에 걸려 꼼짝 못하게 되면 어떻게 하지?' 당신은 이런 생각들이 미래 지향적이고 위험이나 재앙을 예상한다는 것을 금방 알 수 있을 것이다. 이런 생각들을 하게 되면 비행기를 타거나 고속도로에 진입하기 전에 여러 번 망설이게 될 것이다.

어떤 사람들은 친밀한 인간관계에서 불안감을 느낄 수도 있다. 그들은 친해지거나 가까워지는 것을 두려워한다. 그들은 또한 남들에게 평가받거나 거부당하거나 무안을 당하게 되는 것에 대해 염려한다. 우리가 인간관계에 대해서 두려워할 때 갖게 되는 여러 가지 생각 또한 미래 지향적이며 위험이나 재앙을 예상하게 하는 것이다. 이런 생각들은 다음과 같다. '만일 마음에 상처를 입으면 어떻게 하지? 만일 거절당하면 어쩌지? 만일 상대방이 나의 약점을 알아차리고 나를 이용하면 어쩌지?' 이 생각들은 불안에 특징적인 생각인 '어떤 끔찍한 일이 생길지도 모른다.'는 주제를 나타내고 있다.

위협에 대한 지각은 사람마다 다르다. 어떤 사람은 대체로 더 안전하게 느끼고, 어떤 사람은 더 쉽게 위협을 느끼고 불안해진다. 이런 개인차는 어떤 인생경험을 했는가에서 비롯될 수 있다. 예컨대, 당신이 매우 혼돈스럽고 예측 불가능한 환경에서 자랐다면 세상이나 사람들이 위험하다고 결론 내릴지도 모른다. 이런 경우 위험을 예상하고 자신의 취약성을 잘 알고 있는 것이 그런 환경에서 어린아이로 살아남는 데 도움이 되었을 것이다. 위험한 가정에서 자랐다면 위험이나 경고 신호를 빨리 알아차리는 능력이 당신의 정서적 생존이나 신체적 생존에 대단히 중요했을 것이다. 그 결과, 당신은 위험한 상황을 재빨리 파악하고 반응하는 데 섬세한 능력을 발달시켰을 것이다.

그렇지만 현재 시점에서는 당신이 위험이나 위협에 대한 생각에 과대하게 반응하는 것이 아닌지 한번 평가해 볼 필요가 있다. 어쩌면 성인이 된 지금 주위에 있는 사람들이 당신이 어린아이일 때 주위에 있던 사람들만큼 위협적이지 않을 수 있다. 또한 성인으로서 당신이 가진 자원이나 능력이 위협과 불안에 대처할 수 있는 새로운 창조적인 방법을 열어 줄 수도 있다.

심상

불안한 사고는 자주 이미지로 나타난다. 위험을 과대평가할 때 단지 '교통사고가 일어나면 어떡하지?'라고 생각하지 않고 실제로 우리가 두려워하는 장면을 생생하게 상상한다. 우리 마음속으로 교통사고가 난 장면을 보고, 응급차의 사이렌 소리를 상상으로 듣기도 한다. 우리의 대처능력을 과소평가한다면 자신이 압도당한 모습이나 형편없이 떠는 모습을 상상하기도 한다. 사람들이 우리를 놀리는 소리나 비웃는 웃음소리를 상상할 수도 있다. 때로 마음속에 떠오르는 이 이미지들은 과거에 불안했을 때나 외상 사건을 경험했을 때의 기억에서 나오기도 한다. 때로 이미지는 우리 마음에서 창조된 것으로서 완전히 허구적이기도 하다. 예컨대, 직장 상사의 키가 2m가 되거나 엄청나게 얼굴이 빨개서 우리에게 고함치는 모습을 상상할 수 있다. 이런 종류의 이미지는 강한 불안을 일으키기 때문에 어떻게 이런 이미지에 반응해야 할지 배우기 위해서는 이미지를 좀 더 잘 파악하는 것이 중요하다. 『기분 다스리기』 전반에 걸쳐서 당신의 생각을 찾아보라고 할 때 이것은 말로 된 생각뿐 아니라 이미지로 된 생각까지 포함한다.

공황발작 때 나타나는 사고: 린다의 사례

린다는 비행기를 탈 때 불안과 공황발작을 경험한다. '공황'은 극도의 불안과 두려움이다. 공황발작은 감정과 신체 증상이 독특하게 결합되어 있다. 공황발작은 종종 신체적 혹은 정신적 감각의 변화로 이루어지는데, 예를 들면 빠른 심장박동, 땀, 호흡곤란, 숨막힐 것 같은 느낌, 떨림, 어지러움, 가슴 통증, 메스꺼움, 얼굴이 달아오름, 시간 혹은 방향감각의 상실 등으로 이루어져 있다.

린다는 급한 사업상 회의 때문에 300km 떨어진 도시로 비행기를 타고 가야만 했다. 그녀는 비행기를 타기 전에 들었던 생각과 정서적 반응을 관찰해서 [그림 14-2]에 나와 있는 사고기록지에 요약하였다.

1. 상황	2. 기분	3. 자동적 사고(이미지)
누가? 무엇을? 언제? 어디서?	a. 어떤 기분을 느꼈는가? b. 각 기분을 점수로 평가해 보라(0~100%).	이런 기분을 느끼기 직전 어떤 생각이 떠올랐는가? 떠오른 생각이 또 있는가? 떠오른 이미지는?
비행기를 타려고 공항에서 기다리고 있다.	불안함 80% 끔찍하게 두려움 90% 신체 증상: 땀 흘림, 숨 쉬기 힘듦, 심장이 뜀	만일 비행기 엔진이 고장나면 어떡할까? 이 비행기는 얼마나 안전할까? 만일 비행기 안에서 공황발작이 일어나면 어떡하지? 상사가 숨 쉬기 힘들어하고 땀을 흘리며 끔찍하게 두려워하는 내 모습을 본다면 얼마나 창피할까? 심장이 벌써 뛰기 시작하네. 공황발작이 시작되는 것 같아. 만일 심장발작이 일어나면 어떡하지? 심상—내가 가슴을 움켜쥐고 땀을 흘리며 창백해지는 모습을 그려 볼 수 있다. 비행기에 있는 다른 사람들이 소리를 지르고 있다.

[그림 14-2] 린다의 사고기록지 일부

린다의 불안과 공황발작이 위험을 느끼고 자신이 취약하다고 생각하는 것에 얼마나 많은 영향을 받고 있는지 주목해 보라. 린다에게 공황발작을 일으킨 것은 탑승자 대기실에서 기다리고 있는 것 자체가 아니었다. 많은 사람이 탑승자 대기실에서 불안을 느끼지 않고 공황발작 없이 앉아 있을 수 있다. 그 상황을 어떻게 받아들이는가에 대한 린다의 생각이 정서적 반응을 일으킨 것이다.

연습과제: 불안과 관련된 생각을 찾아내기

당신이 일상생활에서 불안/두려움과 관련해서 어떤 생각을 하는지 밝혀내기 위해 작업기록지 14.3을 해 보라(처음 세 개의 칸이 4장에 나와 있는 사고기록지와 같다는 것을 알아차렸는가?). 최근에 불안했거나 두려웠거나 초조했던 때를 생각해 보라. 그때 어떤 생각(말이나 이미지)을 했는지 기억해 보라. 당신이 시각적 이미지를 가졌다면 그것을 자세히 묘사해 보라. 그 생각이 이미지가 아니고 말이었다면 '만일……'로 시작했는지 주목해 보라.

당신이 이 연습에서 찾아낸 생각들은 미래 지향적인가? 이 생각들이 위험, 위협감을 내포하거나 재앙을 예상하는가? 만일 그렇다면 당신은 불안과 관련된 생각을 찾아낸 것이다.

불안은 흔히 애매모호한 상황에서 촉발된다. 우리가 위험에 대해 경계태세를 가지고 있다면 어떤 상황을 구체적으로 잘 모를 때 그 상황이 얼마나 위험한지 판단하기 어렵다. 불안한 사람들은 때때로 '모르는 상태'로 남아 있기보다 부정적인 일을 확실하게 알기를 원한다. 이것이 우리가 확실히 모르면서도 무엇인가 위험하다고 급히 결론을 내리는 이유이기도 하다. 또한 가령 우리를 어리둥절하게 만드는 신체 증상이 나타났을 때 덜 심각한 설명보다는 심각한 질병이 있다고 즉각 생각하는 이유이기도 하다.

이에 더해 어떤 일이 발생할 때 그것을 통제하지 못해 불안이 생기기도 한다. 우리는 불안할 때 나쁜 일이 일어나는 것을 방지하려는 마음에서 일들을 완전히 통제하려고 노력하거나 완벽하게 일을 처리하려고 노력한다. 우리를 걱정시키는 위험에 대해 잘 대처할 수 있다는 자신감이 없기 때문에 방지하려고 노력한다는 것은 한편으론 이

작업기록지 14.3: 불안과 관련된 생각을 찾아내기

1. 상황	2. 기분	3. 자동적 사고(이미지)
누가? 무엇을? 언제? 어디서?	a. 느껴진 기분은? b. 각 기분의 강도를 점수로 매겨보라(0~100%).	이런 기분을 느끼기 직전 어떤 생각이 떠올랐는가? 떠오른 생각이 또 있는가? 떠오른 이미지는?

출처: *Mind Over Mood, Second Edition*. Copyright 2016 by Dennis Greenberger & Christine A. Padesky. 이 책의 구매자는 이 작업기록지를 복사하거나 다운로드 받을 수 있음.

해되기도 한다. 다만 이런 접근을 하는 것의 문제점은 미래에 일어나는 문제에 대해 완벽하게 통제하거나 완벽하게 처리하는 것이 불가능하다는 데 있다. 어떤 일이 잘못 될 때 대처할 수 있는 자신감을 높이는 방법을 배우는 것은 어떤 일이 잘못 되는 것을 방지하려고 노력하는 것보다 불안을 다스리는 것에 더 도움이 된다. 작업기록지 14.3에 적은 상황에서 통제나 완벽주의나 '모르는 것'과 관련된 생각을 한 적이 있는가?

다양한 종류의 불안에 흔히 나타나는 사고

[그림 14-3]에는 앞에서 언급한 다양한 종류의 불안에 나타나는 사고가 잘 요약되어 있다. 이 사고들은 각각의 불안에 깔려 있는 핵심적인 위험과 관련이 있다. 예컨대, 뱀 공포증을 가지고 있는 사람은 뱀과 관련된 불안한 생각과 이미지를 가지고 있으며, 건강염려증을 가지고 있는 사람들은 질병과 관련된 생각과 이미지를 가지고 있다. 두려워하는 일이 생길 때 그에 대처하는 우리의 능력에 대해 의심하는 것도 공통적으로 나타난다.

불안의 종류	흔히 나타나는 생각이나 이미지
공포증	두려워하는 대상이나 상황에 대한 생각이나 이미지(예: 뱀, 높은 곳, 곤충, 엘리베이터)
사회공포증	'사람들은 날 판단/비판할 것이다.' '나는 우습게 보일 것이다.' 얼굴이 붉어지는 이미지 등
공황장애	'나는 지금 죽어 가고 있다(심장마비, 뇌졸중).' '나는 정신을 잃고 있다.' 구급대원의 이미지, 의식을 잃고 쓰러져 있는 이미지 등
외상후 스트레스 장애	플래시백 기억이나 외상사건의 이미지, '나는 영원히 피해를 입었다.' '나는 지금 위험에 처해 있다.' 외상사건과 비슷한 소리, 냄새, 모습, 감각에 의해 촉발되는 생각이나 이미지
건강염려증	'나는 진단받지 않은 질병이 있다.' '신체적인 변화나 통증은 언제나 심각한 질병의 징후다.' '의사들이 건강하다고 말하지만, 중요한 것을 놓치고 있을 것이다.' '질병이나 신체적 변화가 있는지 자주 검사하는 것이 중요하다.'
범불안장애	'만일……' 다양한 일에 대한 걱정, '만약 나쁜 일이 생긴다면 나는 대처할 수 없을 것이다.' 압도당하는 이미지

[그림 14-3] 다양한 불안에 흔히 나타나는 생각과 이미지

불안을 극복하기

우리는 불안하면 될 수 있는 대로 불안을 빨리 없애길 원한다. 다시 불안해지지 않는다면 얼마나 좋을까 생각한다. 그렇지만 실제로 불안을 없애는 것은 좋은 생각이 아니다. 불안은 우리 몸의 경보 시스템이다. 즉, 불안은 위험에 대한 경계심을 높여 준다. 집에 경보장치가 있으면 낯선 강아지나 고양이가 마당에 살짝 들어와도 경보장치가 울리고 당신은 불필요하게 경계태세에 들어가게 된다. 그렇다고 경보장치를 끊어 버리는 것은 좋은 방법이 아니다. 경보장치가 쉽게 울리지 않도록 경보 시스템을 더 세밀하게 작동되도록 설치하거나, 아니면 심각한 위험이 발생하지 않았다는 것을 알게 되면 재빨리 경보를 끌 수 있도록 하면 된다. 이것이 바로 불안을 극복하기 위해 우리가 하려고 하는 작업이다. 즉, 우리의 내적 경보 시스템이 세밀하게 작동해서 너무 자주 울리지 않도록 만들려는 것이다. 나아가서 어떤 상황에서 위협 수준이 어느 정도 되는지 평가해서 위험을 과대평가했을 때는 불안반응을 빨리 없애는 것을 배우면 된다. 또한 불안 혹은 불안하게 만드는 상황에 대처할 수 있는 능력에 대해 자신감을 키울 수도 있다.

불안 경보 시스템을 미세 조정하기

인지행동치료는 다른 어떤 종류의 기분문제를 치료하는 것보다 불안을 치료하는 데 더 성공적이다. [그림 14-3]에 나와 있는 모든 종류의 불안에 맞는 효과적인 치료 방법이 있다. 다음에는 이 모든 치료에 공통적인 치료방법에 대해 간단히 기술하고자 한다.

회피를 극복하기: 노출

이 장의 앞부분에서 설명한 대로 회피는 불안에 수반되는 가장 흔한 행동이다. 어려운 상황을 회피하면 초기에는 불안이 감소한다. 우리가 느끼는 안도감이 매우 보상적이기 때문에 미래에도 계속 회피하게 된다. 역설적으로 우리가 어떤 상황을 더 회피할수록 미래에 그 상황에 직면하는 것에 대한 불안을 더 느끼게 된다. 이런 방식으로 회피는 실제 장기적으로 불안을 가중시킨다. 왜냐하면 우리가 두려워하는 위험이 매우 심각하고 그것을 대처할 능력이 없다고 믿게 만들기 때문이다.

불안을 극복하기 위해서는 우리가 회피하는 상황이나 사람에게 접근하는 것을 배워야 한다. 이런 경험을 통하여 우리를 두렵게 만드는 그 상황에 잘 대처할 수 있다는 자신감이 생겨날 수 있다. 우리를 불안하게 만드는 상황에 접근하고 대처하는 것을 배우는 것은 불안을 감소시킬 수 있는 가장 지속적이고 강력한 방법이다. 우리의 두려움에 직면하고 대처하는 것을 '노출'이라고 부른다. 일반적으로는 더 많은 노출경험을 할수록 당신의 불안 경보가 덜 예민해진다. 다시 말해, 당신이 불안을 느끼는 상황에 더 자주 들어갈수록 당신의 불안 경보 시스템은 그 상황을 덜 위험하게 보는 것을 배우게 된다. 점차 더 오랜 기간 반복적으로 노출함으로써 경보장치를 덜 민감하게 만드는 것을 '둔감화'라고 말한다. 다음에는 두려움 사다리를 통해 당신만의 노출계획을 세우는 것을 배우게 될 것이다. 그렇게 되면 당신의 두려움을 최대한 빨리 극복할 수 있을 것이다.

두려움 사다리 만들기

후아니타는 연설이나 발표하는 것을 회피하지 않고 접근하기 위해 두려움 사다리를 만들었다. 때때로 우리를 불안하게 만드는 사건은 하나가 아닌 다양한 상황이나 경험이 될 때도 있다. 예컨대, 폴은 공황발작을 할까 봐 다양한 상황을 회피했다. 그는 혼자 운전하는 것을 회피했으며, 집에서 너무 멀리 나가는 것이나 엘리베이터를 타는 것이나 좌석 중간에 앉는 것이나 사람이 많은 군중 속에 있는 것을 회피했다. 이 모든 상황은 폴을 불안하게 만들었으며, 이런 상황에 접근해서 머물러 있을 때 폴은 공황발작이 일어날까 봐 두려웠다. 폴은 이런 상황 중 어떤 것이 가장 힘든가를 생각해 보고, [그림 14-5]의 두려움 사다리를 만들었다.

후아니타가 계획한 것보다 폴의 두려움 사다리에 더 많은 단계가 있다는 것을 주목해 보라. 폴은 각 단계마다 점진적으로 더 어려운 노출실험을 계획했다. 예컨대, 극장이나 경기장에 있을 때 처음에는 통로에서 몇 자리 떨어진 곳에 앉았다가(단계 1), 자신감이 더 생기자 가운데로 점점 옮겨 갔다(단계 2). 단계 3에서 단계 7까지 각 단계를 할 때는 조금 더 쉬운 지점에서 시작하였다. 일단 그의 노출이 성공하면(예컨대, 그의 불안을 관리하는 데 필요한 만큼 오랫동안 그 상황에 머물러 있을 수 있으면), 그는 그 경험을

두려움 사다리

7	
6	
5	시의회 회의에서 발표하기
4	내 아이디어를 말하기 위해 시의원을 개인적으로 만나기
3	가족이나 친구 앞에서 발표하기
2	집에서 혼자 발표 연습하기
1	발표할 내용을 써 보기

[그림 14-4] 후아니타의 두려움 사다리

하는 시간이나 강도를 좀 더 높여 갔다. 예를 들어, 건물 꼭대기 층에 엘리베이터를 타고 갈 수 있을 때까지 점점 더 층수를 높여 가며 엘리베이터를 수없이 탔다. 처음에는 사람이 많지 않은 엘리베이터를 타고 꼭대기 층까지 올라갔다. 이것을 할 수 있게 되자, 그다음에는 엘리베이터에 사람이 붐비는 바쁜 시간에도 꼭대기 층까지 타고 올라갔다. 폴의 두려움 사다리를 보면 모든 단계를 거치는 데 매우 긴 시간이 걸리는 것처럼 보인다. 그렇지만 실제로는 하루 동안에도 많은 노출 도전을 성공적으로 끝마칠 수 있었다. 그래서 그가 기대했던 것보다 훨씬 더 빨리, 단지 수개월 만에 사다리의 맨 위 단계까지 도달할 수 있었다.

두려움 사다리

7	집에서 혼자 5, 10, 15, 25, 50마일 운전해 가기
6	혼자 5, 10, 20, 40분간 운전하기
5	붐비는 엘리베이터에서 1, 2, 5, 10층까지 타고 가기
4	붐비지 않는 엘리베이터에서 1, 2, 5, 10층까지 타고 가기
3	사람이 붐비는 장소에서 시간을 보내기
2	한 열의 좌석 중 중간 자리에 앉기
1	통로에서 두세 자리 떨어진 좌석에 앉기

[그림 14-5] 폴의 두려움 사다리

연습과제: 나의 두려움 사다리 만들기

작업기록지 14.4와 14.5에 당신의 두려움 사다리를 만들어 보라. 작업기록지 14.4는 불안 때문에 회피하는 상황들을 찾아내서 불안의 정도를 체크하도록 도와준다. [작업기록지 14.5]에 당신이 가장 높은 불안을 느끼는 항목을 맨 위 단계에 놓고, 맨 아래에는 가장 낮은 불안을 느끼는 항목을 적어 보라. 다음 단계에는 당신의 불안점수에 맞추어 높은 곳부터 낮은 곳까지 항목을 채워 넣으라. 어떤 항목들의 불안점수가 똑같다면 당신에게 가장 적절한 순서로 늘어 놓으라. 당신의 불안 사다리는 가장 덜 불안한 상황에서 시작해 위로 올라가면서 점점 더 두려워하는 상황으로 이루어진다. 사다리의 어떤 단계는 비워 놓아도 괜찮다.

작업기록지 14.4 : 두려움 사다리 만들기

1. 당신이 불안 때문에 회피하는 상황과 사건과 사람의 목록을 적어 보라. 이 단계에서는 어떤 순서로 적어도 좋다.

2. 당신의 목록을 다 만든 후에 각각의 항목에 대해 얼마나 불안을 느끼는지 불안점수를 0에서 100까지 적어 보라. 0은 불안을 전혀 느끼지 않는 상태이고, 100은 당신이 느낄 수 있는 가장 극심한 불안상태다. 각각의 문항에 대해 불안점수를 적어 보라.

내가 회피하는 것	불안점수(0~100)

작업기록지 14.5: 나의 두려움 사다리

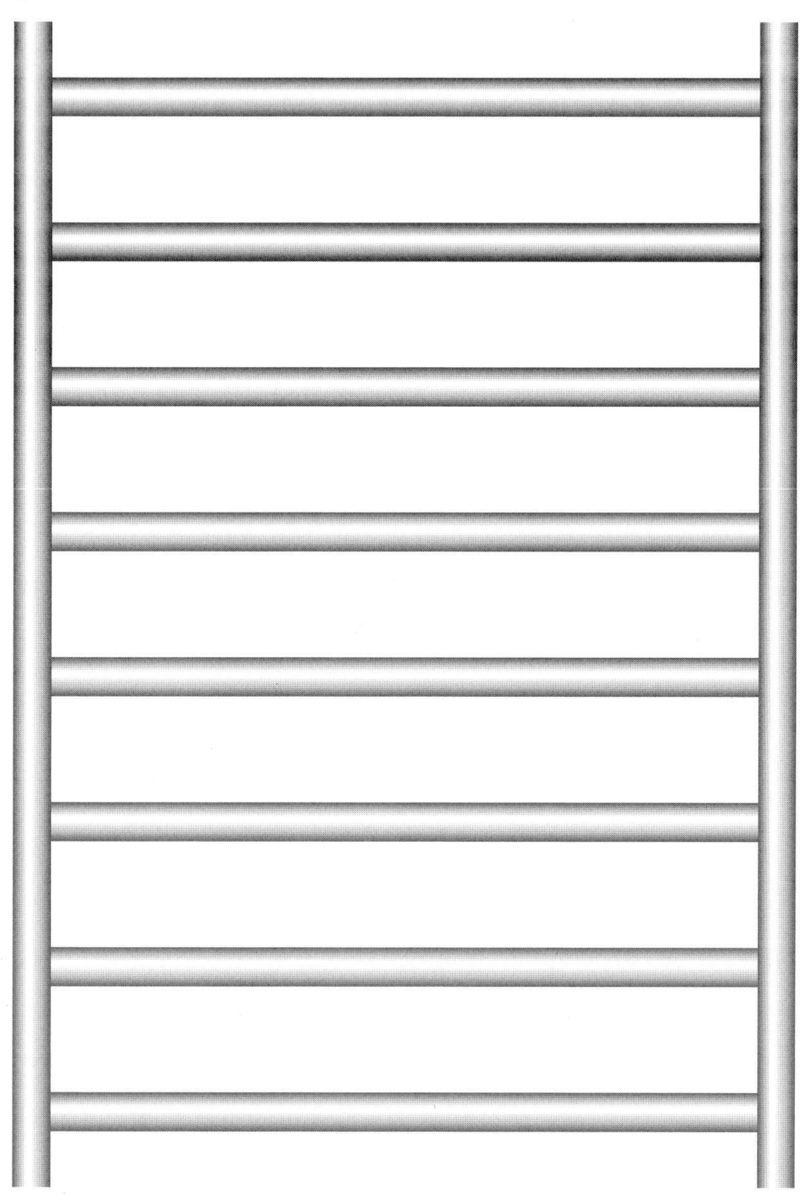

불안과 회피를 극복하기 위해 두려움 사다리를 사용하기

일단 두려움 사다리를 만들었으면, 이제 당신의 두려움에 접근하는 것(노출)을 시작할 준비가 되었고, 당신의 불안을 관리하는 것을 배울 수 있다. 사다리 위로 얼마나 빨리 혹은 천천히 올라갈지는 당신이 정하면 된다. 사다리의 각 단계에 노출하는 것은 당신에게 달려 있다. 당신이 할 수 있다고 믿는 것보다 더 빨리 올라가려고 너무 압박감을 느낄 필요는 없다. 사다리를 올라가는 속도를 당신이 통제하는 것은 당신의 불안을 줄여 주고 회피를 더 빨리 극복할 수 있게 해 준다.

두려움 사다리를 올라가는 것은 결코 편안하게 느끼는 일이 아니다. 그렇지만 사다리를 올라가는 것에서 느끼는 일시적인 불편감을 기꺼이 감수하는 사람들은 불안을 더 빨리 극복할 수 있다. 회피가 단기간의 안도감과 장기간의 불안을 가져오는 만큼, 두려움 사다리의 각 단계에 노출하는 것은 단기적으로는 불편감을 가져오지만 장기적으로는 불안에서 벗어나게 해 준다. 그러므로 두려움 사다리를 가지고 연습하는 데 될 수 있는 대로 많은 시간을 보내는 것이 좋다.

두려움 사다리에서 가장 두려움이 적은 상황이라도 너무 어렵게 느껴진다면 그 단계를 조금 더 작은 부분으로 나누거나 심상 연습으로 시작할 수 있다. 심상 연습은 당신이 그 단계에 있는 것을 마음속으로 그려 보는 것이다.

상황을 될 수 있는 대로 자세하게 상상하는 것이 도움이 된다. 예컨대, 후아니타는 그녀가 방문하려는 시의회 의원들의 사진들을 보고 그들의 얼굴 표정에 대해 생각해 보았다. 그녀는 그들의 사무실에서 악수하고 자리에 앉을 때 어떤 느낌을 가지게 될지 상상해 보았다. 심지어 그녀는 말을 시작할 때 목소리가 약간 떨리는 것을 상상해 보기도 하였다. 이 만남을 두 가지 다른 양상으로 상상해 보는 것도 도움이 되었다. 즉, 어떤 때는 모든 일이 순조롭게 진행된 것을 상상하였고, 어떤 때는 말이 막히고 당황한 것을 상상하였다. 이와 같이 쉬운 상황과 어려운 상황을 모두 상상해 봄으로써 어떤 일이 일어나든지 이 만남을 잘 다룰 수 있도록 미리 준비할 수 있었다. 이런 연습을 통해 자신감이 높아졌다.

상상 속에서 어떤 상황에 대해 편안하게 느끼면 그 상황에 실제로 들어가 볼 수 있다. 후아니타의 경험이 보여 준 대로, 상상 속에서 노출을 할 때는 될 수 있는 대로 오감을 많이 사용하는 것이 좋다. 당신이 무엇을 볼지, 들을지, 냄새 맡을지, 맛볼지, 접촉하게 될지 상상해 보라. 또 그 상황에서 어떻게 생각하고, 느끼고, 행동할지 상상해 보는 것은 도움이 된다. 어떤 사람들은 상상으로 노출한 것을 글로 적어 놓거나 스마트폰으로 기록해 놓는 것이 도움이 된다고 한다. 이와 같은 방식으로 당신이 기록한 것을 읽거나 들으면서 노출 횟수를 늘려 가고 두려움 사다리에서 조금 더 빨리 위로 올라갈 수 있다.

두려움 사다리의 한 단계에서 언제 그다음 단계로 올라갈지 어떻게 알 수 있을까? 당신의 불안이 0점이 될 때까지 완전히 사라져야 할 필요는 없다. 사실 두려워하는 상황에 많이 직면해도 어느 정도의 불안은 계속 느낄 것이다. 목표는 당신의 불안이 참을 만한 수준이 되는 것이다. 좋은 지침은 불안이 100점 척도에서 40점 이하로 내려갈 만큼 불안이 감소할 때까지 각 단계에 머물러 있는 것이다.

만일 당신이 어떤 상황에 머물러 있는 것이 어렵다면 이 장의 뒷부분에서 제시하는 대처 기술을 사용해서 사다리의 각 단계에 더 오랜 기간 머물러 있을 수 있다. 때때로 자신을 지지해 주는 배우자나 친구나 파트너가 도와준다면, 위계 목록에 있는 여러 상황에 좀 더 기꺼이 노출해 볼 용기가 날 것이다. 같이 해 볼 파트너가 필요하다면 당신이 가장 믿을 수 있고 이해받을 수 있는 누군가를 선택하라. 당신이 어려운 일을 처음 시도하는 데 지지해 주고 동기를 불러일으켜 줄 수 있는 공감적인 동반자가 이에 해당될 것이다. 이상적으로는 친구와 함께할 뿐만 아니라 당신 스스로 두려움에 직면해 보는 것이 좋다.

두려움 사다리에서 처음 불안한 상황에 접근하려고 할 때 불안 수준이 올라가리라는 것을 예상할 수 있을 것이다. 이것은 당신이 두려움에 직면하고 있다는 좋은 신호다. 만일 전혀 불안하지 않다면 너무 쉬운 상황을 하고 있거나 아니면 안전 행동을 하고 있을 가능성이 높다. 각각의 단계에서 당신은 그 상황에 더 오래 머물러 있을수록 불안을 더 잘 견디는 연습을 하게 될 것이다. 이런 연습을 많이 하면 할수록 불안을 경험하는 것이 쉬워질 것이며, 사다리의 윗 단계로 더 쉽게 올라갈 수 있을 것이다. 역설적이게도, 불안에 대해 더 편안해질수록 불안은 더 떨어진다. 두려움 사다리를 연습하는 동안 두려워하는 상황에 더 잘 접근할 수 있도록 다음에 나와 있는 불안관리 기술을 사용해 보라.

불안을 관리하기

당신이 불안을 느끼는 상황을 떠나거나 회피하는 것은 지극히 정상적인 일이다. 이미 배웠듯이 이런 경향을 극복하고 그 상황에 머물러서 불안을 견뎌 내는 것을 배우고 당신이 두려움에 따른 도전을 잘 다룰 수 있다는 것을 깨닫는 것이 중요하다. 이 장과 다른 장들에서는 더 많은 불안을 견뎌 내는 것과 불안을 관리하고 줄이는 방법들을 배우게 될 것이다.

당신은 여러 가지 방법을 쓸 수 있다. 일단 당신의 불안을 관리하거나 견디는 두세 가지 기술을 배운다면, 두려움 사다리를 더 빨리 올라갈 수 있을 것이다. 두려움 사다리에서 상황에 머무르기 위해 이 기술들을 사용하는 것은 중요하다. 이 기술들을 당신이 두려워하는 위험에 대비하기 위한 안전 행동으로 사용하는 것은 좋지 않다. 그 대신에 목표는 불안을 당신이 견딜 수 있는 수준으로 줄이고 그 상황에 머물러 있을 수 있도록 불안관리 책략을 사용하는 것이다.

마음챙김과 수용

'마음챙김'은 현재 순간에 머물면서 당신의 경험과 바로 주위에 있는 것들에 대해 온전한 주의를 기울이며 관찰하는 것을 배우는 연습이다. 마음챙김은 또한 당신의 경험을 판단하지 않는 태도로 수용하는 것이다. 예컨대, 때때로 거리를 산책하면서도 당신의 마음은 그날 있었던 일이나 이후에 생길 일들에 대해 생각하거나 스마트폰에 온 문자나 이메일을 들여다보고 있을 수 있다. 마음챙김 산책은 길을 걷는 동안 발동작, 근육의 느낌, 피부에 스치는 바람, 주변 환경의 색깔과 소리, 냄새와 같은 다른 감각적 경험, 심지어 자신의 숨소리에 주의를 온전히 집중하는 것을 의미한다. 당신의 경험 중 불편한 부분이 있다 하더라도 그것을 받아들이고자 노력한다. 즉, 불편한 부분을 주목하되 그것을 긍정적인 것이나 다른 것으로 바꾸려고 굳이 애쓰지 않는다.

이것은 생각보다 쉽지 않다. 당신이 처음 1~2분간이라도 마음챙김을 실행해 보려고 하면 마음이 미래나 과거로 자주 흘러간다는 것을 발견할 것이다. 마음이 다른 곳으로 흘러가는 것을 자각하는 것은 좋은 일인데, 그것이 당신의 주의를 다시 현재 순간과 경험으로 돌아오게 해 줄 수 있기 때문이다. 마음챙김은 당신의 마음이 다른 곳으로 흘러가는 것을 판단하지 않고 주목하는 것이다. 대신 자신이 현재 순간으로 돌아오도록 살짝 주의를 되돌린다. 마음챙김 연습은 밥을 먹을 때나, 걸어갈 때나, 누구와 이야기할 때나, 하루 종일 여러 가지 일을 하면서 연습해 볼 수 있다. 만일 불안을 느끼지 않는 상황에서 몇 분간이라도 마음챙김의 자세를 유지할 수 있다면, 당신은 불안한 상황에서도 이 기술을 사용할 준비가 된 것이다.

린다는 치료 초반에 마음챙김을 효과적으로 실행하는 것을 배웠다. 기장이 20분간 이륙이 지연된다고 방송했을 때, 그녀의 첫 번째 생각은 '나는 이것을 잘 대처할 수 없을 거야. 공황발작이 일어날 것 같아.'였으며 불안해졌다. 린다는 그래서 마음챙김을 실험해 보기로 했다.

린다는 그녀의 현재 경험의 여러 부분에 주의를 기울였다. 하늘의 파란 색깔과 구름의 모양과 색깔에 주목해 보았다. 구름의 가장자리를 눈으로 따라가 보고 구름의 질감을 자세히 관찰했다. 자신의 숨소리에 주의를 기울여 보았을 때 불안이 줄어듦에 따라 숨도 조금씩 느려지는 것을 주목했다. 이제 그녀가 입고 있는 옷의 촉감을 느끼고 옆에 있는 승객들에게 주의를 기울였다. 이와 같이 그 장면에 있는 것들에 몰두해서 주의를 기울이는 동안 불안이 참을 만한 상태로 20분이 금방 지나갔다. 마음챙김은 그녀가 느끼는 불안을 수용하도록 도와주었다. 그녀는 '이것은 예상하지 않았던 지연이다. 나는 비행기 타는 것에 대해 여전히 불안하다. 그렇지만 난 내가 불안하다는 사실을 이해하고 잘 받아들이고 있다. 그것을 바꿔야 할 필요는 없다. 나는 견딜 수 있다.'라고 생각하였다.

마음챙김과 수용은 여러 가지 점에서 불안을 도와준다. 첫째, 대부분의 불안은 현재 일어나는 것에 대한 불안이 아니고 몇 분 후일지라도 미래에 일어날 일에 대한 불안이다. 만일 당신이 현재에 마음의 초점을 맞출 수 있다면 불안은 감소할 것이다. 둘째, 당신이 그 순간에 온전히 몰두할 때, 당신의 대뇌는 두려움에 초점을 맞추지 않는다. 현재 순간에 초점을 맞추는 데 마음을 빼앗기고 현재 경험에 기반을 두게 해 준다. 이것은 일반적으로 이완된 느낌을 갖도록 해 준다. 셋째, 마음챙김과 수용은 장기적으로 당신이 불안을 견디고 덜 느끼도록 해 준다. 왜냐하면 불안한 생각을 사실로 받아들이기보다 단지 정신적 활동으로 바라보게 해 주기 때문이다. 마음챙김을 계속 연습하면 당신의 사고 방식과 반응 방식을 이해하기 시작할 수 있다. 그리고 사고 방식과 감정적인 반응에 일일이 반응할 필요가 없다는 것을 배우게 된다. 그것들이 일어날 때 단지 관찰하게 될 것이다. 정기적으로 마음챙김 연습을 계속하면 더 마음이 편안해지고 인생에서 만나는 어려움을 더 잘 수용하게 된다.

마음챙김이 도움이 될 것 같이 생각되면 커뮤니티에 있는 마음챙김 교실에 참여해 보는 것도 좋다. 마음챙김을 가르쳐 주는 책, 테이프, 스마트폰 앱도 있다.

호흡조절법

불안을 관리할 수 있는 또 다른 방법은 깊은 호흡을 쉬는 것이다. 많은 사람은 불안할 때 숨을 얕게 불규칙적으로 쉰다. 이러한 호흡 패턴은 우리 몸의 산소와 탄소의 균형을 깨뜨리고, 불안에 대한 신체 증상을 유발한다. 예컨대, 숨을 얕게 쉬면 산소가 적게 유입된다. 심장의 기능은 혈관을 통해서 산소를 우리 몸에 골고루 나르는 일이다. 만일 심장이 산소를 적게 받으면, 우리 몸에 같은 양의 산소를 공급하기 위해 더 빨리 뛰게 된다.

처음에는 깊은 호흡을 적어도 4분간 연습해야 한다. 왜냐하면 산소와 탄소의 균형을 회복시키는 데 약 4분 정도의 시간이 걸리기 때문이다. 당신이 같은 양의 숨을 깊이 들이쉬고 깊이 내쉬면 이 탄소와 산소의 균형이 가장 효과적으로 이루어진다. 한 손을 가슴 위쪽에 얹고 다른 손을 배에 얹으면 숨을 들이쉴 때 배에 있는 손이 나오게 된다.

하나, 둘, 셋, 넷을 서서히 세면서 숨을 들이쉬고 같은 방법으로 넷까지 세며 숨을 내쉬어 보라. 당장 이완됨을 느낄 것이다. 당신이 입으로 숨을 쉬는지 코로 숨을 쉬는지는 중요하지 않다. 당신이 편한 방법으로 숨을 쉬어도 좋다. 될 수 있으면 부드럽게 숨을 쉬고 공기를 한꺼번에 들이키지 않는 것이 좋다. 숨 쉬는 것에 주위를 기울이면서 배에 얹은 손이 올라갔다 내려갔다 하는 것을 관찰해 보라. 당신의 주의가 다른 곳으로 흘러가면 숨 쉬는 것으로 다시 돌아오게 하면 된다. 당신이 불안하지 않을 때 이 기술을 연습해 놓는 것이 좋다. 한 번에 4분씩 깊은 호흡을 쉬는 연습을 일주일에 적어도 나흘간 계속하면 깊은 숨을 쉬는 기술이 늘 것이다. 그런 다음에는 불안한 상황에서도 불안을 관리하고 그 상황에 오래 머물러 있을 수 있도록 이 기술을 사용할 수 있게 될 것이다.

점진적 근육이완법

'점진적 근육이완법'은 우리 몸에 있는 주요 근육근을 차례로 긴장시켰다 이완하는 기법을 말한다. 이 과정은 머리부터 발끝까지 해 나갈 수 있고 혹은 발에서 머리로 할 수도 있다. 점진적 근육이완법은 높은 수준의 신체적 이완과 정신적 이완을 가져온다. 이 기법은 이마, 눈, 턱, 목, 어깨, 허리, 이두근, 팔, 손, 배, 사타구니, 다리, 엉덩이, 허벅지, 장딴지, 발의 순서로 여러 근육을 긴장시켰다 이완시킨다. 각 근육군을 5초간 긴장시켰다가 10초 내지 15초 동안 이완하고, 다시 5초간 긴장시킨 후 10초 내지 15초 동안 풀어 주라. 하루 중 비교적 조용한 시간을 골라 편안하고 방해받지 않는 장소에서 이 연습을 해 보라. 모든 근육근을 다 해 보는 데 약 15분이 걸릴 것이다.

점진적 근육이완법을 사용할 때는 이완된 느낌과 긴장된 느낌의 차이를 주목해 보는 것이 중요하다. 어떤 사람들에게는 긴장할 때보다 이완할 때 더 무겁고 따뜻한 느낌이 온다. 어떤 사람들은 더 가벼운 느낌을 받는다. 당신의 경험이 어떠하든 간에 둘 간의 차이에 주목해 봄으로써 몸의 긴장과 이완을 더 잘 자각하게 될 것이다.

당신이 근육의 긴장을 조금 더 잘 자각하게 되면 하루 중 어느 때나 특히 불안을 느끼기 시작할 때 긴장이완 연습을 할 수 있다. 사람마다 근육이 긴장되어 있는 신체 부분이 각기 다르기 때문에, 근육을 세심하게 풀어 주어야 할 부분도 사람마다 다르다. 사람들은 대부분 점진적 근육이완 훈련을 하면 신체적 긴장 수준이 낮아지고 불안이 줄어든다고 보고하고 있다. 긴장이완 훈련을 반복적으로 연습하면 더 높은 수준의 긴장 이완을 해낼 수 있다. 긴장 이완은 피아노를 치거나 공을 던지는 것과 같이 연습할수록 기술이 더 늘어난다. 그리고 기술이 더 늘어나게 됨에 따라 회피의 대안으로 그것을 사용할 수 있다. 그리하여 불안을 관리할 수 있게 되고 불안 수준이 충분히 내려갈 때까지 두려움 사다리의 각 단계에 머물러 있을 수 있게 된다.

심상법

심상법은 당신이 불안을 느낄 만한 상황에 들어가기 전에 마음을 가라앉히는 데 사용할 수 있다. 심상은 시간이 지남에 따라 불안이 자연스럽게 줄어드는 것을 경험할 만큼 한 상황에 오래 머물 수 있는 용기를 준다. 심상을 통해 마음에 드는 고요하고 편안한 장면을 시각적으로 상상하면 불안을 직면할 수 있는 마음이 생긴다. 이때 떠올리는 장면은 당신이 안전하고 편안하다고 알고 있는 실제 장소가 될 수도 있고, 당신이 만들어 낸 고요하고도 안전하고 편안한 장면이 될 수도 있다. 영감을 주는 장면은 용기와 자신감을 불러일으켜 주는 사람이 될 수도 있고, 음악이 될 수도 있고, 장면이 될 수도 있다. 중요한 것은 그 장면이 어떤 것인지가 아니라 당신이 만들어 낸 이미지를 통해 당신이 어떻게 느끼는지다.

당신의 이미지 속에 다양한 감각을 포함시키면 시킬수록 그 이미지가 더 도움을 줄 수 있다. 시각적인 장면뿐만 아니라 냄새나 소리나 촉감까지도 상상할 수 있다면 긴장을 푸는 데 더 유용하다. 예컨대, 당신이 나무로 둘러싸인 오솔길을 산책하고 있다고 상상할 때, 숲속에서 노래 부르는 새, 나뭇가지 사이로 비치는 햇빛, 소나무 향기, 숲속의 푸르름, 피부로 느껴지는 싱그러운 산들바람에까지 주의를 기울이면 긴장이 더 이완되고 편안하게 느낄 것이다. 만일 당신이 영화에서 영감을 주는 장면을 보고 이 이미지를 사용하여 불안을 견디려고 해 본다면, 등장인물이 어떻게 생겼는지, 배경에 흐르는 음악이 어떤지, 마음에 용기가 어떻게 차오르는지 생생하게 상상해 보라.

사람이나 장소에 심상을 국한시킬 필요는 없다. 자신감과 유능감을 느꼈던 경험을 생생하게 기억해 보는 것도 도움이 된다. 졸렌은 직장 상사와 하게 될 회의에 대해 매우 초조하게 느꼈다. 과거에는 이런 회의를 회피할 방법을 찾았으나, 회의 참석이 두려움 사다리에 포함된 한 단계였으며, 이 단계를 꼭 통과하겠다고 결심했다. 회의 전에 심상을 통해 마음을 가라앉히고 자신감을 높이고 더 나은 마음자세를 가지기를 원했다. 그녀의 인생에서 자신감을 느끼는 한 가지 일은 시간제로 학생들에게 피아노를 가르치는 것이었다. 그녀는 학생들에게 피아노를 가르쳐 줄 때 어떤 느낌을 가지는지 생생하게 상상해 보기로 했다. 학생들이 피아노를 잘 칠 때 느끼는 자부심과 성취감을 생생하게 기억하고 상상해 보았다. 그녀는 마음속으로 음악을 들었고 피아노 연주실 창문으로 흘러 들어오는 찬 공기를 느낄 수 있었다. 그녀는 허리를 꼿꼿하게 세우고 성공적인 피아노 선생님의 자세를 취하였다. 이 장면을 5분 동안 상상한 후, 졸렌은 마음이 더 평온해지고 자신감과 유능감을 느꼈다. 상사와 회의에 들어갔을 때 의자에 꼿꼿하게 앉을 수 있었고, 그 상황에 머무를 준비가 더 되어 있었으며, 불안한 마음이 생겨도 견딜 수 있었다.

연습과제: 긴장이완법을 연습하고 평정하기

이제까지 당신은 마음챙김과 수용, 호흡법, 점진적 근육이완법과 심상법이 불안을 다스려 주고 당신을 두렵게 만드는 상황에 더 오래 머무르게 해 준다는 것을 배웠다.

- 어떤 방법이 당신에게 가장 효과 있는지 알기 위해 각 이완법을 한두 번 시도해 보라.
- 작업기록지 14.6을 사용하여 각 방법을 사용하기 전과 후의 불안과 긴장 수준이 얼마나 되는지 0~100점 척도에 평정해 보라.

- 당신에게 가장 효과 있는 방법을 찾았으면 그 방법을 조금 더 정기적으로 사용해 보라.
- 그 방법을 매일 연습하면 필요할 때 그것을 효과적으로 사용할 수 있을 것이다.

작업기록지 14.6: 나의 긴장이완법을 평정하기

'사용한 긴장이완법' 아래에 '마음챙김과 수용' '호흡법' '점진적 근육이완법' 혹은 '심상법'을 적어 보라. 각 방법을 연습한 후에 불안과 긴장 수준을 0~100점 척도에 평정해 보라. 당신이 시도해 보고자 하는 각 방법에 대해 많은 연습을 해야 한다. 작업기록지 밑부분에 이 연습을 통해 배운 점을 적어 보라. 연습을 더함에 따라 이완 기술이 점점 좋아졌는지, 서로 다른 이완법 중에 어떤 방법이 가장 효과가 있는지 살펴보라.

사용한 긴장이완법	시작하기 전 불안/ 긴장 수준(0~100)	끝난 후 불안/ 긴장 수준(0~100)

연습을 통해 배운 점(나의 이완 수준이 연습을 거듭함에 따라 좋아졌는가? 어떤 방법이 나에게 가장 효과가 있었는가?)

____

____

____

불안한 사고를 바꾸기

불안한 사고를 바꾸는 것은 지속적으로 불안을 감소시키기 위해 당신이 할 수 있는 가장 중요한 일 중의 하나다. 불안은 위험에 대한 지각을 낮추거나 두려워하는 일들을 대처하는 능력에 대한 자신감을 높일 때 감소할 수 있다. 이 책 전반을 통하여 가르치고 있는 기술들을 통해 불안한 생각을 점검하고 변화시키는 것을 배울 수 있다. 이 장의 마지막에 당신의 불안을 다스리는 기술을 배우는 데 『기분 다스리기』의 장들을 어떤 순서로 읽는 것이 좋은지 제시해 놓았다.

당신의 불안을 도와줄 수 있는 주요한 기술은 두려움 사다리에 있는 각 단계들에 대해 당신의 생각을 점검하기 위해 행동실험(11장)을 하는 것이다. 이 장에서 시작한 대로 불안을 감소시키는 가장 빠른 방법은 두려움 사다리를 사용해서 불안에 직면하는 것이다. 두려움 사다리의 각 단계에서 이전에 회피했던 상황들을 얼마나 잘 대처할 수 있는지 살펴보기 위해 실험을 해 볼 수 있다. 이 실험들을 통해 당신이 원래 생각했던 것보다 당신이 대처할 수 있는 능력이 더 있다는 것을 배울 가능성이 있다. 10장에서는 행동 플랜을 세우거나 두려움 사다리에 있는 상황을 직면하도록 수용하는 것을 배울 수 있다.

11장에서는 기본가정에 대해 가르쳐 주는데, 이는 불안에 흔히 나타나는 공통적인 신념이다. 예컨대, 불안한 사람이 가지고 있는 흔한 가정은 '어떤 일이 잘못된다면, 나는 대처할 수 없을 것이다.'다. 11장에서는 이런 종류의 가정을 검증하기 위해 행동실험을 고안하고 수행하는 방법을 배울 수 있다.

두려움 사다리를 해 보면서 도움을 받았다면, 이 장을 다 읽자마자 10장과 11장을 읽는 것이 좋다. 만일 10장과 11장을 읽기로 정했다면 그다음에는 5~9장을 읽을 수 있다. 5~9장에서는 개인적인 목표를 세우고 기분이 향상되는지 살펴보고 불안한 생각들을 테스트해 봄으로써 어떤 상황이 얼마나 위험한지와 얼마나 잘 대처할 수 있는지를 빨리 평가할 수 있다. 그 증거를 살펴보고 직면한 위험이 생각했던 것보다 심하지 않고 당신의 대처능력이 생각했던 것보다 좋다는 것을 발견하면 불안은 감소할 것이다.

불안한 사고가 이미지일 때

이 장의 초반부에 기술한 대로 불안한 생각은 종종 말로만이 아닌 이미지의 형태로 나타난다. 이 이미지들은 당신의 얼굴이 붉어지는 그림으로 나타날 때도 있고, 영화의 한 장면같이 나타날 때도 있다. 예컨대, 당신이 당황스러운 말을 한 후 얼굴이 빨갛게 달아오르고, 사람들이 당신을 보며 비웃으면서 고개를 저으며 걸어가 버리는 장면을 상상해 볼 수 있다. 말이든 이미지든 불안한 생각은 위험에 관한 것('일이 잘못될 것이다.' '나는 창피해서 죽을 것이다.' '상사가 나를 형편없게 생각해서 나를 해고할 것이다.')이거나, 대처능력이 부족한 것('나는 이것을 다룰 수 없어.' '나는 약해.' '다른 사람들은 나보다 더 자신감 있어.')과 관련 있다.

이미지는 종종 왜곡된 형태로 나타난다. 만일 상사가 당신에게 화를 냈을 때, 당신의 이미지에서는 상사가 실제보다 훨씬 키가 크고 무서운 모습으로 나타날 것이다. 또는 당신의 이미지에서는 당신이 다른 사람에게 얼마나 불편하게 보이는가가 과장되게 나타날 수 있다. 불안한 이미지에서는 이와 같은 왜곡이 흔하게 나타난다. 사고기록지(6~9장)에서는 당신의 이미지를 점검해 보고 그것이 실제 경험과 얼마나 잘 맞는지를 살펴볼 수 있다. 왜곡된 신념을 테스트하기 위해 실험을 해 볼 수도 있다. 만일 얼굴이 홍당무같이 빨갛게 되었다고 생각했다면 셀카로 찍어서 나온 사진을 상상 속의 모습과 비교해 볼 수 있다.

만일 당신의 불안한 이미지가 당신이 처한 위험을 정확하게 나타낸 것이라면 그것에 대해 가장 잘 대처하기 위해 어떤 전략들을 사용하는 게 좋은지 찾아보는 것이 필요하다. 불안한 생각을 바꾸기 위해서는 위험에 대한 당신의 예측을 테스트해 보고, 당신의 대처능력을 더 잘 자각하고 자신감을 갖는 것이 필요하다. 이 책에서 배우는 방법은 당신의 생각이 말로 나타나든 이미지로 나타나든 모두 효과가 있을 것이다.

약

약은 불안을 낮춰 주지만 지속적인 개선을 가져오는 데 방해가 되기도 한다. 약을 먹으면 이 책에서 가르쳐 주는 것과 같은 새로운 기술을 배우고, 연습하고, 발달시킬 기회가 줄어들 가능성이 있다는 것이 연구에서 밝혀졌다. 사람들이 약을 먹고 있는 동안에는 두려움에 접근할 때에도 약 때문에 접근할 수 있다고 생각하는 경향이 있다. 예컨대, 당신이 두려움 사다리의 특정 단계에 오랫동안 머물러 있는 데 성공했다고 하자. 당신은 그 성공이 당신의 기술이나 대처 연습에서 온다기보다 약에서 온다고 생각하게 될 것이다.

불안을 극복하는 데 중요한 부분은 불안한 느낌을 견디는 법을 배우는 것이다. 만일 약을 먹어서 불안감이 줄어든다면, 당신이 불안한 느낌을 견디고 관리하는 것을 배울 기회가 없을 것이다. 불안을 관리하는 기술을 발달시키기 위해서는 불안을 느낄 필요가 있고, 불안을 어떻게 줄일지 혹은 견딜지 배워야 한다. 만일 당신이 약을 먹고 있다면 마음챙김과 수용, 호흡법, 점진적 근육이완법, 심상법, 불안한 생각을 바꾸는 것, 회피를 극복하는 것의 효과를 충분히 인식하지 못할 것이다. 처음에 불안 수준이 높으면 대처 기술을 배우고 연습하려는 동기가 높아진다. 우리가 아주 불안하면 불안을 관리하기 위한 새로운 방법을 배우려는 욕구가 매우 높다.

약을 포함한 여러 가지 방법의 효과를 비교할 때 즉각적인 효과뿐만 아니라 재발 방지의 효과 또한 평가해 보아야 한다. 재발률은 어떤 치료를 잘 받은 사람들 중 몇 명이 치료를 중단한 후 같은 증상을 재경험하는가를 말한다. 불행하게도, 불안장애가 있는 사람들 중에 약물치료만 받은 사람들의 재발률은 매우 높다. 다시 말해, 불안에 대한 유일한 치료로서 약으로부터 혜택을 본 대부분의 사람은 약을 끊고 1년 만에 다시 불안이 나타난다. 이와 대조적으로, 인지행동치료로 불안을 성공적으로 치료한 대부분의 사람은 치료가 끝난 지 1년 후에도 여전히 불안에서 자유롭다. 인지행동치료는 장기적으로 불안 감소가 지속될 수 있도록 불안을 관리하는 기술을 가르쳐 준다. 다시 말해, 당신이 인지행동치료로 좋아진다면 계속 좋아질 가능성이 높다. 그러나 약은 그렇지 않다.

항불안제에 대해 더 조심해야 할 점은 중독 가능성을 자각하고 있어야 한다는 것이다. 불안을 치료하기 위해 처방되는 대부분의 약은 진정제다. 진정제는 중독 가능성이 높다. 상당히 오랜 기간 진정제를 복용한 사람에게는 내성이 생겨 같은 이완효과를 얻기 위해서는 점점 더 많은 양의 진정제가 필요하다. 뿐만 아니라 오랜 기간 진정제를 복용하면 약을 갑자기 중단할 때 금단 증상이 일어난다. 금단 증상에는 메스꺼움, 땀 흘림, 안절부절못함, 약에 대한 강렬한 갈망 등이 있다. 금단 증상과 내성은 약물중독의 가장 중심적인 특징이다. 이런 이유로 당신이 진정제를 복용할 경우에는 의사들이 이를 잘 지켜보아야 한다. 당신이 불안을 감소시키는 다른 방법들을 배우도록 이 책을 추천하는 것도 이 때문이다.

그렇다고 불안을 치료하는 데 약을 결코 먹어서는 안 된다는 말은 아니다. 다만 대부분의 연구에 의하면 항불안제는 단기간으로만, 즉 수년이 아닌 수주일 동안만 복용해야 한다고 제안한다. 또한 약만으로는 대부분 지속적으로 향상되지 않는다고 밝혀졌다. 인지행동치료를 통해 불안관리 기술을 배우는 것은 장기적으로 지속되는 결과를 최대한 얻기 위한 치료계획의 일부가 되어야 한다.

『기분 다스리기』를 불안을 다스리기 위해 가장 잘 사용하는 방법

당신이 1장에서 4장까지 읽고 이 장에 나와 있는 모든 연습과제를 다 했다면 다른 『기분 다스리기』에서의 기술을 배울 준비가 되어 있다고 볼 수 있다. 이 책에 나와 있는 모든 기술은 불안에도 도움이 되므로 이 기술들을 순서대로 습득하는 것이 가장 좋을 것이다. 불안으로부터 가장 빨리 빠져나오고 싶다면 『기분 다스리기』의 나머지 장을 [그림 14-6]에 제시한 순서대로 읽어 보라.

A. 1장에서 4장까지 읽기: 『기분 다스리기』에 대한 서론으로서

B. 14장을 읽기: 불안에 대해 더 배우고 두려움 사다리를 만들기 위해

C. 5장을 읽기: 개인적인 목표를 세우고 당신에게 의미 있는 개선의 징후를 발견하기 위해

D. 11장을 읽기: 두려움 사다리를 더 위로 올라가기 위해 행동 실험하는 법 배우기 위해

E. 10장을 읽기: 당신 인생의 문제를 해결하기 위해 행동 플랜을 세우고, 해결하지 못하는 문제에 대해서는 수용하는 태도를 배우기 위해

F. 13장을 읽기: 만일 우울증 문제를 가지고 있는 경우
15장을 읽기: 만일 분노, 죄책감, 수치심과 관련된 문제를 경험하고 있는 경우

G. 6~9장, 11장을 읽기: 불안문제가 개선된 후 다른 기분문제나 인생의 문제를 가지고 있을 경우

H. 16장을 읽기: 시간이 지나도 개선된 기분을 계속 유지하기 위한 계획을 세우기 위해

[그림 14-6] 불안을 다스리기 위해 『기분 다스리기』 책을 읽는 순서

14장 요약

▶ 흔한 불안장애로는 공포증, 공황장애, 외상후 스트레스 장애, 강박장애, 범불안장애가 있다.

▶ 불안 증상은 다양한 신체 반응을 포함하고, 초조함에서 패닉 상태에 이르는 여러 기분 증상이 나타나며, 상황이나 감정에 대한 회피와 위험에 관한 걱정과 대처하지 못하는 것에 대한 생각을 포함한다.

▶ 불안한 생각은 위험에 대한 과대평가와 함께 우리가 예상하는 위협에 대한 우리의 대처능력을 과소평가하는 것을 포함한다.

▶ 불안에서 흔히 나타나는 사고는 종종 '만일……'과 '끔찍한 일이 일어날 것이며, 나는 대처하지 못할 것이다.'의 주제를 포함한다.

▶ 불안한 생각은 자주 이미지로 나타난다. 어떤 이미지가 나타나는지 잘 살펴보는 것이 중요한데, 그래야 도움이 되는 방식으로 그것에 반응할 수 있다.

▶ 다양한 종류의 불안은 예상하는 위험의 종류에 따라 서로 다른 사고로 특징지어진다.

▶ 불안을 극복할 수 있는 가장 좋은 방법 중 하나는 우리를 두렵게 하는 것에 노출함으로써 두려움에 직면하는 것이다. 두려움 사다리는 두려움을 한 번에 한 단계씩 견딜 수 있는 정도로 직면하도록 도와준다.

▶ 두려움에 직면할 때 불안을 다스리게 해 주는 많은 기술이 있는데, 마음챙김과 수용, 호흡법, 점진적 근육이완법, 심상법, 불안한 생각을 바꾸는 것 등이 있다.

▶ 약은 단기간 복용해서 도움을 받는 사람도 있지만, 대부분의 사람에게는 지속적인 불안 감소 효과가 없다.

▶ 우리의 생각을 바꾸는 것은 지속적으로 불안을 개선하는 좋은 방법이다.

▶ 당신이 다양한 목적으로 『기분 다스리기』 기술을 배울 수 있도록 이 책의 장들을 당신에게 맞게 다른 순서로 읽을 수 있다. [그림 14-6]에는 불안을 다루려고 할 때 도움이 되는 읽는 순서가 제시되어 있다.

15장

분노, 죄책감, 수치심 이해하기

당신은 당신 자신이나 가까운 사람이 분노, 죄책감 혹은 수치심 때문에 고민하거나 갈등하고 있어서 이 장을 읽는 것일 수 있다. 대부분의 사람들은 때때로 이러한 기분을 느낀다. 이런 기분을 느끼는 날들이 그렇지 않은 날들보다 많을 경우 혹은 그것이 살아가면서 자신이나 다른 사람들에게 해가 되는 결정이나 선택을 하도록 이끌 경우 문제가 된다.

이 책에서 자세하게 소개한 사람들 중 두 사람은 이러한 기분 때문에 고민하거나 갈등했다. 빅은 판매원이었으며, 보통 때는 동료들 및 친구들과 잘 지냈다. 하지만 때때로 폭발적인 분노를 표출하곤 했고, 특히 무시당했다고 느꼈을 때나 가까운 사람들이 그에 대해 신경을 쓰지 않은 듯 느껴질 때 그랬다. 집에서 분노를 조절하는 데 어려움을 겪는 것 때문에 주디와의 결혼생활에 상당한 문제들이 생겼다. 마리사는 두 명의 십 대 자녀를 둔 직장 여성이었다. 인생에서 많은 어려움을 극복했음에도 불구하고, 마리사는 어린 소녀였을 때 성적 학대를 당한 것에 대해 깊은 수치심을 자주 느꼈다. 그녀의 수치심은 그녀의 자존감과 대인관계에 영향을 미쳤다.

빅의 경험을 보면 잘 알 수 있듯이, 분노는 흔히 다른 사람들을 공격하고 상처를 입히게 하는 감정이다. 죄책감이나 수치심을 느낄 때, 우리는 마리사가 그랬던 것처럼 자신을 공격하거나 다치게 할 수 있다. 이 장은 분노, 죄책감과 수치심을 설명하고, 이러한 기분들을 이해하고 다스리는 전략을 자세히 다룰 것이다.

당신이 이 책을 분노, 죄책감 또는 수치심을 다루기 위하여 사용하고 있다면, [작업기록지 15.1]에 있는 척도를 사용해 정기적으로 이러한 기분을 측정해 보라. 이러한 기분이 느껴지는 빈도가 줄어들거나 그것이 지속되는 시간이 줄어들거나 덜 강하게 느껴지면 긍정적인 변화가 일어나고 있는 것이다. 예컨대, 당신이 분노를 다루고 있다면, 이 책에 제시된 대로 해 나가면서 분노하는 일이 줄어들거나, 분노가 지속되는 시간이 줄어들거나, 분노의 정도가 약해지는 것을 발견할 수 있을 것이다. 어느 부분에서든지 변화가 나타나는 것은 상태가 개선되고 있다는 징후일 수 있으며, 이 때 시간을 두고 이를 추적하고 측정하는 것이 중요하다.

연습과제: 내 기분을 측정하고 추적하기

작업기록지 15.1은 분노나 죄책감, 수치심이나 행복감 같은 긍정적인 기분에 이르기까지 다양한 기분을 추적하는 데 사용할 수 있다.

작업기록지 15.1: 나의 기분을 측정하고 추적하기

당신이 개선하기 원하는 기분의 빈도, 강도, 지속기간을 측정하고 추적하는 데 이 작업기록지를 사용하라. 이 작업기록지는 또한 행복감과 같은 긍정적인 기분을 측정하고 추적하는 데도 사용할 수 있다.

내가 평정하는 기분: ________________

빈도

이번 주에 그 기분을 얼마나 자주 경험했는지를 가장 잘 반영하는 숫자에 표시하라.

강도

이번 주에 그 기분을 얼마나 강하게 느꼈는지 표시하라. 대부분의 시간 동안 이 기분을 강하게 느끼지 않더라도 그것을 가장 강하게 느낀 때를 기준으로 표시하라. 0점은 이번 주 동안 이 기분을 전혀 느끼지 않은 것을 의미한다. 100점은 당신 인생에서 이 기분을 가장 강하게 느꼈다는 것을 의미한다. 기분을 강하게 느낄 때는 70점 이상을 체크해야 한다. 중간 정도의 강도로 기분을 느꼈다면 30~70점, 약하게 느꼈다면 1~30점 사이에 점수를 주라.

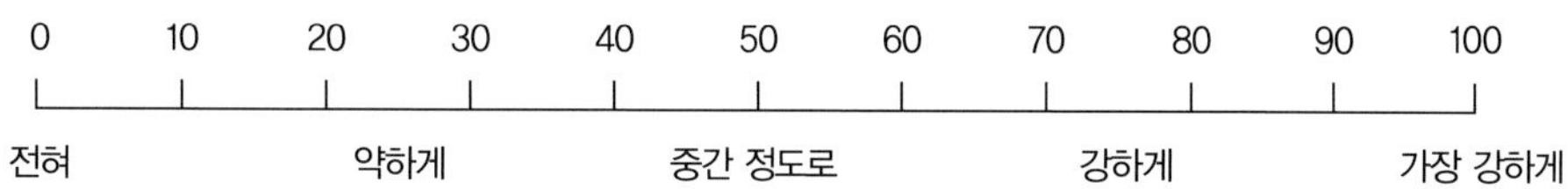

지속기간

당신의 기분이 얼마나 오래 지속되었는지를 말해 주는 숫자에 표시하라. 당신이 이 기분을 가장 강하게 느꼈을 때 얼마나 오래 지속되었는지 표시하라. 만일 이 기분을 전혀 경험하지 않았다면 0에 표시하라.

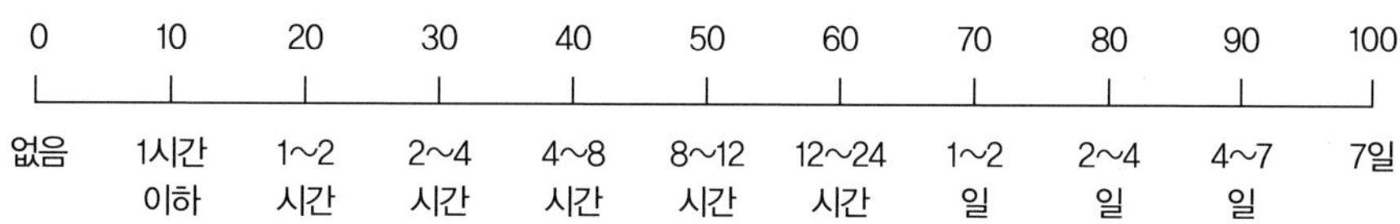

연습과제: 기분점수

작업기록지 15.1에 당신이 평정한 기분의 빈도, 강도 및 지속기간의 점수를 작업기록지 15.2에 기록하라. 작업기록지 15.2에 세 가지 종류의 기분을 다 추적함으로써 『기분 다스리기』 기술을 배워 감에 따라 기분이 얼마나 나아지는지 확인할 수 있을 것이다. 당신이 평정하고 있는 각 기분마다 작업기록지 15.2를 복사해서 사용하면 된다. 예컨대, 수치심과 행복감을 평정한다면 작업기록지 15.2를 두 장 만들어서 각각에 기록하라. 부록에 나와 있는 이 작업기록지를 복사해서 사용할 수 있다.

작업기록지 15.2: 기분점수 차트

내가 평정하는 기분:

100																
90																
80																
70																
60																
50																
40																
30																
20																
10																
0																
날짜																

일단 작업기록지 15.2에 날짜를 적고 당신이 느끼는 기분의 빈도, 강도 및 지속기간을 표시했다면 당신은 분노나 죄책감이나 수치심에 긍정적인 변화가 나타나도록 배울 준비가 된 것이다.

분노

릭은 파트너 존에게, 장을 보러 가는 동안 그의 새 셔츠를 세탁기에 넣어 달라고 부탁했다. 존은 이 부탁을 흔쾌히 받아들였으며 그 셔츠를 세탁하고 난 후 건조기에 넣었다. 릭이 집에 돌아왔을 때, 그는 셔츠에 대해 물어봤고, 존은 그가 건조기에서 셔츠를 꺼내는 것을 잊었다는 것을 깨달았다. 그가 셔츠를 건조기에서 꺼냈을 때, 셔츠는 줄어 있었다. 릭은 격분했는데, 존이 더 조심해야 했고, 그 셔츠를 건조기에서 말려도 되는지 옷에 부착되어 있는 세탁 주의사항을 확인했어야 한다고 생각했기 때문이다. 릭은 존에게 "넌 내 물건에 대해 도무지 신경을 안 써! 넌 너무 경솔하고 생각이 없어!"라고 소리 질렀다. 존은 상처를 받았다. 그는 줄어든 릭의 셔츠 때문에 미안했지만, 릭이 실제 일어난 일에 비해 너무 심하게 화를 낸다고 생각했다. 존은 맞받아쳤다. "이건 네 잘못이야! 네 셔츠에 특별 취급사항이 있었다면, 나한테 말해 줬어야지! 이제 다시는 네 부탁을 들어주지 않을 거야!"

당신은 릭과 존이 한 것처럼 분노를 표현할 수도 있고 그러지 않을 수도 있겠지만, 당신이 심각하게 홀대받았거나 누군가 당신에게 상처를 주었거나 당신을 이용하고 있다고 생각했을 때, 유사한 분노의 느낌을 경험한 적이 있을 것이다. 모든 기분이 그렇듯이, 분노는 [그림 15-1]에서 보여 주는 것처럼 생각, 행동 그리고 신체적 반응변화를 동반한다. 우리가 분노할 때, 우리의 몸은 방어나 공격을 위한 태세를 갖춘다. 흔히 우리의 생각은 복수나 '앙갚음'을 할 계획으로 가득 찬다든지 얼마나 우리가 '불공평'한 취급을 받았는지에 초점이 맞춰진다.

분노의 감정이 짜증에서부터 격노의 범위에 이를 수 있다는 것을 눈여겨보라. 우리가 특정 상황에 대해 얼마나 분노하는지는 우리가 사건의 의미를 어떻게 해석하는지에 따라 달라진다. 셔츠를 갖고 다투고 난 후, 존은 침묵으로 남은 하루를 보냈다. 만일 존의 반응을 그가 상처받았기 때문이라고 해석한다면, 릭은 살짝 짜증이 나거나 존의 감정에 신경을 쓸 것이다. 하지만 존의 침묵을 자신에 대한 존의 애정이 식었다든지 릭이 신경 쓰는 것에 대해 무시하는 것이라 생각했다면, 릭은 아마도 훨씬 더 분노했을 것이다.

사람마다 분노를 일으키는 사건은 다양하다. 어떤 사람은 줄을 서서 기다려야 할 때

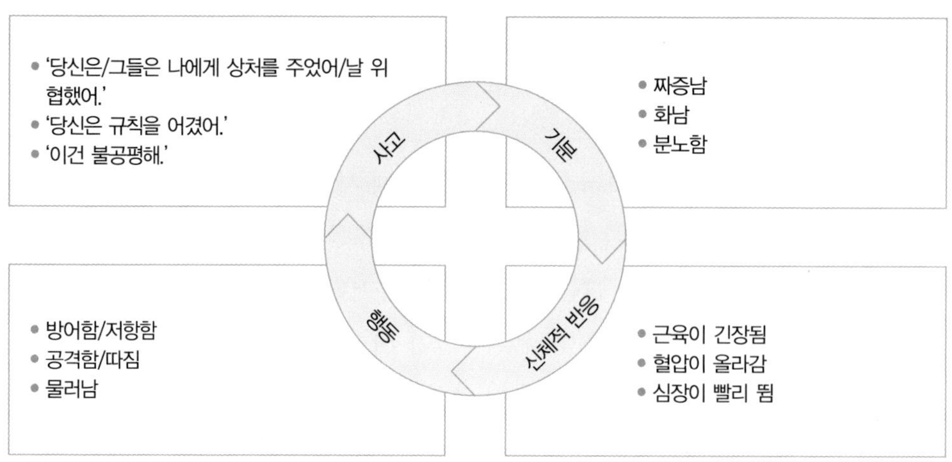

[그림 15-1] 분노 증상 프로파일

화가 나는 반면 남이 그를 비판할 때는 조용히 귀를 기울인다. 반면, 어떤 사람은 줄을 서서 기다리는 것은 괜찮지만 다른 사람이 그의 실수를 지적할 때는 맹렬히 그 사람을 공격한다. 우리가 어떤 종류의 사건에 화가 나는가는 우리의 원칙이나 신념에 따라 달라지지만 우리의 과거와도 밀접한 관련이 있다. 예를 들어, 과거에 자주 또 심하게 학대를 받았다면, 우리는 앞으로 학대받을 일에 대해 철저히 '방어'하는 경향이 있을 것이다. 다른 사람들이 자주 상처를 줄 때 우리는 경계하고 조심하는 것이 적응하는 데 도움이 된다는 것을 배우게 된다. 따라서 학대받은 역사가 긴 사람들은 현재 일어나는 일들이 자신을 학대하는 일이 아닌가에 매우 민감하며, 만성적으로 분노를 경험한다. 또한 이들은 분노를 일으키는 조그만 사건에 대해서도 지나치게 반응하게 된다.

자주 그리고 금방 화를 내는 패턴은 학대하는 사람에게 정면으로 대응함으로써 자신을 보호할 수 있다는 신념과 부합된다. 자주 학대를 받았지만 자기 자신을 보호하는 데 무력감을 느끼는 사람은 어떤가? 무력감을 느끼는 사람들은 학대에 대해 분노감을 갖기보다는 체념이나 우울감을 갖게 된다. 만일 당신이 학대를 당할 때 무력감을 가졌다면 당신의 과제는 어떤 사람이 당신에게 상처를 줄 때 분노를 통제하는 것을 배우는 것보다 분노를 경험하는 것을 배워야 할 것이다. 분노는 너무 자주 일어날 때 문제가 되기도 하지만 너무 없을 때에도 문제가 된다. 가끔 화가 나는 것은 지극히 정상적이며, 분노는 건강하고 적응적인 반응이기도 하다.

연습과제: 분노를 이해하기

당신이 분노할 때 어떤 일이 일어나는지 이해하기 위해 가장 최근 분노나 짜증을 느꼈을 때를 기억해 보라. 작업기록지 15.3의 사고기록지 첫 번째 칸에 상황을 적고, 이 상황에서 어떤 기분을 느꼈는지 한 단어로 적어 보라. 0~100점 척도에서 100점은 당신이 느낄 수 있는 가장 심한 분노를 의미하고, 50점은 중간 정도의 분노, 10점은 약한 정도의 분노를 의미한다.

당신이 가장 화가 났을 때 마음속으로 어떤 생각이 떠올랐는가? 세 번째 칸에는 이 생각들(단어, 이미지, 기억)을 적어 보라. 만일 당신이 이 상황에서 어떤 생각, 이미지 혹은 기억을 떠올렸는지 잘 모르겠다면 7장에 이것들을 어떻게 찾아볼 수 있는지 나와 있다.

만일 당신이 더 잘 이해하기를 원하는 기분이 분노라면 당신이 분노를 느꼈던 상황 두 가지에 대해 이 연습을 반복해 보라. 즉, 상황을 적고 기분의 강도를 체크하고 그때 떠올랐던 생각이나 이미지나 기억을 적어 보라. 당신이 작업기록지 15.3에 여러 상황에 대해 적어 보았다면 이 장의 다음으로 넘어가라. 다음 부분에서는 분노를 더 잘 이해할 수 있게 되고 분노를 좀 더 건설적인 방법으로 표현하거나 관리하는 방법들을 알려 줄 것이다.

작업기록지 15.3: 분노, 죄책감, 수치심 이해하기

1. 상황	2. 기분	3. 자동적 사고(이미지)
누가? 무엇을? 언제? 어디서?	a. 느껴진 기분은? b. 각 기분의 강도를 점수로 매겨 보라(0~100%).	a. 이런 기분을 느끼기 직전 어떤 생각이 떠올랐는가? 떠오른 생각이 또 있는가? 떠오른 이미지는? b. 뜨거운 사고에 동그라미를 쳐 보라.

분노할 때 드는 생각

분노는 다른 사람으로부터 손해나 상처를 받았다고 생각하는 것과 밀접히 연관되어 있으며, 중요한 원칙이 지켜지지 않고 있다는 신념과 관련되어 있다. 우리는 부당하게 취급을 받고 있거나, 불필요하게 상처를 받고 있으며, 우리가 얻으리라고 기대했던 것을 얻지 못하게 되었다고 생각할 때 화가 난다. 릭은 존에게 셔츠를 세탁해 달라고 했을 때 셔츠를 망가뜨리지 않고 세탁해 줄 것을 기대했기 때문에 화가 났다. 존은 릭의 개인적인 공격("넌 너무 경솔하고 생각이 없어!")이 불공평하다고 생각했기 때문에 화가 났다. 자기가 그의 셔츠를 세탁할 때의 좋은 의도와 그에 대한 자신의 애정과 관심을 무시했기 때문이었다. 공정함, 합리성, 기대가 중요하다는 점에 주목하라. 단지 우리가 손해나 상처를 입었을 때가 아니고 어떤 기대나 규칙이 지켜지지 않았다고 생각할 때 화가 난다.

직장을 잃은 사람을 상상해 보라. 그 사람은 화가 났을까? 상황에 따라 다르다. 만일 그 사람이 직장을 잃었는데 회사의 규칙을 어겼거나, 그 회사가 망했기 때문에 모든 직원이 해고되고 직장을 잃었다면, 그는 정당한 결정이라고 생각하고 화를 덜 느낄 것이다. 그렇지만 다른 사람도 규칙을 어겼는데 그 사람은 해고되지 않고 일부만 해고가 되었다면, 그는 해고당한 것이 부당하다고 생각되어 매우 화가 날 것이다.

이와 비슷하게, 만일 버스에서 어떤 아이가 발을 밟아서 발이 아팠다고 하자. 이때 화나는가의 여부는 그 아이의 행동이 의도적이었다고 해석하는가 아닌가에 달려 있다. 만일 그 아이가 일부러 그랬다고 생각했다면 당신은 금방 화가 날 것이다. 그렇지만 버스가 흔들리고 아이가 균형을 잃어서 자기도 모르게 당신의 발을 밟은 것이라고 생각한다면 발이 아파도 화를 내지 않을 것이다. 의도적이지 않은 상해에 화가 나는가의 여부는 당신이 그 행동이 얼마나 합당하다고 생각하는가와 상대방의 의도를 어떻게 판단하는가에도 달려 있다. 예컨대, 만원버스에서는 비어 있는 버스에서보다 발을 밟혀도 쉽게 지나치기 쉽다.

분노에 대한 이러한 원칙은 겉보기에 아주 명료한 것처럼 보인다. 그렇지만 사람마다 공정성과 합당성에 대한 기대가 다른 것을 생각해 본다면 그렇게 단순한 문제는 아니다. 릭은 존이 상처를 주는 방식으로 행동할 때조차도 존이 그에게 더 지지적이기를 바랐다. 존은 릭이 화가 났을 때에도 그에게 좀 더 조용하게 말하기를 기대했다. 릭이

나 존은 모두 상대방에 대한 자신의 기대는 합당하고 상대방의 기대는 비현실적이라고 생각했다.

릭과 존이 발견한 것처럼 분노는 친밀한 관계에서 가장 잘 일어난다. 애인이든 직장동료든 우리가 늘 가까이 접촉하는 사람일수록 분노는 더 강하게 일어난다. 분노와 친밀감 사이에 이와 같이 밀접한 관계가 있다는 것은 친구 간이나 애정관계나 동료관계나 그 밖의 친밀한 관계에서 더 많은 기대를 한다는 것을 생각해 볼 때 쉽게 이해할 수 있다. 우리는 우연히 만난 사람들에게는 개인적인 기대를 덜 갖게 된다. 우리가 어떤 사람과 가까워질수록 그 사람에 대한 기대를 더 많이 하게 된다. 문제를 더 복잡하게 만드는 것은 우리가 사람들에게 기대하는 바를 뚜렷이 이야기하지 않는다는 데 있다. 뿐만 아니라 기대가 어긋나기 전까지는 자신의 기대에 대해서도 자각하지 않는다. 그러고는 상처를 받고 실망하고 또 보통 화를 낸다.

분노조절 전략

분노할 때 드는 생각을 점검하기

우리가 분노할 때 드는 생각들에 어떻게 반응하는지는 이러한 생각들이 우리 삶에서 어떠한 역할을 하는지에 따라 결정된다. 보통 때는 분노를 거의 느끼지 않는데 명백한 부정의(不正義)로 인하여 분노의 생각이 비롯되었다면, 분노를 통해 어떻게 건설적으로 상황에 대해 반응할지 찾아낼 수 있다. 자주 분노한다면, 그리고 이러한 분노가 자신과 대인관계에서 문제를 일으킨다면, 분노할 때 드는 생각들을 살펴보고 다른 방식으로 생각할 수 있는지 검토해 보는 것이 좋다. 당신이 6~9장에서 사용방법을 배운 사고기록지는 당신이 다른 방법으로 생각하는 것을 배우는 데 유익한 도구다.

우리는 분노할 때, 다른 사람의 의도를 개인적이고 부정적인 방식으로 해석하거나 잘못 해석하는 경향이 있다. 사실이 아니더라도, 우리는 그들이 의도적으로 우리를 홀대하거나 이용한다고 생각할 수 있다. 예컨대, 가게에서 점원의 도움이 필요해 점원이 다른 고객과의 말을 마치기를 기다리며 카운터에서 몇 미터 떨어진 곳에 서 있는데 점원이 그 고객과의 말을 마치자마자 다른 사람이 카운터로 와서 점원과 말을 하기 시작했다고 하자. 만일 당신이 이 사람이 당신을 보았음에도 일부러 새치기를 했다고 생각한다면, 당신은 분노할 수 있다. 하지만 이것이 상대방의 실수로서 그 사람이 당신이 그곳에 서 있는 것을 보지 못했다고 생각했다면 당신이 분노할 가능성은 더 적다. 이 두 가지 반응의 차이는 다른 사람의 행동을 개인적으로 받아들이느냐에 달려 있다. 즉, 다른 사람이 '우리에게' 이러한 행동을 한 것이라고 생각하는가, 아니면 다른 사람이 우리가 그곳에 서 있는 것을 모르고 행동을 한 것으로 생각하는가에 달려 있다.

우리는 분노하면 다른 사람들의 행동을 개인적으로 받아들이는 경향이 있다. 사고 기록지의 이점 중 하나는 당신이 이러한 종류의 상황에 대해 충분히 생각해 보도록 돕는다는 것이다. 또 다른 사람들의 의도를 알아보는 질문을 하는 것을 배울 수 있다. 또한 다른 사람의 행동에 대해 대안적 설명을 찾아볼 수 있게 해준다. 당신은 다른 사람이 서 있는 것을 보지 못해 줄 서서 기다리는 사람 앞에 새치기했던 때를 기억할 수 있는가? 당신은 다른 사람을 이용할 의도가 없었을 것이다. 단지 그것은 모든 사람이 때때로 저지르는 단순한 실수였다. 다른 사람의 행동을 덜 개인적으로 해석하는 것, 다른 사람들의 의도를 더 선한 방식으로 해석하는 것, 그리고 상황을 다른 관점들에서 바라보는 것을 배우는 것은 분노에 잘 반응하는 데 도움이 된다.

분노할 때 드는 생각들은 사람들을, 소위 말하여 어떤 고정된 박스에 집어넣는 경우가 많다. 이 장 앞에서 든 예에서, 릭은 존이 자신의 셔츠를 부주의하게 세탁해 셔츠가 줄어든 것에 대해 매우 분노하였다. 릭은 존을 '경솔'하고 '생각 없는' 사람이라고 했다. 흔히 분노하면 릭이 그랬던 것처럼 다른 사람이 특정 성품이나 성격을 가졌다고 생각한다. 이러한 '라벨'들은 너무 자주 사용할 경우 다른 사람의 의도에 대해 우리가 유연한 관점을 갖는 것을 막는 박스로 작용한다. 만일 릭이 계속 존은 '생각 없는 사람이다.'라고 말한다면, 존의 여러 행동을 이러한 라벨에 대한 증거로 잘못 해석하기 시작할 수 있다. 예컨대, 존이 부엌으로 걸어 들어온 후 커피를 자기만 한잔 따라 마셨다면, '존은 너무나 생각이 없어. 나한테 한잔 주겠다는 말도 안 하네.'라고 생각할 수 있다. 존은 릭이 하루에 커피를 한 잔 이상 절대 마시지 않는데 그날 아침에 이미 한잔 했다는 것을 알고 있어 그렇게 했는데, 이 사실을 릭이 간과했던 것이다. 즉, 존은 생각 없이 행동한 것이 아니라, 릭의 습관에 주의를 기울인 결과 그런 행동을 한 것이었다. 사실, 존은 자신을 주의 깊고 배려심 있는 사람이라고 생각했고, 보통 그의 행동은 이것을 뒷받침하였다. 어떤 사람을 하나의 라벨이 붙여진 박스에 넣는 것은 결과적으로 많은 잘못된 해석과 불필요한 감정의 요동을 낳는다.

만일 당신이 어떤 사람에 대해 거듭 라벨을 붙이고 판단하는 자신을 발견한다면, 이것은 이 사람을 박스에 넣었다는 신호다. 당신이 이것을 자각했을 때, 분노를 줄이고 박스를 열 수 있도록 만드는 몇 가지 방법이 있다. 첫째, 당신의 '뜨거운 버튼'처럼 눌러지는 이슈들을 파악할 수 있다. 릭은 자신의 감정과 필요가 무시되고 있다는 신호들에 대해 매우 민감하다는 것을 스스로 자각했다. 당신의 뜨거운 버튼이 눌러질 때, 분노로 반응하는 대신 판단을 보류하는 관찰자로 추가 정보를 얻으며 다른 사람의 의도에 대한 당신의 추정들을 검토해 볼 수 있다.

릭은 존과의 관계를 개선하고 싶었다. 그래서 존이 자기만 커피를 마시는 것에 대해 조용히 분노하기보다 존에게, "왜 나한테는 커피를 주지 않았어?"라고 물었다. 이것은 릭에게 존이 생각 없이 행동한다는 릭의 추정을 검토할 기회를 주었다. 존은 "네가 오늘 아침 이미 커피 한잔 마시는 걸 보았는데, 넌 보통 하루에 한 잔 이상을 절대 마시지 않잖아. 하지만 더 마시고 싶다면, 기꺼이 커피를 한잔 줄게. 새로 커피를 내리면 돼."라고 대답했다. 존의 대답은 릭에게 추가 정보를 주었고 존의 행동이 생각 없는 것이 전혀 아니라는 것을 자각하는 데 도움이 되었다. 우리가 다른 사람에 대해 부정적으로 생각하기 시작할 때 추가 정보를 얻는 것의 이점은 다른 사람들의 행동을 새로운 방식으로 이해하게 해 준다는 것이다.

사건을 예상하고 준비하기 위하여 심상을 활용하기

당신이 화낼 가능성이 큰 상황을 예측하고 미리 준비하는 것이 도움이 될 수 있다. 마음을 진정한 후 이런 상황을 맞게 되면 평소에는 분노를 유발하는 일도 더 잘 다룰 수 있게 된다. 14장(295~296쪽)에서 불안을 낮추는 방법으로 설명된 심상법은 화낼 위험이 큰 상황에 대해 당신을 준비시키는 데도 사용될 수 있다. 당신을 진정시키기 위하여 심상을 사용하는 것에 더하여, 당신이 원하는 종류의 반응을 하도록 계획하고 준비하는 데도 심상을 사용할 수 있다.

당신이 화낼 위험이 큰 상황이 시작되기 이전에 심상을 사용하는 것이 최선이다. 당신이 원하는 말, 당신이 원하는 태도로 말하는 것, 그리고 당신이 얻기를 바라는 반응을 상상하는 것이 도움이 될 수 있다. 혹시 당신이 희망하는 대로 일이 풀려 나가지 않을 것에 대비하여, 당신이 문제를 잘 다루는 것을 상상하는 것이 도움이 될 수 있다. 도전적인 상황을 어떻게 다룰지 마음속으로 연습하면 더 자신감을 갖고 일이 잘 안 되었을 때 덜 위협받는다고 느낄 수 있다. 결과적으로 이러한 자신감은 일이 잘 안 될 때 단순히 분노를 표출하기보다, 더욱 효과적이고 적응을 잘하는 방식으로 반응하도록 도울 것이다.

심상 작업은 당신이 여러 가지 가능한 문제를 모두 철저하게 생각해 보고 자신의 반응을 미리 계획할 수 있도록 한다는 점에서 도움이 된다. 또한 위험 부담이 높고 스트레스가 많은 상황에서는 자신을 편안하고 효율적인 사람인 것처럼 그려 보는 것이 도움이 될 수도 있다. 마지막으로, 당신이 어떻게 반응할 것인가에 대해 이상적인 이미지를 떠올려 보는 것이 도움이 된다. 이 이미지가 실제 상황에서 당신의 반응을 안내해 줄 것이다.

만일 당신이 화낼 위험이 많고 스트레스가 높은 상황을 미리 알아낼 수 있다면, 무엇을 말하고 싶은지, 또 어떻게 말하고 싶은지 정확하게 계획해 보고, 적어 보고, 미리 말해 보는 기회를 가지는 것이 좋다. 이러한 각본이 있다면 그 상황에 대한 작전을 세우고 자신감 있게 들어가 원하는 바를 얻을 수 있을 것이다.

분노의 초기 신호 발견하기

화내기 쉬운 상황을 미리 예상해 보는 것과 함께 화를 조절하기 힘든 상태라는 것을 말해 주는 신호들을 미리 깨닫는다면 도움이 된다. 이러한 신호들을 깨닫게 되면 파괴적인 분노를 단축시킬 수 있다. 분노는 도움이 될 수도 있고 파괴적일 수도 있다. 때문에 언제 분노가 파괴적인 쪽으로 움직여 가는가를 깨닫는 법을 배운다면 분노를 좀 더 건설적으로 사용하고 조절하게 될 것이다.

많은 사람에게 나타나는 파괴적인 분노의 초기 경고 신호는 몸이 떨리고, 근육이 긴장되고, 이를 악물고, 가슴이 눌리고, 소리를 지르고, 주먹을 쥐고, 사실이 아닌 말을 하는 것 등이다. 어느 정도 분노를 느끼는 것은 괜찮지만 분노가 파괴적인 정도로 심해지기 시작한다면 잠깐 멈춰서 어떤 다른 방법이 있는지 생각해 보는 것이 좋다. 즉, 계속 화를 낼 수도 있고, 다음에 나오는 타임아웃이나 자기주장을 사용해 볼 수도 있다.

타임아웃

타임아웃은 분노를 조절하는 효과적인 방법이다. 타임아웃은 분노를 조절하기 힘든 상태에 이르고 있다는 초기 신호들이 나타날 때 그 상황에서 잠깐 벗어나는 것이다. 타임아웃을 함으로써 스스로나 그 상황에 대한 통제를 다시 할 수 있다. 당신에게 무엇이 중요한지와 무엇을 이루기 원하는지 다시 한 번 생각해 볼 수 있게 해 준다.

타임아웃을 효율적으로 사용하기 위해서는 분노로 인해 그 상황을 잘 다루지 못하게 되거나 파괴적인 수준에까지 이르렀다는 것을 가능한 한 빨리 알아차리는 것이 필요하다. 운동선수들이 경기 중에 타임아웃을 신청해서 작전을 짜고, 긴장을 풀고, 휴식을 취하는 것과 같이 타임아웃을 쓸 수 있다. 타임아웃은 짧게는 5분, 길게는 24시간까지 할 수도 있다. 타임아웃은 그 상황을 회피하기 위한 것이 아니고, 새로운 시각에서 새로운 마음으로 접근하기 위한 것이다. 모든 타임아웃의 핵심은 그 상황으로 돌아가서 다시 시작한다는 데 있다. 때때로 그 상황을 잠시 벗어나는 것만으로도 다른 관점에서 바라볼 수 있는 기회가 된다. 또는 14장에서 소개한 긴장이완 훈련도 도움이 된다. 이 장의 앞에서 제시한 대로 분노할 때 드는 생각이 맞는지 검토하면 타임아웃을 통해서 가장 큰 득을 볼 수 있다. 어떤 사람들은 화가 폭발할 가능성을 최소화하기 위하여 새로운 전략을 세우고 그 상황에 들어가 보기도 한다. 앞에서 언급한 대로 그 상황에 들어가기 전에 어떤 말을 하고 어떤 행동을 할지 심상을 통해서 연습해 볼 수도 있다.

자기주장하기

자기주장을 잘하는 것을 배우면 분노와 관련된 어려움을 줄일 수 있다. 자기주장을 하는 것은 공격적인 것과 수동적으로 다른 사람이 우리를 이용하도록 허용하는 것의 중간 지점 정도 된다고 볼 수 있다. 우리가 공격적일 때, 우리는 다른 사람을 공격한다. 우리가 과하게 수동적일 때, 우리는 다른 사람들이 우리를 공격하는 것을 허용하게 된다. 자기주장을 하는 것은 자신을 옹호하면서 다른 사람을 공격하지 않는 중간 지점을 말한다. 다음은 우리에게 '멍청'하다고 말하는 사람에 대한 세 가지 반응이다.

공격적 반응: (소리 지르며) "당신이 나한테 멍청하다고 말했어?! 당신은 돌대가리야!"

자기주장을 말하는 반응: **(진정하며 단호하게) "당신은 내가 멍청하다고 생각할 수 있지만, 우리 진짜 문제가 되고 있는 XYZ 이슈에 대해 다시 생각해 봐요."**

수동적 반응: (고개를 숙이며 아무 말 하지 않는다.)

자기주장을 하는 것은 또한 당신이 원하는 것과 필요로 하는 것을 직접적으로 표현하는 것을 의미한다. 예컨대, 직장에서 퇴근했을 때 아이들이 한꺼번에 당신의 관심을 원한다고 하자. 당신이 피곤하지만 그들의 모든 필요를 만족시키려고 할 때(수동적 반응), 당신은 압도되어 결국 그들에게 분노를 폭발할 수 있다(공격적 반응). 보통 자기주장을 하는 것이 더 바람직하며 이렇게 말하는 것이 좋다. "엄마는 지금 정말 피곤한데, 너희들과 놀아 주기 전에 먼저 조금 쉬어야겠어." 이것은 당신에게 마음을 가다듬고, 당신이 얼마나 아이들을 사랑하는지를 기억하고, 당신이 아이들과 시간을 보내기 위해 준비하거나, 필요하다면 한계를 정할 수 있게 해 준다. 이렇게 자기주장을 함으로써 불공평하게 취급받거나 이용당하는 빈도를 줄이고, 그럼으로써 분노를 야기하는 상황을 예방할 수 있다. 뿐만 아니라 당신의 삶에 대한 통제감을 더해 주기도 한다.

자기주장을 하는 것을 계획하고 연습하도록 돕는 네 가지 전략

1. **'나'에 대한 진술을 하라.** 분노에 찬 진술은 '당신'으로 시작하고 문제에 대한 책임을 돌리는 경향이 있다(예: "당신은 항상 자신을 먼저 생각해요."). 이렇게 대화를 시작하는 것은 흔히 상대방을 방어적으로 만들고, 그 결과 상대방이 당신의 말을 경청할 가능성을 줄여 버린다. 자기주장을 할 때 흔히 '나'로 시작해서 자신의 반응, 욕구와 희망사항을 표현한다(예: "나는 당신이 내가 무엇을 생각하고 느끼는지 들었으면 좋겠어요."). 당신이 무엇을 원하고 요청하고 싶은지 표현하여 상대방으로 하여금 당신의 메시지를 들을 수 있게 유도하고, 그럼으로써 생산적인 대화가 되도록 한다.

2. **당신에 대한 상대방의 불평거리에 진실이 있다면 그것을 인정하면서 당신의 권리를 옹호하라.** 예컨대, 상대방이 당신에게 무엇을 해 달라고 하는데 당신이 거절하는 상황을 상상해 보자. 상대방이 "난 당신이 이것을 해 주는 것이 정말 필요하고, 당신이 할 수 있는데도 나를 돕지 않는 것은 정말 이기적으로 보여요."라고 말한다. 당신은 "당신이 실망했다는 것은 알지만, 나는 지금 정말 피곤해서 거절할 수밖에 없어요. 이것은 이기적인 것이 아니라 내 자신을 돌보는 것이에요."라고 대답할 수 있다.

3. 당신이 원하거나 필요로 하는 것들을 명확하고 단순하게 표현하는 말들을 하고, 다른 사람들이 당신의 생각을 읽거나 당신이 원하는 것을 예상할 것을 기대하지 말라. 도와달라는 말을 바로 하는 것, 당신이 필요로 하는 것이 무엇인지 다른 사람에게 말하는 것, 당신이 기대하는 것을 명확하게 하는 것이 자기주장을 하는 것이다. 당신은 파트너에게 "발이 정말 아파요. 나한테 발 마사지를 해 줄 수 있나요?"라고 말할 수 있다. 어떤 어머니는 아이들에게 "너희들 장난감을 모두 주워서 치워 줘. 내가 돌아왔을 때 바닥에 아무것도 없어야 한다."라고 말할 수 있다. 혹은 어떤 매니저는 "오늘 3시까지 이 프로젝트를 꼭 마쳐야 해요. 이 마감시각을 못 지키게 된다면 미리 알려 주세요."라고 말할 수 있다.

4. 자기주장을 한 것의 결과보다 자기주장을 하는 과정에 초점을 맞추라. 자기주장을 한다고 해서 항상 당신이 요청한 것이 이루어지는 것이 아니다. 자기주장을 하는 것의 목표는 명확한 소통이다. 자기주장을 할 때마다 희망하는 결과가 이루어진다는 보장은 없지만, 일관적으로 자기주장을 하면 시간이 지나면서 관계가 더 긍정적으로 될 가능성이 크다.

자기주장을 하는 것을 방해하는 생각들과 추정들은 다음과 같다.

"당신이 나를 정말 좋아한다면/사랑한다면, 내가 무엇을 필요로 하는지 알 것이다."
"내가 거절하면 사람들은 나를 좋아하지 않을 것이다."
"왜 굳이 자기주장을 해야 하나? 어차피 내가 원하는 것을 얻지 못할 것이다."
"자기주장을 하는 것은 그에 뒤따르는 논쟁을 감수해야 할 만큼 가치가 있지 않다."
"나는 지금 있는 그대로 잘 살 수 있다."
"누군가 나에게 친절하게 말하지 않는다면, 나는 친절하게 반응할 필요가 없다."

이러한 추정들은 인간관계에 해가 될 수 있다. 우리를 깊이 아끼는 사람들은 흔히 우리가 원하거나 필요로 하는 것을 알지 못한다. 우리가 말하지 않더라도 사람들이 우리가 원하는 것과 필요로 하는 것을 알아야 한다는 생각은 잦은 상처와 분노로 이어진다. 당신이 원하는 것과 필요로 하는 것에 대해 명확하고 단순하게 표현하는 것은 좋은 관계를 유지하는 기술이며 흔히 분노로 이어질 수 있는 상처와 짜증을 줄인다.

이러한 종류의 생각들이 자기주장을 말하는 데 방해가 된다면, 당신은 6~9장에서 배운 기술들을 사용하여 이러한 생각들을 시험해 볼 수 있다. 또한 당신의 생각들과 자기주장을 하는 것의 유용성을 11장에서 배운 행동실험을 통해 시험해 볼 수 있다.

다른 사람을 용서하기

누군가 우리에게 깊은 상처를 주거나 반복적으로 상처를 줄 때 분노가 오랫동안 지속될 수 있다. 지속적인 분노는 우리의 영혼을 갉아먹고 우리가 행복과 기쁨을 경험하는 것을 방해한다. 이러한 경우, 분노를 내려놓는 방법을 찾는 것이 가치 있고 보람 있는 일이 될 수 있다. 우리에게 상처를 준 사람들을 용서하는 것은 우리가 분노와 상처를 내려놓는 것을 도와준다. 우리에게 상처를 준 사람이 미안한 마음을 갖고 사과를 한다면, 용서하는 것이 조금 더 쉽다. 하지만 우리에게 상처를 준 사람이 자신의 행동이나 말에 대해 미안한 마음을 갖지 않는다면, 용서하는 것이 보통 더 어렵다. 용서하는 것이 우리 자신을 분노의 짐에서 풀어 준다는 것을 명심하는 것이 도움이 된다. 용서하는 것은 다른 사람의 행동을 간과하는 것을 의미하지 않는다. 용서하는 것은 그러한 행동을 다른 관점에서 바라보는 것을 의미한다. 예컨대, 우리는 우리에게 상처를 사람한테 문제가 있거나 해결해야 하는 부분이 있다는 것을 받아들일 수 있다.

때때로 우리는 어떤 사람을 용서하지 않기로 결정할 수 있는데, 예를 들면 어떤 사람이 계속 우리나 우리가 아끼는 사람을 학대할 경우 그렇다. 이러한 경우, 분노를 내려놓는 유일한 방법은 다른 사람이 학대한다는 사실을 받아들이고, 우리 자신을 탓할 게 아니라는 것을 머릿속에서 명확히 하고, 앞으로 당할 수 있는 학대에 대해 자신을 보호할 방도를 찾아내는 것이다. 10장에서 다룬 행동 플랜들은 우리 자신을 학대로부터 보호할 수 있는 일련의 행동과 반응을 계획하는 데 도움이 될 수 있다. 어떤 때 이것은 학대를 가하는 사람과 거리를 두는 것을 포함하기도 한다.

당신이 누군가를 용서하고 싶다면, 다음의 두 가지 접근법이 도움이 될 수 있다. 이러한 용서의 과정을 상대방의 유익이 아닌 자신의 유익을 위해 거친다는 것을 기억하자. 사실 상대방에게 당신이 용서한다는 것을 알려 줄 필요가 없다. 다음의 (용서의 편지 쓰기) 옵션 2는 당신에게 상처를 준 사람과 더 이상 연락하고 지내지 않더라도 당신이 그 사람을 용서하도록 도와줄 것이다.

1. **당신이 왜 분노하는지 상대방이 이해하도록 하기 위해 상대방에게 당신이 어떻게 상처를 받았는지 직접적으로 말하라.** 앞의 자기주장하기 부분에서 설명한 것처럼 '나'로 시작하는 진술을 사용한다면, 상대방은 당신의 관점을 생각해 보고 반응할 기회를 가지게 될 것이다. 예컨대, 당신은 배우자나 가까운 친구에게 "당신이 친구들에게 날 소개시켜 주지 않을 때 아웃사이더처럼 느껴져요. 이 점에 대해 여러 번 같이 얘기했음에도 당신이 행동을 바꾸지 않아 난 당신이 내 감정에 신경을 쓰지 않는 것 같아요." 만일 상대방이 사과한다면, 당신은 그 사람을 용서하거나 용서하기 위하여 앞으로 변해야 할 부분에 대해 얘기를 나눌 수 있다. 예컨대, "당신 말을 믿고, 당신을 용서하고 싶어요. 앞으로 한 달 동안 친구들 몇 명에게 저를 소개시켜 준다면, 당신이 정말 저를 아끼고 배려한다는 것을 알게 될 것이고, 더 이상 상처받거나 화를 내지 않을 수 있을 것 같아요."

2. **당신이 받은 상처나 해를 설명하는 용서 편지를 작성하라.** 이 편지는 발송하기 위한 것이 아니다. 이 편지를 쓰면서 당신의 생각을 검열하지 않는 것이 중요하다. 또한 상대방이 이 편지를 읽었을 때 어떻게 반응할지에 대해 생각하지 말라. 이 용서 편지는 당신을 위한 것이며 당신이 용서하는 상대방을 위한 것이 아니다. 당신에게 상처를 준 사람이 절대 이 편지를 읽지 않을 것이기 때문에 당신은 이 편지를 완전히 자유롭게 쓸 수 있다.

연습과제: 용서의 편지 쓰기

작업기록지 15.4는 당신이 용서의 편지를 쓰는 것을 도와준다. 우리를 함부로 대한 사람을 용서하는 것은 쉽지 않다. 그렇지만 용서는 깊은 상처를 치유하고 분노를 내려놓는 데 도움이 된다. 만일 당신이 이 시점에서 용서의 편지를 쓸 준비가 되어 있지 않더라도 괜찮다. 이 연습을 그냥 넘어가고, 그렇게 하기를 원할 때 다시 돌아와도 좋다.

작업기록지 15.4: 용서의 편지 쓰기

1. 당신이 한 행동:

2. 그것이 내 인생에 끼친 영향:

3. 그것이 현재의 나에게 미치는 영향:

4. 만일 당신을 용서할 수 있다면 내 삶이 달라질 모습:

5. (용서는 당신에게 상처 준 사람을 긍휼의 마음을 가지고 이해하는 것에서부터 시작한다. 당신에게 상처를 주었거나 함부로 대하게 만든 상대방의 인생경험에 대해 적어 보라.) 당신이 이런 행동을 한 배경에 대해 내가 이해한 것:

6. (모든 사람은 때때로 다른 사람에게 상처를 준다. 만일 당신이 다른 사람에게 상처를 준다면 당신은 그 사람이 당신을 어떻게 생각하기를 원하겠는가?) 내가 누군가에게 상처를 준다면 그 사람이 나를 어떻게 보기를 원하는가:

7. (용서는 당신이 경험한 고통과 일어난 일을 인정하거나 잊어버리거나 부인하는 것을 의미하지 않는다. 대신에, 용서는 당신의 분노를 놓아 버리는 방법을 찾고 그 사건을 다른 각도에서 이해하는 것이다.) 당신이 한 행동을 내가 어떻게 용서할 수 있는가:

8. 내가 앞으로 나아갈 수 있게 만들어 주는 나의 특성:

연습과제: 분노관리 전략을 평가하기

이제까지 당신은 분노할 때 드는 생각을 점검하고, 심상으로 일어날 사건을 대비하고, 분노의 초기 징후를 알아차리고, 타임아웃, 자기주장하기, 용서하기를 통해 분노를 관리하는 법을 배웠다. 이 방법 중에 어떤 방법이 가장 효과가 있는지 살펴보자. 이것을 알아내기 위해 작업기록지 15.5에 그 방법들을 사용하기 전후의 분노점수를 0~100에서 평정해 보라. 일단 당신에게 가장 효과 있는 한두 가지 방법을 발견한 다음 그 방법들을 좀 더 정기적으로 사용하기 시작하라. 연습을 더 많이 할수록 그 방법이 필요할 때 그것을 좀 더 효과적으로 사용할 수 있게 될 것이다.

작업기록지 15.5: 분노관리 전략을 평가하기

'분노관리 방법' 칸에 '분노할 때 드는 생각 점검하기' '심상을 통한 준비' '초기 경고 신호를 파악하기' '타임아웃' '자기주장하기' '용서하기'를 적어 보라. 이 방법들을 각각 연습해 본 후 연습 전후로 분노가 어떻게 변화했는지 0점에서 100점으로 적어 보라. 각각의 방법을 여러번 연습해 보라. 작업기록지 아랫부분에는 이 연습을 통해 당신이 배운 것을 적어 보라. 연습을 통해 분노관리 기술이 좋아졌는지, 어떤 방법이 가장 당신에게 도움이 되는지 적어 보라.

분노관리 방법	시작하기 전 분노점수(0~100)	분노관리 후 분노점수(0~100)

내가 배운 점(나의 분노관리는 연습을 더함에 따라 나아졌는가, 어떤 방법이 가장 도움이 되는가?):

부부치료와 가족치료

어떤 사람들에게는 가족 간에 분노가 가장 많이 일어난다. 만일 분노관리 방법들이 가족과 같이 친밀한 사람들과의 관계에서 일어나는 분노를 다루는 데 효과가 없다면, 부부치료나 가족치료를 받아 보는 것이 도움이 된다. 배우자에 대한 태도, 지각, 신념, 생각이 분노를 일으킬 수도 있다. 치료를 통해 배우자와 좀 더 의사소통을 잘할 수 있게 되고, 긍정적인 상호작용이 늘어나고, 타협하는 기술을 배우고, 어떠한 기대와 규칙을 가지고 있는지 찾아내서 바꿀 수 있다. 이러한 기술들은 친밀한 관계에서 일어나는 분노를 감소시키고, 친밀한 관계의 질을 향상시킬 수 있다.

죄책감과 수치심

죄책감과 수치심은 서로 밀접하게 연관된 감정이다. 우리에게 중요한 어떤 원칙을 어겼을 때 또는 우리가 정해 놓은 기준에 맞춰 살지 못할 때 죄책감을 느낀다. 또한 우리가 어떤 일을 잘못했다고 생각할 때 죄책감을 느낀다. 만일 우리가 다르게 행동했어야 한다고 생각하거나, 우리가 더 잘했어야 한다고 생각하면 죄책감을 느끼기 쉽다.

수치심도 우리가 무엇인가 잘못했다고 느끼는 것과 관련이 깊다. 그렇지만 수치심을 느낄 때에는 자신이 '결점이 있거나' '좋지 않거나' '부적절하거나' '형편없거나' '끔찍하거나' '나빠서' 무엇인가를 잘못했다고 가정할 때다. 수치심은 보통 자신에 대해 갖는 부정적인 견해와 관계가 깊다. 수치심의 저변에는 은밀함이 숨어 있다. 우리는 '다른 사람들이 이 비밀을 알면 나를 싫어하고, 좋지 않게 생각할 거야.'라고 생각한다. 이런 이유로 수치심의 근원은 사람들에게 잘 드러나지 않고, 숨겨져 있으며, 파괴적인 경우가 많다. 수치심은 종종 가족 중 다른 사람과 관련된 비밀일 수도 있는데, 예를 든다면 알코올중독, 성학대, 낙태, 파산, 불명예스러운 행동 등과 관련이 있다.

마리사는 그녀가 성적 학대를 당했을 때 수치심을 느꼈다. 성적 학대는 여섯 살에 시작되었지만 그녀가 스물여섯 살이 될 때까지도 이 사실을 한 번도 사람들에게 말한 적이 없다. 그녀가 좀 더 어렸을 때 이 사실에 대해 어머니에게 말하려고 했지만 거짓말을 한다고 꾸중을 들었다. 마리사가 성적 학대를 당한 기억을 떠올릴 때마다 그녀는 말할 수 없는 수치심을 느꼈다. 심리치료를 받으면서 사고기록지를 기록하기 시작했을 때, 그녀는 자동적 사고와 수치심 간의 관계를 알게 되었다(그림 15-2). 예를 보면 마리사로 하여금 자기 자신을 '형편없고' '경멸할 만한' 사람이라고 보는 관점과 수치심이 깊은 관련이 있고, 또한 수치심의 은밀성('나는 이런 일이 있었다는 것을 줄리에게 말할 수 없었어.')이 잘 나타난다.

1. 상황	2. 기분	3. 자동적 사고(이미지)
누가? 무엇을? 언제? 어디서?	a. 느껴진 기분은? b. 각 기분의 강도를 점수로 매겨 보라(0~100%).	a. 이런 기분을 느끼기 직전 어떤 생각이 떠올랐는가? 떠오른 생각이 또 있는가? 떠오른 이미지는? b. 뜨거운 사고에 동그라미를 쳐 보라.
줄리와 저녁을 먹고 운전해 집으로 오고 있었다. 그녀는 최근에 아버지가 방문한 것에 대해 이야기하고 있었다.	수치심 100%	아버지가 내 침대 속으로 들어오시던 이미지/기억. 나는 자는 척했지만 아버지는 계속 들어오셨다. 성적 학대를 당했던 생생한 기억 이런 일이 나에게 일어난 것을 보면 나는 끔찍한 사람임에 틀림없어. 나는 경멸할 만한 사람이야. 나는 줄리에게 이런 일이 있었다는 것을 결코 말할 수 없을 거야. 만일 그녀가 알면 나를 끔찍하다고 생각할 것이고, 나와 어울려 지내지 않으려 할 거야.

[그림 15-2] 작업기록지 15.3에 대한 마리사의 반응

죄책감과 수치심을 극복하기

죄책감과 수치심을 극복하는 것이 반드시 잘못한 일에 대해 손을 턴다는 것을 의미하지는 않는다. 당신이 이와 같이 느끼게 된 일에 대해 적절한 양의 책임을 지고 화해한다는 것을 의미한다. 죄책감과 수치심을 극복하는 데는 다섯 가지 측면이 있다. 즉, 행위의 중요성을 평가하고, 개인적인 책임을 저울질해 보고, 침묵을 깨고, 당신이 끼쳤던 손해를 보상하고, 자기를 용서하는 것이다. 때때로 죄책감을 극복하는 데는 한두 단계로 충분할 수도 있다. 그러나 깊은 수치심을 극복하는 데는 다섯 단계가 모두 필요할 것이다.

행위의 심각성을 평가하기

우리는 자신이 저지른 중요한 행위나 작은 행위 모두에 대해 죄책감이나 수치심을 느낄 수 있다. 당신은 토비가 한 다음 세 가지 행위의 심각성을 어떻게 비교하겠는가?

1. 오후 늦게 토비는 매우 피곤했다. 전화벨이 울렸는데 아무하고도 말하고 싶지 않았기 때문에 전화를 받지 않았다. 전화응답기에 어머니가 다음과 같은 메시지를 남기는 것이 들렸지만 토비는 전화를 받지 않았다. "토비! 너 거기 있니? 내가 휴가를 떠나게 되어서 네게 몇 가지 이야기할 게 있어."
2. 토비의 어머니가 메시지를 남긴 후에 전화벨은 또 울렸다. 토비는 전화응답기에서 가장 친한 친구의 목소리를 들었을 때 전화를 받고 10분간 잡담을 나누었다.
3. 다음 날 토비는 어머니에게 전날 어머니가 전화했을 때 집에 없었다고 말했다.

이 세 가지 일은 아주 작은 사건들이다. 그렇지만 많은 사람은 이들 사건의 중요성을 다르게 평가한다. 당신은 이 세 가지 일 중에 어떤 것에 대해 가장 죄책감이 느껴지는가? 왜 그런가?

당신이 이 세 가지 일의 심각성을 어떻게 평가하는가는 당신이 내적으로 가지고 있는 가치와 규칙에 달려 있다. 많은 사람이 첫 번째 예에서 토비가 전화를 받지 않은 것보다 세 번째 예에서 거짓말을 한 것에 대해 더 죄책감을 느낄 것이라고 말한다. 어떤 사람들은 이 세 가지 예에서 똑같이 죄책감을 느낄 것이라고 말한다.

자주 죄책감이나 수치심을 느낀다는 것은 당신이 설정해 놓은 원칙을 어기는 방식으로(예: 일부일처제를 믿으면서 바람을 피우는 것) 삶을 살고 있거나, 아니면 수많은 작은 행위를 심각하게 생각하고 있다는 말이 된다. 수치심이나 죄책감을 느끼게 하는 행위들이 실제로 얼마나 심각한지 평가하기 위해 4장에서 7장까지 배운 사고기록지를 작성해 보고 당신이 한 행위가 그만큼 수치심이나 죄책감을 느끼게 할 만한 것인지 여러 증거를 저울질해 보라. 다음에 나오는 힌트에는 당신의 행위가 얼마나 심각한지 평가할 때 스스로 해 볼 수 있는 질문들이 나온다. 이 질문들은 당신이 그 상황을 다른 각도에서 바라보도록 도와줄 것이다. 다른 사람들은 그렇게 느끼지 않을 상황에서 죄책감이나 수치심을 느낀다면 이 질문들이 특별히 도움이 될 것이다. 스스로에게 다음과 같이 물어보라. "이 일이 5년을 놓고 볼 때 얼마나 중요한가?" 바람을 피운다는 것은 5년을 놓고 볼 때 여전히 중요한 일이 될 것이다. 그렇지만 사흘 저녁을 계속 늦게 온 것은 비록 당신이나 배우자에게 현재에는 고통스러운 일이지만 5년을 놓고 볼 때는 그다지 중요한 일이 못될 것이다. 그러므로 바람 피운 일에 대해 계속 죄책감을 가지는 것은 집에 늦게 귀가하는 것에 대해 계속 죄책감을 가지는 것보다는 더 타당하다.

힌트: 내 행위의 심각성을 평가하기 위한 질문

- 다른 사람들도 이런 경험을 나만큼 심각하게 생각할까?
- 다른 사람들은 이런 경험을 덜 심각하게 생각할까? 왜?
- 만약 내가 아니고 가장 친한 친구에게 책임이 있다면, 나는 그 경험을 얼마나 심각하게 생각할까?
- 한 달이 지났을 때 이 경험이 얼마나 중요하게 보일까? 1년 후에는? 5년 후에는?
- 만약 누군가가 내게 이런 행동을 했다면, 나는 그 경험을 얼마나 심각하게 생각할까?
- 내 행동(혹은 사고)의 의미나 결과를 미리 알았던가? 당시 내가 알았던 것에 기초하여 현재의 평가가 이루어지고 있는가?
- 피해가 발생했는가? 발생한 피해를 교정할 수 있는가? 어느 정도 시간이 걸릴까?
- 생각할 수 있는 더 나쁜 행동이 있는가?(예: 거짓말하는 것을 고려했지만 차라리 전화를 피한 것)

연습과제: 나의 행동의 심각성 평정하기

힌트에 제시된 질문들을 가이드로 삼아, 당신이 생각하기에 당신의 행동들이 얼마나 심각한지 작업기록지 15.6에 나와 있는 척도에 점수를 매기라. 사람들은 무엇이 옳고 그른지에 대해 다른 가치관과 신념을 가지기 때문에, 우선 척도의 제일 끝에 당신에게 개인적으로 의미 있는 내용의 행동을 넣어 보라. 작업기록지 상단에 있는 척도의 100점이라 명시된 지점에, 당신이 상상할 수 있는 사람이 저지를 수 있는 가장 심각한 잘못된 행동을 적으라. 예를 들면, 다른 사람을 고문하고 살해하는 것을 적을 수 있을 것이다. 0점은 전혀 심각한 행동이 아니지만, 10점은 당신이 가게에서 실수로 받은 미미한 금액의 거스름돈을 돌려주지 않는 것 정도의 일을 적을 수 있다.

작업기록지 15.6의 상단에 나와 있는 척도의 몇몇 지점에, 당신이 죄책감이나 수치심을 느끼는 행동 중 심각하지 않거나, 중간 정도이거나, 심각한 행동들의 차이를 볼 수 있도록 명시하라. 그러고 나서 당신이 살아가면서 행한 가장 잘못된 일에 대해 생각해 보라. 그 일이 고문이나 살해 행동이 아니라는 것을 전제로, 그 일을 당신 생각에 알맞는 척도의 지점에 표시하라. 자신의 개인적인 척도를 만든 후, 당신으로 하여금 죄책감이나 수치심을 느끼도록 한 행동들의 심각성을 측정하는 데 사용하라.

작업기록지 15.6: 나의 행동의 심각성 평정하기

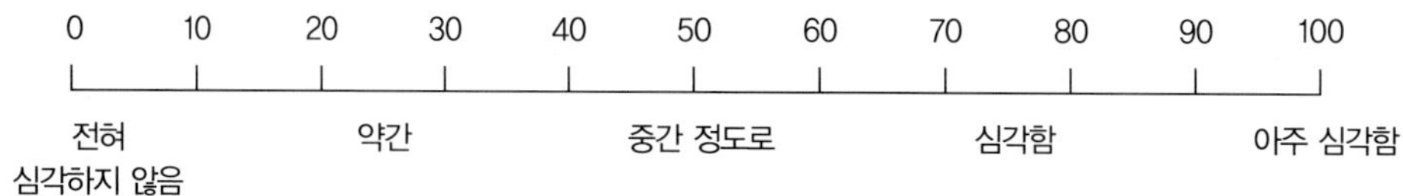

나의 개인적인 예:

사소한 개인적인 예: ______________________________ 점수: __________

최악의 개인적인 예: ______________________________ 점수: __________

내가 평정하는 행동: ______________________________

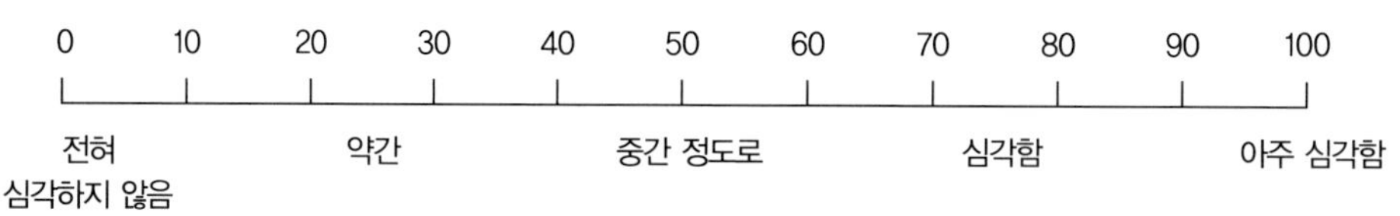

내가 평정하는 행동: ______________________________

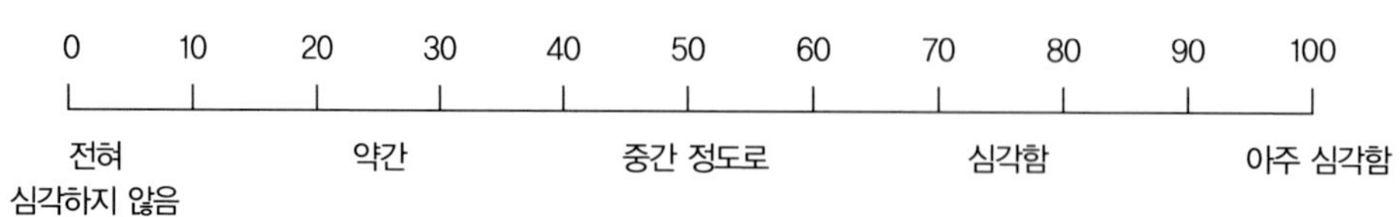

내가 평정하는 행동: ______________________________

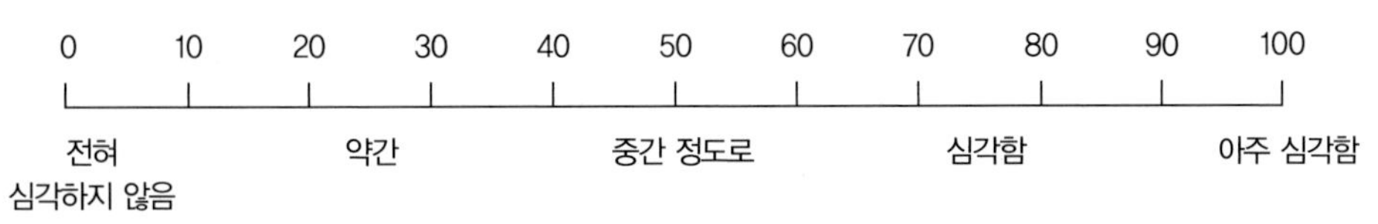

개인적 책임을 평가하기

행위의 심각성에 대해 평가해 보았다면 이번에는 그 일이 얼마나 당신 혼자의 개인적 책임이었는가를 생각해 보는 것이 도움이 된다. 마리사는 어렸을 때 성적 학대를 당한 것에 대해 수치심을 느꼈다. 성적 학대는 확실히 그녀의 일생에 매우 중대한 일이지만 그녀 혼자의 책임일까? 빅은 어느 날 저녁 기한이 지난 카드대금 청구서를 놓고 이야기하다가 아내에게 불같이 화낸 것에 대해 죄책감을 느꼈다. 그가 화낸 것이 그 혼자만의 책임일까?

개인적 책임을 평가하는 좋은 방법은 '책임 파이'를 만들어 보는 것이다. 먼저, 죄책감이나 수치심을 느끼는 상황에 관련된 모든 사람과 모든 측면에 대해 열거해 보라. 물론 목록에는 자신도 포함시켜야 한다. 그런 다음 파이를 그리고 각 사람이나 각 측면의 상대적 책임을 평가해 보고 책임의 크기만큼 파이에 그려 넣어 보라. 자신의 책임은 가장 나중에 그려 넣는 것이 좋다. 그래야 자신에게 너무 많은 책임을 너무 일찍 부과하는 것을 피할 수 있다.

[그림 15-3]은 마리사가 그녀의 성적 학대에 책임이 있다고 생각한 사람들과 일에 대해 각각의 책임을 평가해 보고 책임 파이에 그려 넣은 것이다. 마리사는 성적 학대를 당한 것에 대해 언제나 개인적으로 많은 책임을 느꼈으나, 이 연습을 통해 자신의 책임이 실제로는 매우 적다는 것을 발견했다. 그녀는 이제 아버지에게 하지 말라고 말하지 못한 부분에 대해서만 책임을 느끼기로 결심하였다. 실제로 일어난 일의 많은 책임은 아버지의 몫이고, 어머니나 할아버지, 술의 책임이 마리사의 책임보다 더 컸던 것이다.

마리사가 치료자에게 자신의 책임 파이를 보여 주었을 때, 성적 학대에 대한 자신의

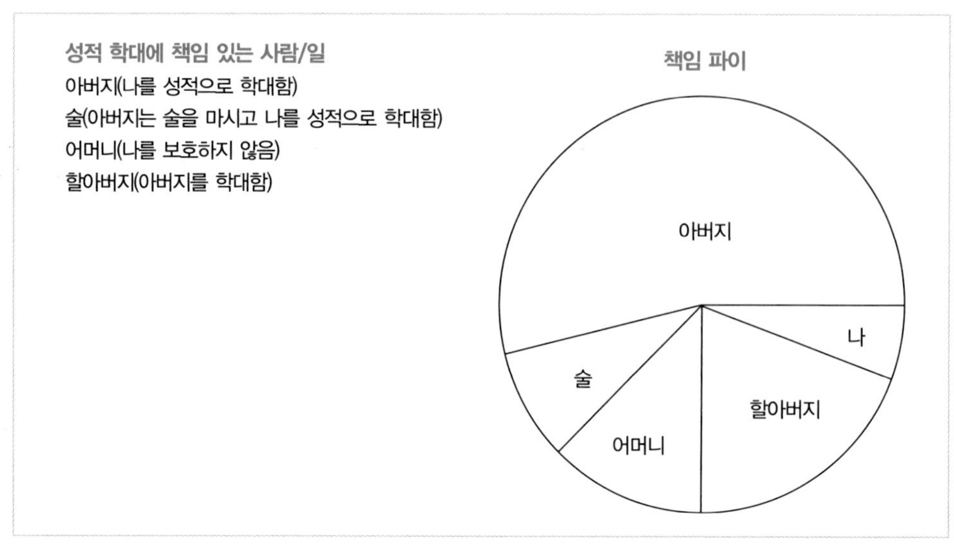

[그림 15-3] 마리사의 책임 파이

'책임' 부분에 대해 자세히 이야기할 기회를 가졌다. 오랜 동안 이야기한 후, 마리사는 성적 학대에 대해 자신의 책임이 전혀 없다는 것을 알게 되었다. 성적 학대는 전적으로 어른의 책임이고, 대부분의 아이처럼 6세나 13세는 어른에게 하지 말라고 말할 수 있을 만큼의 지식이나 확신을 가지지 못하는 것이 당연하다. 14세에 그녀가 하지 말라고 해서 성적 학대는 멈췄다. 그러나 14세가 되어 아버지에게 하지 말라고 말할 수 있었다고 해서 그전에도 그렇게 할 수 있었던 것은 아니다. 그녀가 좀 더 나이가 들게 됨에 따라 아버지는 그녀와 이 문제로 직면하기를 꺼렸을 가능성이 높다. 그녀가 좀 더 어렸을 때 싫다고 말했어도 아버지는 계속했을 가능성이 높다. 책임 파이를 그려 보는 것은 마리사의 죄책감을 해결하는 데 큰 도움이 되었다.

빅은 어느 날 주디가 기한이 지난 카드대금 청구서를 보고 불평할 때 화를 터뜨렸다. 그리고 이에 대해 죄책감을 느껴 책임 파이를 그려 보았다 (그림 15-4). 화를 낸 것은 주디에게 다시는 화내면서 공격하지 않겠다고 말한 약속을 어긴 것이었다. 물론 주디를 밀거나 치지는 않았지만, 그는 가까이 서서 주디의 얼굴에 대고 고함을 쳐 신체적으로 위협을 가했다.

당신도 알 수 있듯이 빅은 화낸 것에 대해 우선적으로는 자신의 책임이 크다고 인정했다. 주디나 그들의 부채, 늦은 퇴근시간 등이 모두 그를 화나게 한 데 일부 책임이 있

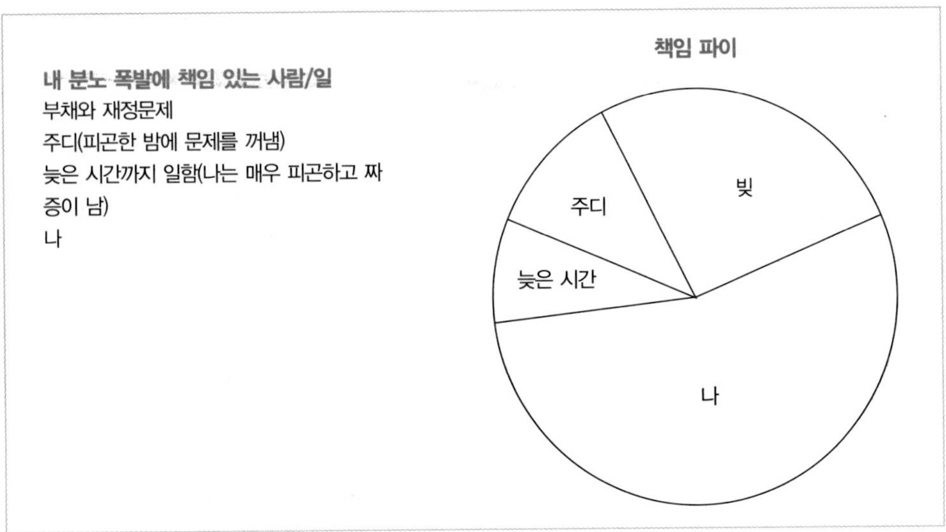

[그림 15-4] 빅의 책임 파이

었지만, 빅은 그 상황에서 자신이 덜 위협적인 방식으로 그 문제를 처리했어야 한다고 느꼈다. 그러므로 그는 주디에게 자신이 한 일에 대해 사과하였다. 이를 통해 빅은 자신의 분노반응을 바꿔야 할 필요성을 더욱 깨닫게 되었다.

마리사와 빅의 예에서 보듯이 책임 파이는 어떤 상황에서 각자가 얼마만큼의 책임이 있는지를 평가하는 데 도움이 된다. 책임 파이는 죄책감을 언제나 줄이라고 고안된 것은 아니다. 때로는 우리가 한 일에 대해 죄책감을 느끼는 것이 건강한 일이다. 이런 경우 다른 사람에게 폐를 끼친 것에 대해 사과하고 행실을 고치기 위한 조치를 취해야 한다. 또한 우리의 가치에 더 맞는 방식으로 행동하도록 계획을 마련해야 할 것이다. 작은 일에도 자주 죄책감을 느끼는 사람들은 책임 파이를 그려 봄으로써 자신이 그 일들에 대해 전적으로 책임이 있지 않다는 것을 깨닫게 된다. 다른 사람에게 해를 입혀 죄책감이나 수치심을 느끼는 사람들은 배상을 하기 전에 자신이 그 일에 얼마나 책임이 있는가를 평가해 보는 것이 좋다.

연습과제: 죄책감이나 수치심에 대한 책임 파이를 그려 보기

(1) 내게 책임이 있다고 느끼는(그래서 죄책감이나 수치심을 느끼는) 부정적인 상황이나 사건을 한 가지 생각해 보라. 작업기록지 15.7에 첫 번째 항목에 이 상황이나 사건에 대해 적어 보라. (2) 두 번째 문항에는 그 결과에 영향을 미친 모든 사람이나 상황을 열거해 보고 자신은 그 목록의 제일 끝에 두라. (3) 목록의 처음부터 시작해서 책임의 크기만큼 파이에 그려 넣어 보라. (4) 모두 그려 넣은 후 자신의 책임이 상대적으로 얼마나 되는지 살펴보라.

작업기록지 15.7: 죄책감이나 수치심을 느끼는 일에 대해 책임 파이 그려 보기

1. 죄책감이나 수치심을 일으킨 부정적인 사건이나 상황: ______________________

2. 이 일에 영향을 미친 사람이나 일:

______________________	______________________
______________________	______________________
______________________	______________________
______________________	______________________
______________________	______________________

3.

4. 당신에게 100% 책임이 있는가? 이 책임 파이를 그려 본 후 죄책감이나 수치심에 변화가 있는가? 당신에게 책임이 있는 부분을 바꾸기 위해 할 수 있는 일이 있는가?

출처: *Mind Over Mood, Second Edition*. Copyright 2016 by Dennis Greenberger & Christine A. Padesky. 이 책의 구매자는 이 작업기록지를 복사하거나 다운로드 받을 수 있음.

보상하기

당신이 만일 다른 사람에게 해를 입혔다면 당신이 한 일에 대해 보상을 하는 것이 중요하다. 당신이 입힌 해에 대해 보상을 하는 것은 당신이 치유되고 그 관계를 개선하는 데 매우 중요하다. 보상을 한다는 것은 당신이 범한 잘못을 인정하고, 해를 입힌 사람을 직면하는 용기를 갖고, 용서를 구하고, 당신이 입힌 해를 갚기 위해 당신이 무엇을 할 수 있는지 살펴보고 실행하는 것이다.

연습과제: 다른 사람에게 상처 준 일에 대해 보상하기

작업기록지 15.8은 누군가에게 상처를 주었을 때 어떻게 보상할지 개인적인 계획을 세우는 데 도움을 준다.

작업기록지 15.8: 다른 사람에게 상처 준 일에 대해 보상하기

누구에게 상처를 주었는가:

상처를 준 행동:

이런 행동이 잘못된 이유(내 가치에 어긋난 부분):

화해 또는 보상하기 위해 내가 할 수 있는 것:

상처 준 사람에게 내가 말할 것:

내가 한 행동 ____

____

을 돌아보았을 때, 당신에게 상처를 줬다는 것을 깨달았습니다. 이 행동은 ______________

____

때문에 잘못된 행동이었습니다. 이 행동을 한 것에 대해 사과합니다. 내가 얼마나 잘못했는지 또 미안하게 생각하는지 당신에게 알리고, 때가 되면 당신이 용서하기를 바라는 마음에서

____

______________________________와 같은 행동을 하려고 합니다.

작업기록지 15.8은 상대방이 당신을 용서하는 것에 초점을 맞추지 않고 당신이 사과하고 보상하는 것에 초점이 맞추어져 있다는 점을 잊지 말라. 당신은 상대방에게 '때가 되면' 용서해 달라고 부탁할 수 있지만, 상대방이 반드시 용서해 준다는 보장은 없다. 특히 당신이 그 사람에게 깊이 혹은 여러 번 상처를 주었다면 더욱 그렇다. 그렇지만 사과를 하고 보상을 함으로써 기분이 더 좋아질 수 있다. 특히 당신이 진심으로 미안하게 생각하고, 더 나은 사람이 되기 위해 행동을 바꾸고, 상처 준 사람에게 보상하려는 노력을 기울일 때 특히 그렇다. 더 나은 사람이 되려고 시도하는 것은 당신의 가치에 더 맞게 행동하게 만들어 주고, 이는 자신에 대해 더 좋게 생각하게 만들어 줄 것이다.

수치심을 일으킨 일에 대해 침묵을 깨기

수치스러운 마음을 느끼는 언저리에 비밀스러움이 있다면, 일어난 일에 대해 믿을 만한 사람과 이야기하는 것이 중요하다. 그 일을 비밀에 부치고자 하는 마음은 종종 그 비밀을 말했을 때 다른 사람이 저주하고, 비판하고, 거부할 것이라고 기대하는 데서

온다. 비밀을 일생 동안 담고 산 사람들은 그 비밀을 말했을 때 사람들이 쉽게 받아들이는 것을 보고 놀라는 일이 적지 않다. 다른 사람들의 수용은 기대했던 거부와는 반대되는 것으로서 비밀의 의미를 다시 한 번 평가하게 해 준다.

당신이 완전히 믿지는 못한다고 할지라도 가장 믿을 만하다고 생각하는 사람에게 당신의 비밀을 털어놓는 것이 중요하다. 비밀을 말하는 것이 얼마나 어렵고 당신을 불안하게 만드는지에 대해 함께 말해도 좋다. 그 일을 말할 때 관련된 모든 일을 충분히 말하고, 또 듣는 사람의 반응을 들을 시간을 확보한 후 말하는 것이 좋다.

페트라는 대기업에서 일하는 성공한 비서였지만, 대학 1학년을 낙제하여 퇴학당했다는 사실을 숨겼다. 이것은 그녀가 젊은 시절 문란한 생활을 했을 동안 파티에 다니고 마약을 했던 것의 결과였다. 이제 존경받는 직장인으로서 그녀는 사람들에게 자신이 경제적인 이유 때문에 대학에서 공부할 기회가 없었다고 말하곤 했다. 페트라는 젊은 시절 했던 행동들에 대해 수치심을 느꼈고 대학에서 퇴학당한 것에 대해 더 큰 수치심을 느꼈다. 그녀는 다른 사람들이 이 사실을 알면 그녀를 부정적으로 판단할까 봐 걱정했다. 이것은 그녀의 마음속에 큰 짐으로 느껴졌고, 특히 다른 사람들이 약물 복용이나 아이들의 대학 졸업에 대해 얘기할 때 그랬다.

어느 날 페트라는 가장 친한 친구인 모니크와 저녁식사를 했다. 그들은 젊은 시절의 실수에 대해 얘기를 나누었다. 모니크는 옛날 남자친구 중 술을 마시면 꽤 무섭게 변하는 사람이 있었다고 했다. 그녀는 페트라에게 때때로 자신의 부족한 판단력 때문에 그 남자와 사귄 것에 대해 스스로를 받아들이기 힘들다고 말했다. 페트라는 숨을 들이쉬고 위험을 감내하기로 했다. 그녀는 친구에게 자신이 십 대 때 마약을 했다고 말하기 시작했다. 페트라는 모니크가 이것 때문에 자신을 판단하는 대신, "우리 나이 사람들 중에 당시에 그렇게 한 사람이 많아."라고 말한 것에 놀랐다. 이러한 반응은 페트라로 하여금 모니크에게 자신의 문란한 젊은 시절에 대한 더 많은 세부적인 얘기를 하도록 용기를 북돋았다. 저녁이 끝날 때쯤 그녀는 대학에서 낙제하여 퇴학당했던 것에 대한 자신의 수치심을 드러냈다. 페트라는 모니크가 페트라의 경험들에 대해 이해심과 동정심을 갖는 것에 대해 놀랐다. 모니크는 비판적인 자세를 취하는 대신 페트라가 이렇게 험난한 출발을 했음에도 인생에서 많은 것을 이룬 것에 대해 감탄했다. 그날 저녁 이후 페트라는 모니크와 이전보다 더 가깝게 느껴졌다. 그리고 자신의 젊은 시절의 실수들을 바라볼 때 수치심을 덜 느끼기 시작했다.

자기용서

좋은 사람이라는 것은 한 번도 나쁜 일을 저지른 적이 없어야 한다는 것을 의미하지는 않는다. 인간 됨의 본성은 잘못을 저지를 수 있다는 것이다. 만일 자세하게 살펴보았을 때 당신이 어떤 일을 정말 잘못했다고 결론짓는다면 자기용서를 통해 죄책감이나 수치심을 줄일 수 있다.

모든 사람이 완벽하지는 않다. 언젠가는 우리의 원칙이나 기준을 어기게 된다. 우리가 한 일로 인하여 스스로를 나쁜 사람이라고 믿을 때 죄책감이나 수치심을 느낀다. 그러나 원칙이나 기준을 어겼다고 해서 곧바로 반드시 나쁜 사람이라고 말할 수는 없다. 페트라의 경우와 같이 우리의 행위가 그 특별한 상황과 얽혀 있을 수 있고, 또 인생의 그 시점과 깊은 관계가 있을 수 있다.

자기용서를 하면 우리가 한 일의 의미를 다르게 해석하게 된다. 그 일을 저지른 것에 대해 다음과 같이 달리 생각할 수 있다. '나는 끔찍하게 형편없는 사람이기 때문에 그런 잘못을 저질렀다.'에서 '나는 인생의 그 끔찍했던 시절에 그렇게 행동하더라도 개의치 않았기 때문에 그런 잘못을 저질렀다.'로 바뀌거나, '나는 학대를 당할 만했기 때문에 학대를 당했다.'에서 '우리 부모가 도저히 통제할 수 없는 알코올중독자였기 때문에 나는 학대를 당했다.'로 바뀐다. 자기용서는 자신의 실수나 불완전성을 인정하고, 그 모든 단점에도 불구하고 자신을 받아들이고 인생이 실수의 연속이었던 것만은 아니라는 점을 깨닫게 만든다. 자기용서는 우리의 좋은 점과 나쁜 점을 받아들이고, 약점과 강점을 함께 받아들이는 것이다.

작업기록지 15.4에 용서의 편지를 쓴 것처럼 자기용서는 당신이 다른 사람에게 끼친 고통을 인정하거나, 잊어버리거나, 부인하는 것을 뜻하진 않는다. 자기용서는 자신의 불안정성, 실수, 단점을 깨닫고 인정하는 것이다. 그것은 또한 삶에서 당신이 계속 실수하고 해로운 일을 해 온 것은 아님을 볼 수 있게 해 준다. 자기용서는 당신의 약점과 강점을 동시에 깨닫고, 당신의 좋은 점과 나쁜 점을 볼 수 있도록 해 준다.

연습과제: 나 자신을 용서하기

어떤 사람은 자기 자신을 용서하는 것이 매우 어려운데, 자기 내부에 매우 엄격하고 비판적인 소리가 있기 때문이다. 만일 당신이 다른 사람의 잘못은 잘 용서해 주면서 스스로를 용서하기 어렵다면 자기용서를 연습하는 것에서 이득을 볼 수 있다. 당신이 다른 사람을 볼 때 가지는 온정적이고 친절한 마음을 가지고 자신을 바라보는 것을 배우게 될 것이다. 작업기록지 15.9는 당신이 이 과정을 잘할 수 있게 도와줄 것이다.

작업기록지 15.9: 나 자신을 용서하기

1. 나 자신에 대해 용서할 것:

2. 그것이 내 인생에서 나와 다른 사람에게 끼친 영향:

3. 그것이 현재의 나와 다른 사람에게 미치는 영향:

4. 만일 나 자신을 용서할 수 있다면 내 삶이 달라질 모습:

5. 용서는 자주 이해에서 시작한다. 내가 이런 행동을 한 배경에 대해 내가 이해한 것:

6. 누군가가 이런 행동을 했다면 내가 그 사람을 어떻게 볼까:

7. 내가 계속 죄책감과 수치심을 느낀다면 내가 가진 어떤 긍정적인 측면을 무시하게 되는가:

8. 용서는 당신이 경험한 고통이나 일어난 일을 용납하거나, 잊어버리거나, 부정하는 것을 뜻하지 않는다. 대신에, 용서는 죄책감이나 수치심을 풀어 주는 방법을 찾고 당신의 행위를 다른 관점에서 이해하는 것이다. 내가 한 일에 대해서 어떻게 나 자신을 용서할 수 있는지 친절하고 온정

적인 마음을 가지고 적어 보라:

9. 내가 앞으로 나아가도록 도와주는 나의 특성:

이 장을 다 읽었다면

이 장을 다 읽었다면 5장으로 돌아가서 목표를 정하고 당신에게 의미 있는 개선의 징후를 찾아보라. 당신의 분노, 죄책감, 수치를 더 잘 다룰 수 있는 다른 기술들을 6장에서 12장까지 찾아볼 수 있을 것이다.

15장 요약

- 분노는 근육의 긴장, 심장박동의 증가, 혈압의 상승 및 방어나 공격 행동으로 나타난다.
- 분노는 짜증을 내는 것부터 격분하는 것까지 그 범위가 다양하다. 분노의 정도는 사건의 의미를 어떻게 해석하는가, 다른 사람에 대해 어떤 기대를 가지고 있는가, 다른 사람의 행동이 의도적이라고 생각하는가에 달려 있다.
- 분노의 인지적 요소는 다른 사람에게 잘못된 취급을 받았다고 지각하고 다른 사람이 불공평하다고 지각하는 것이다.
- 분노를 조절하는 데 효과가 있는 방법은 분노할 때 드는 생각을 점검하기, 사건을 예상하고 준비하기 위하여 심상을 활용하기, 분노의 초기 신호 발견하기, 타임아웃, 자기주장하기, 용서하기, 부부치료 등이 있다.

▶ 우리는 무엇인가 잘못했다고 느낄 때나 스스로의 기준에 맞게 살지 못했을 때 죄책감을 느낀다.

▶ 죄책감은 '......해야 한다' '반드시......'와 관련된 사고에 수반된다.

▶ 수치심은 무엇을 잘못했다고 느끼고, 그것을 감추고, 그 일로 인하여 자신을 형편없다고 느낄 때 일어난다.

▶ 죄책감이나 수치심은 우리가 한 행위의 심각성을 평가해 보고, 개인적 책임을 살펴보고, 침묵을 깨고 말하고, 자기용서를 하고, 보상하는 것을 통해 줄어들거나 없어진다.

16장

향상된 기분을 유지하고 행복감을 더 누리기

지혜로운 중국의 낚시꾼 하나가 부두 끝에서 낚시를 하고 있는데 며칠 동안 아무것도 먹지 못한 여자가 다가왔다. 바구니에 고기가 한 가득 들어 있는 것을 보고 그 배고픈 여자는 허기를 채우도록 고기를 한 마리만 달라고 부탁했다. 잠시 생각한 후 그 낚시꾼은 다음과 같이 대답했다. "당신한테 고기는 한 마리도 줄 수 없소. 그렇지만 내 옆에 잠시 앉아 낚싯대를 잡고 있으면 내가 고기 잡는 법을 가르쳐 주겠소. 그러면 오늘 하루 고기를 먹게 될 뿐 아니라 일생 동안 고기로 배를 채울 수 있는 방법을 배울 수 있을 것이오." 그 여자는 이 낚시꾼의 충고를 받아들여 고기 잡는 법을 배웠고, 다시는 배고프지 않게 되었다.

고기 잡는 법을 배우는 것이 이 여자를 도와준 것같이 당신이 배우고 연습한 『기분 다스리기』의 기술은 오늘뿐 아니라 일생 동안 당신을 도와줄 것이다. 이 마지막 장에서는 당신이 『기분 다스리기』 기술을 사용해서 배운 것들을 다시 한 번 점검하고, 앞으로 당신의 삶이 계속 나아지도록 이 기술들을 어떻게 계속 사용할 수 있는지 다루고자 한다.

이 책을 읽으면서 여기까지 작업해 왔다면 기분이 분명히 좋아졌을 것이다. 사람들은 이 기술을 세 단계로 배운다. 첫 번째 단계는 사고기록지를 작성하고, 주간 활동계획지를 적어 보고, 행동실험을 수행해 보는 것과 같이 의식적이고도 의도적인 방식으로 기술들을 사용하는 단계다. 두 번째 단계에서는 『기분 다스리기』 기술을 매우 자주 사용해서 작업기록지 없이 마음속으로 사용할 수 있게 된다. 그렇지만 아직은 의도적이고도 의식적인 노력을 기울여야 한다. 다음으로, 당신이 이 기술을 의식적이거나 의도적인 노력 없이 거의 자동적으로 사용하게 되면 마지막 단계에 왔다고 말할 수 있다. 예컨대, 당신이 '나는 정말 형편없는 사람이야.'라고 생각했다고 하자. 당신은 곧바로 '잠깐! 내가 엉망으로 한 건 사실이지만, 그렇다고 내가 형편없는 사람이라는 건 아니지.'라고 고쳐 생각할 수 있다. 이후 비슷한 상황에서 '저런, 엉망으로 했네.'라고 생각하지만, 자신이 형편없는 사람이라고는 생각하지 않게 된다. 이것이 바로 새로운 사고방식이 자동화되어 자기 마음속에 뿌리박힐 때 일어나는 현상이다.

우리가 『기분 다스리기』 기술을 자동적으로 사용하기 시작해도 여전히 어떤 때는 이 책을 읽기 시작하던 당시의 기분이 들 때도 있다는 것을 예상해야 한다. 다양한 기분을 다른 정도로 느낀다는 것은 인생의 정상적이고도 가치 있는 경험이다. 그렇지만 동시에 이 정상적인 기분의 변화가 '재발'의 징후는 아닌지 잘 살펴야 한다. '재발'이라는 것은 고통스러운 기분이 더 심하고, 더 오래, 더 자주 일어나면서 삶이나 대인관계에 부정적인 영향을 미치기 시작하는 것을 말한다.

대부분의 기분문제는 성공적으로 변화할 수 있다. 이 책에서 권하는 연습과제를 착실하게 했는데도 기분이 좋아지지 않는다든지 자주 재발한다고 해도 희망을 버리지 말라. 다른 형태의 치료를 받으면 좋아질 수도 있다. 또는 부가적인 도움을 받기 위해 정신건강 전문가를 만나 볼 수도 있다. 이 책을 사용하는 데 집중이 잘 안 된다든지 읽은 내용을 잘 기억할 수 없다면 이때도 정신건강 전문가를 만나는 것이 도움이 된다.

당신이 『기분 다스리기』 기술을 사용해서 기분이 좋아졌다가 다시 재발한다고 할 때 후퇴의 조짐이 보이자마자 재빨리 알아차려야 한다. 이렇게 일시적인 후퇴가 나타나는 때를 기술을 강화하는 기회로 삼는 것이 도움이 된다. 당신이 경험하는 어려움이 어떤 것이라 할지라도 『기분 다스리기』 기술을 빨리 적용할수록 좋다. 기분이 다시 나빠지기 시작할 때 기분을 향상시키는 데 처음 도움이 되었던 기술을 의도적으로 노력해서 적용하는 것은 좋은 아이디어다. 의도적으로 다시 기술을 사용해 본다면 처음 시작할 때 도움을 받았던 것보다 더 빨리 도움이 될 것이다. 아마 새로 기술을 배우는 것이 아니라 이미 알고 있는 것을 되살리는 것이기 때문일 것이다. 자전거를 오랫동안 타지 않다가 다시 타면 처음에는 어색하더라도 곧 어떻게 타는지 깨닫게 되는 것과 같다.

연습과제:『기분 다스리기』 기술 복습하고 체크하기

16장에서는 재발을 예방하기 위해 이제까지 배운『기분 다스리기』 기술의 혜택을 누리면서 더 강화하기 위해 밟아야 할 단계들을 소개하고 있다. 그 출발점으로 작업기록지 16.1의 체크리스트를 사용해 보라. 이 작업기록지에는『기분 다스리기』에서 배운 기술들의 목록이 있다. 이 각각의 기술을 얼마나 자주 사용해 왔는지, 사용할 때 얼마나 도움이 되었는지, 지금도 사용하고 있는지, 미래에도 사용할 것인지 등에 대해 체크해 보라. 이 기술들을 완전히 독파하지 않았다고 걱정하지 않아도 된다. 그중 몇몇 기술은 과거에 연습했다는 것을 잊었을 수 있다. 이 책을 읽으면서 빼놓고 지나간 기술도 있을 것이다. 지금은 다른 기술들을 자동적으로 사용하고 있기 때문에 이 기술들을 배웠다는 것을 잊었을 수 있다. 기술 체크리스트는 당신의 기분을 다스리는 데 사용할 수 있는 기술이 많다는 것을 일깨워 줄 것이다.

작업기록지 16.1:『기분 다스리기』 기술 체크리스트

다음 각 문항에 나와 있는 기술들을 읽고, 사용해 보았는가(당신은 이 기술을 사용해 보았는가?), 도움이 되었는가(얼마나 자주 도움이 되었는가?), 지금도 사용하고 있는가(지금도 이 기술을 사용하고 있는가?), 미래에 사용할 것인가(미래에도 이 기술을 사용할 것이라고 생각하는가?)에 대해 답하라.

앞에서 말한 네 개의 질문에 대해 다음과 같이 평정해 보시오.

0= 전혀　　1= 때때로　　2= 자주　　3= 대부분

소개한 장	핵심기술	사용해 보았는가?	도움이 되었는가?	지금 사용 하는가?	미래 사용?
2	사고, 기분, 행동, 신체반응과 환경 간의 상호작용을 주목해 보기				
4	어떤 기분인지 알아내기				
4	기분의 강도를 평정하기				
5	목표를 설정하기				
5	변화의 장점과 단점을 찾아내기				

6~7	자동적 사고와 이미지를 알아내기				
6~7	사고기록지의 세 칸을 적어 보기				
7	뜨거운 사고를 알아내기				
8	뜨거운 사고를 지지하는 증거와 지지하지 않는 증거를 찾아내기				
9	찾아낸 증거를 기반으로 대안적이고 균형 잡힌 사고를 만들어 내기				
6~9	사고기록지의 일곱 개 칸을 적기				
10	새로운 사고를 강화하는 증거를 더 모으기				
10	사고기록지의 증거나 뜨거운 사고를 지지할 때 문제를 해결하기 위해 행동 플랜을 세우기				
10	당신의 인생을 바꾸거나 목표에 도달하기 위해 행동 플랜을 실행하기				
10	삶의 상황이나 사고 및 기분을 수용하는 것을 연습하기				
11	'만일 ……하면, ……것이다.' 기본가정을 찾아내기				
11	행동실험을 사용해 기본가정을 검증하기				
11	실험결과에 맞추어 대안적인 가정을 세워 보기				
12	핵심신념 찾아내기				
12	새로운 핵심신념 세우기				
12	새로운 핵심신념을 지지하거나 강화하는 증거를 적어 보기				
12	새로운 핵심신념에 대한 확신 정도를 평정하기				
12	긍정적인 변화의 정도를 평정하기 위해 척도를 사용하기				
12	행동실험을 통해 새로운 핵심신념을 강화하기				
12	감사일지를 사용하여 감사태도를 연습하기				
12	다른 사람들에게 감사를 표현하기				
12	친절하게 행동하기				

소개한 장	우울을 다스리는 기술	사용해 보았는가?	도움이 되었는가?	지금 사용하는가?	미래 사용?
13	우울 증상을 평정하기				
13	활동과 기분의 관련성을 파악하기 위해 활동기록지를 기록해 보기				
13	활동기록지를 사용하여 즐거움을 주거나 성취감을 주는 활동을 계획하고, 당신이 회피해 온 일이나 가치와 맞는 일을 더 하기				
13	내키지 않을 때라도 활동을 하기				
13	아주 조그만 성공 경험이라도 즐기기				
6~13	우울 사고와 이미지를 검증하기				
소개한 장	**불안을 다스리는 기술**	**사용해 보았는가?**	**도움이 되었는가?**	**지금 사용하는가?**	**미래 사용?**
14	불안 증상을 평정하기				
14	불안 때문에 회피하는 것을 알아차리기				
14	안전 행동을 알아내기				
14	두려움 사다리를 만들어 보기				
14	두려움과 회피를 극복하기 위해 두려움 사다리를 사용하기				
14	불안을 다스리기 위해 마음챙김과 수용을 사용해 보기				
14	불안을 다스리기 위해 호흡훈련을 하기				
14	불안을 다스리기 위해 점진적 근육이완을 해 보기				
14	불안을 다스리기 위해 심상법을 사용하기				
6~9, 11, 14	불안 사고와 이미지를 검증하기				
소개한 장	**분노를 다스리는 기술**	**사용해 보았는가?**	**도움이 되었는가?**	**지금 사용하는가?**	**미래 사용?**
15	다가올 일을 예상하고 준비하기 위해 심상을 활용하기				

15	초기 분노 징후를 알아차리기				
15	타임아웃을 사용하기				
15	자기주장을 하는 의사소통해 보기				
15	용서를 연습하기				
6~11, 15	분노 사고와 이미지를 검증하기				
소개된 장	죄책감과 수치심을 다스리는 기술	사용해 보았는가?	도움이 되었는가?	지금 사용하는가?	미래 사용?
15	당신 행동의 심각성을 평정하기				
15	책임 파이를 사용해 보기				
15	보상/사과 행동을 하기				
15	침묵을 깨기				
15	자기용서를 연습하기				

작업기록지 16.1의 체크리스트에 있는 기술 중에 의도적으로 계획하지 않아도 나오는 자동화된 기술에 표시해 보라. 대부분 도움이 되지만 아직 자동화되지 않은 기술도 있을 것이다. 계속 연습하라. 어떤 기술이 자동화되는 데는 수개월 이상 걸릴 수도 있다.

재발의 가능성을 줄이기

때때로 기분이 좋아지면 배운 기술들을 더 이상 사용하지 않을 때가 있다. 또는 최선의 노력을 다 해도 옛 생각과 행동이 다시 돌아오고, 부정적이고, 파괴적이고, 심한 기분을 더 자주, 오래 경험하기도 한다. 이런 기분이 들 때, 기분은 나쁘겠지만 우리의 기술을 더 연마하고 더 자동적으로 되도록 노력하는 기회가 될 수도 있다. 이 장 앞부분에서 언급한 대로 이런 재발을 초기에 알아차리고 행동을 취한다면, 기분이 더 빨리 회복될 가능성이 높다. 다음 세 가지 단계는 재발을 줄이는 데 아주 유용하다.

첫째, 고위험 상황을 알아차려라. 이 책에 있는 연습과제들을 해 오면서 당신이 어떤 상황에서 기분이 더 어려워지는지 주목해 보았을 것이다. 린다는 비행기에 탔을 때와 심장이 뛰기 시작할 때 더 불안해졌다. 벤은 자식과 손주들이 그를 필요로 하지 않는 것처럼 느낄 때 더 우울에 빠지는 경향이 있었다. 빅은 다른 사람들이 그를 지지하지 않을 때 분노가 치솟았다. 마리사는 다른 사람들이 그녀에 대해 관심이 없는 것처럼 보일 때나 그녀의 약점을 이용한다고 느낄 때 우울해졌다. 작업기록지 16.2(351쪽)에 당신에게 문제가 되는 기분을 일으키는 고위험 상황이 무엇인지 적어 보라.

둘째, 초기 경고 신호를 알아차려라. 당신이 고위험 상황에 있든 그렇지 않든 문제가 되는 기분상태에 빠져들고 있다는 사실을 알려 주는 초기 경고 신호가 무엇인지 자각하는 것은 중요하다. 예컨대, 벤은 우울증이 좋아지자 친구나 가족들과 다시 활발하게 어울리게 되었다. 그렇지만 기분이 며칠 동안 가라앉으면 전화가 울려도 받지 않고 친구나 가족들과 어울리는 자리를 피할 궁리를 했다. 벤은 전화를 받지 않고 친구들을 만나지 않을 구실을 찾을 때 이것을 우울증이 되돌아오고 있다는 초기 경고 신호로 받아들였다.

당신의 초기 경고 신호는 당신이 하거나 하지 않는 행동(예: 아침에 침대에 더 오래 누워 있거나, 일을 미루거나, 어떤 사람이나 상황을 회피하는 것 등), 생각(부정적이거나, 자기비판적이거나, 걱정이 많은), 기분(『기분 다스리기』 우울척도 또는 불안척도의 점수가 올라가거나 짜증이 많아지는), 또는 신체반응(불면증, 피곤, 근육의 긴장, 식욕의 변화)으로 나타날 수 있다. 과거경험을 떠올려 보라. 당신의 초기 경고 신호는 무엇일까? 만일 당신의 초기 경고 신호가 무엇인지 잘 모르겠으면 친구나 가족에게 물어보라. 작업기록지 16.2에 당신의 초기 경고 신호를 적어 보라.

대부분의 사람이 그렇듯이 초기 경고 신호를 알아차리려면 기분이 나아졌더라도 주기적으로 기분을 측정해 보는 것이 좋다. 만일 당신이 과거에 우울했거나 불안했던 경험이 있다면 초기 경고를 점검하기 위해서 적어도 한 달에 한 번 『기분 다스리기』 우울척도나 불안척도를 해 보는 것이 필요하다. 다른 기분에 대해서는 15장의 작업기록지 15.1에서 배운 대로 그 기분의 빈도, 강도와 지속기간을 100점 척도에 평정해 보라. 기분점수의 빈도나 강도, 지속기간이 증가하기 시작했다면 재발방지 계획을 실행에 옮겨야 할 때다.

셋째, 행동 플랜을 준비하라. 기분을 다스리는 기술을 배운 것의 이점은 바로 힘들 때이 기술들을 사용해서 고통을 이해하고, 참고, 줄일 수 있다는 것이다. 작업기록지 16.2의 세 번째 부분에서는 고위험 상황이나 초기 경고 신호가 나타났을 때 당신이 배운 기술이나 가치나 신념 중에 어떤 것이 도움이 될지 찾아보게 한다. 『기분 다스리기』를 통해 배운 것 중에 당신의 기분을 향상시키는 데 도움이 되었던 것이 무엇인지 생각해 보라. 당신이 배운 것 중에 가장 중요한 것이 작업기록지 16.1(345~348쪽)에 나와 있으므로 재발을 방지하거나 재발에서 회복하기 위한 플랜을 짤 때 당신의 응답을 한번 살펴보라.

작업기록지 16.2에 고위험 상황이나 기분이 악화되고 있다는 초기 경고 신호가 나타났을 때 활용할 기술이나 취할 수 있는 행동단계를 적어 보라. 예컨대, 벤은 친구나 가족들로부터 거리를 두기 시작할 때(초기 경고 신호), 작업기록지 16.1을 살펴보고, 그가 활동계획지(작업기록지 13.6)에서 가장 도움을 많이 받았다는 것을 깨달았다. 그래서 다시 재발 위험을 줄이기 위한 플랜을 짰는데, 활동을 더 많이 하고, 더 많이 외출하고 사람들과 더 어울리기 위한 계획을 세웠다. 또한 작업기록지 16.1을 보고 그가 향상을 이루는 데 중요했던 또 다른 요인은 생각을 다르게 하는 법을 배우는 것이었다는 점을 깨달았다. 이것은 사고기록지와 감사일지를 써 보는 것을 통해 가능하였다.

벤은 사고기록지를 수개월 동안 사용했기 때문에 부정적인 사고가 떠오를 때 적어 보거나 의식적으로 생각하지 않고도 거의 자동적으로 좀 더 균형 잡힌 생각을 할 수 있었다. 그렇지만 우울증이 재발하면 부정적인 생각에 지금처럼 자동적으로 반응할 수 없으리라고 예상했다. 그래서 『기분 다스리기』 우울척도 점수가 15점 이상 되면 사고기록지를 다시 하기로 계획을 세웠다. 점수가 10점 이하로 떨어질 때까지는 의식적으로 그의 생각을 검증하는 작업을 글로 써서 연습하기로 했다.

감사일지를 쓸 때 그는 가족이나 친구의 중요성을 잘 알 수 있었다. 그의 인생에 좋은 친구가 그렇게 많다는 사실을 깨닫자 더 행복하게 느끼게 되었고 그의 활동이 더 의미 있게 느껴졌다. 재발방지 계획의 일환으로 벤은 매주 감사일지를 다시 쓰기로 했다. 또한 매주 적어도 한 사람에게 무엇인가에 대해 감사를 표현하기로 계획을 세웠다.

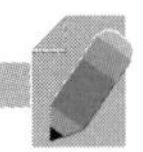

연습과제: 재발 위험을 줄이기

작업기록지 16.2는 다음과 같은 세 단계를 통해 당신의 재발 위험을 줄이는 데 도움을 준다.

1. 고위험 상황을 알아차리기
2. 당신이 우울, 불안, 분노, 죄책감 혹은 수치심으로 더 깊이 빠져들고 있다는 것을 말해 주는 초기 경고 신호를 찾아보기
3. 새로운 도전이나 고통스러운 시기를 잘 넘기도록 행동 플랜을 준비하기

작업기록지 16.2: 재발 위험을 줄이기 위한 나의 계획

1. 나의 고위험 상황

____

____

____

2. 내 초기 경고 신호

____

____

____

내 기분을 정기적으로(예: 매달) 평정하기. 내 경고점수는 ____점이다.

3. 내 행동 플랜(작업기록지 16.1 참조)

____

____

____

연습과제: 잘 대처하는 모습을 상상해 보기

작업기록지 16.2의 계획이 실제 필요한 때가 되기 전에 미리 연습해 보는 것이 도움이 된다. 이렇게 해 보는 한 가지 방법은 미래에 고위험 상황이 일어나는 것을 상상해 보는 것이다. 이 상황을 아주 자세하게 상상해 보라. 어떤 일이 일어나고 있는가? 무엇이 보이고, 어떤 소리가 들리는가? 당신의 초기 경고 신호 모두 혹은 여러 개를 직접 경험하고 있다고 상상해 보라. 어떤 기분이 드는가? 어떤 생각이 드는가? 어떤 행동을 하고 있는가? 이제 당신의 계획을 실제 행동으로 옮기는 것을 상상해 보라. 계획의 각 단계를 몇 분 동안 자세하게 상상해 보라. 상상 속에서 각 단계를 실행에 옮길 때 당신이 행동하고 생각하고 느끼는 것이 무엇인지 주의 깊게 살펴보라. 이것이 기분에, 생각에, 행동에, 또 신체반응에 어떤 영향을 주는가?

이 상상훈련에 기초하여 당신이 재발하기 시작할 때 작업기록지 16.2의 세 번째 부분에 있는 계획을 실행에 옮긴다고 가정할 때 기분이 다시 좋아지는 것에 얼마나 자신감이 있는가(높게, 보통, 낮게)? 만일 자신감이 높다면 당신의 계획이 잘 짜인 것이라고 볼 수 있다. 만일 자신감이 낮다면 당신의 계획 속에 무엇을 더할 때 미래의 도전에 잘 대처할 자신감을 높일 수 있을지 생각해 보라. 당신의 계획은 훌륭하지만 그것을 실행하는 데 필요한 기술이 부족하다고 느낀다면, 현재 기분은 좋더라도 기술을 계속 연마하는 것이 필요할 것이다. 이상적으로는 기분이 괜찮더라도 재발방지 기술이 꽤 자동화되어 기분이 나빠지기 시작할 때 그것을 잘 활용할 수 있을 정도가 되는 것이다.

『기분 다스리기』를 볼 수 있는 곳에 놓아두라

아마 당신은 그동안 이 책을 읽으면서 이 책에 나와 있는 기술들을 정기적으로 사용해 왔을 것이다. 지금쯤 기분이 많이 좋아져서 책을 다 읽었다면 이 책을 치워 두려고 할지도 모른다. 당신이 이전처럼 정기적으로 이 책을 보지 않더라도 이 책을 필요할 때마다 계속 참고하는 것이 더 나을 것이다. 예컨대, 이 책을 매일 사용해 왔다면 눈에 보이는 곳에 이 책을 놓아 두고 배운 것을 주기적으로 살펴보는 것이 좋다. 이 책을 일주일에 한 번 활용했다면 몇 주에 한 번이나 한 달에 한 번은 다시 찾아보는 것이 좋다. 연구에 의하면 배운 것을 계속 복습하고 연습하는 사람이 그렇지 않은 사람보다 재발이 더 적다고 한다.

『기분 다스리기』를 활용해서 당신의 인생에 더 큰 행복을 맛보라

대부분의 사람은 『기분 다스리기』 기술을 처음에는 우울이나 불안, 분노, 죄책감, 수치감 등 문제가 되는 기분을 다스리는 법을 배우기 위해 사용한다. 똑같은 기술을 더 큰 행복감을 누리는 데도 활용할 수 있다. 『기분 다스리기』 기술은 엘리베이터와 같이 작동한다. 지하에서 올라오는 데도 사용할 수 있지만, 꼭대기 층까지 올라가는 데도 사용할 수 있다.

예컨대, 12장에서 감사일지를 사용하고, 감사를 표현하고, 친절하게 행동하는 것을 배웠을 것이다. 이 연습은 행복감을 강화시켜 준다. 14장에서는 불안을 다스리는 데 긍정적인 심상을 사용하는 방법을 설명한다. 긍정적인 심상은 또한 당신이 되고 싶은 모습을 상상하는 데 활용할 수 있다. 당신이 새로운 행동을 하는 것을 적극적으로 상상해 본다면 그것을 실제로 행동에 옮길 가능성이 더 높다. 당신의 삶에 긍정적인 변화를 창조해 내는 데 긍정적인 심상을 쓸 수 있다.

긍정적인 변화를 이루기를 원한다면 행동 플랜을 사용하거나(10장) 아니면 새로운 방식의 행동을 실행해 보고 어떤 것이 가장 좋은지 행동실험을 통해 찾아 나갈 수 있다(11장). 수용(10장)과 마음챙김(14장)을 연습해 보는 것도 웰빙을 높이는 좋은 방법이다. 우울증을 감소시키는 활동 중 한 가지는 아주 작은 긍정적인 경험을 주목해 보고 즐기는 것이다(13장). 당신이 우울하지 않더라도 작은 긍정적인 경험을 누리는 것은 인생의 만족감을 높이는 훌륭한 방법이다. 당신이 우울할 때 다양한 활동(즉, 즐거움이나 성취감을 주고, 회피 행동을 극복하고, 가치에 맞는)을 해 보는 것이 도움이 된다고 배웠을 것이다. 기분이 좋아졌을 때라도 이런 활동을 하는 것은 인생에 더 큰 만족감과 웰빙을 준다. 지금 기분이 좋고 더 이상 우울하거나 불안하거나 화가 나지 않더라도 엘리베이터가 더 높은 층으로 당신을 데려다 주는 것처럼 『기분 다스리기』 기술을 계속 사용해 보라.

『기분 다스리기』의 접근이 마음에 들고 가까운 곳에 있는 인지행동치료자를 만나 보고 싶다면 다음의 웹사이트를 방문해 보라.

www.mindovermood.com

www.anxietyanddepressioncenter.com

www.academyofct.org

www.asiancbt.weebly.com(아시아)

www.aacbt.org(호주)

www.abct.org(캐나다와 미국)

www.cacbt.ca(캐나다)

www.eabct.eu(유럽)

www.alamoc-web.org(라틴아메리카)

www.cbt.org.nz(뉴질랜드)

www.babcp.com(영국)

www. kacbt.org(대한민국)

만일 이 웹사이트를 통해 가까이 있는 인지행동치료자를 만날 수 없다면 의사나 다른 믿을 만한 사람에게 치료자를 소개해 달라고 부탁하라. 『기분 다스리기』가 당신에게 도움이 된다고 말하면 다른 치료자도 치료에서 이 책을 활용할 것이다. 치료를 받으면서 이 책을 사용하고 있는데 당신이 좋아지지 않고 있다면, 어떻게 하면 치료가 더 효과 있을지 치료자와 의논하는 것이 좋다. 아마도 해결책이 분명 있을 것이다. 아무튼 기분이 좋아지기까지 포기하지 말라.

16장 요약

- 『기분 다스리기』 기술을 배우는 데 세 단계를 거친다. 즉, 의식적이고 의도적인 연습을 하는 단계, 이 기술을 의식적인 노력을 통해 마음속으로 사용하는 단계, 이 기술을 사용해 새로운 행동과 사고를 하는 것이 자동화되어 계획이나 노력 없이 사용하는 단계이다.
- 사람들은 기분이 좋아지면 기술을 그만 사용하는 경향이 있다. 그렇지만 이 기술을 사용하는 것이 자동화될 때까지 계속 연습하는 것이 좋다.
- 모든 사람은 기분의 변동이 있다. 어떤 때 '재발', 즉 부정적인 기분이 더 심해지고, 더 오

래 지속되고, 더 자주 일어나고, 삶이나 대인관계에 부정적인 영향을 미치는 것이 일어나는지 알아차리는 것은 매우 중요하다.

▶ 『기분 다스리기』 기술 체크리스트(작업기록지 16.1)는 당신이 어떤 기술을 사용해 보았는지, 얼마나 도움이 되었는지, 현재도 사용하고 있는지, 미래에 그것을 얼마나 사용할지를 알게 해 준다.

▶ 『기분 다스리기』 기술 체크리스트는 기분의 향상이 노력과 당신이 쌓아 온 기술의 결과라는 것을 알려 준다.

▶ 재발의 위험을 줄이기 위해서는 고위험 상황을 파악하고, 초기 경고 신호를 알아차리고, 당신이 가지고 있는 기술을 고려해 행동 플랜을 세우는 것이 도움이 된다.

▶ 기분이 좋을 때 상상 속에서 재발방지 계획을 연습해 보고, 필요할 때 그 계획을 사용하는 데 얼마나 자신감이 있는지 검토하는 것이 좋다.

▶ 『기분 다스리기』를 다 읽은 때라도 볼 수 있는 곳에 놓아두고 배운 것을 기억하고 기분이 좋아지는 기술을 계속 연습하는 것이 좋다.

▶ 당신으로 하여금 우울, 불안, 분노, 죄책감과 수치심으로부터 빠져나오게 해 준 똑같은 기술과 활동이 당신의 기분이 좋아진 후에도 더 긍정적인 기분상태로 변화되는 데 도움이 된다.

에필로그

당신은 이 책에서 여러 사람의 이야기를 들었겠지만 벤, 린다, 마리사와 빅이 어떻게 향상되었는지 더 자세하게 들었다. 아마 그들의 삶이 어떻게 변했는지 좀 더 알고 싶을 것이다. 에필로그에서는 네 사람이 그 후에 어떻게 되었는지 간단히 소개하겠다.

벤: 나이 들고 더 좋아졌다.

벤은 사고기록지에 그의 생각을 적어 보고 두 자녀와 손주들을 대하는 새로운 방법을 배우기 위해 여러 가지 실험을 해 봄으로써 우울증을 극복했다. 그는 활동계획지를 해 보고 감사일지를 계속 써 나가는 것이 퍽 도움이 된다고 느꼈다. 치료가 끝나갈 때 그는 더 행복하다고 느꼈고, 친구들과 골프도 다시 치고, 차고에서 이것저것 일도 하고, 아내 실비와도 더 많은 활동을 같이 하게 되었다. 게다가 벤과 실비는 둘 중의 한 사람이 죽고 난 후 어떻게 앞 일을 헤쳐 나갈지에 대해서도 많은 이야기를 나누었다. 벤은 아내가 자기만큼 오래 살기를 바라지만, 설사 아내가 먼저 죽더라도 인생을 나름대로 즐기며 살 수 있을 것이라고 확신하게 되었다.

벤은 기분이 매우 좋아졌다는 사실에 무척 기뻐했고 놀라워했다. 마지막 치료시간에 의자에서 일어나며 치료자에게 악수를 힘차게 건넸다. "정말 고맙습니다, 선생님. 말할 수 없이 큰 도움이 되었어요. 선생님도 아시다시피 저는 처음에 치료가 도움이 되리라고 생각하지 않았습니다." 치료자는 웃으며 벤에게 말했다. "이게 다 열심히 노력하신 덕분이지요. 기분이 좋아지도록 정말 애 많이 쓰셨습니다."

벤은 치료를 받는 동안 많은 노력을 했다. 거의 매일 한 가지라도 기분이 좋아질 일을 무엇이든 해 보았다. 어떤 날에는 기분과 생각을 찾아서 기록해 보았고, 어떤 날에는 긍정적인 활동을 늘려 보거나 새로운 행동을 시험해 보았다. 13장에서 나온 것 같이 벤은 특히 즐거움과 성취감을 주는 활동을 늘려 갔고, 인생의 여러 도전을 회피하기보다 적극적으로 대처하려고 했다. 자기가 가치 있다고 생각하는 가족과 친구들에 대해 더 많은 관심을 가지고 활동을 통해 그들과 계속 접촉하려고 했다. 벤이 이렇게 꾸준히 노력했지만 기분은 좋아지는 때도 있었고 별로 변화가 없는 때도 있었다. [그림 1]은 그가 인지행동치료를 받는 동안 『기분 다스리기』 우울척도(작업기록지 13.1)에서 우울증이 어떻게 변화해 갔는지에 대한 그래프이다.

보통 사람들은 매주 우울점수가 좋아지지는 않는다. 세 번째 주와 같이 우울점수가 몇 점 더 올라가서 벤이 조금도 좋아지지 않는다고 생각했을 때가 있음을 주목해 보라. 그러나 시간이 지남에 따라 벤의 우울증은 점차 감소했고, 특히 사고기록지를 작성하기 시작한 때인 6주 후에는 눈에 띄게 좋아졌다. 벤의 우울점수가 때로는 더 높아졌거나 제자리에 머물러 있어도, 전반적으로 시간이 지남에 따라 그의 기분은 좋아졌다.

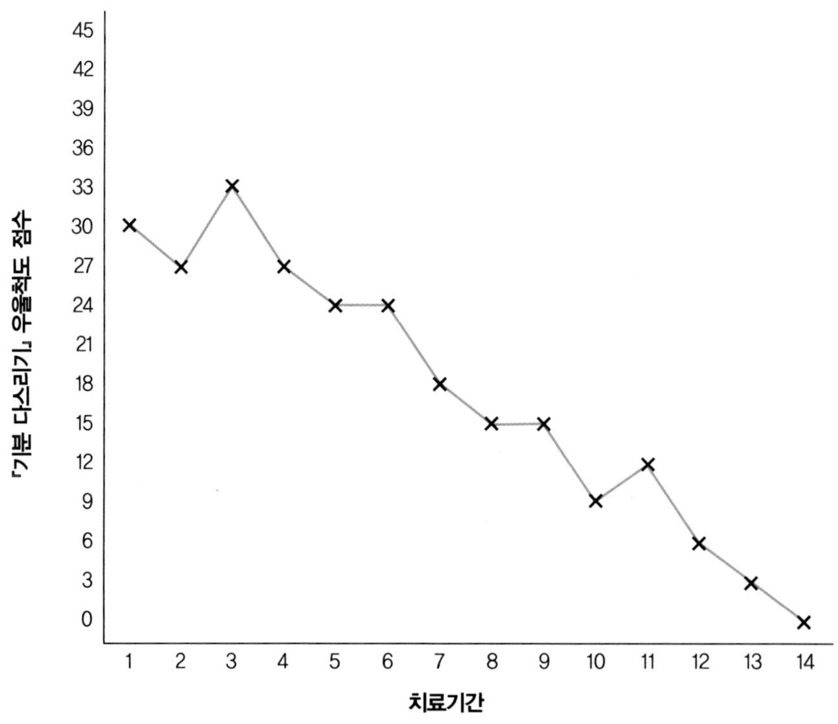

[그림 1] 벤의 우울점수 변화

마리사: 마침내 살 만한 가치가 있다고 느끼게 되었어요

마리사의 우울점수 차트를 보면([그림 2]) 그녀의 변화 패턴이 벤과 아주 다르다는 것을 알 수 있다. 마리사는 치료를 수개월 이상 계속했고, 우울증은 좋아졌다 나빠졌다 기복이 심했다. 치료를 받는 도중 특별히 더 어려운 때(예: 직장에서 좋지 않은 평가를 받았을 때, 치료자와 어렸을 때 겪은 성적 학대에 대해서 이야기할 때, 사기가 저하되고 낙심하여 사고기록지를 작성하지 않은 때 등)에는 우울점수가 올라갔다. 마리사가 문제를 잘 해결하고, 사고기록지를 작성하고, 실험을 잘해 나가는 동안에는 우울점수가 떨어졌고 기분이 좋아졌다.

때때로 마리사의 우울점수는 처음 치료를 시작할 때만큼 올라가기도 하였지만, 치료가 끝나갈 무렵에는 대부분 점수가 내려갔다. 치료를 받고 처음 10주 동안에는 마리사의 우울점수가 30점 이상인 때가 7주나 되었다. 그다음 10주에는 마리사의 우울점수가 30점을 넘는 때가 4주였다. 그다음 10주 동안에는 마리사의 우울점수가 단 일주일 동안만 30점을 넘었다. 따라서 마리사가 수개월 동안 우울증으로 고생하기는 했지만 차트를 보면 사고기록지를 작성하고 여러 기술을 배워 가면서 점차 우울증이 나아

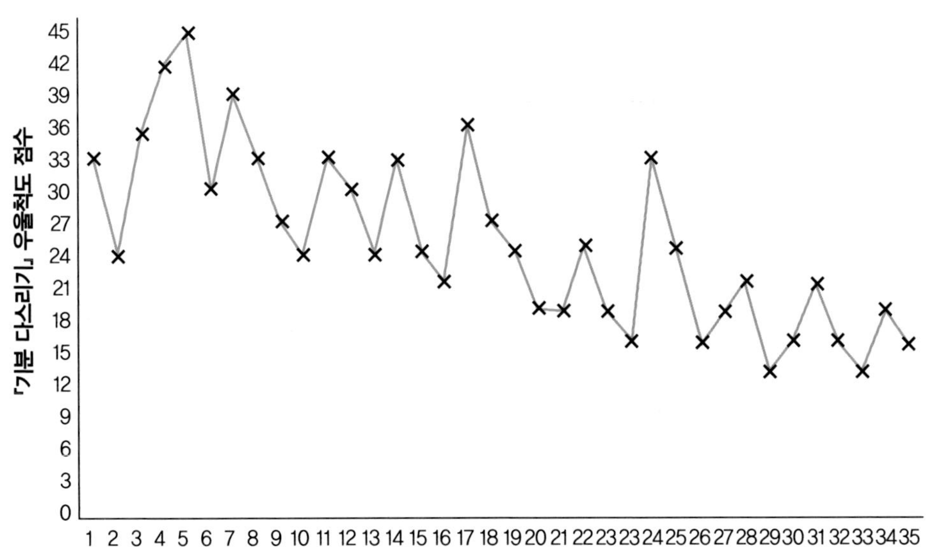

[그림 2] 마리사의 우울점수 변화

져 간 것을 알 수 있다. 『기분 다스리기』에서의 기술을 배우는 사람들이 흔히 그렇듯이 마리사는 점차 우울한 기분이 줄어들고 기분이 저조할 때도 이전만큼 심하지 않고 오래가지 않는다는 것을 발견했다.

가장 최근 후속 치료시간에 마리사는 『기분 다스리기』 책을 통해 익힌 전략을 연습한 지 이제 3년이 되었다. 어떻게 해야 할지 모를 때가 있어 문제해결을 위해 가끔 치료자를 찾아갈 때도 있지만, 이제는 혼자서도 이 기술들을 쓸 수 있게 되었다. 마리사는 지난 3년 동안 한 번도 자살을 시도하지 않았다. 또한 어렸을 때 당한 성적 학대에 대해 죄책감과 수치심을 느끼지 않게 되었다. 직장에서도 일을 잘하고 상사에게 좋은 평가를 받는다. 둘째 아이가 대학에 들어감에 따라 아이들이 둘 다 집에서 멀리 떨어져 살게 되어 정원이 딸린 조그만 아파트로 이사를 했다. 마리사는 난생 처음 혼자 살게 되었다. 친구도 더 사귀었고, 미래에 대해 희망을 갖게 되었다.

린다: 자주 비행기를 탄다

11장에서 보았듯이 린다는 공황발작과 비행기 타는 것에 대한 두려움을 성공적으로 극복했다. 그녀가 성공하기까지 거친 주요 단계들을 살펴보면 다음과 같다.

1. 린다는 어떤 신체 감각(예: 심장박동이 빨라질 때)이 일어날 때 놀라게 되는지, 또 신체 감각에 어떤 재앙적 두려움(예: '심장마비가 일어나고 있어.')을 느끼는지를 알아보았다.
2. 치료자의 도움을 받아 린다는 이 신체 감각들에 대한 대안적인 설명을 찾아보게 되었다(예: 빠른 심장박동은 불안이나 흥분이나 커피를 마셔도 생길 수 있다).
3. 린다는 여러 가지 실험을 해 보면서 자신의 재앙적 신념이 더 맞는지, 아니면 대안적 설명이 더 맞는지 테스트해 보기 위하여 정보를 수집하였다. 린다는 이 실험들을 때로는 치료자와 상담실에서 또는 상상으로 또는 비행기 안에서 해 보았다.

시간이 지남에 따라 린다는 신체 감각이 불안에 의해 야기된 것이며, 신체적으로 전혀 위험한 것이 아니라는 사실을 더욱 확신하게 되었다. 치료를 시작하고 몇 달 되지 않아 그녀는 비행기를 편안하게 탈 수 있게 되었다.

린다는 회사에서 승진을 거듭해 이제는 지역 책임자가 되었다. 『기분 다스리기』에서 배운 대로 감정과 사고를 찾아 수정하는 기술을 적용해 새로운 직장 일에서 오는 부담감도 잘 처리하였다.

빅: 완전한 해결책은 바로 덜 완전하게 사는 것이다

빅은 치료를 처음 시작할 때 좀 더 자신감을 갖고, 자신에 대해 좋게 느끼고, 금주상태를 유지하는 것을 최대 목적으로 생각했다. 시간이 지남에 따라 빅의 치료목적은 바뀌었다. 물론 금주상태를 유지하는 목표에는 변함이 없었지만, 결혼생활에 위협이 되는 분노, 우울, 불안문제가 있다는 것을 깨닫게 되었다.

빅은 치료에서 이 문제들을 하나씩 다루었다. 치료를 받는 도중 두 번 술을 마시고 나빠진 것 말고는 부지런히 숙제를 하고 성실하게 노력한 덕분에 꾸준히 좋아졌다. 사고기록지를 약 35회 기록해 본 후에 빅은 잘못된 사고를 바꾸는 데 꽤 자신감을 갖게 되었다. 사고기록지는 빅의 기분이나 낮은 자존감, 음주에 기여하는 생각이 무엇인지 찾아내고 다룰 수 있게 해 주었다. 어려운 일을 미리 예상해 보고 심상을 활용해서 그것들을 미리 준비하게 되자, 빅은 술 마시고 싶은 충동을 조절하고 분노를 폭발하는 횟수를 줄이는 데 큰 도움이 되었다.

빅은 또한 작업기록지 12.6에 나와 있는 핵심신념 기록지를 사용해서 그가 새롭게 발견한 유능감을 지지하는 증거들을 기록하였다(그림 3).

두 번째 폭음사건 이후 빅은 술 마시고 싶은 충동을 성공적으로 억제할 수 있었고 금주를 유지하였다. 부정적인 기분을 보다 건강하게 다스릴 수 있는 다양한 전략을 배워 술을 멀리할 수 있었다. 이런 전략 중 하나는 부정적인 기분이나 술에 대한 충동을 강하게 만드는 생각이나 신념을 알아차리고 바꾸는 것이었다.

이에 더해 빅과 주디는 부부치료도 도움이 되었다고 생각했다. 부부치료를 받으면서 두 사람은 의사소통을 더 원활하게 하고, 감정을 명확하게 표현하고, 상대방에 대해 생각하고 있는 것이 정확한지 서로 이야기하게 되었다. 나아가 부부치료를 통해 그동안 빅의 분노와 알코올중독으로 약화되었던 두 사람 사이의 신뢰를 회복하였다.

치료가 끝나갈 무렵 빅은 매일의 삶에서 여전히 많은 도전이 있을 것임을 깨달았다. 재발방지 계획의 일환으로 빅은 마음속으로 생각을 검증하기 어려울 때는 다시 사고기록지를 주기적으로 기록해 보기로 하였다. 완벽하려고 노력하는 대신에 그는 자신의 불완전함을 받아들이고, 그가 유능하다는 핵심신념을 자각할 수 있도록 새로운 핵심신념 기록지에 자료를 계속 모으고 살펴보았다. 빅은 바로 이런 전략과 방법 덕분에 금주상태를 유지하고, 부부관계가 좋아지고, 행복감을 더 느낄 수 있었다.

새로운 핵심신념: 나는 유능하다.

이 핵심신념을 지지해 주는 증거나 경험을 적어 보라.

1. 우리 딸이 들어가려고 하는 대학에 같이 가 보았다. 딸이 그 대학에 대해 좀 더 잘 알아보도록 물어보는 데 도움을 주었다. 딸은 내게 도와주어서 고맙다고 하였다.

2. 아들이 하고 있는 과학숙제를 도와주었다. 내가 직접 해 주기보다는 그 숙제를 하기 위해 어떻게 생각을 풀어 나갈지 가르쳐 주었다.

3. 주디는 내가 계속 술을 마시지 않는 것에 대해 존경심을 느낀다고 말했다.

4. 지난달에는 새 상품을 네 군데의 거래처에 팔았다.

5. 교회 목사님이 나에게 새로 온 교인들을 위한 모임을 주선하도록 부탁하셨다.

6. 화요일 밤 술이 마시고 싶어졌을 때 대신 AA 모임에 나갔다.

7. 월간 보고서를 제때 내었다.

8. 카드청구서를 가지고 주디와 논쟁하면서도 평정심을 잃지 않았다.

[그림 3] 빅의 새로운 핵심신념 기록지

생각하는 법을 바꿈으로써 기분을 바꾸기

『기분 다스리기』 1장에서 조개가 어떻게 성가신 자극물을 귀한 진주로 만들어 가는지를 말했다. 우리는 이 책을 통해 독자들이 새로운 기술을 배워 인생에서 만난 성가신 자극과 문제를 새로운 대처방법과 강점으로 바꾸었기를 바란다. 이제 당신은 자신의 사고를 보다 잘 평가하고, 감정을 조절하고, 매일의 삶을 더 기분 좋게 살아갈 수 있을 것이다. 이 책 『기분 다스리기』를 집어들도록 만든 문제들을 해결하고, 그 문제를 해결해 가는 과정에서 앞으로 만나게 될 자극과 문제들을 귀한 진주로 변화시킬 수 있는 통찰력과 기술과 방법들을 얻었기를 바란다.

부록

작업기록지 9.2. 사고기록지
작업기록지 10.2. 행동 플랜
작업기록지 11.2. 당신의 기본가정을 테스트하는 실험해 보기
작업기록지 12.6. 핵심신념 기록지: 새로운 핵심신념을 지지해 주는 증거 기록하기
작업기록지 12.7. 나의 새로운 핵심신념에 대한 신뢰도 점수 평정하기
작업기록지 12.8. 행동을 척도로 평정하기
작업기록지 12.9. 새로운 핵심신념을 강화하는 행동실험
작업기록지 13.1. 『기분 다스리기』 우울척도
작업기록지 13.2. 『기분 다스리기』 우울척도 점수기록지
작업기록지 13.6. 활동계획표 짜기
작업기록지 14.1. 『기분 다스리기』 불안척도
작업기록지 14.2. 『기분 다스리기』 불안척도 점수기록지
작업기록지 14.4. 두려움 사다리 만들기
작업기록지 14.5. 나의 두려움 사다리
작업기록지 15.1. 나의 기분을 측정하고 추적하기
작업기록지 15.2. 기분점수 차트
작업기록지 15.4. 용서의 편지 쓰기
작업기록지 15.9. 나 자신을 용서하기
작업기록지 16.2. 재발 위험을 줄이기 위한 나의 계획

작업기록지 9.2: 사고기록지

1. 상황	2. 기분	3. 자동적 사고(이미지)
누가? 무엇을? 언제? 어디서?	a. 느껴진 기분은? b. 각 기분의 강도를 점수로 매겨 보라(0~100%).	a. 이런 기분을 느끼기 직전 어떤 생각이 떠올랐는가? 떠오른 생각이 또 있는가? 떠오른 이미지는? b. 뜨거운 사고에 동그라미를 쳐 보라.

4. 뜨거운 사고를 지지하는 증거	5. 뜨거운 사고를 지지하지 않는 증거	6. 새로운/균형 잡힌 사고	7. 기분을 재평가하라
		a. 새로운/균형 잡힌 사고를 적어 보라. b. 각각의 사고를 믿는 정도를 점수로 매겨 보라(0~100%).	2번 칸의 기분을 재평가해 보고, 새로 느껴진 기분의 강도도 평가해 보라(0~100%).
바로 전 칸에 적어 놓은 생각 중 뜨거운 사고에 동그라미를 쳐 보라. 이 결론을 지지하는 사실적 증거를 적어 보라(지레짐작이나 사실에 대한 해석은 피하도록 하라).	뜨거운 사고를 지지하지 않는 증거를 찾아 내기 위해서 힌트(108쪽)에 나와 있는 질문을 해 보라.	새로운/균형 잡힌 사고를 이끌어 내기 위해 9장 힌트에 나와 있는(128~129쪽) 질문들을 해 보라. 새로운/균형 잡힌 사고를 적어 보라. 각각의 사고를 얼마나 믿는지 점수로 평가해 보라(0~100%).	적어 놓은 2번 칸에 기분을 다시 적고 그 강도를 재평가해 보라(0~100%). 새로운 기분이 들었다면 그 기분의 강도도 평가해 보라.

작업기록지 10.2 행동 플랜

목표: ______________________________

행동계획	시작 시간	일어날 수 있는 문제	문제를 극복할 전략	진행 경과

작업기록지 11.2: 당신의 기본가정을 테스트하는 실험해 보기

테스트한 가정					
실험	예측	생길 수 있는 문제	문제를 극복하기 위한 전략	실험결과	이 실험을 통해 내 기본가정에 대해 배운 점
				어떤 일이 일어났나(당신의 예측과 비교해서)? 결과가 당신이 예측한 것과 맞는가? 예상하지 못한 일이 일어났는가? 당신이 원한 대로 일이 진행되지 않았다면 당신은 그것을 얼마나 잘 다루었는가?	
실험결과와 맞는 대안적인 가정					

작업기록지 12.6: 핵심신념 기록지: 새로운 핵심신념을 지지해 주는 증거 기록하기

새로운 핵심신념: ____________________

새로운 핵심신념을 지지해 주는 증거나 경험:

1. ____________________
2. ____________________
3. ____________________
4. ____________________
5. ____________________
6. ____________________
7. ____________________
8. ____________________
9. ____________________
10. ____________________
11. ____________________
12. ____________________
13. ____________________
14. ____________________
15. ____________________
16. ____________________
17. ____________________
18. ____________________
19. ____________________
20. ____________________
21. ____________________
22. ____________________
23. ____________________
24. ____________________
25. ____________________

작업기록지 12.7: 새로운 핵심신념에 대한 신뢰도 점수 평정하기

새 핵심신념: ____________________

날짜:

0% 25% 50% 75% 100%

날짜:

0% 25% 50% 75% 100%

날짜:

0% 25% 50% 75% 100%

날짜:

0% 25% 50% 75% 100%

날짜:

0% 25% 50% 75% 100%

날짜:

0% 25% 50% 75% 100%

날짜:

0% 25% 50% 75% 100%

작업기록지 12.8: 행동을 척도로 평정하기

상황: ______________ 점수 매기는 행동: ______________

0% 25% 50% 75% 100%

상황: ______________ 점수 매기는 행동: ______________

0% 25% 50% 75% 100%

상황: ______________ 점수 매기는 행동: ______________

0% 25% 50% 75% 100%

상황: ______________ 점수 매기는 행동: ______________

0% 25% 50% 75% 100%

상황: ______________ 점수 매기는 행동: ______________

0% 25% 50% 75% 100%

상황: ______________ 점수 매기는 행동: ______________

0% 25% 50% 75% 100%

요약: ______________

작업기록지 12.9: 새로운 핵심신념을 강화하는 행동실험

강화하기 원하는 새로운 핵심신념: ______________________________

새로운 핵심신념에 잘 맞는 두세 가지 행동을 적어 보라. 이 행동들은 당신이 새로운 핵심신념에 대해 확신을 가지고 있다면 실제로 할 만한 행동들이다. 아마 지금은 하기를 꺼릴 수 있지만 당신이 이 행동들을 한다면 새로운 핵심신념을 강화할 수 있다.

이전 핵심신념과 새로운 핵심신념에 기초해서 어떤 결과가 일어날지 예상해 보라.

나의 이전 핵심신념에 의하면:

____

____

____

나의 새로운 핵심신념에 의하면:

____

____

____

낯선 사람에게 행동실험을 한 결과(누구에게 어떤 행동을 했고, 어떤 일이 일어났는지):

아는 사람에게 행동실험을 한 결과(누구에게 어떤 행동을 했고, 어떤 일이 일어났는지):

배운 점(결과가 당신의 새로운 핵심신념을 부분적이라도 지지하는가?):

앞으로 해 보고 싶은 실험:

작업기록지 13.1: 『기분 다스리기』 우울척도

다음 각 문항을 읽고 각각의 증상을 지난주에 얼마나 자주 경험했는지 해당되는 숫자에 동그라미를 치시오.

문항	전혀 그렇지 않다	때때로 그렇다	자주 그렇다	언제나 그렇다
1. 슬프거나 우울한 기분을 느꼈다.	0	1	2	3
2. 죄책감을 느꼈다.	0	1	2	3
3. 짜증이 났다.	0	1	2	3
4. 늘 하던 일에 관심이나 즐거움을 덜 느꼈다.	0	1	2	3
5. 사람들을 멀리 했다.	0	1	2	3
6. 어떤 일을 하는 것이 평소보다 어려웠다.	0	1	2	3
7. 나 자신이 가치 없게 느껴졌다.	0	1	2	3
8. 집중하기가 어려웠다.	0	1	2	3
9. 결정하기가 어려웠다.	0	1	2	3
10. 자살 생각을 했다.	0	1	2	3
11. 죽음에 대한 생각이 자주 났다.	0	1	2	3
12. 자살에 대한 계획을 세우는 데 시간을 보냈다.	0	1	2	3
13. 자존감이 낮았다.	0	1	2	3
14. 미래가 아무 희망 없이 보였다.	0	1	2	3
15. 자기비판적인 생각을 했다.	0	1	2	3
16. 피곤하게 느껴졌고, 기운이 없었다.	0	1	2	3
17. 다이어트를 하지 않는데도 체중이 줄고 입맛이 떨어졌다.	0	1	2	3
18. 잠들기가 어렵거나 평소보다 잠을 더 많이 혹은 더 적게 잤다.	0	1	2	3
19. 성욕이 줄어들었다.	0	1	2	3
총계				

출처: *Mind Over Mood, Second Edition*. Copyright 2016 by Dennis Greenberger & Christine A. Padesky. 이 책의 구매자는 이 작업기록지를 복사하거나 다운로드 받을 수 있음.

작업기록지 13.2: 『기분 다스리기』 우울척도 점수기록지

점수																
57																
54																
51																
48																
45																
42																
39																
36																
33																
30																
27																
24																
21																
18																
15																
12																
9																
6																
3																
0																
날짜																

작업기록지 13.6: 활동계획표 짜기

앞에서 계획한 활동들을 언제 할지 시간을 정하는 데 이 작업기록지를 사용하라. 이 활동계획표에 계획한 일보다 더 즐거운 일이 생기면 그 일을 해도 좋다. 만일 계획한 일과 다른 활동을 하게 되면 줄을 긋고 그 시간에 실제로 한 일을 적으면 된다. 각 활동을 한 시간대에 (1) 활동, (2) 기분점수 (0~100)를 적어 보라.

(내가 평정하는 기분: ______________________)

시간	월요일	화요일	수요일	목요일	금요일	토요일	일요일
6~7 A.M.							
7~8 A.M.							
8~9 A.M.							
9~10 A.M.							
10~11 A.M.							
11~12 A.M.							
12~1 P.M.							
1~2 P.M.							

2~3 P.M.							
3~4 P.M.							
4~5 P.M.							
5~6 P.M.							
6~7 P.M.							
7~8 P.M.							
8~9 P.M.							
9~10 P.M.							
10~11 P.M.							
11~12 P.M.							
12~1 A.M.							

작업기록지 14.1: 『기분 다스리기』 불안척도

지난주에 각 항목에 나와 있는 증상을 얼마나 자주 경험했는지 해당하는 곳에 동그라미를 치시오.

문항	전혀	때때로	자주	대부분
1. 초조하게 느꼈다.	0	1	2	3
2. 걱정했다.	0	1	2	3
3. 떨리거나 경련이 일어났다.	0	1	2	3
4. 근육이 긴장되고 쑤셨다.	0	1	2	3
5. 안절부절못했다.	0	1	2	3
6. 쉽게 피곤해졌다.	0	1	2	3
7. 숨이 가빴다.	0	1	2	3
8. 심장박동이 빨라졌다.	0	1	2	3
9. 덥지도 않은데 땀이 났다.	0	1	2	3
10. 입이 말랐다.	0	1	2	3
11. 어지러웠다.	0	1	2	3
12. 구역질이 나거나 설사가 나거나 배가 아팠다.	0	1	2	3
13. 소변이 마려운 충동을 더 많이 느꼈다.	0	1	2	3
14. 얼굴이 화끈거리거나 한기를 느꼈다.	0	1	2	3
15. 침을 삼키기가 어렵거나 목에 응어리를 느꼈다.	0	1	2	3
16. 벼랑 끝에 있는 것처럼 느꼈다.	0	1	2	3
17. 쉽게 놀랐다.	0	1	2	3
18. 집중하기가 어려웠다.	0	1	2	3
19. 잠들기가 어려웠다.	0	1	2	3
20. 쉽게 짜증이 났다.	0	1	2	3
21. 불안하게 느낄 만한 곳에 가는 것을 피했다.	0	1	2	3
22. 위험에 대해 생각했다.	0	1	2	3
23. 내가 잘 대처하지 못할 것같이 느꼈다.	0	1	2	3
24. 끔찍한 일이 일어날 것같이 생각했다.	0	1	2	3
총점(모든 문항을 합한 점수)				

작업기록지 14.2: 『기분 다스리기』 불안척도 점수기록지

점수																
72																
69																
66																
63																
60																
57																
54																
51																
48																
45																
42																
39																
36																
33																
30																
27																
24																
21																
18																
15																
12																
9																
6																
3																
0																
날짜																

작업기록지 14.4 : 두려움 사다리 만들기

1. 당신이 불안 때문에 회피하는 상황과 사건과 사람의 목록을 적어 보라. 이 단계에서는 어떤 순서로 적어도 좋다.

2. 당신의 목록을 다 만든 후에 각각의 항목에 대해 얼마나 불안을 느끼는지 불안점수를 0에서 100까지 적어 보라. 0은 불안을 전혀 느끼지 않는 상태이고, 100은 당신이 느낄 수 있는 가장 극심한 불안상태다. 각각의 문항에 대해 불안점수를 적어 보라.

내가 회피하는 것	불안점수(0~100)

작업기록지 14.5: 나의 두려움 사다리

작업기록지 15.1: 나의 기분을 측정하고 추적하기

당신이 개선하기 원하는 기분의 빈도, 강도, 지속기간을 측정하고 추적하는 데 이 작업기록지를 사용하라. 이 작업기록지는 또한 행복감과 같은 긍정적인 기분을 측정하고 추적하는 데도 사용할 수 있다.

내가 평정하는 기분: ______________

빈도

이번 주에 그 기분을 얼마나 자주 경험했는지를 가장 잘 반영하는 숫자에 표시하라.

강도

이번 주에 그 기분을 얼마나 강하게 느꼈는지 표시하라. 대부분의 시간 동안 이 기분을 강하게 느끼지 않더라도 그것을 가장 강하게 느낀 때를 기준으로 표시하라. 0점은 이번 주 동안 이 기분을 전혀 느끼지 않은 것을 의미한다. 100점은 당신 인생에서 이 기분을 가장 강하게 느꼈다는 것을 의미한다. 기분을 강하게 느낄 때는 70점 이상을 체크해야 한다. 중간 정도의 강도로 기분을 느꼈다면 30~70점, 약하게 느꼈다면 1~30점 사이에 점수를 주라.

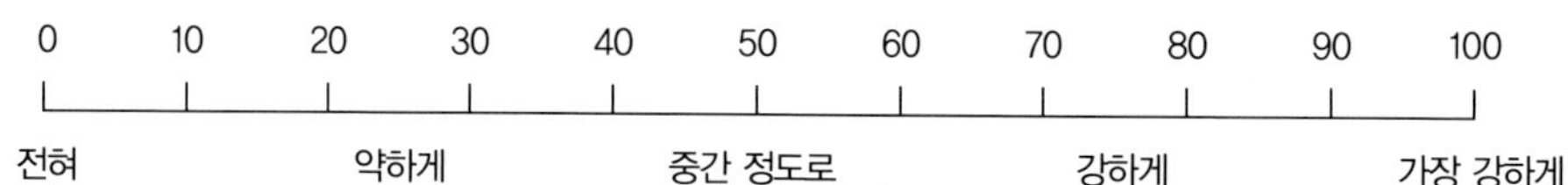

지속기간

당신의 기분이 얼마나 오래 지속되었는지를 말해 주는 숫자에 표시하라. 당신이 이 기분을 가장 강하게 느꼈을 때 얼마나 오래 지속되었는지 표시하라. 만일 이 기분을 전혀 경험하지 않았다면 0에 표시하라.

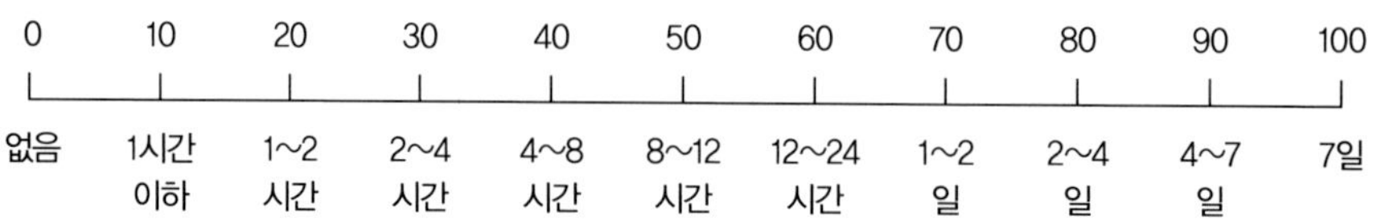

작업기록지 15.2: 기분점수 차트

내가 평정하는 기분:

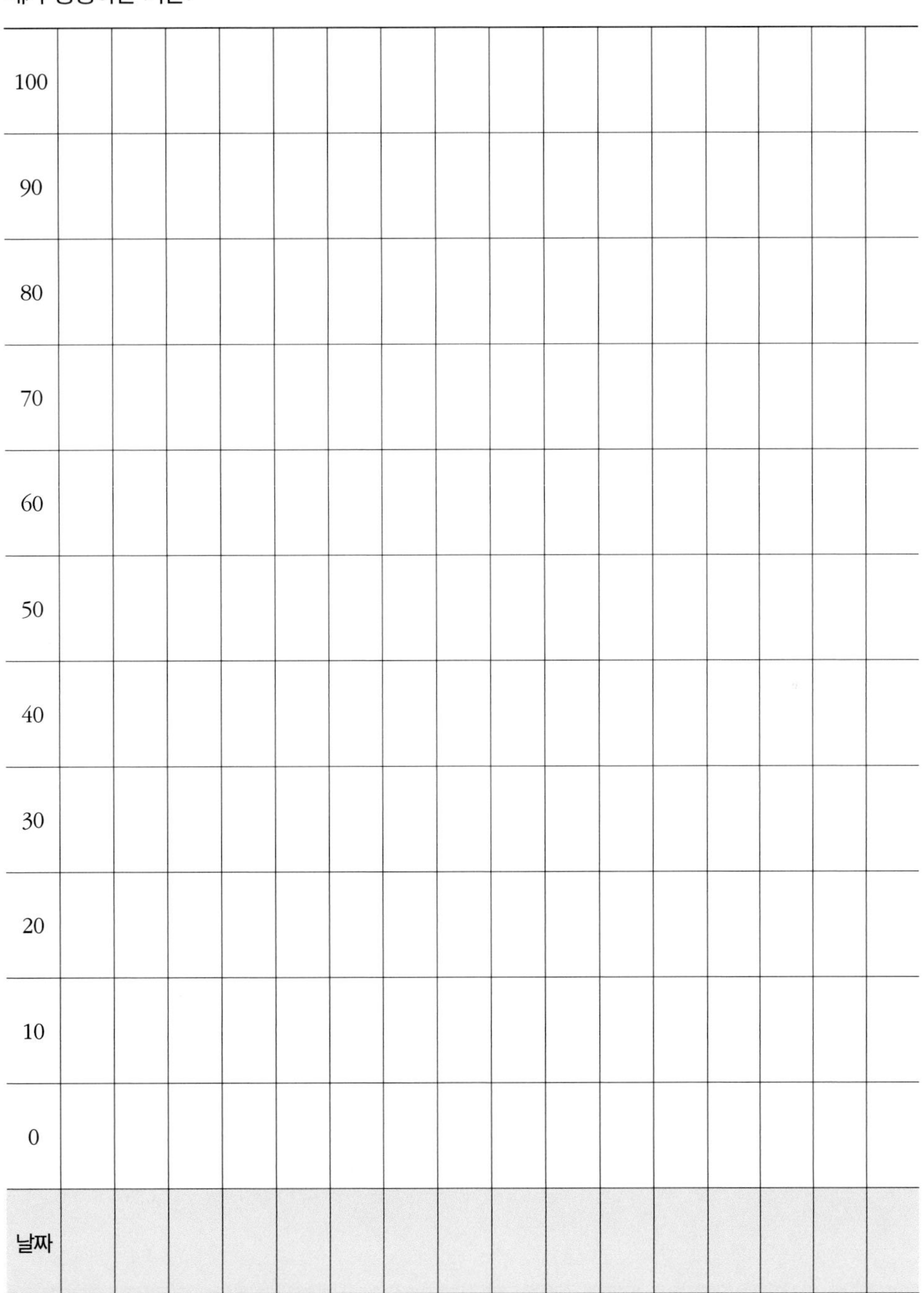

100																
90																
80																
70																
60																
50																
40																
30																
20																
10																
0																
날짜																

작업기록지 15.4: 용서의 편지 쓰기

1. 당신이 한 행동:

2. 그것이 내 인생에 끼친 영향:

3. 그것이 현재의 나에게 미치는 영향:

4. 만일 당신을 용서할 수 있다면 내 삶이 달라질 모습:

5. (용서는 당신에게 상처 준 사람을 긍휼의 마음을 가지고 이해하는 것에서부터 시작한다. 당신에게 상처를 주었거나 함부로 대하게 만든 상대방의 인생경험에 대해 적어 보라.) 당신이 이런 행동을 한 배경에 대해 내가 이해한 것:

6. (모든 사람은 때때로 다른 사람에게 상처를 준다. 만일 당신이 다른 사람에게 상처를 준다면 당신은 그 사람이 당신을 어떻게 생각하기를 원하겠는가?) 내가 누군가에게 상처를 준다면 그 사람이 나를 어떻게 보기를 원하는가:

7. (용서는 당신이 경험한 고통과 일어난 일을 인정하거나 잊어버리거나 부인하는 것을 의미하지 않는다. 대신에, 용서는 당신의 분노를 놓아 버리는 방법을 찾고 그 사건을 다른 각도에서 이해하는 것이다.) 당신이 한 행동을 내가 어떻게 용서할 수 있는가:

8. 내가 앞으로 나아갈 수 있게 만들어 주는 나의 특성:

작업기록지 15.9: 나 자신을 용서하기

1. 나 자신에 대해 용서할 것:

2. 그것이 내 인생에서 나와 다른 사람에게 끼친 영향:

3. 그것이 현재의 나와 다른 사람에게 미치는 영향:

4. 만일 나 자신을 용서할 수 있다면 내 삶이 달라질 모습:

5. 용서는 자주 이해에서 시작한다. 내가 이런 행동을 한 배경에 대해 내가 이해한 것:

6. 누군가가 이런 행동을 했다면 내가 그 사람을 어떻게 볼까:

7. 내가 계속 죄책감과 수치심을 느낀다면 내가 가진 어떤 긍정적인 측면을 무시하게 되는가:

8. 용서는 당신이 경험한 고통이나 일어난 일을 용납하거나, 잊어버리거나, 부정하는 것을 뜻하지 않는다. 대신에, 용서는 죄책감이나 수치심을 풀어 주는 방법을 찾고 당신의 행위를 다른 관점에서 이해하는 것이다. 내가 한 일에 대해서 어떻게 나 자신을 용서할 수 있는지 친절하고 온정적인 마음을 가지고 적어 보라:

9. 내가 앞으로 나아가도록 도와주는 나의 특성:

작업기록지 16.2: 재발 위험을 줄이기 위한 나의 계획

1. 나의 고위험 상황

____

____

____

____

____

____

2. 내 초기 경고 신호

____

____

____

____

____

____

내 기분을 정기적으로(예: 매달) 평정하기. 내 경고점수는 ____점이다.

3. 내 행동 플랜(작업기록지 16.1 참조)

____

____

____

____

____

____

찾아보기

감사일지 222
감사일지 시작하기 218
감사하기 216
개인적 책임 331
건강염려증 283
결혼생활을 개선하기 154
공포증 283
공황발작 22
공황장애 283
기본가정 165
기본가정 찾기 174
기분 20, 67
기분 목록 46
기분을 파악하기 45
기분의 강도를 평정하기 50
기분점수 307
기분 체크하기 143, 163
기술 체크리스트 345
긴장이완법 297

노출 284
누가? 65

대인관계 개선법 244
두려움 168
두려움 사다리 286
두려움 사다리 만들기 285
뜨거운 사고 67, 91
뜨거운 사고 파악하기 94

마음챙김과 수용 292
목적의식 14
목표 55
목표를 정하기 56
목표 체크하기 163
무엇을? 65
미래에 대한 부정적 사고 239

범불안장애 283
보상하기 335
분노 82
분노관리 전략 324
분노의 전형 29
분노조절 전략 314
분노 증상 프로파일 310
분노폭발 28
불안 82
불안 경보 시스템 284

불안을 이해하기 265
불안의 전형 29
불안의 종류 283
불안 증상 프로파일 270
불안척도 267
불안한 사고 277
불안 행동 271

사고기록지 64
사실 대 해석 99
사회공포증 283
상황 20, 65
새로운 관점 30
새로운 사고를 강화하기 149
새로운 증거 모으기 124
새로운 핵심신념 강화하기 205
생각 20
생각과 기분 연결하기 86
생각과 기분의 관련성 31
생각과 신체반응의 관련성 37
생각과 행동의 관련성 34
생각과 환경의 관련성 39
생각의 중요성 31
세상에 대한 부정적 사고 238
수용 147
수용하기 160
수치심 82
신뢰도 점수 평정하기 208
신체반응 20
실험 작업기록지 170
심상 279
심상법 295

안전 행동 273
알코올중독자 26
알코올중독자모임 26
약 300
약물치료 243
어디서? 65
언제? 65
외상후 스트레스 장애 283
용서의 편지 322
우울 82
우울증의 전형 29
우울증의 치료 241
우울증 이해하기 231
인지치료 242
인지행동치료 12
일반적인 질문 82, 83

자기용서 338
자기주장하기 318
자동적 사고 68, 77
자신에 대한 부정적 사고 237
작업기록지 15
장점과 단점 57
재발 위험을 줄이기 351
점진적 근육이완법 294
죄책감 82
죄책감과 수치심 326
증거를 살펴보기 97

책임 파이 332
친절한 행동 225

타임아웃 317

하향 화살표 기법 194

핵심신념 189
핵심신념 찾아내기 197
행동 20
행동실험 165
행동 플랜 147, 150
행동 플랜 짜기 156
행동활성화치료 244
행위의 심각성 328
호흡조절법 294
활동기록표 247
회피 272
회피를 극복하기 284

저자 소개

데니스 그린버거(Dennis Greenberger, Ph. D.) 박사는 임상심리학자로서, 캘리포니아주 뉴포트비치에 위치한 불안과 우울 치료센터의 창립자이자 소장이다. 그는 인지치료 아카데미(Academy of Cognitive Therapy)의 창립멤버이자 전 회장이며, 지난 30년간 인지행동치료를 활발하게 해 온 임상가이다. 그에 대한 보다 자세한 소개는 그의 웹사이트(www.anxietyanddepressioncenter.com)에 나와 있다.

크리스틴 페데스키(Christine A. Padesky, Ph. D.) 박사는 임상심리학자로서, 캘리포니아주 헌팅턴비치에 위치한 인지치료센터의 공동창립자이다. 이 책을 포함해 다섯 권의 책을 공동으로 집필했으며, 국제적으로 널리 알려진 연구자이다. 인지치료 아카데미에서 인지치료 분야에 의미 있고 지속적인 기여를 해 온 공로로 Aaron T. Beck 상을 수상하였으며, 캘리포니아주 심리학회에서 공로상을 수상한 바 있다. 그녀의 웹사이트 주소는 www.mindovermood.com이다.

역자 소개

권정혜(Kwon, Jung-Hye)

서울대학교 심리학과 졸업

미국 UCLA 대학 임상심리학 박사학위 취득

서울대학병원 신경정신과 임상심리학 인턴

미국 캘리포니아주 퍼시픽 클리닉 임상심리학 인턴

한국심리학회, 미국심리학회 및 미국행동치료학회 정회원

한국심리학회 공인 임상심리전문가

정신보건임상심리사(1급)

미국 Academy of Cognitive Therapy 공인 치료감독자

전 한국임상심리학회 회장

한국인지행동치료학회 회장

현 아시아인지행동치료학회 회장

고려대학교 심리학과 교수

기분 다스리기

Mind Over Mood(2nd ed.)

2018년 1월 15일 1판 1쇄 발행
2023년 8월 10일 1판 7쇄 발행

지은이 • Dennis Greenberger · Christine A. Padesky
옮긴이 • 권 정 혜
펴낸이 • 김 진 환
펴낸곳 • (주) 학지사
04031 서울특별시 마포구 양화로 15길 20 마인드월드빌딩 5층
대표전화 • 02) 330-5114 팩스 • 02) 324-2345
등록번호 • 제313-2006-000265호

홈페이지 • http://www.hakjisa.co.kr
인스타그램 • https://www.instagram.com/hakjisabook/

ISBN 978-89-997-1425-2 03180

정가 18,000원

역자와의 협약으로 인지는 생략합니다.
파본은 구입처에서 교환하여 드립니다.